Latin T^le^

Ouvrage réalisé sous la direction de

Olivier Massé
Inspecteur pédagogique régional
Académie de Bordeaux

Tifenn Blain
Professeure au lycée Charles Despiau, Mont-de-Marsan (40)

Franck Jouandoudet
Professeur au lycée Nord Bassin Simone Veil, Andernos (33)

Céline Le Floch
Professeure au lycée Simone Veil, Liffré (35)

Christine Tardiveau
Professeure au collège-lycée Marie Curie, Sceaux (92)

Frédéric Teyssier
Professeur au lycée Bertran de Born, Périgueux (24)

Les Belles Lettres

Hatier

Code couleur

Dans l'ensemble du manuel,
pour favoriser votre **compréhension intuitive**
de certains textes latins,
nous avons adopté le **code couleur** suivant :

nominatif

vocatif

accusatif

génitif

datif

ablatif

verbes

Conception graphique : Marc Henry
Mise en page : Studio Favre & Lhaïk
Édition : Anne Calmels, Sarah Gaisser, Laure Bigot
Relecture et correction : Laure Ozon-Grisez
Iconographie : Brigitte Célérier / Hatier illustration
Cartographie/infographie : Légendes Cartographie

ISBN : 978-2-401-07713-3

Salvete !

Élève de Terminale, **en option ou en spécialité**, *ce manuel de latin est fait pour vous !*

Par ses thématiques claires et distinctes, il permet à chacun d'y trouver son compte. Vous y trouverez, en plus de **l'objet commun** *Méditerranée (Présence des mondes antiques), les* **objets d'études d'option** *(Leçons de sagesse antique ; Comprendre le monde ; Inventer, créer, fabriquer, produire), complétés par* **ceux de spécialité** *(L'homme, le monde, le destin ; Croire, savoir, douter).*

L'entrée dans le texte latin est **progressive et accompagnée** *: un repérage permet de comprendre l'essentiel avant de traduire.*

Des **dossiers**, *clairement dédiés aux programmes de spécialité et organisés comme des sujets de Bac, apportent les compléments culturels indispensables.*

La **partie langue** *reprend les bases et s'adapte à tous les niveaux.*

Pour une meilleure entrée dans les textes latins

- **Lire le texte**, **Traduire le texte** et **Approfondir** : des questions favorisent le **repérage** et la **lecture globale** avant une entrée progressive dans l'**analyse** et la **réflexion** sur les enjeux du texte.
- **Code couleur** (compréhension intuitive), **Traductions** de types variés (complète, partielle, juxtalinéaire, comparée, dans le désordre), **Boule de neige** ...

Pour une prise en compte des compétences linguistiques de tous

- Des **leçons** sont proposées sous forme de **schémas**, pour mieux **mémoriser** formes et règles de grammaire.
- Des **exercices progressifs** d'**identification**, de **manipulation**, et de courtes **traductions** sont enrichis d'une **alternative guidée** pour les exercices de traduction.
- Des **tableaux** **des déclinaisons et des conjugaisons** figurent en fin d'ouvrage.

Pour une connaissance des cultures de l'Antiquité

- Un **panorama** **historique** et **géographique**, des cartes de l'Empire romain et une **frise** chronologique rappellent les **grands repères** du monde antique.
- De nombreux **textes antiques** traduits du **grec** ou du **latin** sont proposés en français. Les textes grecs sont consultables en **version originale**.
- Des **éclairages** **sur le monde antique** enrichissent l'objet d'étude en fin de séquence.
- Des **mots concepts**, latins ou grecs, éclairent les **valeurs-clés** de la culture antique.

Pour une confrontation avec le monde moderne ou contemporain

- Des **activités portfolio** **mettent en perspective** textes et images antiques, modernes et contemporains.
- Des **essais** développent l'**approche comparative** et préparent au Bac.
- Des **textes et des œuvres d'art modernes et contemporains** font écho au monde antique, liés à chaque séquence.

Valete

Les auteurs

Sommaire

Panorama du monde antique : repères, cartes et dates-clés

Leçons de sagesse antique

SÉQUENCE 1

Figures de sages

Ressources numériques élèves

Lexique
- Carte mentale

Vidéo
- Diogène et les cyniques

Sites
- L'Académie
- Café philo
- Les quatre paradoxes de Zénon d'Élée

Textes
- Balzac, *La Recherche de l'Absolu* (1834)
- Dion Cassius, *Histoire romaine* Grec
- Salluste, *Guerre contre Jugurtha*
- Nietzsche, *L'Origine de la tragédie* (1872)

Articles
- Cécile Daumas, « Les grands écarts de Simone Weil » (*Libération*)
- Camus l'Algérien (*Médiapart*)
- Sartre, l'intellectuel engagé (*BnF*)
- Interview de Baptiste Morizot (*Libération*)

Audio
- La musique et les mathématiques (*France musique*)

+PROF Articles, vidéos, conférences, textes antiques

Mots concepts

sapiens ▸ p. 23
honestas ▸ p. 27
secta ▸ p. 28
bonus vir ▸ p. 31
otium ▸ p. 32

Les activités PORTFOLIO

SÉQUENCE 2

Questions philosophiques

Ressources numériques élèves

Lexique
- Carte mentale

Vidéos
- Grain de philo sur la mort
- *Wall-E* ? film de A. Stanton (2008)

Sites
- Les quatre principes épicuriens
- Thoreau : précurseur de l'écologie
- Asclépios
- Mythes de Platon
- Rites funéraires
- Représentations de l'au-delà

Textes
- Aristote, *Éthique à Nicomaque* Grec
- Platon, *Phèdre* Grec
- Tolstoï, *Ce qu'il faut de terre à l'homme* (1886)
- Épicure, *Lettre à Ménécée* Grec
- Platon, *Phédon* Grec
- Némésios d'Émèse, *De la nature de l'homme* Grec

+PROF Articles, conférences, textes/œuvres d'art et exploitations pédagogiques corrigées

Mots concepts

- εὐδαιμονία (eudaimonia) ▸ p. 40
- gaudium ▸ p. 43
- ἄσκησις (askêsis) ▸ p. 44
- ἀταραξία (ataraxia) ▸ p. 44
- mors ▸ p. 48
- consolatio ▸ p. 50

Les activités PORTFOLIO

- **La cupidité humaine** (Lucrèce, Tolstoï) TEXTE ▸ p. 43
- **Nature et écologie** (Horace, Thoreau) TEXTE ▸ p. 45
- **La mort** (Lucrèce, Primo Levi) TEXTE ▸ p. 46
- **Memento mori** (œuvre antique, Bacon) IMAGE ▸ p. 49
- **Formes de bonheur** (Platon, Huxley, Bradbury) TEXTE ▸ p. 54

Comprendre le monde

Sommaire

SÉQUENCE 3

Lectures poétiques du monde

Créations et recréations de l'homme

Les phénomènes naturels et la mort

Éclairage sur le monde antique

Échos du monde antique

Ressources numériques élèves

Lexique
- Carte mentale

Vidéos
- *Métropolis*, film de F. Lang (1927)
- Le mythe de l'Atlantide *(Bouillon de culture)*

Sites
- Cérès
- Astronomie et astrophysique
- Les constellations
- Le rêve de l'univers
- Les Inuits
- *Eva Prima Pandora*, J. Cousin (1550) *(Musée du Louvre)*

Textes
- Hésiode, *Les Travaux et les Jours* Grec
- Platon, *Le Banquet* Grec
- Ovide, *Les Métamorphoses*
- La Bible, *Genèse*
- Virgile, *Bucoliques*
- Hugo, « Le Satyre », *La légende des Siècles* (1859)
- Platon, *Timée* Grec
- *L'Épopée de Gilgamesh* (XVIIe siècle av. J.-C.)
- Verne, *Vingt-mille lieues sous les mers* (1869-1870)
- Homère, *Odyssée* Grec
- Platon, *La République* Grec
- Diogène Laërce, *Vies, doctrines...* Grec
- Sappho, *Nocturnes*
- Hugo, *Les Contemplations* (1840)

Audio
- *Les Métamorphoses* d'Ovide *(France culture)*

Articles
- La création du monde *(Musée des Confluences)*
- L'étymologie du nom « femme » *(Cnrtl)*
- Le réchauffement climatique *(Futura planète)*

+PROF Articles, conférences, dossier pédagogique

Mots concepts

homo ▸ p. 63 genus ▸ p. 70 natura ▸ p. 73

Les activités PORTFOLIO

- **Création de l'homme** (Ovide, Berthélémy) TEXTE/IMAGE ▸ p. 60
- **Le mythe de Pandore** (Hésiode, film *Métropolis*) TEXTE/FILM ▸ p. 62
- **Représentation de Pandore** (Hésiode, cratère antique, Waterhouse) TEXTE/IMAGE ▸ p. 62
- **Le Soleil** (Ovide, Hugo) TEXTE ▸ p. 66
- **La montée des eaux** (Ovide, article climat) TEXTE ▸ p. 68
- **Pythagore et le végétarisme** (Pythagore, Rubens) TEXTE/IMAGE ▸ p. 70
- **Sciences en poésie** (Ovide, Sappho, Hugo, Dobzynski, Roy) TEXTE ▸ p. 75

SÉQUENCE

4 Interrogations scientifiques

Ressources numériques élèves

Lexique
- Carte mentale

Vidéos
- *Le Voyage sur la Lune*, film de Méliès (1902)
- Le médecin à travers le temps *(archives INA)*
- *Hippocrate*, série de T. Lilti (2018)

Audio
- Galien *(France culture)*

Sites
- Géocentrisme
- Les comètes
- L'origine des séismes
- Les intailles magiques
- Les bienfaits de l'oignon

Textes
- Fontenelle, *Entretiens sur la pluralité des mondes* (1686)
- Aristote, *Météorologie* Grec
- Sénèque, *Histoires naturelles*
- Hippocrate, *De l'Ancienne médecine* Grec
- Le serment d'Hippocrate (2 versions)
- Molière, *Le Malade imaginaire* (1673)

Articles
- L'étymologie du mot « abracadabra » *(Cnrtl)*
- Esculape *(Imago mundi)*
- Galien *(L'Histoire)*

+PROF Articles, sites

Mots concepts

sidus ▸ p. 79 — medicus ▸ p. 86 — morbus ▸ p. 86

Les activités PORTFOLIO

Sommaire

SÉQUENCE 5

Inventeurs, artisans et artistes

Ressources numériques élèves

Lexique
- Carte mentale

Vidéos
- L'épave d'Anticythère *(Arte)*
- Ron Mueck : l'hyperréalisme *(Les Échos)*
- *Real Humans*, série de L. Lundström (2012)
- *Ex-Machina*, film de A. Garland (2015)

Sites
- Le palais de Malia
- Inventions de Ctésibius
- Mémoire de savants
- Musée des technologies des Grecs
- Machines modernes
- Automates de Léonard de Vinci
- Les spectacles antiques
- Les machines de théâtre antiques

Textes
- Homère, *Iliade* Grec
- Zola, *L'Assommoir* (1876)
- Diodore de Sicile, *Bibliothèque historique* Grec
- Balzac, *Sarrasine* (1830)
- Apollodore, *Bibliothèque* Grec

Article
- *Un atelier aux Batignolles* (1870) de Fantin-Latour *(Panorama de l'art)*

+PROF Textes/œuvres d'art et exploitations pédagogiques corrigées, conférences

Mots concepts

ars ▸ p. 99
artifex ▸ p. 99
faber ▸ p. 100
fingo ▸ p. 102
machina ▸ p. 106

Les activités PORTFOLIO

roduire

SÉQUENCE 6

L'*ars* pour maîtriser le monde

Ressources numériques élèves

Lexique
- Carte mentale

Vidéo
- Une folie de Néron *(CNRS)*

Sites
- Histoire du vin
- Reconstitution du Panthéon de Rome
- Architecture contemporaine : la Tour Triangle, la Sunrise Tower, la Tornado Tower, l'Auditorium de Tenerife
- La vis d'Archimède
- Les merveilles du monde
- Les eaux de Versailles
- L'eau dans l'art

Textes
- Palladius, *L'Économie rurale*
- Virgile, *Géorgiques*
- Caton l'Ancien, *De l'agriculture*
- Homère, *Odyssée* Grec
- Pline le Jeune, *Lettres*
- Rousseau, *La Nouvelle Héloïse* (1761)
- Dion Cassius, *Histoire romaine* Grec
- Pline l'Ancien, *Histoire naturelle*

Articles
- Le Panthéon de Rome *(Panorama de l'art)*
- Reconstitution des merveilles *(Géo)*

Audio
- Pétra, une histoire d'eau *(France culture)*

+PROF Textes et exploitations pédagogiques corrigées

Mots concepts

- cultura ▸ p. 116
- fundus ▸ p. 118
- locus amoenus ▸ p. 120
- aedificare ▸ p. 122
- aedificium ▸ p. 122

Les activités PORTFOLIO

SÉQUENCE 7

Villes antiques et sites archéologiques

Ressources numériques élèves

Lexique
- Carte mentale
- Abréviations latines

Vidéos
- Délos, l'île sacrée des Cyclades *(Des Racines et des Ailes)*
- Le Corbusier, la cité radieuse *(Visites privées, France 2)*
- Le Paris du baron Haussmann *(AFP)*
- La seconde vie de la cité de Volubilis *(France 24)*
- Volubilis, trésor antique du Maroc *(Euronews)*
- Leptis Magna, un rêve de Rome en Afrique *(Films & Documentaires)*
- Lybie : le site de Leptis Magna à moitié abandonné *(Arte Journal)*
- *Pompéi*, film de P.W.S. Anderson (2014)
- La Maison aux jardins en 360° *(Grand Palais)*
- Un jour à Pompéi *(Zero One)*
- *Renaissance*, film de C. Volckman (2006)
- Pompéi, exceptionnelle découverte archéologique *(Arte Journal)*
- Nouvelles fouilles à Pompéi *(Grand Palais)*

Sites
- Syracuse

Textes
- Pausanias, *Description de la Grèce* Grec
- Strabon, *La Géographie* Grec
- Pomponius Mela, *Description de la terre*
- Dion Cassius, *Histoire romaine*

Articles
- Le secret de l'Acropole *(Le Figaro)*
- Ainsi vivait Pompéi *(L'Express)*
- Recyclage à l'époque de Pompéi *(Géo)*

+PROF Sites, vidéos

Mots concepts

Les activités PORTFOLIO

SÉQUENCE 8

Lieux d'art et de culture

Ressources numériques élèves

Lexique
- Carte mentale

Vidéos
- Grande bibliothèque d'Alexandrie *(TED)*
- *On a volé la cuisse de Jupiter*, film de Ph. de Broca (1980)
- La fresque du boulanger *(Musée des beaux-arts de Montréal)*
- La fresque de la chambre des Mystères *(National Geographic)*
- Le Marbre blanc de Grèce *(SOS Art)*
- Les Grecs étaient-ils aussi musclés que leurs statues ? *(Ironquest)*

Textes
- Xénophon, *Mémorables* Grec
- Plutarque, *Vie des hommes illustres* Grec
- Voltaire, *Candide* (1759)

Articles
- Des papyrus carbonisés par le Vésuve *(Maxisciences)*
- Zénodote *(Imago mundi)*
- Hypatie d'Alexandrie *(Odysseum)*

+PROF Articles, exposition, conférence

Mots concepts

bibliotheca	▸ p. 154	statua	▸ p. 161
liber	▸ p. 156	simulacrum	▸ p. 161
signum	▸ p. 161		

Les activités PORTFOLIO

- **Les bibliothèques** (Plutarque, Voltaire) TEXTE ▸ p. 157
- **Diane** (statue antique, tableau) IMAGE ▸ p. 161
- **L'histoire d'une statue** (statue antique, film *On a volé la cuisse de Jupiter*) TEXTE/FILM ▸ p. 163
- **Les représentations du livre** (texte antique, Colette, Zafón) TEXTE ▸ p. 171

1 • L'homme, le monde, le destin

Ressources numériques

VERS LE BAC
- PARTIE 1
  Textes en latin – questions (corrigés +PROF)
- PARTIE 2
  Ressources (films - arts - histoire - littérature - théâtre)

\+ Textes en grec

Mots concepts

2 • Croire, savoir, douter

Ressources numériques

VERS LE BAC
- PARTIE 1
  Textes en latin – questions (corrigés +PROF)
- PARTIE 2
  Ressources (films et séries - arts - littérature - musique - sciences)

\+ Textes en grec

Mots concepts

MÉTHODE BAC

Étude de la langue

L'Antiquité commence avec la naissance de l'écriture, il y a plus de 3 000 ans avant J.-C. (Sumer, Égypte). Divers peuples, en contact lors d'échanges et migrations pacifiques ou d'invasions guerrières, se transmettent et développent idées, écritures, arts et techniques.

1 Le monde antique à la naissance de Rome

L'essor des cités grecques

Au VIIIe siècle avant J.-C., les Grecs explorent la Méditerranée. De même qu'ils ont emprunté par le passé, en particulier à la Crète minoenne, ils empruntent à diverses **sociétés de l'Asie** proche de la mer Égée, jusqu'à la Phénicie, l'Assyrie et l'**Égypte**, riche d'une longue histoire et dotée de monuments grandioses.

En Grèce et au-delà, sur les côtes méditerranéennes, se développent des **cités indépendantes** unies par une **même culture** : leurs mythes, dieux et héros, ainsi que leurs récits oraux (dont *L'Iliade* et *L'Odyssée*) sont alors écrits et deviendront les futures références des littératures grecque, romaine, puis européenne.

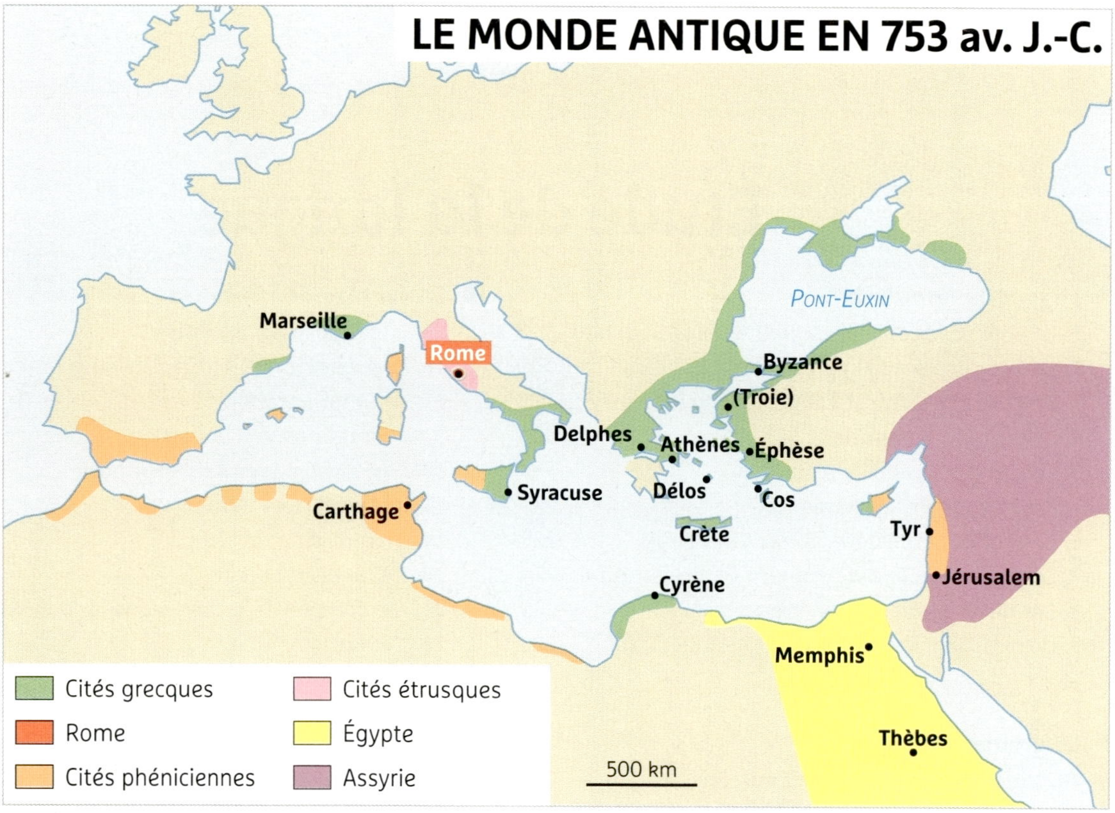

La naissance de Rome

Par l'**origine légendaire** de sa fondation en 753 avant J.-C., Rome se rattache au mythe grec de la guerre de Troie : l'ancêtre de Romulus et Rémus serait Énée, prince troyen survivant. Rome est alors un **village** en pays étrusque, au contact des Grecs d'Italie.

La Louve du Capitole (Ve siècle av. J.-C.), art étrusque, bronze (75 x 114 cm), Musées du Capitole, Rome (Italie).

2 Le monde antique à l'époque de Périclès

L'apogée de la Grèce

- Les **cités grecques** connaissent un **développement important**, chacune avec son système politique propre. **Athènes** évolue vers la **démocratie** : les décisions sont prises et les lois votées par le peuple réuni en assemblée. Dans cette cité en particulier se concentrent des philosophes, artistes, historiens et autres intellectuels qui ouvrent la voie à la **culture occidentale**. **Périclès**, homme politique à la tête de la cité, y fait construire de somptueux monuments, dont le Parthénon.

Dans le même temps, les Grecs repoussent les attaques de l'**immense empire Perse**, qui occupe même l'Égypte.

Buste de Périclès (IIe siècle ap. J.-C.), copie romaine d'un original grec, marbre (58,42 cm), British Museum, Londres (Royaume-Uni).

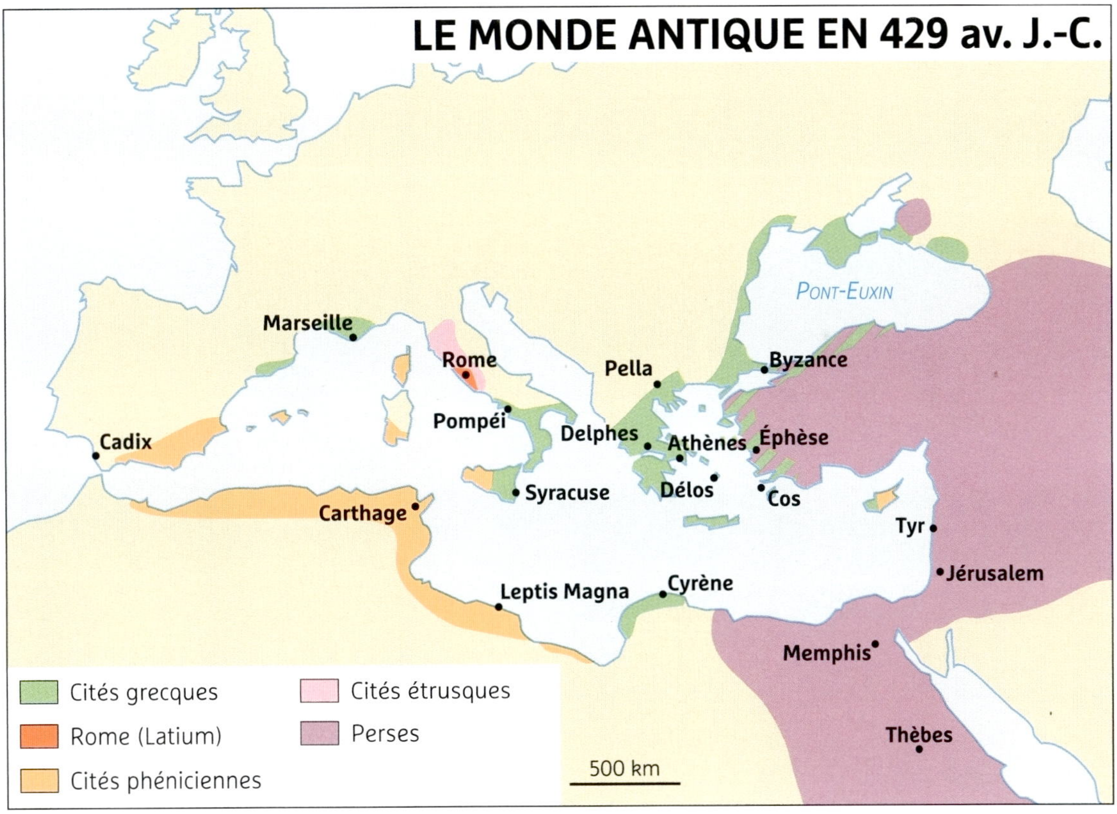

L'entrée de Rome dans l'histoire

- Après une **période légendaire**, durant laquelle règneraient sept rois successifs, Rome reste une **cité modeste** qui **conquiert la région du Latium** aux Étrusques, tout en adoptant certains éléments de ce peuple. L'alphabet latin vient ainsi de l'étrusque, lui-même issu du grec, lui-même issu du phénicien, lui-même inspiré de hiéroglyphes égyptiens…
- Rome est alors une **république**, où l'**aristocratie** domine la vie politique. Penseurs et artistes grecs du « siècle de Périclès » vont être progressivement intégrés pour former une identité, la **culture gréco-romaine**.

Alexandre le Grand (IIe siècle av. J.-C.), mosaïque représentant la bataille d'Issos mené par Alexandre contre le roi perse Darius III, Pompéi, Musée Archéologique National, Naples (Italie). Détail.

3 Le monde antique à l'époque d'Alexandre le Grand

Un empire presque universel

▸ **Alexandre le Grand, roi de Macédoine**, conquiert rapidement tout l'empire perse et au-delà, jusqu'en Inde. Tout en adoptant des coutumes locales, il apporte la **culture grecque** à ces vastes régions : des cités sont fondées, telle **Alexandrie** au nord de l'Égypte, regroupant sanctuaires, gymnases, théâtres, écoles et bibliothèques. À sa mort soudaine en 323 avant J.-C., à trente-six ans, son royaume est partagé entre ses principaux généraux qui suivent son exemple.

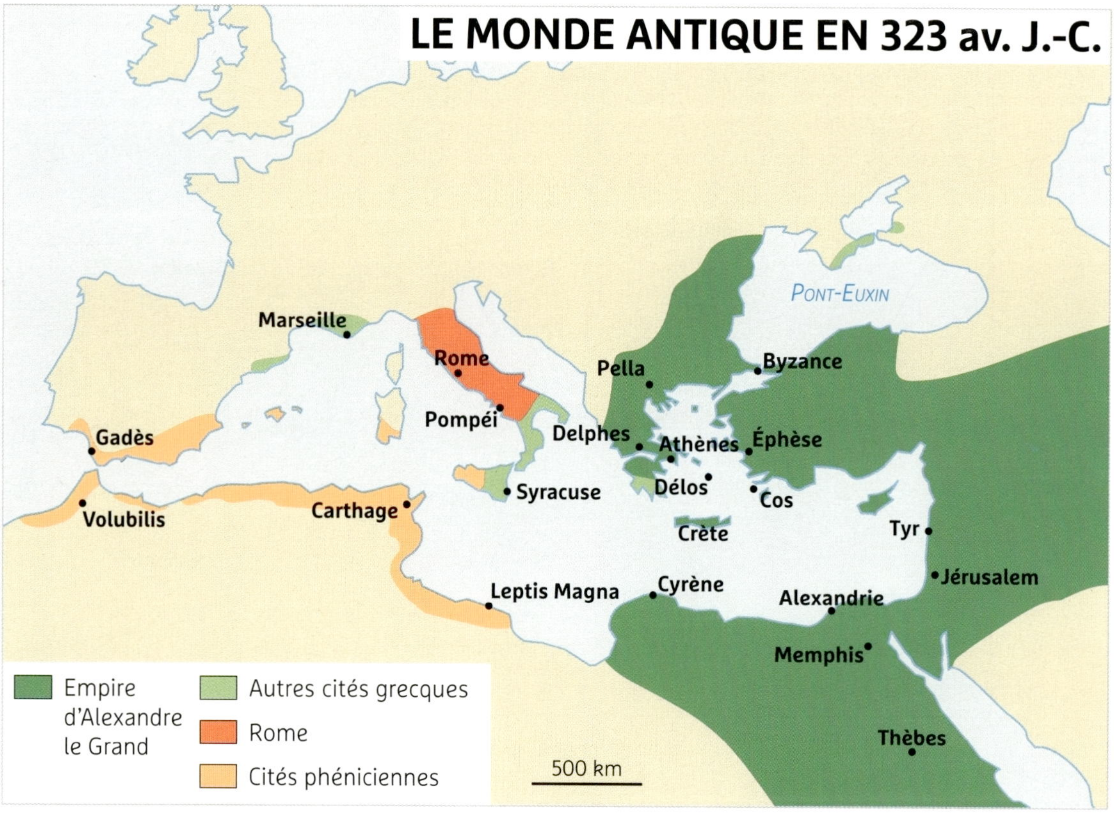

Un exemple pour Rome

▸ Rome se déploie dans un **espace** largement **hellénisé**. Alexandre le Grand représente un **modèle de conquérant** et de **monarchie universelle** qui marque l'**expansion romaine**. Maîtres de l'Italie centrale, les Romains s'apprêtent à conquérir l'**Italie du sud**. Il leur reste à affronter l'**empire de Carthage**, une ancienne colonie phénicienne en Méditerranée occidentale, avant de mettre leurs pas dans ceux d'Alexandre le Grand.

4 Le monde antique à l'époque de Jules César

César dit Chiaramonti (Ier siècle av. J.-C.), Haut-Empire romain, marbre, Musée Pio-Clementino, Vatican (Italie).

Apogée et fin de la République romaine

▸ Après avoir détruit Carthage, Rome a **vaincu les royaumes grecs** successeurs d'Alexandre le Grand, **sauf l'Égypte. Jules César**, consul de Rome, conquiert la **Gaule** et installe à Rome **Cléopâtre**, dernière reine d'une Égypte affaiblie, avant d'être assassiné en 44 avant J.-C. Enfin, Marc-Antoine et Cléopâtre sont vaincus par Octave, le futur **empereur Auguste** : toute la Méditerranée est désormais romaine, « mare nostrum ».

▸ À cette époque mouvementée commence aussi l'**âge d'or de la littérature latine**, à l'imitation des Grecs, dont la langue et la littérature restent vivaces dans l'orient de l'Empire. Soucieux de liberté, les auteurs latins vont souvent devoir composer avec un pouvoir qui devient absolu.

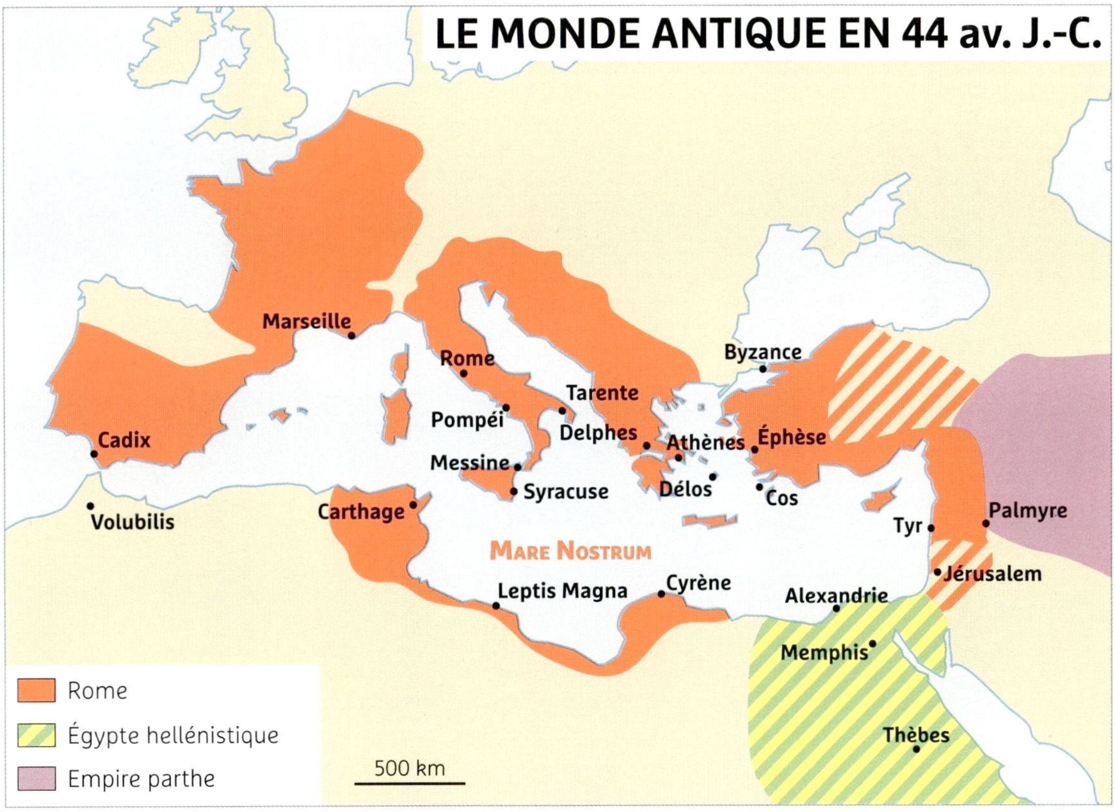

L'Empire romain

▸ Le **régime politique** de l'**Empire romain** commence en 27 avant J.-C. avec Auguste et dure jusqu'à la fin de l'Antiquité. L'**espace méditerranéen**, aux origines orientales, est un espace de culture grecque devenu romain : il s'agit désormais d'un **espace gréco-romain**.

Le portique des Caryatides de l'Érechthéion, temple grec situé sur l'acropole d'Athènes (fin du Ve siècle av. J.-C.).

Leçons de sagesse antique

SÉQUENCE 1

Figures de sages

Que savez-vous déjà ?

- Rappelez des noms de philosophes latins et grecs.
- Dans quelles villes et à quelle époque vivent les premiers philosophes ?
- Quelles sont les doctrines philosophiques les plus connues dans l'Antiquité ?

Le bassin méditerranéen est le berceau de la pensée philosophique occidentale. Dès le VIe siècle avant J.-C., des hommes examinent leur place dans le monde et l'organisation de l'univers en dehors de toute pensée religieuse. Tout est sujet à débat, de la politique à la morale, en passant par toutes les sciences connues. Certaines figures marquent notre civilisation pour toujours : Pythagore, Socrate, Sénèque... Au cœur des cités antiques, ces penseurs animent la vie publique. La place du sage dans la cité est donc une question fondamentale, sur laquelle doit s'interroger tout citoyen. Le philosophe aide aussi chacun en expliquant comment diriger sa vie au mieux pour parvenir à la sagesse.

Jean-Léon Gérôme (1824-1904), *Diogène* (1860), huile sur toile (75 x 101 cm), Walters Art Museum, Baltimore, États-Unis.

Figures de sages

Les contemporains des philosophes, voire les générations suivantes, les choisissent fréquemment comme modèles. Il arrive également qu'ils s'érigent eux-mêmes en modèles.

Dans quelle mesure Socrate est-il le sage grec parfait ? Que penser de la figure complexe de Sénèque ? → Textes 1 à 3

Comment diriger sa vie ?

La réflexion philosophique donne des enseignements sur la place de l'homme dans le monde, et par conséquent sur la société, la cité, les affaires publiques.

Le philosophe doit-il participer aux affaires publiques ? Est-il de sa responsabilité de diriger la cité ou d'influencer le pouvoir ?
→ Textes 4 à 8

LEXIQUE
Carte mentale
hatier-clic.fr/21lat101

Figures de sages

TEXTE 1 Sénèque vu par lui-même

+PROF Stoïcisme : Sénèque et Cicéron (article universitaire)

Dans une lettre, Sénèque donne des conseils à son disciple, Lucilius, pour vivre plus sagement, et explique comment lui-même a choisi de vivre.

SENECA LUCILIO SUO SALUTEM

1 Ita fac, mi Lucili : vindica te tibi, et tempus, quod adhuc aut auferebatur aut subripiebatur aut excidebat, collige et serva. Persuade tibi hoc sic esse, ut scribo : quaedam tempora eripiuntur nobis, quaedam subducuntur, quaedam effluunt. Turpissima tamen est jactura[1], quae per neglegentiam fit. Et si volueris adtendere, maxima pars vitae elabitur male agentibus, magna nihil agentibus, tota vita aliud agentibus. Quem mihi dabis, qui aliquod pretium tempori ponat, qui diem aestimet, qui intellegat se cotidie mori ? In hoc enim fallimur, quod mortem prospicimus : magna pars ejus jam praeteriit ; quidquid aetatis retro est, mors tenet. [...] Interrogabis fortasse, quid ego faciam, qui tibi ista praecipio. Fatebor ingenue : quod apud luxuriosum sed diligentem evenit, ratio mihi constat inpensae. Non possum dicere nihil perdere, sed quid perdam et quare et quemadmodum dicam ; causas paupertatis meae reddam. Sed evenit mihi, quod plerisque non suo vitio ad inopiam redactis : omnes ignoscunt, nemo succurrit.

Sénèque (Ier siècle ap. J.-C.), *Lettres à Lucilius*, livre I, lettre 1.

1. **jactura, ae,** f : la perte.

Traduction de J. Baillard (1914)

Suis ton plan, cher Lucilius ; reprends possession de toi-même : le temps qui jusqu'ici t'était ravi, ou dérobé, ou que tu laissais perdre, recueille et ménage-le. Persuade-toi que la chose a lieu comme je te l'écris : il est des heures qu'on nous enlève par force, d'autres par surprise, d'autres coulent de nos mains. Or la plus honteuse perte est celle qui vient de négligence, et, si tu y prends garde, la plus grande part de la vie se passe à mal faire, une grande à ne rien faire, le tout à faire autre chose que ce qu'on devrait. Montre-moi un homme qui mette au temps le moindre prix, qui sache ce que vaut un jour, qui comprenne que chaque jour il meurt en détail ! Car c'est notre erreur de ne voir la mort que devant nous : en grande partie déjà on l'a laissée derrière ; tout l'espace franchi est à elle. [...] Tu demanderas peut-être comment je fais, moi qui t'adresse ces beaux préceptes. Je l'avouerai franchement : je fais comme un homme de grand luxe, mais qui a de l'ordre ; je tiens note de ma dépense. Je ne puis me flatter de ne rien perdre ; mais ce que je perds, et le pourquoi et le comment, je puis le dire, je puis rendre compte de ma gêne. Puis il m'arrive comme à la plupart des gens ruinés sans que ce soit leur faute : chacun les excuse, personne ne les aide.

Buste présumé de Sénèque, sculpture de la Villa des Papyrus à Herculanum (Ier siècle ap. J.-C.), bronze (haut. : 33 cm), Musée archéologique national, Naples.

Traduction d'Henri Noblot (1985)

C'est cela, mon cher Lucilius : revendique tes droits sur toi-même. Jusqu'ici on te prenait ton temps ; on te le dérobait ; il t'échappait. Recueille ce capital et ménage-le. Oui, sois-en convaincu, les choses vont comme je te le dis : il est de nos instants qu'on nous arrache ; il en est qu'on nous escamote ; il en est qui nous coulent entre les doigts. La perte, à bien parler, n'est jamais plus blâmable que lorsqu'elle provient d'incurie. Du reste, regardes-y de près : la part la plus considérable de la vie se passe à mal faire, une large part à ne rien faire, toute la vie à n'être pas à ce que l'on fait. Me citeras-tu un homme qui attribue une valeur réelle au temps, qui pèse le prix d'une journée, qui comprenne qu'il meurt un peu chaque jour ? Telle est, en effet, l'erreur : nous ne voyons la mort que devant nous, alors qu'elle est, en grande partie déjà, chose passée. [...] Tu me demanderas peut-être comment je me comporte, moi qui te propose ces belles maximes. Je l'avouerai tout franc : mon cas est celui d'une personne qui mène grand train, mais qui a de l'ordre ; mon registre de dépenses est bien tenu. Je n'ai pas le droit de dire que je ne perds rien ; mais je dirai ce que je perds, et pourquoi, et comment. Je rendrai compte de ma pauvreté. Au reste, je me trouve dans le cas de la plupart des gens ruinés sans qu'il y ait de leur faute : tout le monde vous excuse, nul ne vous assiste.

Buste avéré de Sénèque, vue de face d'un buste à deux têtes représentant Sénèque et Socrate (IIIe siècle ap. J.-C.), marbre (haut. : 28 cm), Antikensammlung, Berlin.

Lire le texte

1. Repérez les verbes ainsi que les pronoms personnels à la 1re et à la 2e personne.

2. LEXIQUE Quelle est la forme de l'adjectif **turpissima** (l. 3) ? Pouvez-vous comprendre son sens à partir de mots français qui en dérivent ?

Traduire le texte

3. Retrouvez le texte latin à l'aide des traductions.

4. Comparez les deux traductions. Leurs différences se limitent-elles à des choix de lexique et de syntaxe divergents ?

5. LANGUE Relevez une proposition subordonnée de condition et justifiez l'emploi des temps. → p. 230

Approfondir

6. Quels reproches Sénèque adresse-t-il aux hommes ? Pense-t-il ne pas être concerné par ces reproches ?

7. Comparez les deux bustes de Sénèque. Quelles impressions ces deux portraits produisent-ils ? Pourquoi le premier buste a-t-il été considéré comme représentatif de la figure de Sénèque alors qu'il n'est pas fidèle à la réalité ?

Mot concept

▸ **sapiens, entis** (part. présent substantivé) : qualifie la personne qui est **sage, raisonnable,** celle qui possède à la fois la connaissance et la faculté de juger. Le sens premier du verbe **sapio, is, ere** est **avoir du goût**, d'où les dérivés **savoureux** ou **insipide**.

Figures de sages

TEXTES 2 Sénèque vu par les autres

1 *Dans une scène d'une tragédie écrite par un auteur inconnu, Sénèque et son disciple Néron dialoguent sur la façon dont l'empereur doit traiter ses ennemis, mais aussi son peuple.*

SE. Nihil in propinquos temere constitui decet.
NE. Justo esse[1] facile est cui, vacat pectus metu.
SE. Magnum timoris remedium clementia est.
NE. Extinguere hostem, maxima est virtus ducis.
SE. Servare cives, major est patriae patri.
NE. Praecipere mitem convenit pueris senem.
SE. Regenda magis est fervida adolescentia.
NE. Aetate in hac satis esse consilii reor.
SE. Ut facta Superi comprobent semper tua.
NE. Stulte verebor, ipse cum faciam, deos.
SE. Hoc plus verere, quod licet tantum tibi. [...]
NE. Inertis est, nescire quid liceat sibi.
SE. Id facere laus est quod decet, non quod licet.
NE. Calcat jacentem vulgus.
SE. Invisum opprimit.
NE. Ferrum tuetur principem.
SE. Melius fides.
NE. Decet timeri Caesarem.
SE. At plus diligi.
NE. Metuant necesse est...
SE. Quidquid exprimitur, grave est.
NE. Jussisque nostris pareant.
SE. Justa impera.
NE. Statuam ipse.
SE. Quae consensus efficiat rata.
NE. Destrictus ensis faciet.
SE. Hoc absit nefas.

Pseudo-Sénèque, *Octavie*, acte II, v. 440-450 et 453-461.

1. **justo esse** : être juste.

Lire le texte

1. Comment appelle-t-on cet échange de répliques théâtrales brèves ? Que dévoile-t-il sur le rapport entre les deux personnages ?

2. Repérez des antithèses entre les répliques des deux personnages (par exemple v. 4 et 5, 6 et 7, 14 et 15).

Traduire le texte

3. LANGUE Quel est le mode des verbes **metuant** et **pareant** (v. 17 et 18) ? Quelle est sa valeur ? Trouvez un autre exemple. → p. 231

4. Traduisez à l'aide du code couleur.

Approfondir

5. Quelle conception du pouvoir Néron et Sénèque proposent-ils ?

6. Quelles valeurs Sénèque défend-il ?

7. PORTFOLIO Comparez la figure de sage de Sénèque avec celle de Balthazar Claës dans *La Recherche de l'absolu* de Balzac (1834) hatier-clic.fr/21lat102 et celle de Zénon dans *L'Œuvre au noir* de Marguerite Yourcenar (1968).

Vignettes tirées de l'édition latine de *Murena*, tome 1, *Murex et Aurum*, de J. Dufaux et P. Delaby, traduction de C. Aziza et C. Rousset (2009).

1. Hui = ah (étonnement).

2 *L'album de bande dessinée* Murex et Aurum *raconte le règne de Néron. Dans ces vignettes, Agrippine, mère de Néron, propose à Sénèque de devenir le précepteur de son fils.*

Lire le texte

1. À l'aide des expressions des visages, imaginez quels sentiments peuvent éprouver les deux personnages.

Traduire le texte

2. LANGUE À quel temps et quel mode sont les verbes **erit** et **fies** (vignette 1) ? → p. 230

3. Traduisez les propositions principales, puis les subordonnées.

4. LEXIQUE **Mentor, is,** m : Mentor. Qui est Mentor ? Pourquoi ce nom propre est-il devenu commun en français ?

Approfondir

5. Quels rapports Agrippine et Sénèque entretiennent-ils dans cet extrait ?

6. Quels aspects de la personnalité de Sénèque cette bande dessinée met-elle en lumière ?

3 *Dans son* Histoire romaine, *Dion Cassius, homme politique romain qui écrit en grec, dresse un portrait étonnant du philosophe Sénèque.*

hatier-clic.fr/21lat103 Texte en grec

Sénèque aussi fut mis en cause et accusé, entre autres choses, de liaisons criminelles avec Agrippine ; il ne suffisait pas, en effet, à ce philosophe d'avoir été l'amant de Julie, et il ne s'était pas amélioré en revenant de l'exil ; loin de là, il entretenait des accointances avec Agrippine, femme d'un rang si élevé et mère d'un tel fils. Il fut, non seulement sur ce point, mais sur d'autres encore, convaincu de tenir une conduite tout opposée à ses maximes. Il blâmait la tyrannie, et il était le précepteur d'un tyran ; il s'élevait contre ceux qui fréquentaient les princes, et il n'abandonnait pas le palais ; il censurait les flatteurs, et il courtisait Messaline et les affranchis de Claude, jusqu'à leur adresser de son île un livre rempli de louanges, livre que, de honte, il effaça dans la suite. Il accusait les riches, et il possédait une fortune de sept millions cinq cent mille drachmes ; il parlait contre le luxe des autres, et il avait chez lui cinq cents trépieds en bois de citre avec pieds d'ivoire, tous de même grandeur et de même forme, et il donnait dessus de délicieux repas.

Dion Cassius (IIᵉ – IIIᵉ siècles ap. J.-C.), *Histoire romaine*, LXI, 10, traduit du grec par É. Gros (1867).

Autour du texte

1. Quelles contradictions Dion Cassius relève-t-il dans le comportement de Sénèque ?

2. D'après votre lecture des textes précédents, ces critiques sont-elles fondées ?

Figures de sages

TEXTES 3 Socrate, un sage parfait ?

+PROF Philon d'Alexandrie, *De la vie contemplative* (texte)

1 *Cicéron rend un vibrant hommage à l'athénien Socrate, condamné à mort en 399 avant J.-C., et maître, entre autres, de Platon.*

Socrates autem **primus philosophiam** devocavit **e caelo** et **in urbibus** conlocavit et **in domus etiam introduxit** et coegit **de vita et moribus rebusque bonis et malis** quaerere.

Cujus multiplex ratio disputandi rerumque varietas et ingenii magnitudo Platonis memoria et litteris consecrata **plura genera effecit dissentientium philosophorum**, e quibus nos id potissimum consecuti sumus[1], quo Socratem usum arbitrabamur, ut nostram ipsi sententiam tegeremus, errore alios levaremus et in omni disputatione, quid esset simillimum veri, quaereremus.

Cicéron (Ier siècle av. J.-C.), *Tusculanes*, V, 4.

1. **Nous** : désigne Cicéron et ses interlocuteurs et les hommes en général.

Traduction à compléter

Or Socrate **...** fit descendre **...** et l'installa **...** et **...** et obligea à réfléchir **....**

..., la variété des sujets et l'ampleur de son intelligence, immortalisées par les écrits et les souvenirs de Platon **...**, parmi lesquels nous, nous préférons principalement celle que nous jugeons conforme à Socrate, à savoir que nous-même nous cachons notre avis, nous délivrons les autres de l'erreur, et nous cherchons ce qui est le plus proche du vrai.

Traduction de F. Jouandoudet (2020).

Lire le texte

1. Quel adjectif qualifie la place de Socrate dans l'histoire de la philosophie ?

Traduire le texte

2. LANGUE Quelle est la nature de **cujus** (l. 4) ? → p. 240

3. Traduisez les passages en gras pour compléter la traduction.

Approfondir

4. Relevez les termes qui expliquent la méthode de Socrate.

5. Quelle est son originalité ?

2 *Aulu-Gelle rapporte une anecdote sur la vie privée de Socrate.*

Xanthippe[1] Socratis[2] philosophi uxor, morosa admodum fuisse <u>fertur</u> et jurgiosa : irarumque et molestiarum muliebrium per diem perque noctem scatebat. Has ejus intemperies in maritum Alcibiades[3] demiratus interrogavit Socratem, **quænam** ratio esset, **cur** mulierem tam acerbam domo non exigeret. **Quoniam**, inquit Socrates, **cum** illam domi talem perpetior, insuesco et exerceor, **ut** ceterorum quoque foris petulantiam et injuriam facilius feram.

Aulu-Gelle (IIe siècle ap. J.-C.), *Nuits attiques*, I, 17.

1. **Xanthippe, es,** f : Xanthippe, femme de Socrate.
2. **Socratis** : génitif.
3. **Alcibiades, is,** m : Alcibiade, disciple de Socrate.

Lire le texte

1. Repérez la question d'Alcibiade et la réponse de Socrate.

Traduire le texte

2. Cherchez le sujet du verbe souligné.

3. Quels types de mots sont en gras ?

4. Délimitez les propositions principales et subordonnées puis traduisez le texte.

Approfondir

5. Quelles qualités de Socrate cette anecdote illustre-t-elle ?

6. Quelle image de la femme transparaît dans ce texte ?

Mot concept

▸ **honestas, atis**, f : désigne à la fois **l'honnêteté**, vertu morale par excellence qui constitue la beauté morale d'un être ; mais aussi **l'honneur, la considération** dont jouit celui qui est honnête, qui lui vaut le respect de la société romaine.

Buste de Socrate (IIe siècle ap. J.-C.), marbre, Musées du Vatican, Rome.

3 *Selon Aulu-Gelle, Socrate s'imposait une discipline de vie remarquable pour parvenir à la sagesse.*

Inter labores voluntarios et exercitia corporis, ad fortuitas patientiae vices firmandi, *id* quoque **accepimus** Socratem facere **insuevisse**. Stare solitus Socrates **dicitur**, pertinaci statu, perdius atque pernox a summo lucis ortu ad solem alterum orientem, inconnivens, immobilis, iisdem in vestigiis, et ore atque oculis eumdem in locum directis cogitabundus, tamquam quodam secessu mentis atque animi facto a corpore. Quam rem cum Favorinus de fortitudine *ejus* viri ut pleraque disserens attigisset : Πολλάκις, inquit, ἐξ ἡλίου εἰς ἥλιον ἑστήκει ἀστραβέστερος τῶν πρέμνων[1]. Temperantia quoque **fuisse** *eum* tanta traditum est, ut omnia fere vitae suae tempora valetudine inoffensa vixerit. In illius etiam pestilentiae vastitate, quae in belli Peloponnesiaci principis Atheniensium civitatem internecivo genere morbi depopulata est, is parcendi moderandique rationibus **dicitur** et a voluptatum labe cavisse, et salubritates corporis retinuisse, ut nequaquam fuerit communi omnium cladi obnoxius.

Aulu-Gelle (IIe siècle ap. J.-C.), *Nuits attiques*, II, 1.

1. traduction : Il restait dans la même position, d'une aurore à l'autre, immobile et aussi droit qu'un tronc d'arbre.

Lire le texte

1. Rappelez le sens des mots soulignés.

2. Repérez les deux parties du texte en identifiant les mots de liaison. Chaque partie correspond à une qualité.

Traduire le texte

3. LANGUE Analysez les mots en italiques : nature, cas, genre et nombre. → p. 221

4. Analysez les formes verbales en gras, déterminez leur sujet et traduisez-les.

5. Traduisez l'ensemble du texte.

Approfondir

6. Quels exercices corporels Socrate pratiquait-il ? Dans quels buts ?

7. En quoi ce texte a-t-il pu contribuer à donner à Socrate un aspect légendaire ?

8. PORTFOLIO Lisez dans *Feux*, de Marguerite Yourcenar (1936), le chapitre « Phédon ou le vertige ». Pourquoi l'autrice qualifie-t-elle Socrate de « laid, fainéant et pauvre » ?

Comment diriger sa vie ?

TEXTE 4 Le sage à l'écart du monde

Dans son poème De rerum natura, *Lucrèce décrit la meilleure attitude pour trouver la sagesse.*

Suave, mari magno turbantibus aequora ventis,
E terra magnum alterius spectare laborem ;
Non quia vexari quemquamst jucunda voluptas,
Sed quibus ipse malis careas quia cernere suavest.
Suave etiam belli certamina magna tueri
Per campos instructa, tua sine parte pericli ;
Sed nihil dulcius est, bene quam munita tenere
Edita doctrina sapientum templa serena,
Despicere unde queas alios, passimque videre
Errare, atque viam palantes quaerere vitae,
Certare ingenio, contendere nobilitate,
Noctes atque dies niti praestante labore
Ad summas emergere opes rerumque potiri.
O miseras hominum mentes, o pectora caeca !
Qualibus in tenebris vitae quantisque periclis
Degitur hoc aevi quodcumquest ! Nonne videre
Nil aliud sibi naturam latrare, nisi utqui
Corpore sejunctus dolor absit, mensque fruatur
Jucundo sensu, cura semota metuque ?

Lucrèce (Ier siècle av. J.-C.), *De rerum natura*, II, 1-20.

Lire le texte

1. Quelle rupture remarquez-vous dans la ponctuation des phrases ? Quel changement de ton en découle ?

Traduire le texte

2. LEXIQUE Quel est le sens de l'adjectif **suave** (v. 1) ?

3. LANGUE Quelle est la valeur des accusatifs du vers 14 ? → p. 218

4. Relevez les verbes à l'infinitif dépendant de **suave** (v. 4), puis de **dulcius est** (v. 7).

5. Traduisez le texte à l'aide du code couleur.

Approfondir

6. Relevez ce qui oppose la vie des êtres ordinaires et la vie des sages.

7. Comment définir la sagesse selon Lucrèce ?

8. Quel sage grec a édifié la doctrine évoquée dans ce texte ? Que savez-vous de lui ?

Navire grec (vers 500 avant J.-C.), calcédoine scaraboïde gravée (long. : 3 cm), The Metropolitan Museum of Art, New York.

Mot concept

▶ **secta, ae**, f : nom formé sur le radical du verbe **sequor** (suivre) ; d'abord ce que l'on suit à titre individuel, la ligne de conduite, les principes de vie ; mais aussi ce que l'on suit à titre collectif, l'école philosophique, la secte, sans la nuance péjorative que ce terme possède aujourd'hui.

TEXTE 5 Le sage dans la cité

Cicéron livre à ses lecteurs une confidence sur ses occupations favorites.

Ego autem, quam diu res publica per eos gerebatur, quibus se ipsa commiserat, omnes meas curas cogitationesque in eam conferebam ; cum autem dominatu unius omnia tenerentur neque esset usquam consilio aut auctoritati locus, socios denique tuendae rei publicae, summos viros, amisissem, nec me angoribus dedidi, quibus essem confectus, nisi iis restitissem, nec rursum indignis homine docto voluptatibus. Atque utinam res publica stetisset, quo coeperat, statu nec in homines non tam commutandarum quam evertendarum rerum cupidos incidisset ! Primum enim, ut stante re publica facere solebamus, **in agendo plus quam in scribendo operae poneremus**, deinde ipsis scriptis non ea, quae nunc, sed actiones nostras mandaremus, ut saepe fecimus. Cum autem res publica, in qua omnis mea cura, cogitatio, opera poni solebat, nulla esset omnino, illae scilicet litterae conticuerunt forenses et senatoriae.

Cicéron (Ier siècle av. J.-C.), *Des devoirs*, II, 1-2, traduction de M. Testard © Les Belles Lettres (1984).

Or personnellement, tant que la république était administrée par ceux à qui elle s'était elle-même confiée, j'y employais tous mes soins et toutes mes pensées. Mais quand tout était tenu sous la domination d'un seul, quand il n'y avait plus nulle part place pour un avis ou une autorité morale, et qu'enfin j'eus perdu les hommes éminents qui m'étaient associés pour la sauvegarde de la république, je ne m'abandonnai ni à des angoisses qui m'eussent consumé si je n'y avais résisté, ni à l'inverse à des plaisirs indignes d'un homme cultivé. Si seulement la république s'était maintenue dans la forme où elle avait commencé, et n'était pas tombée au pouvoir d'hommes avides non pas tant de changements que de bouleversements ! Tout d'abord, bien sûr – comme je faisais d'ordinaire quand la république était debout –, je consacrerais plus de peine à agir qu'à écrire, et ensuite je confierais à mes écrits eux-mêmes, non pas ce que je confie à présent, mais mes propres actions, comme je l'ai souvent fait. Mais puisque la république, à laquelle d'ordinaire je consacrais tout mon soin, toute ma pensée, toute ma peine, n'existait absolument plus, ces activités littéraires du forum et du sénat, évidemment, furent réduites au silence.

Lire le texte

1. Sur quelle opposition l'expression en gras repose-t-elle ?

2. Pouvez-vous retrouver cette opposition dans un autre passage du texte ?

Traduire le texte

3. LANGUE Quelle est la valeur du subjonctif plus-que-parfait dans une hypothèse ? → p. 231

4. Qu'exprime **utinam** suivi du subjonctif (l. 10) ?

5. Faites correspondre le texte latin avec la traduction proposée.

Approfondir

6. Par quels procédés de style Cicéron montre-t-il son attachement à la vie publique ?

7. Quelles occupations sont dignes d'intérêt selon lui ?

8. PORTFOLIO Comment Albert Camus et Jean-Paul Sartre se sont-ils engagés dans les combats de leur temps ? Comparez avec les figures de Lucrèce et Cicéron. hatier-clic.fr/21lat104

Comment diriger sa vie ?

TEXTES 6 Philosophie et valeurs républicaines

1 *L'homme politique Cicéron explique ce que la philosophie peut apporter au débat public.*

Pro Academia autem quae dicenda essent, satis accurate in Academicis quattuor libris explicata arbitramur ; sed tamen tantum abest ut scribi contra nos nolimus, ut id etiam maxime optemus. In ipsa enim Graecia philosophia tanto in honore numquam fuisset, nisi doctissimorum contentionibus dissensionibusque viguisset. Quam ob rem hortor omnes, qui facere id possunt, ut hujus quoque generis laudem jam languenti Graeciae eripiant et transferant in hanc urbem, sicut reliquas omnes, quae quidem erant expetendae, studio atque industria sua majores nostri transtulerunt. Atque oratorum quidem laus ita ducta ab humili venit ad summum, ut jam, quod natura fert in omnibus fere rebus, senescat brevique tempore ad nihilum ventura videatur, philosophia nascatur Latinis quidem litteris ex his temporibus, eamque nos adjuvemus nosque ipsos redargui refellique patiamur. Quod ei ferunt animo iniquo, qui certis quibusdam destinatisque sententiis quasi addicti et consecrati sunt eaque necessitate constricti, ut etiam, quae non probare soleant, ea cogantur constantiae causa defendere.

Cicéron (Ier siècle av. J.-C.), *Tusculanes*, II, 4-5, traduction de M. Nisard (1848).

Lire le texte

1. À quels mots la Grèce est-elle associée dans ce texte ?

Traduire le texte

2. Relevez les deux relatifs de liaison utilisés dans ce texte.

3. LEXIQUE Recherchez l'étymologie latine de l'adjectif **humilis** (l. 10) pour en dégager le sens.

4. Remettez la traduction dans l'ordre.

5. Faites correspondre le texte latin et la traduction de la dernière phrase, en identifiant les pronoms relatifs et leurs antécédents.

Traduction dans le désordre

1 • et comme nous avons vu l'éloquence, dont les commencements furent si faibles parmi nous, y arriver à un si haut point de perfection, que déjà, selon le cours naturel de presque toutes choses, elle décline, et va bientôt, ce me semble, retomber dans le néant. Pour hâter donc les progrès de la philosophie, qui commence seulement à naître dans Rome, donnons toute liberté de nous attaquer, et de nous réfuter.

2 • Jamais la philosophie n'aurait été si fort en honneur parmi les Grecs, sans l'éclat que lui attiraient les disputes et les altercations de leurs savants.

3 • Et je crois n'avoir point mal développé dans mes quatre livres Académiques, ce qu'il y avait à dire pour la défense de l'Académie. Mais enfin, bien loin de trouver étrange qu'on écrive contre moi, c'est au contraire ce que je souhaite passionnément.

4 • C'est à quoi ne peuvent se résoudre qu'avec peine ceux qui ont épousé des dogmes[1] dont ils ne peuvent se départir ; et qui, par l'enchaînement de leurs principes, sont dans la nécessité d'admettre des conséquences que sans cela ils rejetteraient.

5 • Ainsi j'exhorte tous ceux qui en sont capables, à enlever jusqu'à cette sorte de mérite à la Grèce, où présentement tout languit[2]. Qu'ils transportent ici la Philosophie, comme nos ancêtres ont travaillé à y transporter les autres arts, qui leur paraissaient utiles :

Approfondir

6. Quel rapport entre la Grèce et Rome est développé dans ce texte ? Illustrez votre réponse par des exemples historiques.

7. Faites des recherches sur l'Académie : hatier-clic.fr/21lat105 .

8. Quel est l'intérêt majeur de la **philosophia** selon Cicéron ? Que peut-elle apporter à la vie publique ?

9. Quelle est la place de la réflexion philosophique aujourd'hui ? Quels sont les principaux thèmes de débat ? Qui débat ? hatier-clic.fr/21lat106

1. **dogme :** principe incontestable.
2. **languit :** s'affaiblit.

2 *Dans un discours aux citoyens romains, Marius, général et homme politique romain du Ier siècle avant J.-C., fait son autoportrait en s'opposant aux nobles patriciens.*

Maintenant, citoyens, à ces hommes pleins de superbe comparez l'homme nouveau que je suis. Ce qu'ils ont appris par ouï-dire ou par les lectures, je l'ai vu, moi, ou bien je l'ai fait ; ce qu'ils savent par des livres, je le sais, moi, par mes campagnes. À vous de dire ce qui vaut mieux, les actes ou les paroles. Ils méprisent ma basse origine, je méprise leur lâcheté ; on m'objecte, à moi, un accident du hasard, à eux leur malhonnêteté. Sans doute, la nature est une, elle est la même pour tous ; mais le plus brave est le mieux né. Et si l'on pouvait demander aux ancêtres d'Albinus[1] ou de Bestia[1] qui, d'eux ou de moi, ils préféreraient avoir pour descendants, quelle serait, à votre avis, leur réponse ? Ils voudraient avoir pour fils le plus honnête. S'ils ont raison de me dédaigner, qu'ils dédaignent aussi leurs ancêtres, devenus, comme moi, nobles par leur courage ! Ils m'envient l'honneur que vous m'avez fait ; qu'ils envient donc ma peine, ma probité, les dangers que j'ai courus, puisque c'est par ces moyens que j'ai obtenu cet honneur. Mais, pourris d'orgueil, ils vivent comme s'ils méprisaient les dignités que vous conférez, et, en même temps, ils les briguent, comme si leur conduite était honorable.

Salluste (Ier siècle av. J.-C.), *Guerre de Jugurta*, 85, 17-38, traduction de F. Richard © Flammarion (1968).

1. **Albinus, Bestia** : consuls romains (IIe siècle av. J.-C.).

Mot concept

▶ **bonus vir** : expression qui formule un idéal moral, qui qualifie l'« homme de bien », auquel est souvent associée la qualité de **dicendi peritus** (habile à parler) ; l'éloquence est ainsi la qualité première de l'homme vertueux.
Être un **vir bonus** permet d'être le garant du droit et de la justice. C'est l'équivalent du καλὸς κἀγαθός grec.

Lire le texte

1. Quelles sont les principales qualités d'un homme selon Marius ?

2. LEXIQUE Quel lien étymologique établissez-vous entre **vir** et **virtus** ?

3. Qu'est-ce qu'un **homo novus** selon Marius ?

Traduire le texte

4. Proposez votre traduction latine de la deuxième phrase puis comparez-la avec le texte de Salluste : hatier-clic.fr/21lat107.

Approfondir

5. Quelle image des ancêtres Marius donne-t-il ?

6. Comparez les idées de Marius et celles de Cicéron.

Buste présumé du consul Marius (Ier siècle ap. J.-C.), marbre, Museo Chiaramonti, Vatican, Rome.

Comment diriger sa vie ?

TEXTE 7 Éloge de l'oisiveté

Dans une lettre à son ami Minutius Fundanus, Pline le Jeune oppose sa vie à Rome et sa vie à la campagne.

PLINE À MINUTIUS FUNDANUS.

C'est une chose étonnante de voir comme le temps se passe à Rome. Prenez chaque journée à part, il n'y en a point qui ne soit remplie : rassemblez-les toutes, vous êtes surpris de les trouver si vides. Demandez à quelqu'un : Qu'avez-vous fait aujourd'hui ? J'ai assisté, vous dira-t-il, à la cérémonie de la robe virile qu'un tel a donnée à son fils. J'ai été prié à des fiançailles ou à des noces. L'on m'a demandé pour la signature d'un testament. Celui-ci m'a chargé de sa cause ; celui-là m'a fait appeler à une consultation. Chacune de ces choses, le jour qu'on l'a faite, a paru nécessaire : toutes ensemble, quand vous venez à songer qu'elles ont pris tout votre temps, paraissent inutiles, et le paraissent bien davantage quand on les repasse dans une agréable solitude. Tunc enim subit recordatio : « Quot dies quam frigidis rebus absumpsi ! » Quod evenit mihi, postquam in Laurentino meo[1] aut lego aliquid aut scribo aut etiam corpori vaco, cujus fulturis animus sustinetur. Nihil audio quod audisse, nihil dico quod dixisse paeniteat ; nemo apud me quemquam sinistris sermonibus carpit, neminem ipse reprehendo, nisi tamen me, cum parum commode scribo ; nulla spe, nullo timore sollicitor, nullis rumoribus inquietor ; mecum tantum et cum libellis loquor. O rectam sinceramque vitam, o dulce otium honestumque ac paene omni negotio pulchrius ! O mare, o litus, verum secretumque μουσεῖον[2], quam multa invenitis, quam multa dictatis ! Proinde tu quoque strepitum istum inanemque discursum et multum ineptos labores, ut primum fuerit occasio, relinque teque studiis vel otio trade. Satius est enim, ut Atilius noster eruditissime simul et facetissime dixit, otiosum esse quam nihil agere. Vale.

Pline le Jeune (Ier – IIe siècles ap. J.-C.), *Lettres*, I, 9, traduction de M. Nisard (1865).

1. **Laurentinum meum :** ma villa des Laurentes.
2. traduction : sanctuaire des Muses.

Lire le texte

1. Quelles oppositions pouvez-vous supposer entre ville et campagne ?

Traduire le texte

2. Regroupez les verbes à la 1re personne, puis à la 2e personne ; traduisez-les.

3. Traduisez les autres groupes sujets-verbes à l'aide du code couleur.

4. LANGUE Quelle est la valeur des accusatifs **vitam** et **otium** (l. 21) ? → p. 218

5. Traduisez le texte latin.

Approfondir

6. Quelles occupations Pline mène-t-il à Rome ? Comment les juge-t-il ?

7. Pline est-il inactif loin de Rome ?

Autour du texte

8. Quelle image du penseur-philosophe pouvez-vous lire à travers la photo du penseur Pierre Rabhi ?

9. Pourquoi Baptiste Morizot, philosophe actuel, enseigne-t-il un retour vers la nature ? hatier-clic.fr/21lat108

Mot concept

▸ **otium, otii,** n : équivalent latin du grec σχολή ; désigne à la fois le repos (par opposition aux activités du citoyen), mais aussi le temps dévolu à l'enrichissement culturel. Opposé à negotium.

Pierre Rabhi dans son jardin potager pédagogique.

TEXTE 8 La musique : un exercice philosophique

Cicéron rappelle l'importance de la musique pour les philosophes pythagoriciens et pour les anciens Romains.

Nam cum carminibus soliti illi[1] *esse dicantur* et praecepta quaedam occultius *tradere* et mentes suas a cogitationum intentione cantu fidibusque[2] ad tranquillitatem *traducere*, gravissimus auctor in Originibus **dixit** Cato[3] morem apud majores hunc epularum *fuisse*, ut deinceps, qui *accubarent*, *canerent* ad tibiam[4] clarorum virorum laudes atque virtutes ; ex quo perspicuum **est** et cantus tum *fuisse* discriptos vocum sonis et carmina. Quamquam id quidem etiam duodecim tabulae **declarant**, *condi* jam tum *solitum esse* carmen ; quod ne *liceret fieri* ad alterius injuriam, lege **sanxerunt**. Nec vero illud non eruditorum temporum argumentum **est**, quod et deorum pulvinaribus et epulis magistratuum fides *praecinunt*, quod proprium ejus *fuit*, de qua *loquor*, disciplinae.

Cicéron (Ier siècle av. J.-C.), *Tusculanes*, IV, 2.

1. **illi** : désigne les Pythagoriciens.
2. **fides, ium,** f pl : la lyre.
3. **Cato, onis,** m : Caton, homme politique célèbre pour sa vertu.
4. **tibia, ae,** f : la flûte.

Lire le texte

1. Relevez les termes qui appartiennent au champ lexical de la musique.

Traduire le texte

2. Délimitez les propositions en vous aidant des verbes principaux (en gras), et des verbes subordonnés (en italiques).

3. LEXIQUE Carmen, carminis, n : cherchez les différents sens de ce mot et ses dérivés étymologiques en français.

4. Traduisez l'ensemble du texte.

Approfondir

5. Quels procédés rhétoriques montrent la dimension polémique de ce texte ?

6. En rappelant l'importance de la musique dans la culture traditionnelle romaine, Cicéron semble-t-il combattre des préjugés ?

7. Rappelez quels liens unissent musique et mathématiques, et musique et littérature dans l'Antiquité. hatier-clic.fr/21lat109

8. PORTFOLIO Rapprochez ce texte de *L'Origine de la tragédie* de F. Nietzsche (1872) : hatier-clic.fr/21lat110 .

Les écoles philosophiques dans l'Antiquité

+PROF
Stoïcisme et cité idéale (conférence)
Alexandre le Grand et Aristote (article)

L'Antiquité gréco-latine n'a pas seulement donné naissance à la philosophie. Depuis les premiers penseurs, à la fin du VIIe siècle avant J.-C., jusqu'aux néoplatoniciens de l'Antiquité tardive du IIIe siècle après J.-C., les théories et les interrogations scientifiques, métaphysiques et morales se sont succédé. Elles ont posé tant de questions que la pensée antique est un réservoir inépuisable où nos idées les plus modernes trouvent leur source.

Les penseurs présocratiques

• La **Grande Grèce**, à la fin du VIIe siècle avant J.-C., est le berceau des premiers philosophes connus dont ne nous sont parvenus que des écrits fragmentaires.

• **Thalès** vit à Milet, une ville d'Asie mineure proche des civilisations mésopotamienne et égyptienne. Considéré parfois comme le père de la philosophie, il a donné aux événements physiques une cause naturelle, sans passer par l'intervention des dieux, séparant ainsi religion et science.

• En Sicile, **Pythagore** et ses disciples associent une doctrine mystique basée sur la transmigration des âmes et une cosmologie fondée sur les nombres et les formes géométriques. Également sicilien, **Empédocle** écrit des poèmes sur les deux principes régissant l'Univers : l'Amour et la Haine.

• **Héraclite** d'Éphèse insiste sur le perpétuel écoulement des choses, ou sur l'idée que Polemos (la Guerre) est le père de toutes choses.

• **Zénon**, de la ville d'Élée en Campanie, montre, dans ses célèbres apories de la flèche, ou d'Achille et de la tortue, les difficultés à penser le mouvement. Originaire d'Élée également, **Parménide** réfléchit sur l'être et la vérité.

Socrate et les sophistes

• Au Ve siècle avant J.-C., Socrate fait d'Athènes la capitale de la philosophie. Il y côtoie des maîtres penseurs appelés « sophistes », qui enseignent l'**art de la rhétorique**, comme Gorgias ou Protagoras. En affirmant que « l'homme est la mesure de toutes choses » ou qu'ils ne peuvent rien savoir des dieux, ils professent un **relativisme critique** qui leur vaut d'être les cibles de Platon.

• L'histoire de la philosophie garde d'eux une image très péjorative. **Socrate**, lui, malgré la représentation comique qu'en donne Aristophane dans *Les Nuées*, incarne la figure du sage **parfait**. Admiré par beaucoup, honni par de nombreux autres, il est condamné à mort en 399 avant J.-C. pour corruption de la jeunesse et impiété.

Les écoles de Platon et d'Aristote

• **Platon** (428-348 av. J.-C.) est le disciple le plus célèbre de Socrate. Il met son maître en scène dans tous ses **dialogues** et exprime, à travers lui, ses propres conceptions philosophiques, diffusées dans son école : l'Académie. Sa métaphysique est **dualiste** et **idéaliste** : elle **sépare la nature du corps et celle de l'âme**, le premier ne nous donnant des choses qu'une vision trompeuse. Le but du philosophe est de comprendre l'organisation du monde des Idées, comme l'exprime le célèbre mythe de la Caverne.

• **Aristote** (384-322 av. J.-C.) est l'élève le plus célèbre de Platon. Il fonde sa propre école dans un quartier d'Athènes, le Lycée, où il enseigne et compose ses nombreux ouvrages traitant de tous les sujets de connaissance. Son habitude de **disserter en marchant** vaut à son école le nom de « péripatéticienne ». Il remet en cause le dualisme de Platon dans une **théorie complexe** opposant réalité en acte et en puissance.

L'Académie de Platon, mosaïque de Pompéi (Ier siècle av. J.-C.), (86 x 85 cm), Musée archéologique national, Naples.

Plotin entouré de ses disciples, relief en marbre du panneau frontal de son sarcophage (IIIe siècle), Museo Gregoriano Profano, Vatican, Rome.

Autour des images

Comparez les deux images (lieu, époque, représentation).

Cyniques et sceptiques

• Dans la lignée de Socrate, qui remettait systématiquement en cause les évidences apparentes, deux écoles ne cessent de tout discuter.

• **Diogène le Cynique** (405-323 av. J.-C.), par exemple, réfléchit sur la différence entre nature et culture, et, situant la vertu dans ce qui est le plus proche de la Nature, conteste toutes les règles sociales athéniennes, qu'elles soient politiques, sociales ou religieuses, et refuse l'armée, le culte, la monnaie ou le mariage.

• **Les sceptiques**, à l'image de **Pyrrhon** (365-275 av. J.-C.) ou beaucoup plus tard, de Sextus Empiricus (160-210 ap. J.-C.), ne veulent rien admettre de vrai sans certitude et proposent de suspendre le jugement dans le doute, pour parvenir ainsi à un état exempt de troubles, l'**ataraxie**.

Épicuriens et stoïciens

• **Zénon** de Citium (301-262 av. J.-C.) donne naissance à la **doctrine stoïcienne** qui a perduré longtemps dans le monde romain, à travers les écrits de l'empereur Marc-Aurèle (121-180 ap. J.-C.) par exemple. Cette philosophie articule logique, physique et morale dans un système très complet, dont le but, pour atteindre la sagesse, est de vivre en conformité avec la nature, en maîtrisant la connaissance du monde. La morale est basée sur l'**acceptation du destin**.

• **Lucrèce**, au Ier siècle avant J.-C. est, quant à lui, le disciple romain le plus célèbre du philosophe grec Épicure (342-270 av. J.-C.). Il expose les théories matérialistes qui permettent de ne craindre ni les dieux, ni la mort, et conduisent le sage au bonheur.

Les néoplatoniciens

• Au IIIe siècle après J.-C., une dernière école se développe dans l'Antiquité, autour notamment de **Plotin** (205-270 ap. J.-C.) à Rome, ou plus tard d'**Hypatie** (370-415 ap. J.-C.) à Alexandrie. Ces penseurs reprennent l'essentiel de la métaphysique platonicienne en plaçant la sagesse dans une union mystique avec l'unité de l'Être.

• Cette période voit aussi se développer les premières philosophies chrétiennes, dont celle de **saint Augustin** (354-430 ap. J.-C.) qui intègre les concepts néoplatoniciens à la pensée chrétienne.

Les écoles philosophiques vous passionnent ?

Choisissez un thème d'exposé que vous pourrez présenter en classe :

- Les apories de Zénon d'Élée
- La vie de Diogène le Cynique
- Aristote et Alexandre le Grand
- La place du stoïcisme dans l'Empire romain
- Le rapport entre néoplatonisme et christianisme

Consultez les liens :

Site Zénon d'Élée hatier-clic.fr/21lat111

Vidéo Diogène et les cyniques hatier-clic.fr/21lat112

Figures de sages du XXe siècle

Les philosophes contemporains ont poursuivi le questionnement antique sur leur rôle dans la société. Quelques-uns sont devenus des modèles par leurs œuvres mais aussi leur personnalité et leurs actions.

TEXTE 1 Simone de Beauvoir : une philosophe engagée

Professeure agrégée de philosophie, Simone de Beauvoir s'est engagée, entre autres, dans la lutte pour le féminisme. Elle a raconté son enfance et son adolescence dans les Mémoires d'une jeune fille rangée.

La monotonie de l'existence adulte m'avait toujours apitoyée ; quand je me rendis compte que, dans un bref délai, elle deviendrait mon lot, l'angoisse me prit. Un après-midi, j'aidais maman à faire la vaisselle ; elle lavait des assiettes, je les essuyais ; par la fenêtre, je voyais le mur de la caserne de pompiers, et d'autres cuisines où des femmes frottaient des casseroles ou épluchaient des légumes. Chaque jour, le déjeuner, le dîner ; chaque jour la vaisselle ; ces heures indéfiniment recommencées et qui ne mènent nulle part : vivrais-je ainsi ? Une image se forma dans ma tête, avec une netteté si désolante que je me la rappelle encore aujourd'hui : une rangée de carrés gris s'étendait jusqu'à l'horizon, diminués selon les lois de la perspective, mais tous identiques, et plats ; c'étaient les jours et les semaines, et les années. Moi, depuis ma naissance, je m'étais endormie chaque soir un peu plus riche que la veille ; je m'élevais de degré en degré ; mais si je ne trouvais là-haut qu'un morne plateau, sans aucun but vers lequel marcher, à quoi bon ?

Non, me dis-je, tout en rangeant dans le placard une pile d'assiettes ; ma vie à moi conduira quelque part. Heureusement, je n'étais pas vouée à un destin de ménagère. Mon père n'était pas féministe ; il admirait la sagesse des romans de Colette Yver[1] où l'avocate, la doctoresse, finissent par sacrifier leur carrière à l'harmonie du foyer ; mais nécessité fait loi : « Vous, mes petites, vous ne vous marierez pas, répétait-il souvent. Vous n'avez pas de dot, il faudra travailler. » Je préférais infiniment la perspective d'un métier à celle du mariage ; elle autorisait des espoirs. Il y avait eu des gens qui avaient fait des choses : j'en ferais. Je ne prévoyais pas bien lesquelles. L'astronomie, l'archéologie, la paléontologie tour à tour m'avaient réclamée et je continuais à caresser vaguement le dessein d'écrire. Mais ces projets manquaient de consistance, je n'y croyais pas assez pour envisager avec confiance l'avenir. D'avance, je portais le deuil de mon passé.

Simone de Beauvoir (1908-1986), *Mémoires d'une jeune fille rangée* © Éditions Gallimard (1958).

1. **Colette Yver** : écrivaine française du début du XXe siècle dont plusieurs romans mettent en évidence les difficultés de la femme à concilier carrière et vie de famille.

TEXTE 2 Simone Weil : un modèle de sagesse ?

Simone Weil (1909-1943), ancienne élève de l'École normale supérieure et agrégée de philosophie, est une figure marquante de « sage ». Un article du journal Libération *dresse son portrait longtemps après sa mort.*

Comme une société secrète connue d'un petit cercle d'initiés, les adorateurs de Simone Weil se dénomment les « weiliens ». « Ah vous êtes weilien ! » dit-on en chuchotant dans cette famille disparate qui unit idéalistes révolutionnaires, serviteurs de Dieu ou philosophes épris d'éthique. Quelques anciens vont même jusqu'à l'appeler « Simone », familiarité qui agace la nouvelle génération, signe d'un accaparement déplacé. Car Simone Weil, morte d'épuisement à 34 ans à Londres en 1943, jeune philosophe, normalienne, passée par le travail en usine, la guerre d'Espagne et l'interrogation mystique, est devenue au lendemain de sa mort un mythe, objet de cultes et de diverses récupérations. Par sa lucidité critique, son analyse de l'Europe vacillante des années 30 ou ses écrits sur le malheur, elle est d'une actualité évidente. Un *Que sais-je* (éditions PUF) lui est consacré à l'automne, Albin Michel republie le 1er septembre *Attente de Dieu*, préfacé par Christiane Rancé.

Au lycée Henri-IV dans les années 20, Alain, son maître en philosophie, l'appelle déjà la « Martienne ». Ni robe ni chapeau, « toujours en noir, le teint bistre », rapporte l'écrivain Georges Bataille qui la rencontre quelquefois. « C'était certainement un être admirable, asexué, avec quelque chose de néfaste… » précise-t-il. Un peu gauche, un peu ridicule, c'est une tige tout en raideur, androgynie façonnée par sa mère qui l'avait élevée comme un garçon dans une famille juive libérale. Elle s'adonne au rugby ou à la course à pied, préfère les montées aux descentes durant les randonnées, n'a pas vraiment d'humour, ni fait preuve de frivolité ! « Elle sera toujours à la recherche du plein emploi de soi-même », résume Robert Chenavier, président de l'Association pour l'étude de la pensée de Simone Weil. Dotée d'une intelligence hors norme, elle embrasse tous les savoirs, des mathématiques à l'histoire des religions. Rétive à toute autorité – elle ne sera jamais membre du Parti communiste ni de l'Église –, elle ne se laisse pas embrigader. Elle passe au crible, critique les grands principes de l'existence : travail, démocratie, droits de l'homme, religion, modernité. C'est même le sens de sa vie de se méfier de toute idéologie autoritaire.

Cécile Daumas, « Les grands écarts de Simone Weil », article paru dans *Libération* (4 août 2016)

1. Que reproche Simone de Beauvoir à l'existence adulte ?

2. Quelles dispositions l'ont préparée à devenir philosophe ?

3. **PORTFOLIO** Mettez en perspective cet autoportrait de femme philosophe du XXe siècle avec la description que Sénèque fait de sa vie (▸ p. 22).

4. Quels sentiments Simone Weil a-t-elle inspirés, et inspire-t-elle encore à ses connaissances et à ses lecteurs ?

5. Dans quelle mesure incarne-t-elle la figure parfaite de la sagesse philosophique ?

6. **PORTFOLIO** Simone Weil est-elle héritière de Socrate (▸ p. 26-27) ?
Lisez la suite de l'article : hatier-clic.fr/21lat113 .

SÉQUENCE 2

Questions philosophiques

Que savez-vous déjà ?

- Comment pourrait-on définir la philosophie ?
- À quels sujets particuliers les philosophes s'intéressent-ils ?
- Qu'est-ce que le bonheur selon vous ?

Au VIe siècle avant J.-C., les premiers philosophes grecs s'intéressent à l'univers et aux éléments. Au siècle suivant, la réflexion s'étend à la nature humaine. La philosophie grecque associe ainsi pensée abstraite et sens pratique, en recherchant la bonne façon de vivre en harmonie avec soi, avec autrui et avec la cité. La pratique philosophique apporte en effet au sage une compréhension du monde lui permettant d'opérer des choix de vie qui le mèneront au bonheur sans que la perspective de la mort ne l'empêche d'en jouir.

Les Romains, méfiants en premier lieu envers la philosophie, s'y intéressent lorsqu'elle leur paraît rejoindre leurs propres préoccupations éthiques. De l'ensemble de la philosophie grecque connue et transmise, l'épicurisme et le stoïcisme sont les deux courants qui se diffusent principalement à Rome.

Les voies du bonheur

Les philosophes s'interrogent sur ce qui procure un épanouissement et un bien-être durables. Pour cela, ils distinguent les bonheurs authentiques des bonheurs illusoires et livrent des conseils et des méthodes pour connaître une vie heureuse.

Qu'est-ce que le bonheur ? Quelle attitude adopter pour l'obtenir ?

→ Textes 1 à 8

Affronter la mort

Cependant, les hommes peuvent-ils être heureux alors même que leur existence est vouée à l'achèvement ? Les philosophes s'emparent du sujet de la mort pour en proposer leur conception et offrir les moyens d'affronter la peur qu'elle provoque.

Qu'est-ce que la mort ? Comment dépasser la peur qu'elle suscite ?

→ Textes 9 à 16

Fresque du temple d'Isis à Pompéi (vers 50-90 ap. J.-C.), Musée archéologique national, Naples.

▸ Cette fresque orne la salle des banquets rituels du temple. Au centre de ce paysage égyptien se dresse le sarcophage d'Osiris, en face duquel un prêtre accomplit un sacrifice sur un autel. Selon le mythe, Osiris est un pharaon civilisateur, assassiné par son frère puis ressuscité par sa sœur Isis. C'est le dieu des Morts mais aussi celui du retour à la vie.

LEXIQUE
Carte mentale
hatier-clic.fr/21lat201

Les voies du bonheur

+PROF
Le bonheur : esquisse philosophique (article Cairn)

TEXTES 1 Qu'est-ce que le bonheur ?

1 *Aristote, auteur grec de très nombreuses œuvres philosophiques et scientifiques, s'interroge ici sur la finalité de nos actions.*

hatier-clic.fr/21lat202 Texte en grec

Puisque toute connaissance et toute décision librement prise vise quelque bien, quel est le but que nous assignons à la politique et quel est le souverain bien de notre activité ? Sur son nom du moins il y a assentiment presque général : c'est le bonheur, selon la masse et selon l'élite, qui supposent que bien vivre et réussir sont synonymes de vie heureuse ; mais sur la nature même du bonheur, on ne s'entend plus et les explications des sages et de la foule sont en désaccord. Les uns jugent que c'est un bien évident et visible, tel que le plaisir, la richesse, les honneurs ; pour d'autres la réponse est différente ; et souvent pour le même individu elle varie : par exemple, malade il donne la préférence à la santé, pauvre à la richesse. Ceux qui sont conscients de leur ignorance écoutent avec admiration les beaux parleurs et leurs prétentions ; quelques-uns par contre pensent qu'en plus de tous ces biens, il en est un autre qui existe par lui-même, qui est la cause précisément de tous les autres.

Aristote (IVe siècle av. J.-C.), *Éthique à Nicomaque*, IV, 1095a, traduit du grec par M. Thurot (1824).

Mot concept

► εὐδαιμονία (**eudaimonia**) : le bonheur. Mot composé de l'adverbe εὖ (bien) et du nom δαίμων (dieu, divinité, destin), qui désigne la bonne destinée que la divinité réserve à l'homme. Selon Aristote, elle ne dépend pas de la chance et des biens extérieurs (εὐτυχία) mais de la sagesse contemplative (θεωρία) qui rend l'homme semblable à un dieu.

Autour du texte

1. Quelle importance Aristote accorde-t-il au bonheur ?

2 *Sénèque se propose d'exposer à son frère la conception stoïcienne du bonheur.*

Vivere, Gallio frater, omnes **beate** volunt, sed ad pervidendum quid sit quod beatam vitam efficiat caligant ; adeoque non est **facile** consequi beatam vitam, ut eo[1] quisque ab ea **longius** recedat quo ad illam **concitatius** fertur, si via lapsus est ; quae ubi in contrarium ducit, ipsa velocitas majoris intervalli causa fit. [...]

Decernatur itaque et quo tendamus, et qua ; non sine perito aliquo, cui[2] explorata sint ea, in quae procedimus : quoniam quidem non eadem hic, quae in ceteris peregrinationibus, conditio est. In illis comprehensus aliquis limes, et interrogati incolae non patiuntur errare : at hic tritissima quaeque via, et celeberrima, maxime decipit.

Sénèque (Ier siècle ap. J.-C.), *De beata vita*, I, 1-2.

1. **eo longius... quo concitatius :** d'autant plus... que plus...
2. **cui explorata sint ea :** à qui sont parfaitement connues ces voies.

Traduire le texte

1. Quelle est la nature des mots en gras ?

2. Quel est l'antécédent du relatif de liaison quae (l. 4) ?

3. LANGUE Quelle est la valeur du subjonctif de **decernatur** et **tendamus** (l. 6) ? → p. 231

4. Traduisez le texte en vous aidant du code couleur.

Approfondir

5. Pour Sénèque, la question du bonheur ne concerne-t-elle que les philosophes ? Quels conseils donne-t-il ?

6. Est-il facile de définir le bonheur selon Aristote et Sénèque ? Pourquoi ?

Détail de la fresque de la Salle des jardins de la Villa Livia (vers 30-20 av. J.-C.), Palazzo Massimo alle Terme, Rome.

TEXTE 2 La vie heureuse

Sénèque expose les bénéfices qu'on peut tirer de la possession d'une âme bien dirigée.

Interim (Au demeurant), quod inter omnis Stoicos convenit (ce qui est reconnu chez tous les stoïciens), rerum naturae assentior (je suis les conseils de la nature) : ab illa non deerrare (ne pas s'en écarter) et ad illius legem exemplumque formari (se régler sur sa loi et son exemple), sapientia est (voilà la sagesse). Beata est ergo vita (Une vie heureuse est donc) conveniens naturae suae (celle qui s'accorde avec sa nature), quae non aliter contingere potest (et on ne peut y parvenir) quam si primum sana mens est (que si l'âme est d'abord saine) et in perpetua possessione sanitatis suae (et en possession perpétuelle de cet état de santé), deinde fortis ac vehemens (puis courageuse et énergique), tunc pulcherrima et patiens (ensuite très belle et patiente), apta temporibus (prête à tout événement), corporis sui (du corps) pertinentiumque ad id (et de ce qui le concerne) curiosa, non anxie (soucieuse, sans inquiétude), tum aliarum rerum (enfin aux autres avantages) quae vitam instruunt (qui ornent la vie) diligens sine admiratione cujusquam (attentive sans en admirer aucun), usura fortunae muneribus (prête à user des dons de la fortune), non servitura (non à s'y asservir). Intellegis (Tu comprends), etiam si non adiciam (même si je ne l'ajoutais pas), sequi perpetuam tranquillitatem (qu'il s'ensuit une tranquillité perpétuelle), libertatem (une liberté), depulsis iis quae aut irritant nos aut territant (puisque nous avons chassé ce qui nous irrite ou nous terrifie) ; nam voluptatibus (car aux voluptés), et pro illiciis (aux séductions), quae parva ac fragilia sunt (qui sont petites et fragiles) et ipsis fragrantiis noxia (et dont le parfum même est nuisible), ingens gaudium subit (une joie immense succède), inconcussum et aequale (inébranlable et inaltérable), tum pax et concordia animi et magnitudo cum mansuetudine (puis la paix, l'harmonie de l'âme, la grandeur jointe à la douceur) ; omnis enim ex infirmitate feritas est (car toute férocité procède de faiblesse).

Sénèque (Ier siècle ap. J.-C.), *De beata vita*, III, 3-4, traduction adaptée d'A. Bourgery © Les Belles Lettres (1930).

Lire le texte

1. Quels termes désignent les bénéfices attendus d'une âme bien dirigée ? Complétez la carte mentale (p. 39).

Traduire le texte

2. Analysez les formes **usura** (l. 20) et **servitura** (l. 21).

3. LANGUE Quelle construction est introduite par le verbe **intellegis** (l. 22) ? → p. 238

4. LANGUE Quelle est la construction utilisée dans l'expression **depulsis iis** (l. 24) ? → p. 239

5. Retrouvez le mot à mot du texte de Sénèque puis proposez votre propre traduction.

Les voies du bonheur

TEXTE 3 La difficulté de maîtriser son âme

hatier-clic.fr/21lat203 Texte en grec

Socrate compare l'âme à un attelage ailé composé de deux chevaux menés par un cocher. Les âmes des dieux sont des attelages harmonieux qui leur permettent de s'élever dans les cieux. Les âmes des hommes sont en revanche des attelages déséquilibrés : l'un des chevaux est beau et vertueux, mais le second est laid et vicieux.

L'aile a reçu de la nature le pouvoir d'entraîner vers le haut ce qui pèse, en l'élevant du côté où demeure la race des dieux. C'est elle qui, d'une certaine manière, parmi toutes les choses corporelles, participe le plus au divin. Or le divin est beau, sage, bon, et possède toutes les qualités de cet ordre : c'est là ce qui nourrit et développe le mieux les ailes de l'âme, tandis que la laideur, le mal, les défauts contraires aux précédentes qualités causent leur ruine et leur destruction.

[...] [L'âme] qui suit le mieux le dieu et lui ressemble dresse la tête de son cocher vers l'espace qui est en dehors du ciel, le mouvement circulaire l'emporte mais, embarrassée par ses chevaux, elle a grand-peine à porter les yeux sur les objets réels. Telle autre tantôt s'élève, tantôt s'enfonce, ses chevaux gagnent à la main[1], elle aperçoit certaines réalités, mais inversement certaines lui échappent. Les autres âmes, qui aspirent toutes à s'élever, prennent la suite, mais leur faiblesse les fait sombrer dans le tourbillon qui les emporte, elles se piétinent entre elles, elles se bousculent, chacune essayant de devancer l'autre. [...] Toutes, en dépit de leurs efforts, s'éloignent sans avoir atteint la contemplation de l'Être, et dès lors ont l'Opinion pour nourriture.

Platon (Ve-IVe siècles av. J.-C.), *Phèdre*, 246d-e et 248a-b, traduit du grec par P. Vicaire

Autour du texte

1. Quels comportements humains Socrate cherche-t-il à expliquer par ce mythe ?

2. Dans quelle mesure cette conception de l'âme explique-t-elle la difficulté d'atteindre le bonheur ?

1. **gagner à la main** : pour un cheval, ne plus obéir au cavalier et partir à toute allure.

TEXTE 4 La quête folle de l'argent et des honneurs

Lucrèce dénonce la perversion causée par la cupidité et l'ambition.

Denique avarities et honorum caeca cupido
Quae miseros homines cogunt transcendere fines
Juris, et interdum socios scelerum atque ministros
Noctes atque dies niti[1] praestante labore
Ad summas emergere opes, haec vulnera vitae
Non minimam partem mortis formidine aluntur.
Turpis enim ferme contemptus et acris egestas
Semota ab dulci vita stabilique videtur,
Et quasi jam leti portas cunctarier[2] ante ;
Unde homines dum se falso terrore coacti
Effugisse volunt longe longeque remosse,
Sanguine civili rem conflant divitiasque
Conduplicant avidi, caedem caede accumulantes ;
Crudeles gaudent in tristi funere fratris,
Et consanguineum mensas odere timentque.

Lucrèce (Ier siècle av. J.-C.), *De rerum natura*, III, v. 59-73.

Lire le texte

1. LEXIQUE Relevez le champ lexical des richesses et des honneurs.

2. Relevez le lexique de l'affectivité.

Traduire le texte

3. Analysez la proposition relative du vers 2.

4. Expliquez l'emploi des infinitifs.

5. LANGUE Quelles sont les valeurs des accusatifs aux vers 4 et 6 ? → p. 218

6. Traduisez le texte à l'aide du code couleur.

1. **nitor, nisus sum, niti** : s'efforcer de (inf).
2. **cunctarier** = cunctari.

Approfondir

7. Le constat dressé par Lucrèce vous semble-t-il toujours d'actualité ? Regardez cette vidéo : hatier-clic.fr/21lat204.

8. PORTFOLIO Comment la cupidité mène-t-elle au malheur ? Comparez ce texte de Lucrèce avec le dernier chapitre de « Ce qu'il faut de terre à l'homme », de Léon Tolstoï (1886) : hatier-clic.fr/21lat205.

9. Quelle femme incarne l'avidité dénoncée par Lucrèce dans la bande dessinée ?

Vignette extraite de l'album *Ce qu'il faut de terre à l'homme*, de M. Veyron, Éditions Dargaud (2016).

Mot concept

▸ **gaudium, ii**, n : épanouissement, contentement, satisfaction. On le distingue de laetitia, ae, f (joie, allégresse), felicitas, atis, f (chance heureuse, prospérité) et beatitudo, inis, f (bonheur, félicité).

TEXTE 5 L'illusion de l'amour

Lucrèce détaille les souffrances engendrées par l'amour.

Medio de fonte leporum[1]
Surgit amari aliquid, [quod in ipsis floribus angat],
Aut [cum conscius ipse animus se forte remordet[2]
Desidiose agere aetatem lustrisque perire],
Aut [quod in ambiguo verbum jaculata[3] reliquit],
[Quod cupido adfixum[4] cordi vivescit ut ignis],
Aut[5] [nimium jactare oculos aliumve tueri
Quod putat[6], in vultuque videt[6] vestigia risus].
Atque in amore[7] mala haec[8] proprio summeque secundo
Inveniuntur ; in adverso vero atque inopi sunt,
[Prendere quae possis oculorum lumine operto],
Innumerabilia.

Lucrèce (Ier siècle av. J.-C.), *De rerum natura*, IV, v. 1133-1144.

1. **lepos, oris**, m : le charme, l'agrément. • 2. **remordeo, es, ere** : mordre à nouveau, ronger, avoir du remords (de ce que : prop inf). 3. **jaculata** : part passé fém de jaculor (lancer) se rapportant à la femme aimée. • 4. **adfigo, is, ere, adfixi, adfixum** : fixer qqch à qqch (dat). 5. **aut nimium… risus** : construire aut quod putat [illam] jactare… tueri… (sujet sous-entendu : illam, la femme aimée). • 6. **putat, videt** : le sujet sous-entendu est l'amant. • 7. **proprio amore** : un amour sans rivalité ; s'oppose à adverso atque inopi : contrarié et malheureux. 8. **mala haec** : sujet de inveniuntur et sunt (v. 10).

Lire le texte

1. LEXIQUE Relevez le champ lexical de l'affectivité et celui du corps (v. 6 à 11).

Traduire le texte

2. LANGUE Quelle est la valeur de cum + indicatif (v. 3) ? → p. 254

3. Quels sont les antécédents des pronoms relatifs quod (v. 2 et 6) ?

4. LANGUE Quelle est la valeur de quod + indicatif (v. 5 et 8) ? → p. 255

5. Traduisez les passages en gras puis l'ensemble du texte.

Approfondir

6. Selon Lucrèce, l'amour peut-il procurer un épanouissement et un bien-être durables ?

Les voies du bonheur

TEXTES 6 La voie épicurienne

1 *Le tetrapharmakos est une préparation médicinale composée de quatre ingrédients et destinée à soigner les abcès. Le mot est repris de façon métaphorique pour les quatre principes épicuriens qui permettent d'atteindre le bonheur.*

Ἄφοβον ὁ θεός,	Le dieu n'a rien d'effrayant
ἀνύποπτον ὁ θάνατος	et la mort est sans risque,
καὶ τἀγαθὸν μὲν εὔκτητον,	le bon est facile à avoir,
τὸ δὲ δεινὸν εὐεκκαρτέρητον.	le redoutable facile à endurer.

Philodème de Gadara (Ier siècle av. J.-C.), Papyrus d'Herculanum n°1005, traduit du grec par J. Giovacchini.

Autour du texte

1. Quelle image de la philosophie la métaphore du tetrapharmakos donne-t-elle ?

2. Expliquez les quatre principes : hatier-clic.fr/21lat206.

2 *Épicure engage son disciple Ménécée à pratiquer constamment la philosophie.*

hatier-clic.fr/21lat207 Texte en grec

Méditez donc, mon cher Ménécée, et ne négligez rien de tout ce qui peut vous mener à la félicité ; heureux celui qui s'est fixé dans cette situation tranquille ! Il n'a plus de souhaits à faire, puisqu'il est satisfait de ce qu'il possède ; et s'il n'a pu encore s'élever à ce degré d'excellence, il doit faire tous ses efforts pour y atteindre. […] Ne cessez donc jamais de méditer sur ces choses ; soyez jour et nuit dans la spéculation de tout ce qui les regarde, soit que vous soyez seul, ou avec quelqu'un qui ait du rapport avec vous : c'est le moyen d'avoir un sommeil tranquille, d'exercer dans le calme toutes vos facultés, et de vivre comme un dieu parmi les mortels. Celui-là est plus qu'un homme, qui jouit pendant la vie des mêmes biens qui font le bonheur de la divinité.

Épicure (IVe – IIIe siècles av. J.-C.), *Lettre à Ménécée*, 123 et 135, traduit du grec par J.-G. Chauffepié (1840).

Mot concept

▶ ἄσκησις (**askêsis**) : l'ascèse ; du verbe ἀσκεῖν, qui signifie originellement façonner puis s'exercer ; discipline que l'on s'impose pour atteindre un idéal. Pour les épicuriens et les stoïciens, cet idéal est l'ataraxie (ἀταραξία, ataraxia), l'absence de trouble, l'état de paix intérieure obtenu par le renoncement aux passions.

TEXTE 7 L'art de vivre épicurien

+PROF

Juste milieu des épicuriens : Horace (comp. de traduction)

Bonheur et nature : *Sérénité* de H. Martin (analyse et corrigés)

Le poète Horace évoque les plaisirs d'une vie épicurienne.

Ô campagne, quand te verrai-je et quand me sera-t-il permis de demander tantôt aux livres et aux anciens, tantôt à la sieste et aux heures paresseuses de me faire savourer le doux oubli d'une vie inquiète ? Oh ! quand me servira-t-on la fève[1] parente de Pythagore, et, avec elle, des légumes bien assaisonnés de lard onctueux ? Ô nuits et repas divins où nous mangeons, mes amis et moi, devant le Lare de mon propre foyer, où je nourris, de nos aliments entamés avec mesure, mes esclaves domestiques au propos hardi. Chaque convive, affranchi d'absurdes lois[2], ne suit que sa fantaisie pour vider des coupes inégalement mesurées : il prend, buveur intrépide, des mélanges capiteux, ou il s'humecte, s'il y trouve plus de plaisir, d'une boisson moins forte. Donc, la conversation s'engage ; on ne s'y occupe pas des villas et des maisons d'autrui, ni de savoir si Lépos[3] danse bien ou mal, mais nous débattons des sujets qui nous touchent

1. **la fève** : légume sacré et tabou chez les pythagoriciens.
2. **absurdes lois** : un « roi du banquet »dirigeait la consommation de vin des convives.
3. **Lépos** : danseur, favori d'Auguste.

directement et qu'il est mauvais d'ignorer : si les richesses ou la vertu donnent aux hommes le bonheur souverain ; quel est le mobile des amitiés, l'intérêt ou le bien moral ; quelle est la nature du bien, et quel en est le degré suprême.

Horace (Ier siècle av. J.-C. – Ier siècle ap. J.-C.), *Satires*, II, 6, v. 60-76, traduction de F. Villeneuve

Autour du texte

1. Quelles sont les caractéristiques de l'art de vivre épicurien ?
2. **PORTFOLIO** Comparez la place de la nature dans la philosophie antique et dans le courant écologique initié par H. D. Thoreau. hatier-clic.fr/21lat208

TEXTE 8 La voie stoïcienne

Pour les stoïciens, l'absence de trouble s'acquiert en menant une vie droite.

Ego mortem eodem vultu quo[1] audiam videbo. Ego laboribus, quanticumque illi erunt, parebo[2], animo fulciens[3] corpus. Ego divitias et praesentis et absentis aeque contemnam, nec si aliubi[4] jacebunt tristior, nec si circa me fulgebunt animosior. Ego fortunam nec venientem sentiam nec recedentem. Ego terras omnis tamquam meas videbo, meas tamquam omnium. Ego sic vivam quasi sciam aliis esse me natum et naturae rerum hoc nomine[5] gratias agam : quo enim melius genere negotium meum agere potuit ? Unum me donavit omnibus, uni mihi omnis. Quidquid habebo nec sordide custodiam nec prodige spargam ; nihil magis possidere me credam quam bene donata. Non numero nec pondere beneficia nec ulla nisi accipientis aestimatione perpendam ; numquam id mihi multum erit quod dignus accipiet. Nihil opinionis causa, omnia conscientiae faciam. Populo spectante fieri credam quidquid me conscio faciam. Edendi mihi erit bibendique finis desideria naturae restinguere, non implere alvum et exinanire. Ero amicis jucundus, inimicis mitis et facilis. Exorabor antequam roger, et honestis precibus occurram.

Je saurai que ma patrie est l'univers et que les dieux y président, qu'ils se tiennent au-dessus et autour de moi comme censeurs de mes faits et dits. Et lorsque la nature redemandera mon souffle ou que ma raison me rejettera hors de moi, je pourrai, en m'en allant, me rendre ce témoignage que j'ai aimé une conscience honnête, des goûts honnêtes, que je n'ai attenté à la liberté de personne, encore moins à la mienne.

Sénèque (Ier siècle ap. J.-C.), *De beata vita*, 20, traduction d'A. Bourgery

1. **eodem... quo...** : avec le même… que…
2. **pareo, es, ere, parui, itum** : obéir, se soumettre à (dat).
3. **fulcio, is, ire, fulsi, fultum** : soutenir.
4. **aliubi** : ailleurs.
5. **hoc nomine** : à ce sujet.

Lire le texte

1. Quelle personne verbale domine dans le texte ? Quels pronoms et quels déterminants s'y rapportent ?
2. Quel temps verbal domine ?
3. **LANGUE** Indiquez la nature des négations (l. 9 à 12). → p. 253

Traduire le texte

4. **LANGUE** Analysez **tristior** et **animosior** (l. 4) ? Quel pronom qualifient-ils ? → p. 220
5. À quel cas les participes présents **venientem** et **recedentem** (l. 5) sont-ils ? Quel mot qualifient-ils ?
6. Quel nom les gérondifs **edendi** et **bibendi** (l. 15) complètent-ils ?
7. **LANGUE** **Tamquam** (l. 5), **sic… quasi…** (l. 6), **magis… quam…** (l. 10-11) : quelle est la valeur de ces conjonctions ? → p. 226
8. Traduisez le texte à l'aide du code couleur.

Approfondir

9. En quoi ce texte s'apparente-t-il à un programme de vie ?
10. Le bonheur n'est-il qu'une question individuelle selon Sénèque ?

Affronter la mort

TEXTE 9 La mort, un retour à la matière

Selon les épicuriens, les corps et tous les éléments du monde sont formés les uns avec l'aide des autres.

Haud igitur redit ad nihilum res ulla, sed omnes
Nul dès lors ne retourne au néant, mais bien tous,
Discidio redeunt in corpora materiai[1].
Désagrégés, aux éléments de la matière.
Postremo pereunt imbres, ubi eos Pater aether
Enfin, la pluie se perd quand son père l'Éther
In gremium Matris terrai[2] praecipitavit ;
La précipite au sein maternel de la terre,
At nitidae surgunt fruges ramique virescunt
Mais la moisson dorée surgit, la branche à l'arbre
Arboribus, crescunt ipsae fetuque gravantur.
Verdit, lui-même croît et s'alourdit de fruits.
Hinc alitur porro nostrum genus atque ferarum,
De là sont nourris l'homme et l'animal, de là
Hinc laetas urbes pueris florere videmus,
Prospèrent les cités qu'on voit fleurir d'enfants,
Frondiferasque novis avibus canere undique silvas,
Gazouillent les nichées dans les forêts feuillues,
Hinc fessae pecudes pingui per pabula laeta
La brebis grasse et lasse en son riche pacage,
Corpora deponunt, et candens lacteus umor
Couchée, repose, et de ses pis gonflés son lait
Uberibus manat distentis, hinc nova proles
Coule en blanche liqueur, sur ses pattes fragiles
Artubus[3] infirmis teneras lasciva per herbas
L'agnelet nouveau-né gambade en l'herbe tendre,
Ludit, lacte mero mentes perculsa novellas.
Ses esprits enfantins grisés par ce lait pur :
Haud igitur penitus pereunt quaecumque videntur,
De ce qu'on croit péri tout n'est donc pas détruit,
Quando alid ex alio reficit natura, nec ullam
La nature refait ceci grâce à cela,
Rem gigni patitur nisi morte adjuta aliena.
Et ne crée rien que par la mort d'une chose autre.

Lucrèce (Ier siècle av. J.-C.), *De rerum natura*, I, 248-264, traduction d'O. Sers © Les Belles Lettres (2012).

1. **materiai** = materiae.
2. **terrai** = terrae.
3. **artubus** = artibus.

Fragment de la mosaïque de la nef centrale d'une église (Ve siècle), (159 x 136 cm), Musée du Louvre, Paris.

Lire le texte

1. **LEXIQUE** Relevez le champ lexical de la mort. Complétez la carte mentale (▸ p. 39).
2. Relevez le champ lexical de la nature.

Traduire le texte

3. Associez les mots latins à leur traduction. Quels passages vous semblent très éloignés du latin ?
4. Quelle expression désigne les atomes ?

Approfondir

5. Quels choix de traduction Olivier Sers a-t-il effectués ?
6. **PORTFOLIO** Confrontez ce texte au chapitre « Carbone », dans *Le Système périodique* de Primo Levi (1975).

TEXTE 10 Un éternel retour

hatier-clic.fr/21lat209 Texte en grec

Pour les stoïciens, le cosmos s'embrase (ἐκπύρωσις) de façon cyclique, pour périr puis renaître.

Les Stoïciens prétendent que lorsqu'après une certaine période de temps, les planètes reviennent toutes exactement, soit en longueur, soit en hauteur, au point du ciel où elles étaient au commencement du monde, il en résulte l'embrasement et la destruction de l'univers, et qu'ensuite tout recommence de nouveau. Or, comme le cours des astres est exactement le même qu'auparavant, toutes les choses qui ont eu lieu dans la période précédente se passent encore de la même manière. Ainsi l'on verra reparaître Socrate, Platon, et les autres hommes avec leurs mêmes amis, et leurs mêmes concitoyens : tous auront de nouveau les mêmes pensées, tous feront encore les mêmes choses ; les villes, les bourgades, et les champs redeviendront ce qu'ils ont été. Ils ajoutent que cette rénovation de l'univers n'arrive pas une fois seulement, mais plusieurs fois, et même qu'elle se répète constamment et sans fin. Quant aux Dieux, comme ils ne sont point soumis à cette destruction, ils voient, par ce qui s'est passé dans une période, ce qui doit arriver dans les suivantes : car il ne se produit rien d'étranger à ce qui a paru précédemment ; et toutes choses, même les moindres, se reproduisent de la même manière et sans aucun changement.

Némésios d'Émèse (IVe siècle ap. J.-C.), *De la nature de l'homme* (38), traduit du grec par M. J. B. Thibault (1844).

Autour du texte

1. Qu'est-ce que la mort dans cette perspective stoïcienne ?

TEXTE 11 Les morts ressentent-ils quelque chose ?

Sénèque console Polybe de la perte de son frère. Il l'invite à raisonner de la sorte.

Si illius nomine[1] doleo, necesse est alterutrum ex his duobus esse judicem[2] : nam, si nullus defunctis sensus superest, evasit omnia frater meus vitae incommoda et in eum restitutus est locum in quo fuerat antequam nasceretur, et, expers[3] omnis mali, nihil timet, nihil cupit, nihil patitur : quis iste furor est, pro eo me numquam dolere desinere, qui numquam doliturus est ? Si est aliquis defunctis sensus, nunc animus fratris mei, velut ex diutino carcere emissus, tandem sui juris et arbitrii[4], gestit[5] et rerum naturae spectaculo fruitur et humana omnia ex loco superiore despicit, divina vero, quorum rationem tam diu frustra quaesierat, proprius intuetur. Quid itaque ejus desiderio maceror, qui aut beatus aut nullus est ? Beatum deflere invidia est, nullum dementia.

Sénèque (Ier siècle ap. J.-C.), *Consolation à Polybe*, 9, 2-3.

1. **illius nomine** : par égard pour lui, pour lui. • 2. **alterutrum ... judicem** : être juge (décider) entre ces deux partis. • 3. **expers, tis** : dénué de (gén). • 4. **sui juris et arbitrii** : de façon indépendante et à son gré. • 5. **gestio, is, ire, ii** : exulter.

Lire le texte

1. Les marques de première personne renvoient à Polybe. Relevez-les.

2. LEXIQUE Relevez le champ lexical des émotions et des sentiments. Complétez la carte mentale (▸ p. 39).

Traduire le texte

3. Repérez les deux hypothèses entre lesquelles Polybe doit trancher (l. 2 et 6).

4. LANGUE Repérez les deux questions induites par les deux hypothèses. Ne confondez pas pronom interrogatif et pronom relatif. → p. 270

5. Traduisez le texte.

Approfondir

6. Que devient l'homme après la mort ? Résumez les hypothèses de Sénèque.

7. Quelles conséquences sur la vie ce raisonnement a-t-il ?

Affronter la mort

TEXTE 12 Peur de la mort, haine de la vie

La peur de la mort a des conséquences néfastes sur le cours de la vie.

Consimili ratione ab **eodem** saepe **timore**
Macerat **invidia** : ante oculos illum esse potentem,
Illum aspectari, claro qui incedit honore,
Ipsi[1] se in tenebris volvi caenoque queruntur.
Intereunt partim statuarum et nominis ergo.
Et saepe usque adeo[2], mortis formidine, **vitae**
Percipit humanos odium **lucis**que **videndae**,
Ut sibi consciscant maerenti pectore letum,
Obliti fontem curarum hunc esse timorem.
Hunc vexare pudorem, hunc vincula amicitiai
Rumpere et in summa pietatem evertere suasu.
Nam jam saepe homines patriam carosque parentis
Prodiderunt vitare Acherusia templa petentes.

Lucrèce (Iᵉʳ siècle av. J.-C.), *De rerum natura*, III, 74-86, traduction d'O. Sers © Les Belles Lettres (2012).

1. **ipsi** reprend **homines**, employé plus tôt dans le texte.
2. **usque adeo** : à tel point que.

Traduction dans le désordre

1 • Quand on roule soi-même en une obscure fange,
2 • Souvent on craint la mort au point de prendre en haine
3 • La desséchante envie : on se plaint du spectacle
4 • Et se tue par excès de détresse, oubliant
5 • La vie et la lumière insupportable aux yeux,
6 • La même loi souvent, la même peur engendrent
7 • Torture la vertu, dénoue les amitiés,
8 • De tel puissant, tel trop en vue, chargé d'honneurs,
9 • Et leur patrie, pour échapper à l'Achéron ?
10 • On meurt pour des statues, pour la gloire du nom,
11 • Que cette crainte même en est la seule source,
12 • Vit-on pas maints mortels trahir de chers parents
13 • Nous pousse en somme à jeter bas toute piété !

Traduire le texte

1. Remettez la traduction dans l'ordre.

2. À quels cas sont les termes en gras ?

3. LANGUE Quelle est la valeur du pronom **ipsi**, sujet de **queruntur** (v. 4) et **intereunt** (v. 5) ? → p. 269 À quels pronoms s'oppose-t-il ? Comment le traducteur met-il en relief cette opposition dans les fragments 1 et 8 ?

4. LANGUE **Queruntur** (v. 4) se construit avec trois propositions infinitives : repérez-les. → p. 238

5. **Usque adeo… ut** (v. 6-8) se construit avec le subjonctif. Quel est le verbe concerné ? Quel problème de traduction se pose ?

6. **Obliti** (v. 9) se construit avec quatre propositions infinitives : repérez-les.

7. **Petentes** (v. 13) est complété par un infinitif : lequel ?

8. Proposez une traduction personnelle, en vers ou en prose, plus proche du latin.

Mot concept

► **mors, mortis**, f : la mort, naturelle ou violente. **Mortalis** (mortel) désigne au pluriel les hommes, par opposition aux **immortales**, les dieux. **Letum**, i, n est un autre mot, archaïque, pour désigner la mort. Les Grecs utilisent le nom Θάνατος (Thanatos) ; c'est aussi une divinité, fils de Nyx (Νύξ), la Nuit, et frère du Sommeil (Ὕπνος).

Approfondir

9. Expliquez l'expression **Acherusia templa** (v. 13).

10. Quels comportements néfastes la peur de la mort engendre-t-elle selon le poète ?

TEXTE 13 Craindre la mort, c'est refuser d'être vivant

+PROF
Analyse comparative des œuvres (avec corrigés)

Pour le philosophe, anticiper la mort et s'y préparer permet de mieux affronter les inévitables épreuves de l'existence.

Qui mortem timebit, nihil umquam pro homine vivo[1] faciet ; at qui sciet hoc sibi cum conciperetur statim condictum[2], vivet ad formulam[3] et simul illud[4] quoque eodem animi robore praestabit, ne quid ex iis quae eveniunt subitum sit. Quicquid enim fieri potest quasi[5] futurum sit prospiciendo malorum omnium impetus molliet, qui ad praeparatos exspectantesque nihil afferunt novi, securis et beata tantum spectantibus graves[6] veniunt.

Sénèque (Ier siècle ap. J.-C.), *De tranquillitate animi*, XI, 6.

1. **pro homine vivo** : comme un homme vivant. • 2. **condictum** : sous-entendre esse. • 3. **ad formulam** : selon la règle. • 4. **praestabit illud... ne** : garantira cela... à savoir que... ne pas... • 5. **quasi** : comme si (subj). • 6. **graves** : sous-entendre mali.

Mosaïque de Pompéi (Ier siècle ap. J.-C.), (47 x 41 cm), Musée archéologique national, Naples.

Traduire le texte

1. Repérez les propositions.

2. À quel temps sont les verbes **timebit** (l. 1), **faciet**, **sciet** (l. 2), **vivet** (l. 3), **praestabit** (l. 4), **molliet** (l. 7) ?

3. Quelle construction complète **sciet** (l. 2) ?

4. Quel est l'antécédent de **quae** (l. 5) ? Comment le traduire pour éviter l'imprécision ?

5. LANGUE Quelle est la nature et le cas de la forme **prospiciendo** (l. 6) ? → p. 234, 261

6. **Praeparatos** et **exspectantes** (l. 7-8) sont des participes, à l'accusatif masculin pluriel. À quels temps sont-ils ? Comment les traduire pour rendre la nuance temporelle ?

7. Traduisez le texte.

Approfondir

8. Que signifie l'expression **memento mori** ? D'où vient-elle ? Quel est son sens dans le domaine de l'art ?

9. Les artistes apprivoisent-ils l'idée de la mort d'une manière différente des philosophes ?

10. PORTFOLIO Confrontez le tableau de Francis Bacon avec un **memento mori** antique.

Francis Bacon (1909-1992), *Autoportrait assis* (1973), huile et caractères transfert sur toile (198 x 147,5 cm), collection privée.

Affronter la mort

+PROF Penser la mort (conférence)

TEXTE 14 La mort de Socrate

hatier-clic.fr/21lat210 Texte en grec

Phédon a assisté, en compagnie d'autres disciples, aux derniers instants de Socrate, condamné à mort. Il raconte la scène à son ami Échécrate.

Criton fit un signe à l'esclave qui se tenait tout près. L'esclave sortit et au bout d'un assez long moment revint accompagné de celui qui devait donner le poison : il le portait broyé dans une coupe. [...] [Socrate] la prit et, gardant toute sa sérénité, Échécrate, sans trembler, sans changer de couleur ni de visage, regardant l'autre un peu en dessous avec son air de taureau, selon son habitude, il dit : « Que dois-je faire d'après toi ? Ce breuvage, est-il permis ou non d'en offrir une libation à un dieu ? – Nous en broyons juste autant, Socrate, répondit l'homme, que nous croyons qu'il convient d'en boire. – Je comprends, dit Socrate. Mais en tout cas il est permis, et c'est même un devoir, d'adresser aux dieux une prière pour l'heureux succès de ce voyage, d'ici jusque là-bas. Telle est ma prière, ainsi soit-il ! » Sitôt dit, d'un seul trait, tranquillement, paisiblement, il but jusqu'à la dernière goutte.

Jusqu'à ce moment, nous avions pu presque tous nous retenir de pleurer ; mais quand nous vîmes qu'il buvait, qu'il avait bu, ce ne fut plus possible. [...] « Que faites-vous là ? nous dit-il. Vous êtes étonnants ! C'est surtout pour cela que j'ai renvoyé les femmes, pour éviter de leur part semblables fausses notes. Car j'ai appris qu'il faut mourir avec des paroles heureuses. Allons, soyez calmes, soyez courageux. » Ces mots nous firent honte, et nous nous retînmes de pleurer.

Il allait de long en large, quand il nous dit que ses jambes s'alourdissaient. Alors il se coucha sur le dos, ainsi que l'homme l'avait ordonné. En même temps celui-ci touchait les pieds et les jambes, et les examinait par intervalles. Puis il lui serra fortement le pied et lui demanda s'il le sentait. Socrate dit que non. Après cela il recommença au bas des jambes, et à mesure qu'il remontait il nous montrait qu'il se refroidissait et se raidissait. Il le toucha encore et nous dit que quand le cœur serait atteint, alors Socrate s'en irait. Déjà presque tout le bas-ventre était glacé. Il découvrit alors son visage – car il se l'était couvert – et dit ces mots, les derniers : « Criton, nous devons un coq à Asclépios. Payez ma dette, n'oubliez pas. – Oui, ce sera fait, dit Criton. As-tu autre chose à dire ? » La question resta sans réponse. Un instant plus tard, il eut un mouvement ; l'homme alors le découvrit. Socrate avait le regard fixe. Voyant cela, Criton lui ferma la bouche et les yeux.

Telle fut, Échécrate, la mort de notre compagnon, de cet homme dont nous pouvons dire qu'entre tous ceux de son temps que nous avons connus, il fut le meilleur, et en outre le plus sage et le plus juste.

Platon (Vᵉ – IVᵉ siècles av. J.-C.), *Phédon*, 117-118, traduit du grec par P. Vicaire

Autour du texte

1. Relevez tous les passages qui témoignent de la sérénité du philosophe.

2. Pourquoi Socrate est-il condamné à mort (▸ p. 52) ?

3. Qui est Asclépios ? De quelle dette à son égard s'agit-il ? hatier-clic.fr/21lat211

4. Retrouvez les éléments du texte dans le tableau de J.-L. David, *La Mort de Socrate* (▸ p. 52).

5. Que devient l'âme selon le platonisme ? hatier-clic.fr/21lat212

Mot concept

▸ **consolatio, onis**, f : consolation. Réconfort adressé à quelqu'un pour adoucir son chagrin mais aussi genre littéraire, dont on peut rapprocher les propos adressés par Socrate à ses disciples. Plutarque adresse une consolation à sa femme lors du décès de leur fille ; Sénèque écrit trois *Consolationes* qui s'appuient sur les idées stoïciennes.

TEXTE 15 La mort, remède aux maux de la vie

Son interlocuteur remercie Cicéron qui lui a permis de ne plus craindre la mort. Celui-ci lui répond que tout dépend de la force d'âme de chacun.

Etsi enim mihi sum conscius[1] numquam me nimis vitae cupidum fuisse, tamen interdum objiciebatur[2] animo metus quidam et dolor cogitanti[3] fore aliquando finem hujus lucis et amissionem omnium vitae commodorum. Hoc genere molestiae sic, mihi crede, sum liberatus, ut nihil minus curandum putem.

Minime mirum id quidem. Nam efficit hoc philosophia : medetur animis, inanes sollicitudines detrahit, cupiditatibus liberat, pellit timores. Sed haec ejus vis non idem potest apud omnis ; tum[4] valet multum, cum est idoneam complexa[5] naturam. « Fortis » enim non modo « fortuna adjuvat », ut est in vetere proverbio, sed multo magis ratio, quae quibusdam quasi praeceptis[6] confirmat vim fortitudinis. Te natura excelsum quemdam[7] videlicet[8] et altum et humana despicientem genuit, itaque facile in animo forti contra mortem habita insedit oratio.

Cicéron (Ier siècle av. J.-C.), *Tusculanes*, II, 4.

1. **conscius, a, um** : conscient que (prop inf).
2. **objicio, is, ere, jeci, jectum** : jeter devant, exposer à (dat).
3. **cogito, as, are, avi, atum** : penser que (prop inf).
4. **tum... cum** : alors que, quand.
5. **complector, eris, i, plexus sum** : saisir.
6. **quibusdam quasi praeceptis** : en quelque sorte par des règles précises.
7. **quemdam** : quelqu'un, un être.
8. **videlicet** : à l'évidence.

Traduire le texte

1. LANGUE Repérez les propositions infinitives. Expliquez leur utilisation. → p. 238
2. LANGUE Ut... putem (l. 4) : quelle est la nuance circonstancielle de cette proposition subordonnée ? → p. 254
3. Analysez la forme curandum (l. 4).
4. Traduisez le texte.

TEXTE 16 La mort, une libération

Le philosophe Sénèque explique à Marcia, qui vient de perdre son fils, que la mort corrige les injustices.

Haec servitutem invito domino remittit ; haec captivorum catenas levat ; haec e carcere educit quos exire imperium impotens vetuerat ; haec exsulibus in patriam semper animum oculosque tendentibus, ostendit nihil interesse infra quos quis jaceat ; haec, ubi res communes fortuna male divisit et aequo jure genitos alium alii donavit, exaequat omnia ; haec est, post quam nihil quisquam alieno fecit arbitrio ; haec est in qua nemo humilitatem suam sensit ; haec est quae nulli non patuit.

Sénèque (Ier siècle ap. J.-C.), *Consolation à Marcia*, 20, 2.

Lire le texte

1. Quelle figure de style organise le texte ?

Traduire le texte

2. Repérez les propositions subordonnées.
3. Quel est le sujet des propositions principales ? À quels temps et mode sont les verbes principaux ?
4. Traduisez en commençant par les propositions principales.

Approfondir

5. Retrouvez différentes conceptions philosophiques de la mort dans cette vidéo : hatier-clic.fr/21lat213 .

La mort philosophique

+PROF
Biographie de Socrate (INRP)

La vie ne peut se concevoir sans la mort, celle d'autrui et la sienne. Source d'interrogation et d'angoisse, elle est un thème privilégié pour le philosophe en quête de vérité et de sagesse. Les derniers instants du philosophe acquièrent ainsi une portée symbolique particulière.

Le modèle socratique

• Socrate, sa vie durant, dialogue avec les Athéniens en les incitant à **se détacher du corps** et **des richesses** pour se tourner vers le **perfectionnement de leur âme**. Il dit être guidé par son *daimôn*, un génie personnel qui l'encourage à se dévouer à l'édification morale de la cité. Cette vocation l'amène à perturber les hiérarchies sociales et l'échelle des valeurs. Il se fait des amis, des disciples, mais aussi des ennemis ; ceux-ci le traduisent devant le tribunal pour **impiété** et **corruption de la jeunesse**, et obtiennent sa **condamnation à mort**.

• Mis en **prison** pendant trente jours, il reçoit quotidiennement ses disciples qui organisent une évasion. Cependant, Socrate refuse de s'enfuir en arguant que désobéir aux lois de la cité et s'effrayer de la mort serait contraire aux principes qu'il a défendus durant sa vie. Le jour de l'**exécution**, il se comporte avec le plus grand **calme**, allant jusqu'à consoler ses disciples affligés. Il continue le **dialogue philosophique**, sur le thème de l'**immortalité de l'âme**, puis boit la ciguë sans hésitation.

• Socrate est considéré comme le père de la philosophie occidentale et sa mort devient le **modèle de la mort philosophique**. Son attitude sert d'exemple à la postérité.

La mort selon les épicuriens

• Dans la doctrine d'Épicure, le **corps et l'âme** sont constitués d'**atomes agrégés** qui forment la **matière**. La mort est la désagrégation de cette matière, qui sépare les atomes, lesquels se dispersent et vont former d'autres matières. Ainsi, il n'y a pas d'au-delà, il n'y a plus de sensibilité, donc pas de souffrance. On ne peut connaître la mort avant qu'elle soit là, et quand elle est là, on n'a plus de sensibilité pour en souffrir.

• **« La mort n'est rien pour nous »** en conclut l'épicurien. Et puisque le souverain bien des épicuriens est l'absence de souffrance physique (**aponie**) et de trouble (**ataraxie**), alors le suicide est même acceptable pour éviter la souffrance.

Jacques-Louis David (1748-1825), *La Mort de Socrate* (1787), huile sur toile (130 x 197 cm), Metropolitan Museum of Art, New York.

Manuel Dominguez Sanchez (1840-1906), *La Mort de Sénèque* (1871), huile sur toile (270 x 450 cm), Musée du Prado, Madrid.

La mort selon les stoïciens

• Pour les **stoïciens**, l'univers est régi par la **raison divine** et tous les événements qui s'y produisent sont prévus. Le sage doit donc accepter son destin et vivre en harmonie avec cette raison divine qui organise la nature et le monde. C'est dans cette **acceptation** qu'il trouve le bonheur. La mort, comme le chagrin ou la douleur, est indifférente et le sage doit faire face, par la maîtrise de soi, à ces épreuves.

• C'est ainsi que le philosophe **Sénèque** accepte de procéder au suicide qui lui a été imposé par Néron pour le punir d'avoir participé à une conjuration contre lui. L'historien Tacite raconte comment Sénèque, après s'être ouvert les veines, continue à dicter ses pensées à ses secrétaires, puis fait apporter du poison pour hâter sa mort trop lente et fait enfin couler un bain pour en accélérer l'effet (*Annales*, XV, 63-64).

• Le **suicide** peut aussi être un geste stoïcien, quand le sage a assumé ses responsabilités, que son existence devient indigne ou trop douloureuse.

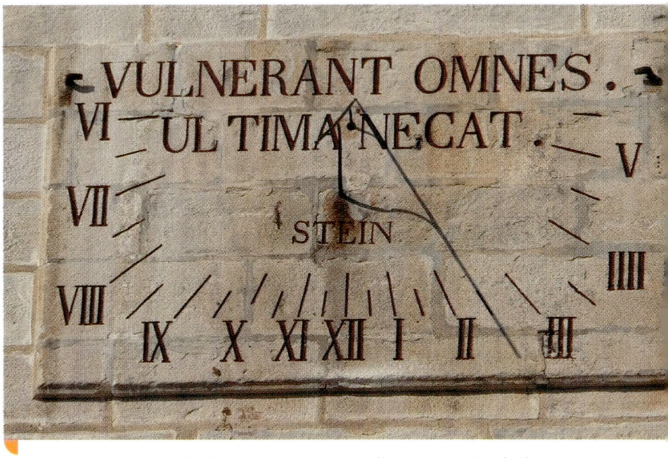

Cadran solaire de l'église Saint-Vincent d'Urrugne, Pyrénées-Atlantiques.

▶ L'inscription gravée est commune sur les cadrans solaires.

Pour l'homme, en effet, chez qui l'emporte le nombre des choses conformes à la nature, le convenable est de demeurer dans la vie ; mais pour l'homme chez qui ou l'emporte ou paraît devoir l'emporter le nombre des choses contraires, le convenable est de quitter la vie.

Cicéron, *De finibus*, III, 18, traduction de J. Martha

L'approche philosophique de la mort vous passionne ?

▶ **Choisissez un thème d'exposé que vous pourrez présenter en classe :**

- Les rites funéraires
- Les représentations de l'au-delà
- Biographie de Socrate
- Biographie de Sénèque

+PROF Imaginer l'au-delà (article Cairn)

Consultez les liens :

Site Rites funéraires hatier-clic.fr/21lat214

Site L'au-delà hatier-clic.fr/21lat215

La quête du bonheur en question

Les auteurs et cinéastes de science-fiction imaginent des mondes où la quête sans limite du bonheur mène aux excès les plus fous.

TEXTE 1 Bradbury : « Tout ce que je réclame, c'est de la distraction ! »

Dans un monde futur, une brigade spéciale de pompiers est chargée de brûler les livres. Beatty, le capitaine de la brigade, explique au héros, Guy Montag, sa vision de la société.

On ne peut pas construire une maison sans clous ni bois. Si vous ne voulez pas que la maison soit construite, cachez les clous et le bois. Si vous ne voulez pas qu'un homme se rende malheureux avec la politique, n'allez pas lui casser la tête en lui proposant deux points de vue sur une question ; proposez-lui-en un seul. Mieux encore, ne lui en proposez aucun. Qu'il oublie jusqu'à l'existence de la guerre. Si le gouvernement est inefficace, pesant, gourmand en matière d'impôt, cela vaut mieux que d'embêter les gens avec ça. La paix, Montag. Proposez des concours où l'on gagne en se souvenant des paroles de quelque chanson populaire, du nom de la capitale de tel ou tel État ou de la quantité de maïs récoltée dans l'Iowa l'année précédente. Bourrez les gens de données incombustibles, gorgez-les de « faits », qu'ils se sentent gavés, mais absolument « brillants » côté information. Ils auront alors l'impression de penser, ils auront le sentiment du mouvement tout en faisant du sur-place. Et ils seront heureux parce que de tels faits ne changent pas. Ne les engagez pas sur des terrains glissants comme la philosophie ou la sociologie pour relier les choses entre elles. C'est la porte ouverte à la mélancolie. Tout homme capable de démonter un télécran mural et de le remonter, et la plupart des hommes en sont aujourd'hui capables, est plus heureux que celui qui essaie de jouer de la règle à calcul, de mesurer, de mettre l'univers en équations, ce qui ne peut se faire sans que l'homme se sente solitaire et ravalé au rang de la bête. Je le sais, j'ai essayé. Au diable, tout ça. Alors place aux clubs et aux soirées entre amis, aux acrobates et aux prestidigitateurs, aux casse-cou, jet cars[1], motogyres[2], au sexe et à l'héroïne, à tout ce qui ne suppose que des réflexes automatiques. Si la pièce est mauvaise, si le film ne raconte rien, si la représentation est dépourvue d'intérêt, collez-moi une dose massive de thérémine[3]. Je me croirai sensible au spectacle alors qu'il ne s'agira que d'une réaction tactile aux vibrations. Mais je m'en fiche. Tout ce que je réclame, c'est de la distraction.

Ray Bradbury (1920-2012), *Fahrenheit 451*, traduction de H. Robillot © Denoël (1955).

1. **jet car** : voiture à grande vitesse • 2. **motogyre** : moto volante. • 3. **thérémine** : instrument de musique électronique dont l'instrumentiste joue en en faisant varier les fréquences par les mouvements de son corps.

1. Qu'est-ce que le bonheur, selon le capitaine Beatty ?

2. Comment la société future imaginée par Bradbury prend-elle en charge le bonheur collectif ? Et celle imaginée par Huxley ?

3. Ces sociétés sont-elles utopiques ou dystopiques ?

4. Dans le film *Wall-E*, quel bonheur la société privée *Buy n Large* fournit-elle aux habitants du vaisseau ? hatier-clic.fr/21lat216

5. **ESSAI** Les formes de bonheur exposées ici correspondent-elles aux conceptions philosophiques de la séquence ?

6. **ESSAI** Les vices dénoncés par les philosophes antiques diffèrent-ils de ceux qui le sont dans les œuvres contemporaines ?

7. **PORTFOLIO** Confrontez le texte d'Huxley ou de Bradbury à ce texte de Platon : hatier-clic.fr/21lat217. Comment les romanciers prolongent-ils la réflexion socratique ?

TEXTE 2 Huxley : « Tout le monde est heureux à présent ! »

Dans le monde imaginé par Huxley, les humains sont, pour la plupart, fabriqués au « Centre d'incubation et de conditionnement de Londres-Central ». Dans cette scène, des étudiants visitent le laboratoire où les embryons sont conditionnés.

Leurs pérégrinations parmi la pénombre cramoisie les avaient amenés au voisinage de mètre 170 sur le porte-bouteilles n°9. À partir de ce point, le porte-bouteilles n°9 disparaissait dans une gaine, et les flacons accomplissaient le restant de leur trajet dans une sorte de tunnel, interrompu çà et là par des ouvertures de deux ou trois mètres de large.

– Le conditionnement à la chaleur, dit Mr. Foster.

Des tunnels chauds alternaient avec des tunnels rafraîchis. La fraîcheur était alliée à d'autres désagréments sous forme de rayons X durs. Lorsqu'ils en arrivaient à être décantés, les embryons avaient horreur du froid. Ils étaient prédestinés à émigrer dans les tropiques, à être mineurs, tisserands de soie à l'acétate et ouvriers dans les aciéries. Plus tard, leur esprit serait formé de façon à confirmer le jugement de leur corps.

– Nous les conditionnons de telle sorte qu'ils se portent bien à la chaleur, dit Mr. Foster en conclusion. Nos collègues là-haut leur apprendront à l'aimer.

– Et c'est là, dit sentencieusement le Directeur, en guise de contribution à cet exposé, qu'est le secret du bonheur et de la vertu, aimer ce qu'on est *obligé* de faire. Tel est le but de tout conditionnement : faire aimer aux gens la destination sociale à laquelle ils ne peuvent échapper.

Aldous Huxley (1894-1963), *Le Meilleur des mondes*, traduction de J. Castier

DOC

Dans le film Wall-E, *les humains ont quitté la Terre devenue inhabitable. Ils vivent dans une station spatiale tout confort, sans fournir le moindre effort.*

Photogramme du film d'animation *Wall-E*, réalisé par Andrew Stanton (2008).

Atlas Farnèse, copie romaine d'une sculpture hellénistique (IIe siècle ap. J.-C.), marbre (haut. : 210 cm), Musée archéologique national, Naples.

Comprendre le monde

SÉQUENCE 3

Lectures poétiques du monde

Que savez-vous déjà ?

- Quels récits de la création de l'homme connaissez-vous ?
- Citez des mythes antiques permettant d'expliquer des phénomènes naturels.

Confrontés à la complexité du monde, les Romains reprennent les conceptions et explications des Grecs. À côté des recherches scientifiques qui permettent d'appréhender certains phénomènes, les Anciens ont recours à la poésie et à la philosophie pour tenter de comprendre le monde et la place de l'homme dans l'univers. Dès l'apparition de l'alphabet grec au VIIIe siècle avant J.-C., des poèmes poursuivent une tradition orale pour expliquer la naissance du monde. Pour les philosophes, et notamment pour Lucrèce ou Sénèque, il s'agit de délivrer l'homme de ses angoisses grâce à une meilleure connaissance des lois de la nature ; pour les poètes, comme Ovide, de chercher à expliquer la diversité du réel et un monde soumis à la volonté des dieux par le mythe de la métamorphose. Les phénomènes naturels, cataclysmes, saisons, vie et mort sont ainsi objets de réflexion.

À la même époque, les communautés juives puis chrétiennes, présentes dans l'Empire romain, transmettent leur propre récit de création dans la Bible, dans le livre de la Genèse. Présenté en effet comme une vérité divine exclusive, ce récit n'est pas intégré dans la profusion des mythes gréco-romains aux multiples versions.

Créations et recréations de l'homme

Les Anciens répondent à la question de l'origine de l'homme et de la femme par divers récits où apparaît une réflexion sur la conception matérielle de l'espèce, ainsi que sur la différenciation sexuée.

Comment imagine-t-on la naissance de l'humanité dans l'Antiquité ? Selon quelles traditions ? → Textes 1 à 5

Les phénomènes naturels et la mort

Par leur vision symbolique et leur réflexion, les mythes éclairent un monde où les phénomènes naturels peuvent être désastreux, où le rythme de l'année voit alterner belles saisons et rigueurs de l'hiver, et où la vie humaine et la mort s'inscrivent au sein de la nature.

Comment représenter et penser les ravages du feu, de l'eau, l'alternance des saisons et la mort elle-même ? → Textes 6 à 10

Détail de la mosaïque cosmologique de Mérida représentant les divinités célestes, terrestres et marines (IIe siècle ap. J.-C.), Espagne.

LEXIQUE
Carte mentale
hatier-clic.fr/21lat301

Créations et recréations de l'homme

TEXTE 1 La création des hommes selon la tradition gréco-romaine

+PROF
Art et mythologie : les *Métamorphoses* d'Ovide (dossier pédago.)

Dans les Métamorphoses, *Ovide entend retracer l'histoire du monde « depuis les plus lointaines origines jusqu'à [son] temps ».*

Sanctius his animal mentisque capacius altae
Deerat adhuc et quod dominari in cetera posset :
Natus homo est, sive hunc divino semine fecit
Ille opifex rerum, mundi melioris origo,
Sive recens tellus seductaque nuper ab alto
Aethere cognati retinebat semina caeli.
Quam satus Iapeto, mixtam pluvialibus undis,
Finxit in effigiem moderantum cuncta deorum,
Pronaque cum spectent animalia cetera terram,
Os homini sublime dedit caelumque videre
Jussit et erectos ad sidera tollere vultus :
Sic, modo quae fuerat rudis et sine imagine, tellus
Induit ignotas hominum conversa figuras.

Ovide (Ier siècle av. J.-C. – Ier siècle ap. J.-C.), *Les Métamorphoses*, I, 76-88.

Lire le texte

1. À quelle forme sont les adjectifs du vers 1 ? Qu'en déduisez-vous sur la création de l'homme ?

2. Relevez les qualités attribuées à l'homme.

Traduire le texte

3. Relevez les mots que vous connaissez et remettez la traduction dans l'ordre.

4. LANGUE Justifiez l'emploi du mode de la relative au vers 2. → p. 240

Approfondir

5. Qui est à l'origine de l'homme, selon Ovide ?

6. Montrez que l'homme est présenté comme un être supérieur.

7. PORTFOLIO Quels éléments du texte d'Ovide retrouve-t-on dans l'œuvre de J.-S. Berthélemy ?

Traduction juxtalinéaire dans le désordre

1 • Laquelle terre mêlée avec les eaux des fleuves le fils de Japet[1] façonna à l'image des dieux qui gouvernent tout ; et tandis que tous les autres êtres animés inclinés regardent la terre, il donna à l'homme un visage tourné en haut, et lui ordonna de regarder le ciel, et de lever vers les astres ses regards dressés.

2 • Ainsi la terre, qui avait été naguère grossière et sans forme, revêtit s'étant transformée les formes inconnues des hommes.

3 • l'homme naquit ; soit que cet artisan des choses, origine d'un monde meilleur, ait créé celui-ci d'une semence divine ; soit que la terre étant nouvelle, et séparée récemment de l'air élevé, retînt des semences du ciel créé avec elle.

4 • Un être plus saint que ceux-ci, et plus capable de recevoir une intelligence élevée, et qui pût dominer sur tous les autres, manquait encore :

1. **Japet** : titan, fils d'Ouranos et Gaïa, père de Prométhée et d'Épiméthée.

J.-S. Berthélemy (1743-1811), *L'Homme formé par Prométhée et animé par Minerve* (1802), plafond de la rotonde de Mars, Musée du Louvre, Paris.

TEXTE 2 La création des hommes selon la tradition biblique

Dans la Genèse, l'homme et la femme sont créés après la terre et les animaux.

Faciamus hominem ad imaginem et similitudinem nostram : et præsit piscibus maris, et volatilibus cæli, et bestiis, universæque terræ, omnique reptili, quod movetur in terra. Et creavit Deus hominem ad imaginem suam : ad imaginem Dei creavit illum, masculum et feminam creavit eos. Benedixitque illis Deus, et ait : Crescite et multiplicamini, et replete terram, et subjicite eam, et dominamini piscibus maris, et volatilibus cæli, et universis animantibus, quæ moventur super terram.
[…]
Formavit igitur Dominus Deus hominem de limo terrae et inspiravit in faciem ejus spiraculum vitae et factus est homo in animam viventem.

Vulgate (IVe siècle ap. J.-C.), *Genèse*, I, 26-28 et II, 7.

Traduire le texte

1. Appliquez le code couleur à ces deux extraits et traduisez.

2. Que pouvez-vous dire du style employé ?

Approfondir

3. Comparez ce récit de création de l'homme à celui d'Ovide (texte 1). Quels sont les points communs ?

4. **ESSAI** Comparez ces mythes de création avec des mythes issus de civilisations différentes : chinoise (déesse Nuwa), maya (Popol Vuh), inuit (hatier-clic.fr/21lat302)…

TEXTE 3 La création des hommes selon Épicure

+PROF Logos et muthos (article Sorbonne)

Dans De rerum natura, *Lucrèce reprend la philosophie du grec Épicure (IVe siècle avant J.-C.). Dans le livre V, il expose la création du monde et de l'homme.*

Ut pluma atque pili primum saetaeque creantur
Quadripedum membris et corpore pennipotentum,
Sic nova tum tellus herbas virgultaque primum
Sustulit, inde loci mortalia saecla creavit
Multa modis multis varia ratione coorta.
Nam neque de caelo cecidisse animalia possunt,
Nec terrestria de salsis exisse lacunis.
Linquitur ut merito maternum nomen adepta
Terra sit, e terra quoniam sunt cuncta creata.
Multaque nunc etiam existunt animalia terris
Imbribus et calido solis concreta vapore […].

Lucrèce (Ier siècle av. J.-C.), *De rerum natura*, V, 788-798.

Lire le texte

1. Relevez le champ lexical de la création et complétez la carte mentale (▸ p. 59).

2. Repérez les connecteurs logiques pour définir la structure du texte.

Traduire le texte

3. Traduisez à l'aide du code couleur.

Approfondir

4. En quoi le récit de Lucrèce diffère-t-il des textes 1 et 2 ? Qu'essaie-t-il de montrer ainsi ?

5. Écoutez cette émission (à partir de 31') : hatier-clic.fr/21lat303. Quelle différence entre Lucrèce et Ovide est mise en évidence ?

Créations et recréations de l'homme

TEXTE 4 Le mythe de Pandore

hatier-clic.fr/21lat304

+PROF Pandore (conférence de J.-P. Vernant)

Le titan Prométhée a dérobé le feu aux dieux pour le donner aux hommes. Zeus, irrité contre lui, souhaite se venger : il ordonne que soit créée une femme, Pandore, qu'il offrira aux mortels.

Tels furent les ordres de Jupiter, et les dieux obéirent à ce roi, fils de Saturne. Aussitôt l'illustre Vulcain, soumis à ses volontés, façonna avec de la terre une image semblable à une chaste vierge ; la déesse aux yeux bleus, Minerve, l'orna d'une ceinture et de riches vêtements ; les divines Grâces et l'auguste Persuasion lui attachèrent des colliers d'or, et les Heures à la belle chevelure la couronnèrent des fleurs du printemps. Minerve entoura tout son corps d'une magnifique parure. Enfin le meurtrier d'Argus[1], docile au maître du tonnerre, lui inspira l'art du mensonge, les discours séduisants et le caractère perfide. Ce héraut des dieux lui donna un nom et l'appela Pandore, parce que chacun des habitants de l'Olympe lui avait fait un présent pour la rendre funeste aux hommes industrieux. Après avoir achevé cette attrayante et pernicieuse merveille, Jupiter ordonna à l'illustre meurtrier d'Argus, au rapide messager des dieux, de la conduire vers Épiméthée[2]. Épiméthée ne se rappela point que Prométhée lui avait recommandé de ne rien recevoir de Jupiter, roi d'Olympe, mais de lui renvoyer tous ses dons de peur qu'ils ne devinssent un fléau terrible aux mortels. Il accepta le présent fatal et reconnut bientôt son imprudence. Auparavant, les tribus des hommes vivaient sur la terre, exemptes des tristes souffrances, du pénible travail et de ces cruelles maladies qui amènent la vieillesse, car les hommes qui souffrent vieillissent promptement. Pandore, tenant dans ses mains un grand vase, en souleva le couvercle, et les maux terribles qu'il renfermait se répandirent au loin. L'Espérance seule resta. Arrêtée sur les bords du vase, elle ne s'envola point, Pandore ayant remis le couvercle, par l'ordre de Jupiter qui porte l'égide et rassemble les nuages.

Depuis ce jour, mille calamités entourent les hommes de toutes parts : la terre est remplie de maux, la mer en est remplie, les maladies se plaisent à tourmenter les mortels nuit et jour et leur apportent en silence toutes les douleurs, car le prudent Jupiter les a privées de la voix. Nul ne peut donc échapper à la volonté de Jupiter.

Hésiode (VIIIe siècle av. J.-C.), *Les Travaux et les Jours*, v. 69 et suiv., traduction d'A. Bignan (1847).

J. W. Waterhouse (1849-1917), *Pandore* (1896), huile sur toile (91 x 152 cm), collection privée.

1. **le meurtrier d'Argus** : Hermès (Mercure).
2. **Épiméthée** : titan, frère de Prométhée.

Autour du texte

1. Faites une recherche sur Épiméthée. Quel est le rapport entre ce titan et la création de Pandore ?

2. De quelles qualités et de quels défauts les dieux dotent-ils Pandore ?

3. Quels éléments permettent au peintre Jean Cousin de rapprocher Pandore et Ève dans son œuvre *Eva prima Pandora* (1550) ? hatier-clic.fr/21lat305

4. **PORTFOLIO** Regardez la bande-annonce de *Metropolis* de Fritz Lang (1927) et faites une recherche sur ce film. En quoi peut-on le rapprocher du mythe de Pandore ? hatier-clic.fr/21lat306

5. **PORTFOLIO** Quels éléments du texte d'Hésiode retrouvez-vous dans le tableau de J. W. Waterhouse ? Et dans le cratère antique ?

La création de Pandore, détail d'un cratère grec (Ve siècle av. J.-C.), (haut. : 49 cm), The British Museum, Londres.

TEXTE 5 La création de la femme selon la Bible

+ PROF Étymologie de virgo (article)

Dans la Bible, Dieu crée la femme après avoir créé l'homme. Ève est façonnée à partir d'une côte d'Adam.

Tulit ergo Dominus **Deus hominem** et **posuit eum in paradiso voluptatis** ut operaretur et custodiret illum. Praecepitque ei **dicens ex omni ligno paradisi comede ; de ligno autem scientiae boni et mali ne comedas :** in quocumque enim die comederis ex eo morte morieris. Dixit quoque Dominus Deus non est bonum esse hominem solum **faciamus ei adjutorium similem sui**. [...] Inmisit ergo Dominus Deus soporem in Adam cumque obdormisset **tulit unam de costis ejus** et replevit carnem pro ea. Et **aedificavit** Dominus **Deus costam** quam tulerat de Adam **in mulierem** et adduxit eam ad Adam. Dixitque Adam hoc nunc os ex ossibus meis et caro de carne mea **haec vocabitur virago quoniam de viro sumpta est**. Quam ob rem **relinquet homo patrem suum et matrem** et adherebit uxori suae et **erunt duo in carne una**. Erant autem uterque nudi Adam scilicet et uxor ejus et non erubescebant.

Vulgate (IVe siècle ap. J.-C.), *Genèse*, II, 15-25.

Mot concept

▸ **homo, inis**, m : issu de la même racine que **humus, i, f, la terre** ; désigne **l'homme** par opposition aux dieux d'abord puis aux autres êtres vivants.
C'est le mot **vir, viri, m** qui désigne le masculin par opposition à **mulier** et à **femina**.

Lire et traduire le texte

1. Lisez et traduisez les passages en gras avant de traduire l'ensemble du texte.

2. LANGUE Identifiez les différentes formes du verbe **comedere** et justifiez leur emploi.

3. Comment la femme créée est-elle nommée ? Quelle est l'étymologie de ce terme ? Quels autres mots désignent l'être de sexe féminin en latin ? Consultez ce lien : hatier-clic.fr/21lat307.

4. Relevez les termes qui montrent que l'homme et la femme sont créés pour ne faire qu'un.

Approfondir

5. ESSAI Comparez ce texte ainsi que cet autre extrait de la *Genèse* (hatier-clic.fr/21lat308) avec celui d'Hésiode sur la création de Pandore. Quels points communs et quelles différences constatez-vous ?

Autour des textes

1. Lisez le mythe de l'androgyne, qui figure dans *Le Banquet* de Platon hatier-clic.fr/21lat309, et le mythe de la métamorphose d'Hermaphrodite chez Ovide hatier-clic.fr/21lat310. Comparez avec les textes de la double page.

Les phénomènes naturels et la mort

TEXTE 6 Deucalion et Pyrrha

Après avoir raconté la création du monde, celle de l'homme et les différents âges de l'humanité, Ovide explique comment le roi des dieux, indigné par le comportement des hommes, décide de les détruire et promet aux dieux de l'Olympe « une race meilleure que la première ». Les eaux se répandent sur la terre et seuls deux humains, meilleurs que les autres, sont sauvés.

Voyant ce désert nu et ce profond silence,
Deucalion fond en pleurs et s'adresse à Pyrrha :
« Mon épouse, ma sœur, seule femme à survivre,
À nos liens de parents, de cousins, de conjoints,
Le danger d'aujourd'hui en ajoute un nouveau !
Du Levant au Couchant, où que le soleil brille,
Il n'est d'humain que nous. Le reste est sous les eaux.
Je n'ose même encor nous flatter d'être saufs
À coup sûr, et toujours ces nuages m'effraient.
Si tu avais sans moi échappé aux destins,
Où en serais-tu, pauvre, et comment, solitaire,
Supporter ta terreur et soulager ta peine ?
Pour moi, crois-moi, si toi aussi l'eau te noyait,
Je t'y suivrais, ma femme, et m'y noierais aussi.

O utinam possim populos reparare paternis
Artibus atque animas formatae infundere[1] terrae !
Nunc genus in nobis restat mortale duobus.
Sic visum superis[2] : hominumque exempla manemus. »

Ils consultent la déesse Thémis pour savoir comment « réparer la race humaine ». Elle leur conseille de jeter les os de leur grand-mère.

« Aut fallax » ait « est sollertia nobis,
Aut pia sunt nullumque nefas oracula suadent !
Magna parens terra est : lapides in corpore terrae
Ossa reor dici ; jacere hos post terga jubemur. »

Les époux obéissent à la déesse.

Saxa (quis hoc credat, nisi sit pro teste vetustas ?)
Ponere duritiem coepere[3] suumque rigorem
Mollirique mora mollitaque ducere formam.
Mox ubi creverunt naturaque mitior illis
Contigit, ut quaedam, sic non manifesta videri
Forma potest hominis, sed uti de marmore coepta
Non exacta satis rudibusque simillima signis,
Quae tamen ex illis aliquo pars umida suco
Et terrena fuit, versa est in corporis usum ;

Deucalion et Pyrrha jettent des pierres qui donnent naissance à des hommes et des femmes, plat en majolique (XVIe siècle), Manufacture et Musée nationaux, Sèvres.

Lire et traduire le texte

1. Scandez le vers 25 pour identifier les fonctions de mora et de mollita. Appliquez le code couleur (v. 15-18 et 23-31) avant de traduire l'ensemble des extraits latins.

2. **LEXIQUE** Expliquez le sens de genus (v. 17 et 37) et de origo (v. 38) dans le contexte.

Deucalion et Pyrrha recréent la race humaine en jetant des cailloux, enluminure de l'*Ovide moralisé* (1325), Bibliothèque municipale de Rouen.

La dure et non flexible est convertie en os,
La veine reste veine et en garde le nom.
Puis en un trait de temps, les dieux voulant, les pierres
Lancées de mâle main prennent le sexe mâle,
Et la femme renaît, jetée des mains de femme.
Inde genus durum sumus experiensque laborum
Et documenta damus qua simus origine nati.

Ovide (Ier siècle av. J.-C. – Ier siècle ap. J.-C.), *Les Métamorphoses*, I, 348-415, traduction d'O. Sers .

1. **infundere aliquod alicui :** verser quelque chose dans quelqu'un.
2. **visum superis** = videtur alicui (tour impersonnel) : il paraît bon à quelqu'un.
3. **coepere** = coeperunt.

Approfondir

3. Comment Deucalion comprend-il les paroles ambiguës de la déesse ?

4. Montrez que les deux héros font preuve de piété.

5. Comparez ce récit avec celui de la Bible : hatier-clic.fr/21lat311. Quelles différences dans la « recréation » de l'homme remarquez-vous ?

6. Retrouvez dans l'enluminure les éléments du texte d'Ovide. Quelle attitude les humains créés adoptent-ils ?

7. Lisez le chant de Silène dans les *Bucoliques* de Virgile : hatier-clic.fr/21lat312.
Comment le mythe de Deucalion et Pyrrha trouve-t-il place dans celui, plus vaste, de la création du monde ?

Les phénomènes naturels et la mort

TEXTES 7 Les brûlures du Soleil

+PROF
Mythe de Phaéton (article Kernos)

1 *Dans* Les Métamorphoses, *Ovide raconte longuement le mythe de Phaéton. Ce dernier demande à son père le Soleil de lui laisser conduire son char. Celui-ci tente de le dissuader en lui décrivant les difficultés de sa course.*

Ma carrière s'ouvre par une route escarpée qu'ont peine à franchir mes coursiers rafraîchis par le repos de la nuit. Le milieu de ma course est dans les plus hautes régions du ciel ; et alors, quelque accoutumé que je sois à voir au-dessous de moi la terre et l'immensité des mers, l'effroi fait palpiter mon cœur et glace mon courage. La fin de ma carrière est si rapidement inclinée, que, pour retenir mon char, j'ai besoin d'une longue expérience ; et Téthys[1] elle-même, lorsque je descends dans ses ondes, craint toujours que je n'y sois précipité. Mais il est encore d'autres obstacles à surmonter. Le ciel, par un mouvement constant, tourne sur son axe ; les astres sont entraînés dans sa marche rapide, tandis que seul résistant à la force qui les emporte, je suis dans les airs une route opposée. Suppose un moment que je t'ai confié mon char, que feras-tu ? pourras-tu, sans être emporté par leur rapidité, résister à l'agitation des pôles et de l'axe des cieux ? Tu te flattes peut-être de rencontrer sur ta route des bocages sacrés, des villes et des temples enrichis des dons offerts aux immortels ; mais tu ne trouveras partout que des périls et des monstres effrayants. Si tu suis, sans t'égarer, la véritable voie, tu passeras entre les cornes du Taureau, qui regarde à l'orient ; tu verras te menacer l'arc du Sagittaire, la gueule sanglante du Lion, et l'affreux Scorpion, dont les bras couvrent une grande partie du ciel ; et le Cancer, qui, non loin de lui, mais d'un autre côté, recourbe les siens. Comment d'ailleurs régiras-tu mes coursiers impétueux, qui font jaillir de leurs bouches et de leurs naseaux brûlants les feux qui les animent ? Moi-même, j'ai peine à les gouverner lorsque échauffés dans leur course ils résistent au frein. Ô mon fils, crains d'obtenir de ton père une trop funeste faveur. Révoque des vœux imprudents, tandis qu'il en est temps encore [...].

Ovide (Ier siècle av. J.-C. – Ier siècle ap. J.-C.), *Les Métamorphoses*, II, 63-89, traduction de G. T. Villenave (1806).

Autour du texte

1. À quels éléments voit-on que la course du Soleil a été précisément observée ?

2. S'agit-il d'une évocation scientifique ou poétique ?

3. PORTFOLIO Quels éléments du texte d'Ovide retrouve-t-on dans le poème « Le satyre » de Victor Hugo (1859) ? hatier-clic.fr/21lat313

1. **Téthys** : divinité marine, sœur et épouse d'Océan.

2 *Dans cette fable d'Hygin, Phaéton est présenté comme le petit-fils infortuné du Soleil et responsable d'un grand malheur.*

Phaethon Clymeni **Solis filii** et Meropes **nymphae filius**, quam Oceanitidem accepimus, cum indicio patris avum Solem cognovisset, **impetratis curribus male usus est. Nam cum esset propius terram vectus**, vicino igni **omnia conflagrarunt**, et fulmine ictus **in flumen Padum cecidit** ; hic amnis a Graecis Eridanus dicitur, quem Pherecydes primus vocavit. **Indi** autem quod **calore vicini ignis** sanguis in atrum colorem versus est, **nigri sunt facti. Sorores autem Phaethontis** dum interitum deflent fratris **in arbores sunt populos versae. Harum lacrimae**, ut Hesiodus indicat, **in electrum sunt duratae** ; Heliades tamen nominantur.

Hygin (Ier siècle av. J.-C. – Ier siècle ap. J.-C.), *Fables*, 154.

Lire le texte

1. Lisez l'ensemble du texte puis relisez les passages en gras. Appuyez-vous sur les mots que vous connaissez pour comprendre le texte.

Traduire le texte

2. LANGUE Relevez et analysez toutes les formes verbales au passif. → p. 232

3. Traduisez le texte.

Approfondir

4. En reprenant les mots de la fable d'Hygin, décrivez en latin le tableau de Gustave Moreau.

G. Moreau (1826-1898), *Phaéton* (1878), huile sur toile, Musée Gustave Moreau, Paris.

hatier-clic.fr/21lat314 Texte en grec

3 *Dans le* Timée, *un prêtre égyptien décrit à Solon, législateur athénien du VI*e *siècle avant J.-C., les cataclysmes passés.*

Par exemple, ce qu'on raconte aussi chez vous de Phaéton, fils du Soleil, qui, ayant un jour attelé le char de son père et ne pouvant le maintenir dans la voie paternelle, embrasa tout ce qui était sur la terre et périt lui-même frappé de la foudre, a, il est vrai, l'apparence d'une fable ; mais la vérité qui s'y recèle, c'est que les corps qui circulent dans le ciel autour de la terre dévient de leur course et qu'une grande conflagration qui se produit à de grands intervalles détruit ce qui est sur la surface de la terre. Alors tous ceux qui habitent dans les montagnes et dans les endroits élevés et arides périssent plutôt que ceux qui habitent au bord des fleuves et de la mer.

Platon (Ve – IVe siècles av. J.-C.), *Timée*, 22 C et D, traduit du grec par É. Chambry © Flammarion (1969).

Autour du texte

1. Comment Platon montre-t-il dans ce texte le lien qui existe entre fable et science ?

Les phénomènes naturels et la mort

TEXTE 8 Les ravages de l'eau

Déçu par les humains coupables de crimes, Jupiter décide d'anéantir leur race. Il choisit de noyer la terre sous un déluge et convoque les dieux des fleuves.

« non est hortamine longo
Nunc » ait « utendum ; vires effundite vestras :
Sic opus est ! aperite domos ac mole remota
Fluminibus vestris totas inmittite habenas ! »
Jusserat ; hi redeunt ac fontibus ora relaxant
Et defrenato volvuntur in aequora cursu.
Ipse tridente suo terram percussit, at illa
Intremuit motuque vias patefecit aquarum.
Exspatiata ruunt per apertos flumina campos
Cumque satis arbusta simul pecudesque virosque
Tectaque cumque suis rapiunt penetralia sacris.
Si qua domus mansit potuitque resistere tanto
Indejecta malo, culmen tamen altior hujus
Unda tegit, pressaeque latent sub gurgite turres.
Jamque mare et tellus nullum discrimen habebant :
Omnia pontus erat, deerant quoque litora ponto.
Occupat hic collem, cymba sedet alter adunca
Et ducit remos illic, ubi nuper arabat :
Ille supra segetes aut mersae culmina villae
Navigat, hic summa piscem deprendit in ulmo.
Figitur in viridi, si fors tulit, ancora prato,
Aut subjecta terunt curvae vineta carinae.

Ovide (Ier siècle av. J.-C. – Ier siècle ap. J.-C.), *Les Métamorphoses*, I, 277-298.

Poséidon semble apparaître dans une vague géante lors du passage de la tempête Justine, photographie de Mathieu Rivrin, Finistère Sud (30 janvier 2021).

Lire le texte

1. Quae Jovem adjuvant ? Quomodo (v. 9-16) ?

2. Ubi homines jam vivunt (v. 19-22) ?

Traduire le texte

3. Analysez utendum est (v. 2).

4. LANGUE Justifiez l'emploi de qua dans si qua domus (v. 12). → p. 223

5. À l'aide du code couleur, traduisez le texte.

Approfondir

6. Comment Ovide parvient-il à traduire la violence du déluge ?

7. Comment le bouleversement est-il mis en évidence ?

8. ESSAI Comparez les différents récits de déluge de l'Antiquité. Lisez celui de *Gilgamesh* : hatier-clic.fr/21lat315. Quels en sont les points communs ? Et les différences ?

9. PORTFOLIO Quels parallèles pouvez-vous établir entre les récits de déluge et la montée des eaux due au réchauffement climatique ? Lisez cet article : hatier-clic.fr/21lat316.

10. ESSAI Faites une recherche sur le mythe de l'Atlantide et comparez-le au mythe du déluge. Lisez ces textes de Jules Verne et de Platon et visionnez la vidéo : hatier-clic.fr/21lat317.

TEXTE 9 L'alternance des saisons

Jupiter met fin à l'âge d'or, qui offre tout aux hommes sans qu'ils aient à fournir le moindre effort. Comme la Nature lui demande de les épargner, il crée l'alternance des saisons : il décrète ainsi que Cérès doit passer l'hiver à rechercher sa fille Proserpine, enlevée par Pluton, avant de la retrouver au printemps, afin que sa joie provoque les moissons.

Nunc mihi cum magnis instat Natura querellis
Humanum relevare genus, durumque tyrannum
Immitemque vocat regnataque saecula patri
Commemorat parcumque Jovem se divite clamat,
Qui campos horrere situ dumisque repleri
Rura velim nullisque exornem fructibus annum.

Elle qui fut auparavant une mère pour les mortels a pris soudain les traits d'une atroce marâtre : À quoi a-t-il servi aux hommes d'avoir puisé leur âme au ciel et dressé haut leur tête, s'ils errent sans voies tels des bêtes, si, partageant même pâture, ils broient des glands ? Une telle vie leur plaît-elle, adonnée aux bauges des bois, mêlée aux fauves ? Souvent j'ai supporté semblables plaintes de cette mère : enfin, plein de clémence pour le monde, j'ai décidé de détourner les peuples de la nourriture de Chaonie[1].

Atque ideo Cererem, quae nunc ignara malorum
Verberat Idaeos torva cum matre leones,
Per mare, per terras avido discurrere luctu
Decretum, natae donec laetata repertae
Indicio tribuat fruges currusque feratur
Nubibus ignotas populis sparsurus aristas
Et juga caerulei subeant Actaea dracones.

Claudien (IVe – Ve siècles ap. J.-C.), *Le Rapt de Proserpine*, III, 33-54, traduction de J.-L. Charlet © Les Belles Lettres (1991).

1. **Chaonie** : région du nord de la Grèce.

Lire le texte

1. Quid Natura Jovi exprobrat ?

2. Quam aetatem profert ?

3. Quid Jupiter censet ?

Traduire le texte

4. Justifiez le datif dans saecula regnata patri (v. 3).

5. Repérez l'ablatif absolu dans les premiers vers. Traduisez-le mot à mot.

6. LANGUE Justifiez l'emploi des modes au vers 6. → p. 231

7. En groupes, appliquez le code couleur au texte latin avant de le traduire.

Approfondir

8. Faites le plan du texte pour mettre en évidence la stratégie de Jupiter.

9. Qui est la mère de Cérès ? Faites une recherche sur cette déesse : hatier-clic.fr/21lat318.

10. Relevez le vocabulaire qui qualifie la perte de l'âge d'or.

11. Comment Jupiter justifie-t-il la douleur qu'il inflige à Cérès ? Lisez cet hymne homérique : hatier-clic.fr/21lat319.

Bas-relief en terre cuite représentant Cérès (IIe siècle ap. J.-C.), Palazzo Massimo alle Terme, Rome.

Les phénomènes naturels et la mort

TEXTE 10 La réincarnation des âmes

Au livre XV des Métamorphoses, *Ovide met en scène Pythagore de Samos (VIe siècle avant J.-C.), célèbre savant, fondateur d'une doctrine très en vogue au début de l'Empire, la métempsycose (la réincarnation).*

« O genus attonitum gelidae formidine mortis,
Quid Styga, quid tenebras et nomina vana timetis,
Materiem vatum, falsi terricula mundi ?
Corpora, sive rogus flamma seu tabe vetustas
Abstulerit, mala posse pati non ulla putetis !
Morte carent animae semperque priore relicta
Sede novis domibus vivunt habitantque receptae :
Ipse ego (nam memini) Trojani tempore belli
Panthoides Euphorbus eram, cui pectore quondam
Haesit in adverso gravis hasta minoris Atridae ;
Cognovi clipeum, laevae gestamina nostrae,
Nuper Abanteis templo Junonis in Argis !
Omnia mutantur, nihil interit : errat et illinc
Huc venit, hinc illuc, et quoslibet occupat artus
Spiritus eque feris humana in corpora transit
Inque feras noster, nec tempore deperit ullo,
Utque novis facilis signatur cera figuris
Nec manet ut fuerat nec formam servat eandem,
Sed tamen ipsa eadem est, animam sic semper eandem
Esse, sed in varias doceo migrare figuras.
Ergo, ne pietas sit victa cupidine ventris,
Parcite, vaticinor, cognatas caede nefanda
Exturbare animas, nec sanguine sanguis alatur !
Et quoniam magno feror aequore plenaque ventis
Vela dedi : nihil est toto, quod perstet, in orbe. »

Ovide (Ier siècle av. J.-C. – Ier siècle ap. J.-C.), *Les Métamorphoses*, XV, 153-177.

Mot concept

▶ **genus, eris**, n : la naissance, l'origine et parfois la famille. Ce terme sert aussi à la classification des espèces et prend le sens de genre (genus humanum et bestiarum genus).

Lire et traduire le texte

1. LEXIQUE Relevez le champ lexical de la mort et du changement. Complétez la carte mentale (▶ p. 59).

2. Retrouvez le mot à mot du texte d'Ovide dans la traduction puis proposez une traduction personnelle des vers 1 à 10.

Approfondir

3. Faites une recherche sur Pythagore et les pythagoriciens.

4. Comment Pythagore justifie-t-il la nécessité d'être végétarien ?

5. En quoi cette philosophie s'oppose-t-elle aux autres courants de pensée du Ier siècle sur le thème de la mort ?

6. Faites une recherche sur le mythe d'Er, raconté par Platon dans la *République* : hatier-clic.fr/21lat320. Quels points communs pouvez-vous trouver avec cette prosopopée de Pythagore ?

7. PORTFOLIO De quelle façon Rubens représente-t-il la leçon donnée par Pythagore ?

8. Retrouvez des éléments du tableau de Rubens et du texte d'Ovide dans ce texte de Diogène Laërce : hatier-clic.fr/21lat321.

« Faibles mortels, que glace l'effroi du trépas, pourquoi craindre le Styx et l'empire des ombres, fables inventées par les poètes, vaines expiations d'un monde imaginaire ? Soit que le corps périsse consumé dans les feux du bûcher, soit que le temps le détruise, ne croyez pas qu'il souffre quand il n'est plus. Les âmes ne meurent point : sorties de leurs premières demeures, elles passent et vivent dans de nouvelles habitations. Moi-même, je m'en souviens, pendant la guerre de Troie, j'étais Euphorbe[1], fils de Panthous[2] ; le plus jeune des Atrides me perça le cœur de sa forte lance : j'ai reconnu naguère, au temple de Junon, dans la ville d'Argos, le bouclier dont alors mon bras était armé.

Tout change, rien ne meurt. L'âme erre d'un corps à un autre, quel qu'il soit : elle passe de l'animal à l'homme, de l'homme à l'animal, et ne périt jamais. Comme la cire fragile reçoit des formes variées, et change de figure sans changer de substance : ainsi j'enseigne que l'âme est toujours la même, mais qu'elle émigre en des corps différents. Dans vos appétits déréglés, craignez donc de devenir impies. Je le déclare au nom des dieux, prenez garde, par le meurtre détestable des animaux, de chasser de leur nouvel asile les âmes de vos parents. Que votre sang ne se nourrisse point de votre sang.

Et, puisque, porté sur une vaste mer, j'ai livré aux vents toutes mes voiles, je dirai : Rien n'est stable dans l'univers […]. »

Traduction G. T. Villenave (1806).

1. **Euphorbe** : guerrier troyen tué par Ménélas (le plus jeune des Atrides).
2. **Panthous** : prêtre d'Apollon troyen.

P. P. Rubens (1577-1640) et F. Snyders (1579-1657), *Pythagore défendant le végétarisme* (vers 1620), huile sur toile (262 x 378 cm), Royal Collection, Royaume-Uni.

La naissance de la pensée rationnelle

À l'époque archaïque, le mythe et le raisonnement logique ne s'opposent pas. Les deux, en effet, peuvent désigner un récit concernant les dieux. C'est à partir de Platon que la distinction s'opère : le philosophe rejette les mythes parce qu'ils sont transmis sans examen préalable et affirme la supériorité du raisonnement.

Les mythes fondateurs

• Dans leur diversité, les **textes grecs** exposent les **systèmes fondamentaux d'explication du monde**. Sans caractère scientifique à l'origine, ces visions reposent toujours sur des mythes (muthos en grec) qui permettent aux hommes de répondre à leurs interrogations sur la naissance du monde et sur leur place au sein de ce monde. Les désordres de la planète (inondations, tremblements de terre, éclipses...) reçoivent ainsi des **interprétations divines**.

• Vers le VIIe siècle avant J.-C., Hésiode écrit la *Théogonie* pour raconter la naissance du monde, des dieux et des hommes. Ces **mythes**, qui existaient bien avant Hésiode, et que l'on retrouve dans d'autres civilisations, sont **repris par les Romains** et la cosmogonie d'Ovide se rapproche de celle du poète grec.

Mosaïque romaine de Shahba, scène mythologique avec au centre Gaïa, déesse de la Terre (IIIe siècle av. J.-C.), Musée national de Damas, Syrie.

Les voies de la raison

• Assez tôt cependant, les Grecs ont tâché de se détourner des récits mythologiques pour tenter d'expliquer de façon plus **rationnelle** les **phénomènes naturels**. Cicéron définit ces hommes comme des **philosophes** : « Car tandis que les uns cherchent la gloire, et les autres les richesses, il y a une troisième espèce d'hommes, mais peu nombreuse, qui, regardant tout le reste comme rien, s'appliquent principalement à la contemplation des choses naturelles. Ce sont ces derniers qui se disent philosophes, c'est-à-dire, amateurs de la sagesse. » (*Tusculanes*, V, 3, trad. M. Nisard, 1840).

• Ces premiers « savants » occidentaux naissent dans les **cités grecques** d'Asie mineure (Milet, Éphèse) et dans les **colonies italiennes** comme Agrigente ou Crotone aux VIe et Ve siècles avant J.-C. Ils sont appelés **phusiologoi** car l'objet de leurs études est essentiellement la **nature** (phusis). Il s'agit pour eux d'**expliquer le monde** par d'autres moyens que par les récits des poètes. Ces philosophes sont **astronomes**, **physiciens** (Empédocle, Anaxagore, Démocrite) ou **géomètres** (Thalès, Pythagore).

• L'historienne Claude Mossé montre bien la **continuité** entre les **deux façons de penser** :

« On a souvent caractérisé cette naissance [de la pensée rationnelle] comme un passage du *muthos* au *logos*, de la pensée mythique à la pensée logique, et l'on n'a pas hésité à ce propos à parler d'un « miracle grec ». En fait [...] il n'y a pas rupture brutale entre la pensée mythique et la pensée logique. Les « éléments » de la nature que les penseurs ioniens placent à l'origine du monde, l'eau, le feu, la terre et l'air sont en fait la transcription « naturaliste » des puissances primordiales de la pensée mythique [...]. » (*La Grèce archaïque d'Homère à Eschyle*, « Points Histoire » © Éditions du Seuil, 1984, n. e. 2018).

R. Sanzio dit **Raphaël** (1483-1520), *L'École d'Athènes* (1508-1511), fresque (770 x 440 cm), Chambre de la Signature, Musées du Vatican, Rome.

Le désir de science du mythe

Pour Cicéron, dans les mythes se trouve déjà le désir de science.

L'homme naît avec une si forte passion d'apprendre et de savoir, qu'on ne peut nier que sa nature ne soit entraînée vers la science, sans aucune vue d'utilité. Ne voyons-nous pas quelquefois qu'on ne peut pas même par le châtiment empêcher les enfants d'être curieux et les détourner de leurs investigations ? Ne voyons-nous pas comme ils reviennent à la charge quand on les a rebutés, comme ils sont ravis d'apprendre et heureux de raconter, comme ils sont attachés aux jeux, aux pompes et aux spectacles, jusques à en souffrir la faim et la soif ? Quant aux hommes qui cultivent les arts et les études libérales, ne s'y plaisent-ils pas quelquefois de telle sorte, qu'ils en négligent leur santé et leurs affaires ; et ne les voyons-nous pas souffrir les plus dures incommodités pour se livrer à leurs travaux favoris ? Labeurs, soucis, tourments, tout est pour eux compensé par le plaisir qu'ils trouvent à apprendre.

Il me semble qu'Homère a feint quelque charme de cette nature dans le chant des sirènes. Car il ne paraît pas que ce fût par la douceur de leur voix, ou par la nouveauté et la variété de leurs chants qu'elles eussent le pouvoir d'attirer les navigateurs à leur écueil : mais elles se vantaient d'une science merveilleuse, et l'espoir d'y participer poussait les infortunés à leur ruine.

Cicéron, *Des vrais biens et des vrais maux*, V, 18, trad. M. Nisard (1840).

Mot concept

▶ **natura, ae**, f : mot dérivé de **natus** (né), degré zéro d'une racine **gen-** qui signifie engendrer.
Le mot **natura** désigne l'état constitutif des choses, en parlant de l'homme comme de l'univers. Il est l'équivalent du grec φύσις (phusis) .

La pensée rationnelle antique vous passionne ?

▶ **Choisissez un thème d'exposé que vous pourrez présenter en classe :**

- Une figure mythologique autour de laquelle s'organise une constellation
- Histoire de l'astronomie et son évolution (du mythe à l'observation)

Consultez les liens :

Site Astronomie hatier-clic.fr/21lat322

Site Constellations hatier-clic.fr/21lat323

Littérature

Le ciel en poésie

Bien que la poésie semble a priori bien éloignée de la science, les poètes sont nombreux, et à toutes les époques, à avoir voulu témoigner de leur curiosité pour les mystères de la voûte céleste et interpréter les mouvements des astres.

TEXTE 1 Charles Dobzynski : Un tremblement d'éther

Dans ce poème, le poète polonais Charles Dobzynski se sert des dernières observations scientifiques de son époque pour décrire une « apocalypse stellaire », le phénomène des supernovas.

Supernova

Un tremblement d'éther. Une fissure
d'où gicle un faisceau d'ions et de flammes
noués par la racine et la rosace.
Salves – scories de bruits et de couleurs
énucléés – collisions d'aurores.
Grappe de foudre. Et l'onde concentrique
des vibrations sur la vitre d'un rêve.
Caillots d'échos coagulant un quartz,
et la nuit fond d'un bloc. Et sa banquise
forme un bourbier d'étoiles sous la pluie
chaude-chantante : une pluie-en-la-chair,
un suintement sans fin de soleil mort,
une agonie de bouche où l'or bouillonne.
L'explosion d'un grisou dans l'aorte
de la matière en son amas natal.
Sang trop compact, tumeur de l'énergie
qui fait fumer une fièvre d'atomes.
Est-ce la pluie qui tombe ou le grésil
de la lumière aride ? Est-ce la pluie
ou bien les stries de la mort dans le spectre ?
Est-ce une pluie de pierres pyrogènes,
ou bien le bris d'une étoile en éclats
comme un miroir de mille et mille vies
où notre image ancienne se détruit
puis nous revient, par les années-lumière,
neiger en nous pour une autre naissance ?

Charles Dobzynski (1929-2014), « Supernova »,
dans *L'Opéra de l'Espace* © Éditions Gallimard (1963).

TEXTE 2 Claude Roy : Lune démodée

Dans ce poème, Claude Roy rend hommage à la lune qui, bien qu'elle ne soit plus l'objet d'explorations, reste un astre fascinant.

Lune démodée

La lune est belle et grande cette nuit
Le vent d'ouest en août est tiède et parle doux
La lune presque ronde est une orange claire
On distingue très bien le monsieur qui l'habite

Si on le fixe un moment le monsieur bouge un peu
Mais si on sait qu'il n'y a pas d'homme dans la lune
que c'est pure invention   conte à dormir debout
il n'y a plus personne dans la lune
que seulement la lune

La vraie lune   avec ses océans   ses canaux   ses cratères
et sa face cachée   où d'ailleurs rien n'arrive
la lune un peu fâchée de ne plus être intéressante
cherchant le nom de cet Américain qui marchait sur sa croûte

C'était nouveau   C'est très vieux maintenant
Malgré le voisinage d'étoiles assez nombreuses
et de galaxies à ne savoir qu'en faire
la lune se sent bien seule dans le ciel de l'été

Il n'y a plus de Bonhomme habitant de la lune
Aucun Américain ne marche sur son sol
La lune est démodée   Elle le fut toujours
Mais cette grande orange est belle dans la nuit

Claude Roy (1915-1997), « Lune démodée », dans *Les Pas du silence* © Éditions Gallimard (1993).

1. Renseignez-vous sur le phénomène des supernovas et retrouvez les éléments scientifiques dans le poème de Dobzynski.

2. Comment Claude Roy parvient-il à mêler science et poésie dans son poème ? Appuyez-vous sur les images poétiques qu'il utilise et les connaissances scientifiques qui se trouvent dans le texte.

3. **PORTFOLIO** Comparez ces poèmes, ceux de Sappho et Hugo (hatier-clic.fr/21lat324) avec les textes 7 (p. 66-67). Montrez que la poésie n'est pas seulement fantaisiste mais qu'elle s'appuie aussi sur des réalités scientifiques.

4. **ESSAI** Quelle différence l'astrophysicien et poète Jean-Pierre Luminet fait-il entre poésie « égotiste » et poésie « astronomique » ? Comment les deux genres sont-ils néanmoins conciliables selon lui ? Appuyez-vous sur la rubrique « Apocalypses célestes » de ce site et montrez que le thème a intéressé les poètes de toutes les époques : hatier-clic.fr/21lat325.

SÉQUENCE 4

Interrogations scientifiques

Que savez-vous déjà ?

- Quels scientifiques de l'Antiquité connaissez-vous ? Dans quels domaines se sont-ils illustrés ?
- Qui est le médecin le plus célèbre de l'Antiquité ? Pourquoi son nom est-il toujours connu de nos jours ?

Les sciences contemporaines comme la médecine, l'astronomie ou les mathématiques, héritent directement des sciences grecques. Ce sont les noms d'Hippocrate, Galien, Archimède et Pythagore que les savants modernes ont retenus alors qu'il ne nous est resté aucun nom romain. Longtemps, en effet, les Romains ont considéré qu'il était inutile de rivaliser avec les Grecs dans ce domaine et que seules la littérature, la rhétorique et l'histoire avaient une place dans l'éducation des enfants.

Les rares ouvrages scientifiques latins sont des compilations de connaissances, à l'exemple de l'*Histoire naturelle* de Pline l'Ancien (Ier siècle après J.-C.) qui s'intéresse principalement à la botanique et à la médecine, ou du *Mémorial* d'Ampélius qui rassemble les connaissances antiques en matière de géographie et de cosmographie.

Asclépios auscultant une malade, relief votif (450 avant J.-C.), marbre, Musée archéologique, Le Pirée, Grèce.

L'astronomie

S'ils ne contribuent pas à l'avancée des connaissances dans le domaine de l'astronomie, les Romains s'intéressent à l'observation du ciel.

Quelles connaissances les Romains ont-ils en matière d'astronomie ?
→ Textes 1 à 3

Les phénomènes naturels

Les sciences permettent surtout aux Romains de mieux comprendre le monde dans lequel ils vivent et d'exclure les causes surnaturelles.

Comment les Romains expliquent-ils les catastrophes naturelles ?
→ Textes 4 à 5

Les premiers médecins

À Rome, les premiers médecins sont grecs et s'installent lorsque l'hellénisme se développe en Italie. Jusque-là, les Romains n'ont pas de médecin mais usent de remèdes peu rationnels.

De quelle façon les médecins soignent-ils leurs patients ? → Textes 6 à 11

LEXIQUE
Carte mentale
hatier-clic.fr/21lat401

L'astronomie

TEXTE 1 La géographie du monde

+PROF
Science et légendes grecques (ENS Lyon)

Le Mémorial *est un manuel scolaire qui rassemble les connaissances élémentaires sur le monde.*

Mundus est universitas rerum, in quo omnia sunt et extra quem nihil ; qui Graece dicitur cosmos. Elementa mundi quattuor : ignis ex quo est caelum, aqua ex qua mare Oceanum, aer ex quo venti et tempestates, terra quam propter formam ejus orbem terrarum appellamus. Caeli regiones sunt quattuor : oriens occidens meridies septentrio. Caelum dividitur in circulos quinque : arcticum et antarcticum, qui ob nimiam vim frigoris inhabitabiles sunt ; aequinoctialem cui subjacet regio quae catacecaumene dicitur neque incolitur ob nimiam vim ardoris ; brumalem et solstitialem sub quibus habitatur sunt enim temperatissimi ; per quos oblicus circulus vadit cum duodecim signis, in quibus sol annuum conficit cursum.

Lucius Ampélius (IIe siècle ap. J.-C.), *Le Mémorial*, I.

Lire et traduire le texte

1. Repérez les mots transparents : quels éléments Ampélius utilise-t-il pour décrire l'univers ?

2. Appliquez le code couleur et traduisez le texte.

Approfondir

3. Sur quelles connaissances Ampélius prend-il appui pour son manuel ? Pourquoi parle-t-on de géocentrisme dans l'Antiquité ? Consultez ce site : hatier-clic.fr/21lat402.

TEXTE 2 L'étude des comètes

Afin de combattre les superstitions, Sénèque invite ses contemporains à mieux comprendre le mouvement des comètes.

Idem in cometis fit : si rarus et insolitae figurae ignis apparuit, nemo non scire quid sit cupit et, oblitus aliorum, de adventicio quaerit, ignarus utrum debeat mirari an timere. Non enim desunt qui terreant, qui significationes ejus graves praedicent. Sciscitantur itaque et cognoscere volunt prodigium sit an sidus. [...]

Ad haec investiganda proderit quaerere num cometae condicionis sint cujus superiora. Videntur enim cura illis quaedam habere communia : ortus et occasus, ipsam quoque, quam vis spargatur et longius exeat, faciem ; aeque enim ignei splendidique sunt.

Il serait d'ailleurs indispensable pour cette recherche d'avoir le catalogue de toutes les comètes qui sont apparues dans le passé. Il n'est pas encore possible, à cause de leur rareté, de connaître leur marche, ni de savoir si leur retour est périodique et si un ordre déterminé les ramène à jour fixe. L'observation de ces phénomènes célestes n'est pas ancienne ; elle s'est introduite tout récemment en Grèce. Le plus pénétrant des philosophes d'autrefois, Démocrite, en un temps où l'on n'avait pas encore calculé la marche des cinq planètes, a soupçonné qu'il y a un plus grand nombre de ces astres errants ; mais il n'en a spécifié ni le nombre, ni les noms.

Sénèque (Ier siècle ap. J.-C.), *Questions naturelles*, VII, 1-3, traduction de P. Oltramare © Les Belles Lettres (1929).

Lire le texte

1. Repérez les mots que vous connaissez et les mots transparents dans le texte latin. Montrez que Sénèque met en évidence la nécessité de la connaissance scientifique.

Traduire le texte

2. En groupes, appliquez le code couleur et proposez une traduction mot à mot.

Approfondir

3. Quels éléments du texte mettent en évidence la démarche scientifique du philosophe ?

4. Comment Sénèque parvient-il à lier science et réflexion philosophique ?

5. Comment la connaissance des comètes a-t-elle évolué au cours des siècles ? Consultez le site : hatier-clic.fr/21lat403.

TEXTE 3 La naissance des constellations

+PROF
Mythologie et astronomie (P. Charvet, 2019)

Dans cet ouvrage, Hygin propose une initiation à l'astronomie. Il souhaite décrire l'univers avec précision. Il présente ici le signe du Scorpion.

En raison des dimensions de son corps, on le partage en deux signes et la représentation de l'un d'eux a reçu chez nous le nom de balance. Mais d'une façon générale, le signe en sa totalité a été placé, pense-t-on, pour la raison suivante : Orion[1] était à la chasse et avait confiance dans la supériorité de son entraînement en ce domaine, au point de dire à Diane[2] et à Latone[3] qu'il était capable de tuer tout être né de la terre. Aussi la terre indignée envoya-t-elle un scorpion pour le tuer, indique-t-on. Mais Jupiter admira le courage de l'un et de l'autre, il plaça au ciel le scorpion, afin que son image rappelât aux hommes que personne ne doit avoir confiance en soi pour rien. Quant à Diane, en raison des goûts d'Orion, elle demanda à Jupiter de lui accorder, sur sa requête, le même bienfait qu'il avait spontanément concédé à la terre. Aussi le plaça-t-il de telle manière qu'au lever du Scorpion se couche Orion.

Hygin (Ier siècle av. J.-C. – Ier siècle ap. J.-C.), *L'Astronomie*, II, 26, traduction d'A. Le Bœuffle © Les Belles Lettres (1983).

1. **Orion :** chasseur géant. • 2. **Diane :** déesse de la chasse.
3. **Latone :** mère de Diane et Apollon.

Mot concept

▸ **sidus, eris**, n : d'abord une étoile faisant partie d'une constellation par opposition à stella, ae, f, étoile isolée, et plus tard, tout astre et même le ciel, la nuit et la saison.

La transformation d'Orion en constellation, mosaïque de la Maison de Jupiter à Pompéi (IIe siècle av. J.-C.).

Autour du texte

1. Pourquoi peut-on dire qu'Hygin cherche à expliquer l'origine des constellations ?

2. En quoi ce texte constitue-t-il un exemple de tentative d'explication scientifique par un mythe ?

3. PORTFOLIO Comparez les textes antiques et le film de Méliès : hatier-clic.fr/21lat404. De quelle façon la volonté de connaître l'espace est-elle mise en évidence ?

4. PORTFOLIO Comparez les explications d'Hygin à celles proposées par Fontenelle : hatier-clic.fr/21lat405. De quelle façon Fontenelle essaie-t-il de faire comprendre les progrès scientifiques ?

5. Quels éléments de la légende d'Orion retrouve-t-on sur cette mosaïque ? Comment l'artisan a-t-il réussi à représenter le catastérisme (transformation en étoile) du géant ?

Les phénomènes naturels

+PROF
Vocabulaire des séismes (latin et grec)

TEXTES 4 Les tremblements de terre

1 *En l'absence d'explication rationnelle, Sénèque pense que les tremblements de terre, fréquents en Italie et en Grèce, sont provoqués par l'action de vents souterrains.*

Maxima ergo causa est propter quam terra moveatur spiritus natura citus et locum e loco mutans. **Hic quamdiu non impellitur** et in vacanti spatio latet, **jacet innoxius** nec circumjectis molestus est ; **ubi illum extrinsecus superveniens causa** sollicitat **compellit**que et in arctum agit, scilicet adhuc, **cedit tantum et vagatur** : **ubi** erepta **discedendi facultas est** et undique obsistitur, **tunc** « magno cum murmure montis **circum claustra fremit** », **quae diu pulsata convellit ac jactat, eo acrior quo cum mora valentiore luctatus est. Deinde cum circa perlustravit omne quo tenebatur, nec potuit evadere, inde**, quo maxime impactus est, resilit et aut per occulta dividitur ipso terrae motu raritate facta, aut per novum vulnus emicuit : **ita ejus non potest vis tanta cohiberi nec ventum tenet ulla compages. Soluit enim quodcumque vinculum et onus omne fert secum** infususque per minima laxamentum superat et **indomita naturae potentia liber**, utique concitatus sibi jus suum vindicat.

Sénèque (Ier siècle ap. J.-C.), *Questions naturelles*, VI, 18.

Lire le texte

1. Lisez l'ensemble du texte puis relisez les passages en gras.

2. **LEXIQUE** Relevez le champ lexical de la violence. Que cherche à montrer Sénèque ?

Traduire le texte

3. **LANGUE** À quel mode est moveatur (l. 1) ? Justifiez son emploi. → p. 241

4. Traduisez d'abord les propositions en gras puis l'ensemble du texte.

Approfondir

5. En quoi peut-on dire qu'il y a une sorte d'écriture poétique dans ce texte ? Étudiez plus particulièrement la personnification du vent.

2 *Aristote, philosophe grec du IVe siècle avant J.-C., s'intéresse à tous les domaines de la connaissance. Les phénomènes naturels n'échappent pas à ses questionnements.*

hatier-clic.fr/21lat406 Texte en grec

Pour Anaximène, il soutient que la terre d'abord imbibée, et se desséchant ensuite, se brise, et que le tremblement est causé par ces montagnes brisées qui tombent ainsi sur la terre par fragments. Selon lui, voilà pourquoi les tremblements de terre ont lieu dans les sécheresses et aussi durant les pluies excessives ; dans les sécheresses, la terre se fend comme on l'a dit ; et elle s'éboule lorsqu'elle est par trop imbibée d'eau. Si cela se passait comme le veut Anaximène, il faudrait qu'on observât dans bien des lieux la terre revenir sur elle-même. Et de plus comment alors se fait-il que ce phénomène se reproduise fréquemment dans certains lieux qui, d'ailleurs, n'ont pas le moins du monde cette surélévation dont on parle, comparativement aux autres ? Et pourtant, il le faudrait d'après cette théorie. Toute cette explication suppose nécessairement que les tremblements de terre doivent toujours devenir de moins en moins forts et qu'enfin la terre cessera de trembler ; car tout ce qui se tasse en doit arriver là naturellement. Par conséquent, si cela est impossible, il est bien évident aussi qu'il est impossible que ce soit là la vraie cause du phénomène.

Aristote (IVe siècle av. J.-C.), *Météorologie*, II, 7, traduit du grec par B. Saint-Hilaire (1863).

Autour du texte

1. Étudiez la démarche scientifique du philosophe.

2. Quelles sont les différentes théories antiques qui tentent d'expliquer le phénomène des tremblements de terre ? Consultez ce site : hatier-clic.fr/21lat407.

3 *Dans ce traité traduit du livre grec* Péri kosmou, *faussement attribué à Aristote, Apulée passe en revue les différents types de séismes. C'est l'occasion pour lui d'un travail précis sur le vocabulaire.*

Saepe accidit ut nativi spiritus, per terrae concavas partes errantes, concuterent solida terrarum, saepius ut spiritus, crescente violentia et insinuantes se telluris angustiis nec invenientes exitum, terram moverent. Ces mouvements portent des noms aussi variés que < leurs effets > : ceux qui projettent obliquement les objets les plus proches et dont la direction forme un angle aigu avec le sol s'appellent en grec « épiclintae » (= inclinés) ; au contraire ceux qui bondissent en l'air, faisant sauter leurs charges et les recueillant à la verticale, se nomment « brastae » (= secoueurs) ; ceux qui semblent cacher les objets sont appelés « hizématiae » (= enfonceurs) ; ceux dont la poussée disloque le sol ont pour nom « rhectae » (= déchireurs). Il résulte de ces accidents que certains lieux exhalent des émanations, que d'autres vomissent des pierres, quelques-uns de la boue ; il en est qui font jaillir des sources dans des lieux où l'on n'en avait jamais vues, creusant ainsi le lit de fleuves voyageurs. Les « ostae » (= abatteurs) sont des mouvements qui secouent le sol une seule fois ; on nomme « palmatiae » (= vibreurs) ceux dont le tremblement fait osciller les objets ébranlés sans les incliner, en leur permettant de conserver leur position verticale ; on appelle « mycetias » (= grondeurs) une agitation du sol accompagnée d'une odeur fétide. Audiuntur mugitus, interioribus gemitibus expressis, cum spiritus invalidus ad terram movendam per aperta telluris inventis itineribus progreditur.

Apulée (IIe siècle ap. J.-C.), *Du monde*, chapitre 18, traduction de J. Beaujeu

Lire le texte

1. LEXIQUE Relevez dans le texte latin le champ lexical du mouvement.

2. LEXIQUE Proposez une traduction pour les mots **terra** (l. 1) et **tellus** (l. 3).

Traduire le texte

3. Justifiez les emplois de l'ablatif dans le texte.

4. À l'aide du code couleur, traduisez les passages en latin.

Approfondir

5. Quels points communs remarquez-vous entre le texte de Sénèque (1) et celui d'Apulée ?

6. En quoi le travail sur le vocabulaire marque-t-il la volonté de précision ? De quelle origine sont les mots utilisés ?

7. PORTFOLIO Faites une recherche sur le géant Encelade. Comment les Grecs expliquaient-ils les tremblements de terre ? Comment l'artiste a-t-il réussi à rendre la violence du phénomène naturel ?

Bassin et fontaine de l'Encelade, jardins du Château de Versailles.

Les phénomènes naturels

TEXTE 5 La crue du Nil

Dans son épopée La Pharsale, *Lucain met en scène César qui, lors d'un banquet offert par Cléopâtre, interroge le prêtre Acorée sur les sources du Nil. Le sage commence par un exposé scientifique dans lequel il balaye certaines théories.*

Vana fides veterum, Nilo, quod crescat in arva,
Æthiopum prodesse nives. Non Arctos in illis
Montibus aut Boreas. Testis tibi sole perusti
Ipse color populi calidique vaporibus Austri.
Adde quod omne caput fluvii, quodcumque soluta
Praecipitat glacies, ingresso vere tumescit
Prima tabe nivis : Nilus neque suscitat undas
Ante Canis radios nec ripis alligat amnem
Ante parem nocti Libra sub judice Phoebum.
Inde etiam leges aliarum nescit aquarum,
Nec tumet hibernus, cum longe sole remoto
Officiis caret unda suis : dare jussus iniquo
Temperiem caelo mediis aestatibus exit
Sub torrente plaga, neu terras dissipet ignis
Nilus adest mundo contraque incensa Leonis
Ora tumet Cancroque suam torrente Syenen
Inploratus adest, nec campos liberat undis
Donec in autumnum declinet Phoebus et umbras
Extendat Meroe. Quis causas reddere possit ?
Sic jussit natura parens discurrere Nilum,
Sic opus est mundo. [...]
Ast ego, si tantam jus est mihi solvere litem,
Quasdam, Caesar, aquas post mundi sera peracti
Saecula concussis terrarum erumpere venis
Non id agente deo, quasdam conpage sub ipsa
Cum toto coepisse reor, quas ille creator
Atque opifex rerum certo sub jure coercet.

Lucain (Ier siècle ap. J.-C.), *La Pharsale*, X, 219-239 et 262-267, traduction d'A. Bourgery et M. Ponchont

Lire et traduire le texte

1. Établissez les correspondances entre les termes soulignés dans les textes latin et français.

2. Traduisez à votre façon en vous aidant de la traduction donnée.

Approfondir

3. De quelle façon le Nil est-il présenté comme un fleuve extraordinaire ?

4. Quelle peut être la place d'un tel exposé dans une œuvre poétique ? En quoi cet exposé scientifique prend-il en réalité une dimension mythologique ?

5. Retrouvez les influences de Sénèque dans le texte de Lucain : hatier-clic.fr/21lat408.
En quoi peut-on voir l'influence stoïcienne dans la théorie du poète ?

6. Retrouvez dans la statue les éléments qui caractérisent le Nil.

Statue monumentale du Nil, copie romaine en marbre d'un original grec d'Alexandrie, Musée Braccio Nuovo, Vatican, Rome.

C'est une erreur des anciens de croire les débordements du Nil dus aux neiges d'Éthiopie. Ces montagnes ne connaissent ni l'Arctos[1] ni Borée[1]. Tu en as pour preuves la couleur même des habitants brûlés par le soleil, et les austers[2] aux souffles embrasés. Ajoute que tous les fleuves, dont la fonte des glaces précipite la source, commencent à s'enfler à l'entrée du printemps au premier écoulement des neiges : le Nil ne soulève pas ses ondes avant l'apparition des rayons du Chien[3], et n'enchaîne pas son lit à ses rives avant l'équilibre de la nuit et de Phébus[4] avec la Balance pour arbitre. Aussi n'est-il pas non plus soumis aux mêmes lois que les autres fleuves : il ne s'enfle pas en hiver, où l'éloignement du soleil enlève à l'onde l'occasion de rendre ses services ; destiné à tempérer un air trop brûlant, il sort de son lit au milieu de l'été, sous la zone torride ; et, pour que la flamme ne détruise pas la terre, le Nil vient au secours du monde, et c'est contre la face en feu du Lion[5] qu'il s'enfle ; sitôt que le Cancer[6] embrase Syène[7] qu'il domine, il vient au secours de la ville qui l'implore ; il ne retire pas ses eaux des plaines avant que Phébus ne décline vers l'automne et que les ombres ne s'allongent sur Méroë[7]. Qui pourrait donner les causes du phénomène ? C'est la volonté de la nature maternelle que le Nil déborde ; c'est une nécessité pour le monde. [...]

Pour moi, s'il m'est permis de résoudre un si grand problème, voici, César, ma conviction : parmi les fleuves, les uns, longtemps après la formation du monde, jaillissent du sein de la terre par l'effet de secousses, en dehors de toute action divine ; les autres, à l'origine même de sa formation, ont commencé avec le grand tout, et c'est le créateur, l'artisan de l'univers qui les maintient sous des lois déterminées.

1. **Arctos, Borée** : vents du nord.
2. **austers** : vents du sud.
3. **apparition du Chien** : vers le 20 juillet.
4. **équilibre de la nuit et de Phébus** : équinoxe d'automne.
5. **Lion** : entre le 23 juillet et le 23 août.
6. **Cancer** : entre le 21 juin et le 22 juillet.
7. **Syène, Méroë** : villes d'Égypte et de Nubie.

Les premiers médecins

TEXTE 6 L'origine de la médecine

Dans la préface de son traité De la médecine, *Celse explique l'origine très ancienne de cette science.*

Ut alimenta sanis corporibus agricultura, sic sanitatem aegris medicina promittit. Haec nusquam quidem non est, siquidem etiam inperitissimae gentes herbas aliaque prompta in auxilium vulnerum morborumque noverunt. Verum tamen apud Graecos aliquanto magis quam in ceteris nationibus exculta est, ac ne apud hos quidem a prima origine, sed paucis ante nos saeculis : ut pote cum vetustissimus auctor Aesculapius celebretur qui, quoniam adhuc rudem et vulgarem hanc scientiam paulo subtilius excoluit, in deorum numerum receptus est. Hujus deinde duo filii Podalirius et Machaon bello Trojano ducem Agamemnonem secuti non mediocrem opem commilitonibus suis attulerunt. Quos tamen Homerus non in pestilentia neque in variis generibus morborum aliquid adtulisse auxilii, sed vulneribus tantummodo ferro et medicamentis mederi solitos esse proposuit. Ex quo apparet has partes medicinae solas ab iis esse tentatas, easque esse vetustissimas.

On peut d'ailleurs apprendre du même auteur qu'on rapportait alors les maladies à la colère des dieux immortels, qu'à eux encore on avait coutume de réclamer de l'aide ; et il est vraisemblable qu'en l'absence de secours contre la maladie, la santé s'est cependant trouvée bonne le plus souvent, en raison de règles de vie bonnes, que n'avaient corrompues ni l'oisiveté ni les excès, car ce sont bien ces deux défauts qui ont abattu les corps, d'abord en Grèce, puis chez nous. Aussi notre médecine complexe, dont on n'avait pas besoin autrefois, et dont les autres peuples n'ont pas besoin, conduit-elle à peine quelques-uns d'entre nous au seuil de la vieillesse.

Ainsi donc, après ceux dont j'ai fait mention, nul homme illustre n'exerça la médecine jusqu'à ce qu'on se mît à pratiquer avec plus d'ardeur l'étude des lettres, étude aussi funeste au corps qu'elle est éminemment nécessaire à l'esprit. La science médicale était d'abord considérée comme une partie de la philosophie, étant donné que le traitement des maladies et l'observation de la nature avaient pris naissance chez les mêmes auteurs : le besoin de cette science s'est évidemment fait sentir le plus chez les hommes qui avaient amoindri leurs forces physiques par leur méditation sédentaire et leurs veilles nocturnes. Aussi trouvons-nous un grand nombre de philosophes qui y furent experts, dont les plus célèbres sont Pythagore, Empédocle et Démocrite. Mais c'est Hippocrate de Cos – un disciple de Démocrite, selon certains auteurs – qui est avant tout digne de la mémoire des hommes : aussi remarquable par son talent professionnel que par son éloquence, il détacha notre discipline de l'étude de la philosophie.

Celse (Ier siècle ap. J.-C.), *De la médecine*, préface, traduction de G. Serbat

Lire le texte

1. LEXIQUE Relevez le champ lexical de la médecine et complétez la carte mentale (▸ p. 77).

2. Relevez les noms propres du texte. Que pensez-vous de la présence de ces noms dans un ouvrage scientifique ?

Traduire le texte

3. LANGUE Relevez une double négation dans les lignes 1 à 4. Proposez une traduction. → p. 253

4. En groupes, appliquez le code couleur et traduisez le texte.

Approfondir

5. Quelles sont, selon Celse, les causes des maladies de ses contemporains ?

6. Que laisse supposer cette préface sur la rigueur scientifique dans l'Antiquité ?

7. Découvrez comment le médecin romain Galien posait un diagnostic et un pronostic en écoutant cette émission : hatier-clic.fr/21lat409 (de 12'20 à 18'15).

8. Comparez ce texte d'Hippocrate hatier-clic.fr/21lat410 et celui de Celse. Quels points communs remarquez-vous sur l'importance de l'hygiène de vie ?

TEXTE 7 Les médecins charlatans

Les médecins n'ont jamais eu très bonne réputation à Rome. Pline dresse le portrait du premier médecin de Rome et donne l'opinion que Caton le censeur en avait.

Cassius Hemina, l'un des plus vieux auteurs, rapporte que le premier médecin qui vint à Rome arriva du Péloponnèse. Ce fut Archagathus [...] appelé, d'après son talent, le « vulnéraire », et au début sa venue fut extrêmement appréciée ; mais bientôt sa cruauté à trancher et à brûler lui valut le surnom de bourreau et fit prendre en dégoût la médecine et tous les médecins : c'est ce qui ressort très clairement des écrits de M. Caton [...] nous citerons ses propres paroles : « Je te parlerai de ces Grecs, Marcus mon fils, en temps et lieu ; je te dirai ce que je trouve d'excellent à Athènes et que, s'il est bon de jeter un œil sur leur littérature, il ne faut pas l'étudier à fond. Je prouverai que c'est une race perverse et indocile, et sache bien qu'un oracle te parle lorsque je dis : le jour où cette nation apportera ses sciences, elle corrompra tout, et ce sera bien pis si elle envoie ses médecins. Ils se sont juré d'exterminer tous les barbares par la médecine et cela même, ils le font moyennant salaire, afin de capter la confiance et de tuer plus à leur aise. Nous aussi, ils ont coutume de nous appeler barbares et nous flétrissent plus honteusement que les autres en nous donnant le nom d'Opiques[1]. Je t'ai interdit les médecins. »

Pline l'Ancien (Ier siècle ap. J.-C.), *Histoire naturelle*, XXIX, 6 et 7, traduction d'A. Ernout © Les Belles Lettres (1962).

Autour du texte

1. Comment Pline met-il en évidence la méfiance des Romains à l'égard des médecins ?

2. Pourquoi Caton se méfie-t-il des médecins ? Ses raisons sont-elles rationnelles ?

3. PORTFOLIO Comparez la méfiance envers les médecins dans ce texte et dans *Le Malade imaginaire* (1673) de Molière (III, 3) hatier-clic.fr/21lat411.

1. **Opiques** : nom d'un ancien peuple italique ; synonyme d'« inculte » dans l'Antiquité.

TEXTE 8 Les qualités du médecin

Selon l'auteur, le chirurgien doit avoir des qualités bien précises et ne surtout pas perdre son sang-froid.

Esse autem chirurgus debet adulescens aut certe adulescentiae propior ; manu strenua, stabili, nec umquam intremescente, eaque non minus sinistra quam dextra promptus ; acie oculorum acri claraque ; animo intrepidus ; misericors sic, ut sanari velit eum, quem accepit, non ut clamore ejus motus vel magis quam res desiderat properet, vel minus quam necesse est secet ; sed perinde faciat omnia, ac si nullus ex vagitibus alterius affectus oriatur.

Celse (Ier siècle ap. J.-C.), *Prologue*, VII.

Traduire le texte

1. LANGUE Justifiez l'emploi des subjonctifs du texte. → p. 231

2. Relevez les mots à l'ablatif et justifiez l'emploi de ce cas.

3. Traduisez le texte.

Approfondir

4. De quelles qualités un chirurgien doit-il faire preuve ?

5. PORTFOLIO Quelles qualités du médecin ont été jugées nécessaires à toutes les époques ? Quelles modifications du serment d'Hippocrate ont été apportées à l'époque moderne ? Pour quelles raisons ? Lisez les deux serments : hatier-clic.fr/21lat412.

6. ESSAI Mettez en perspective le statut du médecin de l'Antiquité à l'époque contemporaine. Regardez cette vidéo : hatier-clic.fr/21lat413.

Les premiers médecins

TEXTE 9 Soigner par les plantes

Dans son Histoire naturelle, *Pline l'Ancien passe en revue les différents remèdes qu'il est possible de tirer des plantes, des pierres, des animaux et de l'homme lui-même. Il détaille ici les bienfaits de l'oignon.*

L'oignon cultivé éclaircit la vue par son odeur même et par les larmes qu'il provoque, davantage encore si on bassine les yeux avec le suc. On dit encore qu'il fait dormir et guérit les ulcères de la bouche, mâché avec du pain, et les morsures des chiens, soit frais, en application dans du vinaigre, soit sec avec du miel… et du vin ; on ne doit défaire l'emplâtre qu'après le troisième jour. Appliqué ainsi, il guérit aussi les écorchures causées par le frottement. Coctam in cinere et epiphoris multi inposuere cum farina hordeacea et genitalium ulceribus. Suco et cicatrices oculorum et albugines et argema inunxere et serpentium morsus et omnia vulnera cum melle ; item auricularum cum lacte mulierum et in iisdem sonitum aut gravitatem emendantes cum adipe anserino aut cum melle stillavere. Et ex aqua bibendum dederunt repente obmutescentibus. In dolore quoque ad dentes conluendos instillavere et plagis bestiarum omnium, privatim scorpionum. On faisait des frictions d'oignon pilé contre l'alopécie[1] et la psore[2]. On le donnait à manger cuit aux dysentériques et contre les douleurs lombaires. La cendre des pelures aussi s'appliquait dans du vinaigre sur les morsures des serpents, et les oignons eux-mêmes, dans du vinaigre, sur celles du mille-pattes. Sur les autres points les divergences entre les médecins sont étonnantes. Les modernes l'ont dit mauvais pour l'épigastre[3] et pour la digestion et propre à causer des flatuosités et la soif. D'après l'école d'Asclépiade, cet aliment donne un bon teint et, si on le mange quotidiennement à jeun, il maintient une santé vigoureuse ; il est bon pour l'estomac en agitant les esprits ; il relâche le ventre ; mis en suppositoire, il fait s'ouvrir les hémorroïdes. Le suc, pris avec du suc de fenouil, agit merveilleusement contre la cataracte à son début ; de même contre l'angine, avec du suc de rue[4] et du miel ; il réveille les léthargiques.

Pline l'Ancien (Ier siècle ap. J.-C.), *Histoire naturelle*, XX, 20, traduction de J. André © Les Belles Lettres (1965).

Lire le texte

1. Faites la liste des bienfaits de l'oignon selon Pline en relevant les parties du corps mentionnées dans le texte. Complétez la carte mentale (▸ p. 77).

Traduire le texte

2. LANGUE Relevez les adjectifs verbaux et justifiez leur emploi. → p. 234

3. Traduisez le texte latin.

Approfondir

4. Quels effets de l'oignon semblent contradictoires ?

5. En quoi ce texte montre-t-il le caractère expérimental de la médecine antique ?

6. PORTFOLIO Comparez les remèdes proposés par Pline et ceux de ce site : hatier-clic.fr/21lat414. Comment l'oignon est-il présenté comme la panacée universelle ?

1. **alopécie** : chute des cheveux.
2. **psore** : maladie de peau caractérisée par des pustules.
3. **épigastre** : partie supérieure de l'abdomen.
4. **rue** : plante médicinale au goût amer.

Mots concepts

▸ **medicus, i**, m : mot de la même famille que medeor, eri qui signifie s'occuper de, donner des soins de façon générale, avant de prendre le sens spécifiquement médical de porter remède. Toute cette famille de mots vient de la racine indo-européenne med- dont les dérivés vont prendre les sens de soigner, méditer (meditari, donner ses soins à quelque chose) et mesurer (modus, i, m : la mesure).

▸ **morbus, i**, m : désigne le mauvais état du corps et la maladie. Les Romains utilisent aussi aegrotatio, onis, f, dont l'étymologie est peu claire, pour nommer une maladie qui s'accompagne d'un affaiblissement. De même, le lien étymologique de morbus avec morior, mourir, est peu certain.

TEXTE 10 Soigner par la magie

Serenus Sammonicus propose un remède contre la fièvre demi-tierce, ou fièvre hémitritée, qui consiste en un accès de fièvre quotidien et un second accès plus intense un jour sur deux.

Mortiferum magis est quod Graecis hemitritaeum
Vulgatur verbis ; hoc nostra dicere lingua
Non potuere ulli, puto, nec voluere parentes.
Inscribes chartae quod dicitur ABRACADABRA.
Saepius et subter repetes, sed detrahe summam
Et magis atque magis desint elementa figuris
Singula, quae semper rapies, et cetera figes,
Donec in angustum redigatur littera conum :
His lino nexis collum redimire memento.
Nonnulli memorant adipem prodesse leonis.
Coralium vero si cocco nectere velis
Nec dubites illi veros miscere smaragdos.

Serenus Sammonicus (IIe – IIIe siècles ap. J.-C.), *Préceptes médicaux*, 52.

Lire et traduire le texte

1. Relevez les verbes montrant qu'il s'agit d'une prescription médicale.

2. À quel mode sont les verbes detrahe (v. 5) et memento (v. 9) ?

3. Traduisez à l'aide du code couleur.

Approfondir

4. Observez la disposition du texte. À quel genre appartient-il ? Que pensez-vous de l'utilisation de ce genre dans un traité médical ?

5. En quoi ce précepte relève-t-il plus de la magie que de la pharmacopée ?

6. Découvrez l'origine du mot *abracadabra* : hatier-clic.fr/21lat415.

7. Montrez que la médecine antique relève davantage de la magie que de la science. Déchiffrez l'inscription sur l'intaille en consultant ce site : hatier-clic.fr/21lat416.

Intaille magique d'Alexandrie (IIe-IIIe siècles ap. J.-C.), jaspe rouge, Bibliothèque nationale de France, Paris.

TEXTE 11 Soigner par la philosophie

Sénèque écrit à son ami Lucilius, atteint de rhumes chroniques.

Adoptez donc ce genre de traitement ! Le médecin vous recommandera la marche et l'exercice, vous interdira l'inaction à laquelle la mauvaise santé n'incline que trop ; vous prescrira de lire à haute voix et d'exercer la respiration dont le canal et le réservoir sont affectés ; vous dira de naviguer et de secouer vos entrailles par un doux exercice ; vous indiquera les aliments dont vous devez user, les circonstances où vous devez prendre du vin pour vous donner des forces, ou en suspendre l'usage pour ne pas provoquer ou irriter la toux. Mais moi, ce n'est pas seulement un remède pour cette maladie que je vous donne, c'est un remède pour toute la vie. Méprisez la mort ! Rien ne nous afflige plus, quand nous avons cessé de la craindre.

Sénèque (Ier siècle av. J.-C. – Ier siècle ap. J.-C.), *Lettres à Lucilius*, 78, traduction de M. Charpentier et M. Lemaistre (1860).

Autour du texte

1. Montrez que Sénèque connaît bien les remèdes du corps prescrits par les médecins.

2. En quoi la philosophie est-elle pour lui un remède essentiel ?

La médecine dans l'Antiquité

Dans l'Antiquité, la médecine est essentiellement grecque. Si son origine est divine, elle se fonde très rapidement sur des observations précises et scientifiques des maladies. Les Romains héritent des connaissances de leurs prédécesseurs.

Une origine divine

• L'histoire de la médecine grecque est d'abord **légendaire**. Le **centaure Chiron** est considéré comme l'inventeur de la médecine. Il est le professeur d'**Asclépios** (ou Esculape en latin, connu sous le nom d'Imhotep en Égypte), le fils d'Apollon. L'emblème d'Asclépios est le **caducée**, un bâton autour duquel s'enroule un serpent.

• Asclépios a de nombreux enfants dont les plus connus sont deux filles : **Hygie**, déesse grecque de la santé, dont la compétence relève des soins généraux et de la propreté (d'où le mot « hygiène ») et **Panacée**, dont le nom devenu commun désigne un remède universel.

• À partir du VIIe siècle avant J.-C., la médecine passe entre les mains des prêtres d'Asclépios : **les Asclépiades, prêtres guérisseurs**. Ils exercent leur art dans des temples appelés asclépiéions. Ces temples sont entourés d'hôpitaux, de commerces... Les plus célèbres sont situés à Épidaure, Éphèse et Athènes. Comme le dieu Asclépios ne peut intervenir en personne dans ces sanctuaires, les prêtres utilisent des serpents pour rendre des oracles et d'après les rêves que font les patients la nuit suivante, ils décident des remèdes à employer.

La médecine grecque

• Ce n'est qu'au VIe siècle avant J.-C. que la **médecine** grecque commence à devenir **scientifique**. Certains médecins se mettent à pratiquer des **dissections sur les animaux** et parviennent à une connaissance précise des organes, des veines, des artères et de leur fonctionnement.

• La figure capitale de cette période est **Hippocrate**, que l'on peut considérer comme le véritable **père de la médecine**. Lui-même fils, puis père de médecins, il naît à Cos et exerce dans l'asclépiéion de cette ville. Une légende le présente même comme un descendant direct d'Asclépios. Il acquiert l'essentiel de ses connaissances grâce à son **esprit d'observation** et à ses nombreux voyages à travers le monde grec, l'Égypte et peut-être même l'Asie mineure.

• Son œuvre considérable (une centaine d'écrits) permet de distinguer deux domaines : l'un consacré à la **description des maladies** qui montre un sens aigu de l'observation, l'autre portant sur la **recherche des causes et des moyens de guérir** les affections. En comparaison des connaissances de l'époque, on constate combien son œuvre est exceptionnelle, même si on y trouve des erreurs bien compréhensibles. Hippocrate a surtout l'immense mérite

Apollon, Chiron et Hippocrate, fresque de la maison d'Adonis à Pompéi (vers 50 ap. J.-C.), Musée archéologique national, Naples.

Scène d'accouchement, bas-relief en terre cuite ornant la tombe de la sage-femme Scribonia Attica (IIe siècle ap. J.-C.), Musée archéologique d'Ostie.

de mettre en valeur « l'**examen clinique** » et de débarrasser la médecine de sa part de magie. Toutefois, les préjugés religieux et les lois draconiennes qui punissent en Grèce la dissection des cadavres constituent un obstacle aux progrès en la matière.

• À partir du IIe siècle avant J.-C. et jusqu'à la fin de l'Empire romain, les grands médecins et les meilleures écoles se situent à **Alexandrie**. Ces médecins font d'énormes progrès grâce à la **dissection de cadavres**.

• Les connaissances des Grecs servent de base à l'exercice de la médecine jusqu'au Moyen Âge, notamment les **théories d'Hippocrate**. D'après lui, il existe quatre humeurs dans le corps de l'homme : le sang, le phlegme, la bile jaune, la bile noire, et la bonne santé dépend de l'équilibre de ces quatre humeurs.

Les premiers médecins romains

• Les premiers **médecins à Rome** sont **grecs** et arrivent lorsque l'hellénisme se développe en Italie. Le médecin romain le plus célèbre est sans doute **Galien** (129-216 après J.-C.), considéré comme l'**un des fondateurs de la médecine**. Jusque-là, les Romains n'ont pas de médecin mais connaissent et appliquent des remèdes plus ou moins étranges.

• Pline l'Ancien donne ainsi dans son *Histoire naturelle* quelques recettes de **potions**. Pour donner une idée de ce que fut la médecine pendant de nombreux siècles, avant l'arrivée des Grecs, Pline explique par exemple que Caton considérait le chou comme capable de guérir de nombreux maux, du simple mal de tête jusqu'aux tumeurs : « Que l'on garde même l'urine de celui qui a mangé du chou, et que chauffée elle est un remède pour les nerfs. Je rapporterai ici les paroles mêmes dont Caton s'est servi : "Si vous lavez les petits enfants avec cette urine, ils ne deviennent jamais faibles." Il conseille aussi d'instiller dans les oreilles le suc tiède du chou, mêlé à du vin ; il assure que cela est bon pour la dureté de l'ouïe, et que le chou guérit l'impétigo sans ulcères. » (*Histoire naturelle*, XX, 33, trad. E. Littré, 1850)

L'enseignement de la médecine

• Le nombre de médecins augmente donc à Rome au fil du temps. Mais ce n'est que tardivement, vers le IIIe siècle après J.-C., que l'**enseignement** de la médecine est organisé. Jusque-là de nombreux **charlatans** exercent, ce que déplorent certains auteurs latins. Ainsi Martial compare-t-il les médecins et les croque-morts : « Diaulus, récemment, était médecin : maintenant il est croque-mort. / Ce qu'il fait croque-mort, il le faisait déjà médecin. » (*Épigrammes*, I, 47)

La médecine antique vous passionne ?

▶ Choisissez un thème d'exposé que vous pourrez présenter en classe :

- Asclépios
- Galien, un médecin latin
- Agnodicé et Scribonia, femmes médecins

Consultez les liens :

Site Esculape (Asclépios) hatier-clic.fr/21lat417

Site Galien hatier-clic.fr/21lat418

Littérature

La médecine en littérature

Nombreuses sont les œuvres littéraires qui mettent en scène les médecins. Après avoir fait surtout l'objet de moqueries, voire de satires, dans les pièces de Molière par exemple, les médecins sont aujourd'hui présentés comme des héros.

TEXTE 1 A. Camus : Il ne pouvait rien…

Une épidémie de peste sévit à Oran, en Algérie, dans les années quarante. Lorsque le fléau disparaît enfin et que la ville peut rouvrir ses portes, il fait une dernière victime : Tarrou, l'ami du médecin Rieux, le héros du roman.

À midi, la fièvre était à son sommet. Une sorte de toux viscérale secouait le corps du malade qui commença seulement à cracher du sang. Les ganglions avaient cessé d'enfler. Ils étaient toujours là, durs comme des écrous, vissés dans le creux des articulations, et Rieux jugea impossible de les ouvrir. Dans les intervalles de la fièvre et de la toux, Tarrou de loin en loin regardait encore ses amis. Mais, bientôt ses yeux s'ouvrirent de moins en moins souvent, et la lumière qui venait alors éclairer sa face dévastée se fit plus pâle à chaque fois. L'orage qui secouait ce corps de soubresauts convulsifs l'illuminait d'éclairs de plus en plus rares et Tarrou dérivait lentement au fond de cette tempête. Rieux n'avait plus devant lui qu'un masque désormais inerte où le sourire avait disparu. Cette forme humaine qui lui avait été si proche, percée maintenant de coups d'épieu, brûlée par un mal surhumain, tordue par tous les vents haineux du ciel, s'immergeait à ses yeux dans les eaux de la peste et il ne pouvait rien contre ce naufrage. Il devait rester sur le rivage, les mains vides et le cœur tordu, sans armes et sans recours, une fois de plus, contre ce désastre. Et à la fin, ce furent bien les larmes de l'impuissance qui empêchèrent Rieux de voir Tarrou se tourner brusquement contre le mur, et expirer dans une plainte creuse, comme si, quelque part en lui, une corde essentielle s'était rompue.

La nuit qui suivit ne fut pas celle de la lutte, mais celle du silence. Dans cette chambre retranchée du monde, au-dessus de ce corps mort maintenant habillé, Rieux sentit planer le calme surprenant qui, bien des nuits auparavant sur les terrasses au-dessus de la peste, avait suivi l'attaque des portes. Déjà, à cette époque, il avait pensé à ce silence qui s'élevait des lits où il avait laissé mourir des hommes. C'était partout la même pause, le même intervalle solennel, toujours le même apaisement qui suivait les combats, c'était le silence de la défaite. Mais pour celui qui enveloppait maintenant son ami, il était si compact, il s'accordait si étroitement au silence des rues et de la ville libérée de la peste, que Rieux sentait bien qu'il s'agissait cette fois de la défaite définitive, celle qui termine les guerres et fait de la paix elle-même une souffrance sans guérison. Le docteur ne savait pas si, pour finir, Tarrou avait retrouvé la paix, mais, dans ce moment tout au moins, il croyait savoir qu'il n'y aurait jamais plus de paix possible pour lui-même, pas plus qu'il n'y a d'armistice pour la mère amputée de son fils ou pour l'homme qui ensevelit son ami.

Albert Camus (1913-1960), *La Peste* © Éditions Gallimard (1947).

TEXTE 2 M. de Kerangal : Le cœur de Claire

Dans son roman Réparer les vivants, *Maylis de Kerangal raconte comment le cœur de Simon, décédé dans un accident de voiture, sauve la vie de Claire Méjan, en attente de greffe depuis trois ans.*

Il s'agit d'abord de s'occuper des vaisseaux qui conduisent le sang dans et hors de l'organe. Une à une, les veines sont coupées, obturées, travaillées – Harfang et Virgilio vont vite, mais il semble que la rapidité soit le portant de l'action, qu'à ralentir leurs mains risqueraient de trembler —, puis, c'est impressionnant, le cœur est extrait du corps et la circulation extracorporelle mise en place : une machine remplace pour deux heures le cœur de Claire, une machine qui va reproduire le circuit du sang dans son corps. À cet instant, Harfang demande le silence, il fait tinter une lame sur un tube de métal, puis prononce à travers son masque la phrase rituelle à ce stade de l'opération : *Exercitatio Anatomica de Motu Cordis et Sanguinis in Animalibus* – hommage à William Harvey, premier médecin à décrire, en 1628, l'intégralité du système de circulation sanguine dans le corps humain, et désignant déjà le cœur comme une pompe à effet hydraulique, un muscle assurant la continuité du flux par ses mouvements et ses pulsations. Dans le bloc, sans s'interrompre, chacun répond : amen !

Le perfusionniste est déconcerté par ce rituel étrange. Il ne sait pas le latin et se demande ce qui se passe. C'est un infirmier aux cils retroussés, un type jeune, vingt-cinq, vingt-six ans, le seul ici qui n'a jamais travaillé avec Harfang. Il est assis sur un haut tabouret placé devant sa machine, un peu comme le disc-jockey aux platines, et personne ici ne s'y retrouverait mieux que lui dans le brouillamini de fils qui sortent de grands boîtiers noirs. Filtré, oxygéné, le sang file dans un enchevêtrement de fins tuyaux transparents, un code couleur sur des pastilles autocollantes précisant leur direction. Sur l'écran, l'électrocardiogramme est plat, la température du corps est de 32 °C mais Claire est bien vivante. Les anesthésistes se relaient pour vérifier les constantes, et la bonne ingestion des produits. On peut continuer.

Maylis de Kerangal (née en 1967), *Réparer les vivants* © Éditions Gallimard (2014).

1. Quels sont les éléments qui rendent la mort de Tarrou pathétique ?
2. Comment Albert Camus parvient-il à montrer l'impuissance du docteur Rieux ?
3. **ESSAI** Faites une recherche sur des œuvres littéraires mettant en scène des épidémies, de l'Antiquité à nos jours. Mettez en perspective l'interprétation faite des épidémies à travers les siècles.
4. De quelle façon le texte de Maylis de Kerangal met-il en évidence la transmission qui existe entre les médecins de plusieurs époques ? Au-delà de la technique, comment l'auteure valorise-t-elle le travail des chirurgiens ?
5. **PORTFOLIO** Comparez le texte de Maylis de Kerangal avec celui de Celse (▶ p. 85). Quelles qualités du médecin retrouvez-vous ?

La représentation des médecins

Alors que le thème ne semble pas propice à la création artistique, nombreuses sont les œuvres qui mettent en scène les médecins à toutes les époques.

DOC 1

Énée blessé, entre Vénus et Ascagne, soigné par un médecin, fresque de la maison de Sirico à Pompéi (60 ap. J.-C.), Musée archéologique national, Naples.

DOC 2

Médecin pratiquant une saignée sur un malade, détail d'un aryballe à figures rouges (vers 480 av. J.-C.), céramique, Musée du Louvre, Paris.

1. Que montre la représentation des médecins dans les œuvres d'art antiques ?

2. Comment les blessés sont-ils mis en valeur ?

3. **PORTFOLIO** Comparez l'image du médecin dans les œuvres antiques et dans la série télévisée *Hippocrate* (2018) : hatier-clic.fr/21lat419. Quelle évolution est-il possible de constater ?

DOC 3

Louise Bourgoin dans la série télévisée *Hippocrate* (Canal+, 2018).

Piero di Cosimo (1461-1521), *Description du mythe de Prométhée* (vers 1510-1520), huile sur bois (66 x 119 cm), Alte Pinakothek, Munich (Allemagne).

Inventer, créer, fabriquer, produire

SÉQUENCE 5

Inventeurs, artisans et artistes

Que savez-vous déjà ?

- Quels savants et inventeurs de l'Antiquité connaissez-vous ?
- Quelles inventions techniques doit-on aux Grecs et aux Romains ?
- Connaissez-vous des personnages de la mythologie fameux pour leurs créations ?

L'inventivité technique des Grecs et des Romains s'exprime dans les récits mythologiques, avec notamment certaines figures d'artisans et d'artistes, divins ou mortels, qui reflètent différentes facettes de l'*homo faber*, l'« homme qui fabrique ». Les capacités créatrices humaines s'illustrent ainsi à travers les prolifiques Vulcain ou Dédale. Pygmalion représente, quant à lui, la virtuosité et les fantasmes artistiques.

Mais cette créativité technique a également été réelle, historique : les réalisations des savants, inventeurs, ingénieurs de l'Antiquité sont aussi nombreuses que prodigieuses. Les Grecs, notamment, ont élaboré des machines, des automates aux mécanismes subtils.

T. R. Spence, (1855-1916), *Le Siège de Syracuse* (1895), huile sur toile, collection privée.

Artisans mythiques

La mythologie et la poésie gréco-romaines nous offrent de fascinants personnages de dieux et de mortels particulièrement inventifs et doués de leurs mains.

Quels fameux personnages illustrent le génie créatif ? Quels sont leurs talents, leurs réalisations et leurs destins ? → Textes 1 à 7

Machines, automates, robots

De nombreux auteurs ont introduit dans leurs histoires des objets mécaniques parfois complexes, dotés de plus ou moins d'autonomie. Certains paraissent purement fantasmagoriques, d'autres ressemblent étonnamment aux véritables créations que les inventeurs de l'Antiquité ont mises au point.

Quels rôles les poètes attribuent-ils à leurs machines imaginaires ? → Textes 8 à 10

Quelles prouesses techniques les Anciens ont-ils effectivement réalisées ? → Textes 11 et 12

LEXIQUE

Carte mentale

hatier-clic.fr/21lat501

Artisans mythiques

TEXTE 1 Héphaïstos, dieu artisan

hatier-clic.fr/21lat502 Texte en grec

La déesse Thétis s'inquiète pour son fils Achille qui n'a plus d'armes pour combattre. Elle rejoint Héphaïstos, à l'œuvre dans son antre au fond des mers.

Thétis aux pieds d'argent arrive dans la demeure d'Héphaïstos, demeure impérissable et étoilée, éclatante entre toutes aux yeux des Immortels, toute en bronze et construite par le Bancal lui-même. Elle le trouve, tout suant, roulant autour de ses soufflets, affairé. Il est en train de fabriquer des trépieds[1] – vingt en tout – qui doivent se dresser tout autour de la grand salle[2], le long de ses beaux murs bien droits. À la base de chacun d'eux, il a mis des roulettes en or, afin qu'ils puissent, d'eux-mêmes, entrer dans l'assemblée des dieux, puis s'en revenir au logis – une merveille à voir ! Ils sont presque terminés ; les anses ouvragées, seules, ne sont pas encore en place ; il y travaille, il en forge les attaches. Tandis qu'il peine ainsi, en ses savants pensers, voici qu'approche Thétis, la déesse aux pieds d'argent.

Homère (VIIIe siècle av. J.-C.), *Iliade*, XVIII, 368-380, traduit du grec par P. Mazon

1. **trépied** : meuble à trois pieds soutenant une vasque. • 2. grande salle de l'Olympe.

Autour du texte

1. Pourquoi Héphaïstos est-il appelé « le Bancal » (l. 3) ?

2. Quelle invention extraordinaire est évoquée dans ce texte ? Quelle est son utilité ?

3. Héphaïstos accepte la demande de Thétis. En quoi le bouclier que va forger le dieu est-il lui aussi extraordinaire ? Lisez la suite du texte : hatier-clic.fr/21lat503.

TEXTE 2 L'antre de Vulcain

*Dans l'*Énéide*, Énée se rend dans le domaine de Vulcain, Volcano.*

Vers la Sicile et l'éolienne Lipari,
Sous un îlot abrupt aux rocs fumants, un gouffre,
Antre etnéen[1] rongé de feux cyclopéens,
Tonne de pesants coups, d'enclumes gémissantes,
Des blocs d'acier sifflants, trempés par les Chalybes[2],
Et du halètement du feu dans la fournaise.
Demeure de Vulcain, son nom est Volcano.
Là le Maître du feu descend du haut du ciel.
Les cyclopes Brontès, Stéropès, Pyracmon[3],
Lui nu, forgeaient le fer dans la caverne immense.
Leurs mains formaient, presque poli déjà, un foudre,
De ceux que si nombreux le Père envoie sur terre
De tous les points du ciel, en partie non fini,
Y fixaient trois rayons de grêle, trois de pluie,
Trois de feu rougeoyant, et trois d'Auster[4] ailé,
Et y mêlaient pour lors les terrifiants éclairs,
Le bruit, la peur et l'ire à flamber s'acharnant.
D'autres ailleurs réglaient le char aux roues volantes
Dont use Mars pour soulever guerriers et villes,
Ou polissaient l'égide[5] horrible dont, rageant,
Pallas s'arme, enlaçant reptiles et serpents
Sur fond d'écailles d'or, couvrant son sein divin
De la Gorgone au cou tranché, aux yeux hagards.

Virgile (Ier siècle av. J.-C.), *Énéide*, VIII, 416-438, traduction d'O. Sers

Autour du texte

1. Quelles sont les caractéristiques de Volcano ?

2. Le travail artisanal est-il présenté de façon réaliste ou poétique ?

3. PORTFOLIO Comparez le texte de Virgile avec cet extrait de *L'Assommoir*, d'Émile Zola (1876) hatier-clic.fr/21lat504. Comment les écrivains donnent-ils une dimension mythologique à des lieux de travail ?

1. **etnéen** : de l'Etna.
2. **Chalybes** : peuple d'Asie Mineure, réputé pour ses mines et son travail de l'acier.
3. **Brontès, Stéropès, Pyracmon** : trois cyclopes au service de Vulcain.
4. **Auster** : vent du sud.
5. **égide** : cuirasse de Pallas Athéna où est fixée la tête de Méduse.

TEXTE 3 Le travail des Cyclopes

Vulcain s'adresse à ses ouvriers.

« Tollite cuncta » inquit « coeptosque auferte labores,
Aetnaei Cyclopes, et huc advertite mentem :
Arma acri facienda viro. Nunc viribus usus[1],
Nunc manibus rapidis, omni nunc arte magistra.
Praecipitate moras. » Nec plura effatus, at illi
Ocius incubuere omnes pariterque laborem
Sortiti. Fluit aes rivis aurique metallum
Volnificusque chalybs vasta fornace liquescit.
Ingentem clipeum informant, unum omnia contra
Tela Latinorum, septenosque orbibus orbis
Impediunt. Alii ventosis follibus auras
Accipiunt redduntque, alii stridentia tingunt
Aera lacu. Gemit impositis incudibus antrum.
Illi inter sese multa vi bracchia tollunt
In numerum versantque tenaci forcipe massam.

Virgile (Ier siècle av. J.-C.), *Énéide*, VIII, 439-453.

1. **usus** : sous-entendre est ; **usus est** + abl : il est besoin de.

Traduire le texte

1. Identifiez les marques du style direct dans les vers 1 à 5.

2. Analysez la forme **auferte** (v. 1). Repérez les trois formes similaires (v. 1 à 5).

3. Repérez et analysez les pronoms des vers 11 et 12. Qui désignent-ils ?

4. LANGUE Repérez la proposition participiale du vers 13. Quelle est sa valeur ici ? → p. 239

5. Traduisez le texte.

Approfondir

6. Comment le poète donne-t-il une dimension épique au travail artisanal ?

Mots concepts

- **ars, artis**, f : compétence technique acquise par l'étude ou l'expérience ; talent, art, métier.
- **artifex, icis**, m : forgé sur **ars** et le verbe **facio** (faire), désigne celui qui possède cette habileté, l'artiste, l'artisan.

Autour de l'image

7. PORTFOLIO Confrontez la fresque de Pompéi à un tableau de l'époque moderne ou contemporaine représentant également l'atelier de Vulcain. Quelle place est accordée à la représentation de la forge, des outils, des artisans, des créations ?

+PROF
Analyse de la fresque (avec corrigés)

La forge de Vulcain, fresque de la Maison du Quadrige à Pompéi (vers 70 ap. J.-C.), Musée archéologique national, Naples.

Artisans mythiques

TEXTE 4 Dédale, inventeur de génie

hatier-clic.fr/21lat505 Texte en grec

L'historien Diodore fait la biographie du fameux Dédale.

Dédale était Athénien d'origine, et de la famille des Érechthéides, car il était fils de Métion, petit-fils d'Eupalame, Athénien, et arrière-petit-fils d'Érechthée[1]. Dédale surpassa, par ses talents, tous les hommes. Il s'appliqua surtout à l'architecture, à la sculpture et à l'art de travailler les pierres. Inventeur de plusieurs instruments utiles dans les arts, il construisit des ouvrages admirables dans beaucoup de pays de la terre. Il se distingua tellement dans l'art statuaire que les mythologues qui sont venus après lui, prétendaient que les statues de Dédale étaient tout à fait semblables à des êtres vivants, qu'elles voyaient, qu'elles marchaient, en un mot, qu'elles avaient tout le maintien d'un corps vivant. Dédale, le premier, avait fait des statues ayant les yeux ouverts, les jambes écartées, les bras étendus ; car avant lui, les sculpteurs représentaient leurs statues ayant les yeux fermés, et les bras pendants et collés aux côtés.

Diodore de Sicile (Ier siècle av. J.-C.), *Bibliothèque historique*, IV, 76, traduit du grec par F. Hoefer (1865).

1. **Érechthée :** roi d'Athènes.

Mot concept

▸ **faber, bri**, m : ouvrier qui travaille des matériaux durs tels que le bois ou le métal. L'expression homo faber souligne la capacité humaine de concevoir et fabriquer des outils.

Autour du texte

1. Quels talents variés Dédale déploie-t-il ?

Didrachme en argent de l'île de Cnossos (425-360 av. J.-C.), Bibliothèque nationale de France, Paris.

TEXTES 5 Dédale, artisan mythologique

1 *Condamné pour le meurtre de son neveu dont il craignait la concurrence, Dédale se réfugie en Crète. Là, il permet à la reine Pasiphaé, grâce à une machine ayant l'apparence d'une vache, d'assouvir sa passion pour le taureau que son époux, le roi Minos, devait sacrifier à Poséidon. Minos confie à Dédale le soin de dissimuler la créature née de cet accouplement monstrueux.*

Destinat[1] hunc Minos thalami removere pudorem[2]
Multiplicique domo, caecisque includere tectis.
Daedalus, ingenio fabrae celeberrimus artis,
Ponit opus turbatque notas et lumina flexu
Ducit in errorem variarum ambage viarum.
Non secus ac[3] liquidis Phrygius Maeandrus in arvis
Ludit et ambiguo lapsu refluitque fluitque
Occurrensque sibi venturas aspicit undas
Et nunc ad fontes, nunc ad mare versus[4] apertum
Incertas exercet aquas : ita Daedalus implet
Innumeras errore vias vixque ipse reverti
Ad limen potuit : tanta est fallacia tecti.

Ovide (Ier siècle av. J.-C. – Ier siècle ap. J.-C.), *Les Métamorphoses*, VIII, 157-168.

Lire et traduire le texte

1. Retrouvez les mots évocateurs du mythe.

2. Traduisez à l'aide du code couleur.

1. **destino, as, are, avi, atum :** décider (+ inf).
2. **pudor, oris,** m : la honte.
3. **non secus ac :** pareillement, ainsi.
4. **ad… versus :** dans la direction de.

2 *Minos veut ensuite empêcher Dédale de quitter la Crète, mais celui-ci conçoit un plan pour s'enfuir.*

« Terras licet » inquit « et undas
Obstruat, at caelum certe patet. Ibimus illac ;
Omnia possideat, non possidet aera Minos. »
Dixit et ignotas animum dimittit in artes
Naturamque novat. Nam ponit in ordine pennas,
A minima coeptas, longam breviore sequenti,
Ut clivo crevisse putes : sic rustica quondam
Fistula disparibus paulatim surgit avenis.
Tum lino medias et ceris alligat imas
Atque ita compositas parvo curvamine flectit,
Ut veras imitetur aves.

Ovide (Iᵉʳ siècle av. J.-C. – Iᵉʳ siècle ap. J.-C.), *Les Métamorphoses*, VIII, 185-195.

Richard Serra (né en 1939), *Inside Out* (2013), sculpture monumentale en acier inoxydable (4 x 12,26 m), Gagosian Gallery, New York. Photographie de Lorenz Kienzle.

+PROF
Analyse de la sculpture (avec corrigés)

Lire le texte
1. Quid Minos obstruit ?
2. Quid Minos non possidet ?
3. Quales artes Daedalus animum dimittit ?
4. Quomodo pennas ponit ?
5. Quid imitari Daedalus vult ?

Approfondir
6. Renseignez-vous sur les palais de la Crète minoenne. Quel lien pouvez-vous établir avec l'architecture de Dédale ?
hatier-clic.fr/21lat506

Autour des documents
1. PORTFOLIO Confrontez la sculpture de Richard Serra à la pièce de monnaie. Pourquoi cette forme fascine-t-elle ?

TEXTE 6 Dédale, architecte de talent

hatier-clic.fr/21lat507 Texte en grec

De Crète, Dédale fuit en Sicile.

Dédale demeura longtemps chez Cocalus, et se fit admirer des Sicaniens[1] par ses talents. Il construisit dans la Sicile plusieurs ouvrages qui sont parvenus jusqu'à nous. De ce nombre est l'ouvrage connu sous le nom de *Colymvithra*, près de Mégaris ; il sort de cette piscine le fleuve Allabon qui se jette dans la mer. À Camicus, dans le territoire d'Agrigente, il construisit, sur un rocher, une ville très fortifiée et tout à fait imprenable. Il en rendit les avenues si étroites et si tortueuses qu'il ne fallait que trois ou quatre hommes pour les garder. Aussi, Cocalus y établit-il son palais, et y déposa ses richesses. Le troisième ouvrage que Dédale laissa en Sicile, est une grotte construite dans le territoire de Sélinonte ; il y fit arriver, par une construction ingénieuse, les vapeurs d'un feu souterrain : les malades qui y entraient étaient pris peu à peu d'une sueur modérée, et guérissaient insensiblement sans être incommodés de la chaleur. Près d'Éryx, il y avait un rocher escarpé et si élevé, que les constructions qui entouraient le temple de Vénus menaçaient de tomber dans le précipice. Dédale consolida ces constructions, entoura le rocher d'un mur et en élargit merveilleusement le sommet. Il dédia ensuite à Vénus Érycine une ruche d'or, travail admirable qui imitait à s'y méprendre une ruche véritable. Il exécuta en Sicile beaucoup d'autres travaux d'art que le temps a détruits.

Diodore de Sicile (Iᵉʳ siècle av. J.-C.), *Bibliothèque historique*, IV, 78, traduit du grec par F. Hoefer (1865).

Autour des textes
1. Dans quels domaines Dédale a-t-il fait la preuve de son génie (textes 4, 5, 6) ?
2. Quels épisodes du mythe renvoient à des réalités historiques ?

1. **Sicaniens** : ancien nom des Siciliens.

Artisans mythiques

TEXTES 7 Pygmalion, artiste démiurge

1 *Le sculpteur Pygmalion, révolté par le comportement des femmes de Chypre, refuse de se marier. Il façonne la femme de ses rêves.*

Pygmalion […] vit sans épouse, célibataire.
Il évite de partager son lit.
Interea niveum mira feliciter arte
Sculpsit ebur formamque dedit, qua femina nasci
Nulla potest, operisque sui concepit amorem.
Virginis est verae facies, quam vivere credas,
Et, si non obstet reverentia, velle moveri :
L'art se cache à force d'art. Pygmalion est émerveillé, il puise
dans son cœur des feux pour le corps imité.
Souvent il approche ses mains de l'œuvre, il touche : est-ce
un corps, est-ce de l'ivoire ? Il ne dit pas que c'est de l'ivoire.
Il donne des baisers, il pense qu'ils lui sont rendus, il parle, serre,
croit qu'il touche un corps, y appuie les doigts,
craint qu'elle ait des bleus sur les membres qu'il presse,
une fois fait des caresses, une fois donne des cadeaux
que les filles adorent, des coquillages et de petits cailloux polis,
de minuscules oiseaux, des fleurs de mille couleurs,
des lys, des balles peintes et des larmes tombées
de l'arbre des Héliades[1]. Il orne son corps de vêtements,
donne des bagues à ses doigts, donne de longs colliers à son cou,
de légères perles à son oreille, des rubans à sa poitrine.
Tout lui va. Nue, elle n'est pas moins belle.
Il l'installe sur des couvertures teintes du coquillage de Sidon[2],
l'appelle compagne d'oreiller, place son cou incliné
sur les doux coussins de plume, comme si elle pouvait sentir.
Le jour de fête de Vénus, très célébré à Chypre,
arrive. On applique de l'or sur les cornes courbes
des jeunes vaches et, frappées à leur cou de neige, elles tombent.
Les encens fument. Pygmalion dépose son offrande, s'arrête
devant l'autel, timide : « Si vous pouvez, dieux, tout donner,
je veux que mon épouse soit (il n'ose pas dire :
la fille d'ivoire) pareille à la fille d'ivoire. »
Sensit, ut ipsa suis aderat Venus aurea festis,
Vota quid illa velint et, amici numinis omen,
Flamma ter accensa est apicemque per aera duxit.

Ovide (Ier siècle av. J.-C. – Ier siècle ap. J.-C.), *Les Métamorphoses*, X, v. 245-279, traduction de M. Cosnay © Éditions de l'Ogre (2017).

1. **l'arbre des Héliades** : le peuplier. Les Héliades sont les filles d'Hélios qui, à la mort de leur frère Phaéton, se changent en arbres.
2. **le coquillage de Sidon** : le murex, dont on extrait la pourpre.

Mot concept

▸ **fingo, is, ere, finxi, fictum** : modeler dans l'argile, puis, par extension, façonner. Prend aussi un sens plus abstrait : représenter, imaginer, sens qui perdure dans le mot fiction. Mot de la même famille : **figura, ae, f**, figure, forme.

Traduire le texte

1. Repérez les propositions principales et subordonnées.

2. LANGUE Quel est le mode de **credas** (v. 6), **obstet** (v. 7) et **velint** (v. 34) ? Quelle est sa valeur dans chacun des cas ? → p. 231

Approfondir

3. Quel portrait Ovide trace-t-il de l'artiste ?

4. Comment le poète met-il en valeur l'œuvre de Pygmalion ? Comment laisse-t-il présager la suite de l'histoire ?

2 Vénus accomplit le vœu de Pygmalion.

Ut rediit, simulacra[1] suae petit ille puellae
Incumbensque toro dedit oscula ; visa[2] tepere[3] est.
Admovet os[4] iterum, manibus quoque pectora temptat :
Temptatum mollescit ebur positoque rigore
Subsidit digitis ceditque, ut Hymettia sole
Cera[5] remollescit tractataque pollice multas
Flectitur in facies ipsoque fit utilis usu.
Dum stupet et dubie gaudet fallique veretur,
Rursus amans rursusque manu sua vota retractat.
Corpus erat ; saliunt temptatae pollice venae.

Le héros de Paphos[6] prononce de riches paroles,
par lesquelles il remercie Vénus. De sa bouche
il presse une vraie bouche. La fille sent les baisers donnés.
Elle rougit, à la lumière lève son œil de lumière, timide,
en même temps voit le ciel et l'amant.
Aux noces, qu'elle a faites, la déesse est présente. Lorsque
neuf fois les cornes de la lune se sont assemblées en cercle plein,
est née Paphos, fille de qui l'île a pris le nom.

Ovide (Ier siècle av. J.-C. – Ier siècle ap. J.-C.), *Les Métamorphoses*, X, v. 280-298, traduction de M. Cosnay © Éditions de l'Ogre (2017).

1. **simulacrum, i,** n : la statue (ici pluriel à valeur de singulier).
2. **videor, eris, videri, visum sum** : sembler.
3. **tepeo, es, ere** : être tiède.
4. **os, oris,** n : la bouche (ici pluriel à valeur de singulier).
5. **Hymettia cera** : la cire de l'Hymette (montagne de l'Attique, fameuse pour son apiculture).
6. **le héros de Paphos** (autre nom de Chypre) : Pygmalion.

John de Andrea (né en 1941), *Tara* (2002), sculpture en polyester (138 x 34 x 71 cm), Louis K. Meisel Gallery, New York.

Lire le texte

1. Observez les verbes soulignés. À quel temps sont-ils ?

2. LEXIQUE Identifiez le champ lexical du corps.

Traduire le texte

3. Complétez au brouillon le relevé des verbes conjugués soulignés (5 manquants). Analysez-les.

4. LANGUE Repérez les propositions subordonnées introduites par **ut** (v. 1 et 5) et **dum** (v. 8). Analysez-les. → p. 242 et 254

5. LANGUE Repérez les participes des vers 2, 4 et 6. Sur quels noms ou pronoms portent-ils ? → p. 234 et 239

6. Traduisez le texte.

Approfondir

7. Quelle relation unit le créateur à son œuvre dans le texte d'Ovide ?

8. Quelle représentation de l'art et de l'artiste nous offre le mythe de Pygmalion ?

9. PORTFOLIO « – Jusqu'où voulez-vous pousser la "vérité" de vos sculptures ? – Je veux qu'elles respirent. » Comment cette réponse du sculpteur hyperréaliste John de Andrea fait-elle écho au texte d'Ovide ?

Autour des textes

10. Renseignez-vous sur le mythe de Prométhée. Pourquoi peut-on dire que Pygmalion cherche à égaler Prométhée ? Par quels moyens ? (▸ p. 94-95).

11. PORTFOLIO Mettez en perspective ces textes avec cet extrait de *Sarrasine* de Balzac (1830) : hatier-clic.fr/21lat508. Comment les auteurs représentent-ils la puissance créatrice des artistes ?

Machines, automates, robots

TEXTES 8 Les inventions magiques d'Héphaïstos

hatier-clic.fr/21lat509 Texte en grec

1 *Héphaïstos accepte la demande de Thétis de créer de nouvelles armes pour son fils Achille.*

Et l'illustre Boiteux répond : « N'aie crainte, que cela ne soit pas un souci pour ton cœur : aussi vrai que j'aimerais pouvoir le dérober au trépas douloureux, quand l'affreux destin l'atteindra, il aura ses belles armes, des armes telles que, si nombreux soient ceux qui les verront, tous en seront émerveillés. » Il dit, et, la laissant, se dirige vers ses soufflets. Il les tourne vers le feu et les invite à travailler. Et les soufflets – vingt en tout – de souffler dans les fournaises. Ils lancent un souffle ardent et divers, au service de l'ouvrier, qu'il veuille aller vite ou non, suivant ce qu'exigent Héphaïstos et les progrès de son travail. Il jette dans le feu le bronze rigide, l'étain, l'or précieux, l'argent. Il met sur son support une grande enclume. Enfin, dans une main, il prend un marteau solide et, dans l'autre, sa pince à feu.

Homère (VIIIe siècle av. J.-C.), *Iliade*, XVIII, 462-475, traduit du grec par P. Mazon

2 *Cette fable d'Hygin raconte comment Vulcain se venge de sa mère Junon qui l'a jeté du haut de l'Olympe à sa naissance.*

Vulcanus Jovi ceterisque diis solia[1] ex aureo et adamante[2] cum fecisset, **Juno**, cum sedisset, **subito in aere pendere coepit**. Quod[3] cum ad Vulcanum missum esset, ut matrem quam ligaverat solveret, **iratus** quod de caelo praecipitatus erat, **negat se matrem ullam habere**. Quem[4] cum Liber pater ebrium in concilio deorum adduxisset, **pietati[5] negare[6] non potuit** ; **tum optionem a Jove accepit**, < ut >, si quid ab iis petiisset, impetraret[7].

Hygin (Ier siècle av. J.-C. – Ier siècle ap. J.-C.), « Erichtonius », *Fables*, 166.

1. **solium, ii,** n : le siège, le trône.
2. **adamas, adamantis,** m : l'acier, le diamant.
3. **quod** = et hoc.
4. **quem** = et eum.
5. **pietas, atis,** f : la piété, le respect du devoir.
6. **nego, as, are, avi, atum** : refuser à qqn, à qqch (dat).
7. **impetro, as, are, avi, atum** : obtenir.

Lire et traduire le texte

1. Repérez les noms des protagonistes.

2. Traduisez les propositions principales en gras.

3. Analysez les subordonnées : repérez terme introducteur, sujet et verbe.

4. LANGUE Quelle est la valeur de cum + subj, ut + subj, quod + ind, si + subj ? → p. 231 et 254

5. Traduisez le texte.

TEXTE 9 Les créatures de Jupiter

Prométhée a volé le feu pour le remettre aux hommes. Jupiter se venge de lui et des mortels.

Pro quo **Juppiter** facto[1] **mortalibus** parem gratiam referens, **mulierem tradidit** his, quam a Vulcano factam deorum voluntate omni munere donavit ; itaque **Pandora[2] est appellata**. **Prometheum** autem **in monte** Scythiae nomine **Caucaso** ferrea catena **vinxit** ; quem alligatum[3] ad triginta milia annorum Aeschylus[4] tragoediarum scriptor dixit. Praeterea **admisit ei aquilam[5]**, quae assidue noctu renascentia jocinera[6] exesset[7]. **Hanc** autem

Lire le texte

1. Repérez les noms propres et classez-les : lieux, personnages.

2. Quae Pandora est ?

3. Ubi Juppiter Prometheum vinxit ?

4. Quis manibus aquilam fecit ?

aquilam nonnulli ex Typhone[8] et Echidna[9] natam, alii ex Terra et Tartaro, **complures Vulcani factam manibus demonstrant, animamque ei ab Jove traditam dicunt.**

Hygin (Ier siècle av. J.-C. – Ier siècle ap. J.-C.), *L'Astronomie*, « La flèche », II, 15, 3.

1. **pro quo facto** : pour ce fait, pour cela. • 2. **Pandora, ae,** f : Pandore. • 3. Sous-entendre **esse** après **alligatum** (l. 4), **factam** (l. 8), **traditam** (l. 9). • 4. **Aeschylus, i,** m : Eschyle, dramaturge grec. • 5. **aquila, ae,** f : l'aigle. 6. **jocineris, is,** n : le foie. • 7. **exedo, is, esse, edi, esum** : dévorer. • 8. **Typhon** : titan, fils de Gaïa et de Tartare. • 9. **Echidna** : créature mi-femme mi-serpent.

Traduire le texte

5. Traduisez d'abord les passages en gras.

6. Quels sont les antécédents de quam (l. 2), quem (l. 4), quae (l. 6) ? Comment traduirez-vous ces pronoms ?

7. LANGUE Quel est le mode de exesset (l. 6) ? Quelle peut être sa valeur dans une relative ? → p. 240

8. Aeschylus dixit… (l. 5)… complures… demonstrant (l. 8)… dicunt… (l. 9) : quelle construction complète les verbes ?

Approfondir

9. Cherchez qui est Pandore et quel mythe la concerne.

10. Montrez que le mythe de Pandore a une valeur étiologique (il explique un phénomène).

TEXTE 10 Un robot contre les Argonautes

hatier-clic.fr/21lat510 Texte en grec

Jason, Médée et les Argonautes sont poursuivis par les troupes du roi de Colchide, à qui ils ont dérobé la Toison d'or. À bord de l'Argo, ils se dirigent vers la Crète en espérant s'y réfugier.

[Les Argonautes] sont empêchés d'aborder en Crète par Talos. Selon les uns, il appartenait à la race de bronze, selon d'autres, il avait été donné à Minos par Héphaïstos. C'était un homme en bronze, ou bien, selon d'autres, un taureau. Il avait une veine unique qui allait de son cou à ses chevilles, et à l'extrémité de la veine était enfoncé un clou de bronze. Ce Talos faisait trois fois par jour le tour de l'île au pas de course pour monter la garde. Aussi, quand cette fois-ci il aperçut l'Argo qui se dirigeait vers l'île, se mit-il à lui jeter des pierres. Mais il succomba aux ruses de Médée. Selon certains, Médée l'aurait rendu fou avec des drogues, selon quelques autres, elle lui aurait promis de le rendre immortel et lui aurait enlevé le clou, si bien qu'il serait mort en se vidant de son humeur[1]. D'autres disent qu'il mourut touché à la cheville par une flèche de Poias[2].

Apollodore (Ier ou IIe siècle av. J.-C.), *Bibliothèque*, I, 9, 26, traduit du grec par J.-C. Carrière et B. Massonie © Les Belles Lettres (1991).

1. **humeur** : substance organique liquide.
2. **Poias** : compagnon de Jason dans sa quête de la Toison d'or.

La mort du géant Talos, détail d'un cratère grec (Ve siècle av. J.-C.), (haut. : 86 cm), Musée archéologique national Jatta, Bari.

+PROF Textes sur Talos (corpus et questionnaire)

Autour des textes

1. Quelles sont les caractéristiques des différentes machines présentées (textes 8, 9, 10) ? À quels désirs répondent-elles ?

2. Pourquoi, selon vous, nous fascinent-elles ?

Autour du document

3. Quel épisode de la légende l'artisan a-t-il choisi de représenter sur le vase ? Quelle facette du robot illustre-t-il ?

Machines, automates, robots

+PROF Les automates antiques (conférence)

TEXTES 11 Des machines utiles

1 *Vitruve rend hommage à Ctésibius, un savant alexandrin du IIIe siècle avant J.-C..*

Ctésibius était né à Alexandrie d'un père barbier. Sa vive intelligence et sa grande activité le mettaient au-dessus de tous les autres, et il trouvait son plaisir, dit-on, en d'ingénieux travaux. C'est ainsi que, voulant suspendre dans la boutique de son père un miroir qui, lorsqu'on désirerait le faire descendre et remonter au plafond, remontât de lui-même au moyen d'une corde, grâce à un poids dissimulé, il réalisa le mécanisme suivant : il fixa sous une poutre un conduit de bois et y disposa des poulies. Par ce conduit, il amena une corde dans un angle de la pièce, où il enfila bout à bout de minces tuyaux, à l'intérieur desquels il fit descendre, à l'aide de la corde, une boule de plomb. Ainsi le poids, en descendant rapidement dans les tuyaux étroits, comprimait la quantité d'air qui s'y trouvait, et, chassant à l'air libre, par sa descente rapide à travers ce passage resserré, l'air rendu plus dense par compression, il avait provoqué, par cette rencontre soudaine, un son aigu. Ayant donc remarqué que du contact de l'atmosphère et d'un jet d'air comprimé naissaient des sons et des notes de musique, Ctésibius mit à profit ces résultats de début pour construire, le premier, des machines hydrauliques. De même, il conçut des jets d'eau sous pression, des automates et toute sorte de « trucs » amusants, parmi lesquels figurent aussi des mécanismes d'horloges à eau.

Vitruve (Ier siècle av. J.-C.), *De l'architecture*, 9, 8, traductions dirigées par P. Gros

Mot concept

▸ **machina**, du grec μηχανή : tout type de moyen, qu'il s'agisse d'une invention (le mot **machination** rappelle ce premier sens) ou d'une machine, d'une mécanique.

Ἀπὸ μηχανῆς θεός, **deus ex machina** : expression désignant un procédé mécanique qui permet de faire descendre du ciel l'acteur qui joue un dieu au théâtre.

Autour du texte

1. Quelles autres inventions Ctésibius a-t-il élaborées ?
hatier-clic.fr/21lat511

2 *Archimède de Syracuse (IIIe-IIe siècles avant J.-C.) est un des plus grands savants et inventeurs de l'Antiquité. Pendant la deuxième guerre punique, les Romains font le siège de Syracuse, alliée des Carthaginois. Le général Marcellus place ses navires de guerre face à la ville. Archimède participe à la défense.*

Adversus[1] hunc navalem apparatum, Archimedes variae magnitudinis tormenta[2] in muris disposuit. In eas quae procul erant naves saxa ingenti pondere emittebat ; propiores[3] levioribus eoque magis crebris petebat telis ; postremo, ut sui[4] vulnere intacti tela in hostem ingererent, murum ab imo ad summum crebris cubitalibus[5] fere cavis[6] aperuit, per quae cava pars sagittis, pars scorpionibus modicis ex occulto petebant hostem. Si quelques vaisseaux s'approchaient pour être en deçà du jet des machines, un levier, établi au-dessus du mur, lançait sur la proue de ces vaisseaux une main de fer attachée à une forte chaîne. Un énorme contrepoids en plomb ramenait en arrière la main de fer qui, enlevant ainsi la proue, suspendait le vaisseau droit sur la poupe ; puis par une secousse subite le rejetait de telle sorte qu'il paraissait tomber du mur. Le vaisseau, à la grande épouvante des matelots, frappait l'onde avec tant de force que les flots y entraient

Traduire le texte

1. Repérez les propositions subordonnées introduites par **quae** (l. 2 ; l. 6). Quels sont les antécédents de ces pronoms relatifs ?

2. LANGUE Repérez la subordonnée introduite par **ut** (l. 4). À quel mode est son verbe ? Quelle valeur cette construction exprime-t-elle ? → p. 254

3. LANGUE À quel degré sont les adjectifs **propiores** et **levioribus** (l. 3) ? → p. 220

4. Traduisez à l'aide du code couleur et des notes.

5. Recherchez la suite de l'épisode.

toujours même quand il retombait droit. Ita maritima oppugnatio est elusa[7] omnisque spes eo versa ut[8] totis viribus terra adgrederentur. Sed ea quoque pars eodem omni apparatu tormentorum instructa erat Hieronis impensis curaque per multos annos, Archimedis unica arte.

Tite-Live (Ier siècle av. J.-C. – Ier siècle ap. J.-C.), *Histoire romaine*, XXIV, 34, 8-12, traduction de M. Nisard (1864).

1. **adversus** + acc : contre. • 2. **tormentum, i**, n : la machine (pour lancer des projectiles). • 3. **propiores** : sous-entendre naves. • 4. **sui** : les siens (ses concitoyens). 5. **cubitalis, e** : haut d'une coudée (45 cm environ). • 6. **cavum, i**, n : le trou (la meurtrière). • 7. **eludo, is, ere, elusi, elusum** : jouer, gagner. • 8. **eo versa ut** (**est**) : reposa sur le fait de.

Approfondir

6. Archimède aurait construit la machine d'Anticythère. Quelle était son utilité ? En quoi est-elle une prouesse technologique ?

hatier-clic.fr/21lat512

Fragment de la machine d'Anticythère (205 av. J.-C.), bronze, Musée archéologique national, Athènes.

TEXTE 12 Des automates spectaculaires

Héron d'Alexandrie, scientifique et inventeur, s'intéresse particulièrement aux automates. Il utilise le mécanisme décrit ci-dessous dans la mise en scène d'une pièce de théâtre.

À l'ouverture du début, le théâtre représentait douze personnages, rangés en trois groupes. Ils figuraient autant de Grecs, travaillant à construire des navires, près du rivage où ils devaient prendre la mer. Ces personnages se mouvaient, les uns sciant, les autres fendant du bois, ceux-ci jouant du marteau, ceux-là de la mèche rotative[1] et d'autres du trépan[2]. Ils faisaient grand bruit, à l'instar d'ouvriers véritables. […]

Voici comment tout cela s'exécute. Au début, dès que la scène est ouverte, nous avons à montrer les Grecs au travail. Examinons de quelle manière ils sont mis en mouvement. Il faut d'abord que toutes les parties du corps de chaque personnage, *sauf le bras droit*, soient peintes, sous les attitudes les plus naturelles, au bas du tableau formant le fond de la scène. Le bras droit est ensuite rapporté contre le tableau. On le découpe dans une lame mince de corne de cerf, travaillée avec soin, afin qu'elle s'applique exactement et sans joint visible contre le plan du tableau. Il faut aussi que les outils, manœuvrés par les bras, soient fabriqués en corne et adaptés aux mains, qui seront peintes de même couleur que les corps. Les outils seront également de couleur naturelle.

Soit donc AB un de ces bras. Près de l'épaule, j'y perce un trou carré, tel qu'on le voit sur le dessin. Je prends ensuite une cheville en corne, de section carrée, et je l'ajuste dans la mortaise[3] de l'épaule, où je la cale solidement. Sur le reste de sa longueur, la cheville est ronde et soigneusement polie. À l'épaule droite du personnage peint sur le tableau, je perce un second trou où je loge à fond la cheville, jusqu'à ce que le bras s'appuie contre le corps. Si donc, avec les doigts et par derrière le tableau, nous saisissons et faisons tourner la queue saillante de la cheville, le bras sera entraîné.

Héron d'Alexandrie (Ier siècle ap. J.-C.), *Les Automates*, II, 3-4, traduit du grec par V. Prou (1874).

Autour des textes

1. Ctésibius et Héron étaient originaires d'Alexandrie
Faites une recherche sur la vie intellectuelle de cette cité dans l'Antiquité.

2. À l'aide du texte et des liens proposés, réalisez un schéma explicatif du mécanisme de Héron. hatier-clic.fr/21lat513

3. **ESSAI** Pourquoi les automates nous fascinent-ils ? Illustrez votre réponse par des machines d'époques différentes.
hatier-clic.fr/21lat514

1. **mèche rotative** : tige d'acier servant à percer. • 2. **trépan** : outil à manivelle servant à faire des trous. • 3. **mortaise** : entaille servant à assembler une pièce avec une autre.

Techniques du spectacle antique

Les Grecs mettent leur ingéniosité technique au service de l'art dramatique. Les dispositifs scéniques de l'époque ont disparu, mais les textes et les images nous permettent de comprendre comment s'opéraient les changements de lieu ou l'envol d'un acteur sur scène. Ces techniques seront reprises par les Romains.

L'espace de jeu

• Le théâtre grec n'est à l'origine qu'un **cercle** de terre battue (orchestra) où se déplacent des chanteurs et acteurs, autour duquel sont assis les spectateurs. Par la suite, on aménage des **gradins**, des passages de circulation, une **structure** de planches, de tissu ou un **mur de fond** (skènè), une **estrade** sur laquelle se déplacent les acteurs (proskènion).

• Au fil du temps, les théâtres sont faits en **matériaux pérennes** et deviennent **plus luxueux**. L'évolution est aussi notable dans les dispositifs scéniques qui se complexifient et permettent de laisser libre cours à la fantaisie des auteurs.

Les changements de décor

• Non seulement on peut avoir besoin de **changer le décor** au cours d'une même pièce, mais lors des concours dramatiques des grandes fêtes, plusieurs pièces se succèdent et il faut donc pouvoir en changer très rapidement. À cet effet, non seulement la skènè peut être décorée (skènographia) de **toiles peintes** mais on peut aussi utiliser un périacte (periaktos, versatilis trigon), structure triangulaire tournante de trois toiles peintes verticales, pour des changements instantanés.

• Certains **éléments mobiles** servent aussi à modifier l'espace scénique : la présence d'autels, de tombeaux, de statues, transporte l'action dans un autre lieu. Des buissons permettent de situer l'action dans la nature et de cacher des personnages ou des accessoires.

Lexique

• **ἡ ὀρχήστρα** (orchestra) : espace circulaire réservé aux déplacements du chœur. Les Romains ne font plus usage du chœur et réserveront cet espace aux spectateurs de marque.
• **ὁ χορός** (khoros) : le chœur, groupe d'acteurs qui danse et chante pour accompagner l'action sur scène.
• **ἡ σκηνή** (skènè), en latin scaena frons : tissu ou mur de fond de l'espace scénique.
• **τὸ προσκήνιον**, en latin proscenium : plateforme devant la skènè, sur laquelle se déplacent les acteurs.
• **ἡ σκηνογραφία** (skènographia) : décor peint. Les Romains n'utilisent pas ce mot dans le contexte théâtral.
• **ὁ περίακτος** (périactos), en latin versatilis trigon : mécanisme scénique pivotant.

Sophocle utilise différentes ressources de l'espace scénique dans sa tragédie Philoctète *: un décor peint, des éléments mobiles et les différents niveaux du théâtre, puisqu'Ulysse est dans l'orchestra tandis que Néoptolème est sur le proskènion.*

NÉOPTOLÈME. – […] Sire Ulysse, […] je crois voir la caverne que tu me dépeins.

ULYSSE. – En haut ? ou bien en bas ? je ne me rends pas compte.

NÉOPTOLÈME. – Ici même, en haut. Et nul bruit de pas.

ULYSSE. – Vois s'il ne serait pas dans son gîte à dormir.

NÉOPTOLÈME. – Je vois la maison vide. Pas un humain n'est là.

ULYSSE. – Rien qui marque qu'un homme ait fait là son logis ?

NÉOPTOLÈME. – Si, un lit de feuillage. Quelqu'un réside ici.

Sophocle (Ve s. av. J.-C.), *Philoctète*, prologue (trad. J. Irigoin).

Deus ex machina

• Deux **machines** servent à faire apparaître sur le proskènion un objet ou un personnage caché jusque-là derrière la skènè : ce sont l'**exostre** (exostra) et **l'eccyclème**

Cratère de Paestum, céramique à figures rouges représentant Zeus aidé d'Hermès faisant la cour à Alcmène (340 av. J.-C.), (37 x 36 cm), Museo gregoriano etrusco, Vatican, Rome.

Reconstitution montrant les deux périactes qui permettent les changements de décor, la grue (mèchanè, machina) permettant de lever des acteurs, et l'eccyclème.

(ekkuklèma). Le premier est une **plateforme**, probablement placée en hauteur sur la skènè, permettant de faire apparaître, par un simple mouvement tournant, ce qu'elle transporte ; le second est un **chariot** muni d'un siège qu'on avance ou recule pour faire apparaître l'intérieur de la maison.

- Pour les effets les plus spectaculaires, on utilise la mèchanè, une **grue** de bois plus haute que la skènè, manœuvrée par un technicien, permettant de soulever et déplacer des acteurs. Ce système est notamment utilisé pour faire descendre un dieu des cieux, d'où l'expression **deus ex machina** (un dieu descendu de la machine).

Lexique

- **ἡ ἐξώστρα** (exostra), en latin **exostra** : machine qui fait apparaître l'intérieur de l'étage d'une maison.
- **τὸ ἐκκύκλημα** (ekkuklèma) : siège monté sur roues que l'on fait tourner sur la scène pour montrer un personnage qui était à l'intérieur d'une maison. Les Romains privilégiaient les changements de décor.
- **ἡ μηχανή** (mèchanè), en latin **machina** : dispositif permettant de faire apparaître en hauteur des dieux, grâce à une grue (machina tractoria).

Le théâtre antique vous passionne ?

▶ Choisissez un thème d'exposé que vous pourrez présenter en classe :

- L'architecture des théâtres grecs et romains
- Les machines de théâtre, d'hier à aujourd'hui

Consultez les liens :

Site – Spectacles antiques – hatier-clic.fr/21lat515

Site – Machines de théâtre – hatier-clic.fr/21lat516

L'auteur comique Aristophane, en nommant explicitement l'eccyclème, joue avec les règles de l'illusion théâtrale dans Les Acharniens.

DICÉOPOLIS. – Je ne m'en irai pas et frapperai à la porte. *(Il frappe.)* Euripide, mon petit Euripide !... prête-moi l'oreille, si jamais tu le fis à un homme. C'est Dicéopolis qui t'appelle, Dicéopolis... de Cholléïdes, c'est moi-même.

EURIPIDE *(De l'intérieur.)*. – Je n'ai pas le loisir.

DICÉOPOLIS. – Mais sers-toi de l'eccyclème.

EURIPIDE. – Mais c'est impossible.

DICÉOPOLIS. – Viens tout de même.

EURIPIDE. – Eh bien, je prendrai l'eccyclème ; mais je n'ai pas le loisir de descendre.

Aristophane (Ve-IVe s. av. J.-C.), *Les Acharniens*, v. 404 et suiv. (trad. H. Van Daele © Les Belles Lettres, 2002).

Il utilise également ce système de façon parodique dans sa pièce Les Nuées *pour faire voler Socrate.*

STREPSIADE. – Alors, par Zeus, il vous en cuira. – Ah çà ! quel est-il donc, celui-là qui est juché dans cette corbeille suspendue ?

LE DISCIPLE. – C'est lui !

STREPSIADE. – Qui, lui ?

LE DISCIPLE. – Socrate. [...]

STREPSIADE. – Socrate !... Mon petit Socrate ! [...] que fais-tu là ? Je t'en conjure, dis-le-moi.

SOCRATE. – Je marche dans les airs et regarde le soleil.

Aristophane (Ve-IVe s. av. J.-C.), *Les Nuées*, v. 218 et suiv. (trad. H. Van Daele © Les Belles Lettres, 2017).

L'atelier d'artiste

L'atelier est le lieu symbolique du métier de créateur. Sa description et ses représentations sont l'occasion de révéler les secrets du peintre mais aussi ceux de la création.

1. PORTFOLIO Confrontez des représentations picturales de l'atelier d'artiste, de l'Antiquité à nos jours. Vous pouvez vous appuyer sur ces documents ainsi que sur les œuvres du XIXe siècle de Bazille, Courbet et Fantin-Latour : hatier-clic.fr/21lat517 .

DOC 1

Femme peignant devant une statue de Bacchus, fresque de Pompéi (Ier siècle), Musée archéologique national, Naples.

DOC 2

Francis Bacon (1909-1992) dans son atelier de Reece Mews à Londres, photographie de Michael Holtz (1974).

Littérature

TEXTE Maylis de Kerangal : L'atelier de l'aube du monde

Paula Karst, étudiante, fait ses premiers pas dans l'atelier de l'Institut de peinture de la rue du Métal à Bruxelles.

Éblouie dès le seuil de l'atelier le premier jour, entrant dans un local rectangulaire de quinze mètres sur dix, d'une hauteur sous plafond d'environ cinq mètres, sol de ciment et toiture en verrière, l'endroit pourvu d'une coursive courant sur les quatre murs dont on use pour entreposer des centaines de rouleaux et de cartons à dessin, des échantillons, du petit matériel. Paula aime immédiatement la lumière de commencement qui baigne l'endroit, une lumière blanche, mate, d'autant plus limpide que le vestibule et le corridor sont troubles, comme s'il fallait en passer par ce sas d'opacité pour y voir clair avant de se mettre au travail. Une vingtaine de châssis mobiles sont placés en épi. Elle se faufile vers l'un de ceux du fond, dépose sur un tabouret de bois sa boîte de peinture, enfile sa blouse. Les autres élèves se dispersent dans la salle, elle entend que ça parle anglais à quelques mètres devant, se tient prête, et puis la dame au col roulé noir fait son entrée, petite ici, plus petite que dans le souvenir de Paula, mais occupant immédiatement un important volume d'espace. Après quoi, c'est l'inventaire, la directrice appelant chaque pinceau par son nom et les élèves vérifiant sa présence dans leur boîte, et ceux de Paula sont beaux et propres, la virole étincelante, la touffe douce – on distingue ici un pinceau à lavis, un petit-gris à soies de porc, un épointé, un striper, un effilé à hampe de bois en martre Kolinsky, et celui qu'elle considérait comme son pinceau fétiche, un pinceau à laque en poils d'ours d'Alaska, un cadeau que Marie, sa mère, lui avait offert la veille de son départ. Nombreux sont ceux dont Paula méconnaît la fonction et qu'elle a rangés là comme on rassemble une bande avant un braquage, s'assurant de leur présence silencieuse et loyale, et qu'elle regarde à présent avec curiosité : ce sont là des outils créés pour refaire le monde.

La douleur, dans la foulée. La pratique en atelier est effectivement « assez physique » – euphémisme risible – et la charge de travail qui percute aussitôt l'étudiante est d'autant plus violente qu'elle n'a jusque-là que peu épuisé sa jeune personne. Mal au crâne et mal au nez – les sinus à vif –, mal au dos – la cambrure de vingt ans n'est qu'un feu de lombaires –, mal aux pieds – ses talons se cloquent à piétiner toute la journée devant son panneau, si bien qu'au troisième jour elle se résout à commander sur internet une paire de runnings à semelles incurvées spécialement fabriquées pour les marathoniens – et il y a cette douleur contractée à force de lever le pinceau et de le maintenir à l'horizontale qui lui enflamme l'épaule, pèse sur l'omoplate. Paula fait connaissance avec ce corps où elle est née – il était temps. Ce qui la surprend, tout de même, ce sont ses yeux, douloureux dès le premier soir comme des bleus sur lesquels on enfonce l'index.

Maylis de Kerangal (née en 1967), *Un monde à portée de main* © Éditions Gallimard (2018).

2. Quels aspects de la création artistique la romancière évoque-t-elle ici ?

3. Quelle ambition l'art nourrit-il ?

4. **PORTFOLIO** Comment ce texte et celui d'Ovide sur Pygmalion (▸ p. 102) offrent-ils des représentations complémentaires du travail artistique ?

Des créatures hors de contrôle

La création de la vie passionne et inquiète tout autant la science que la littérature. Les romanciers interrogent le sens et les risques d'une telle quête.

TEXTE 1 Mary Shelley : La créature de Frankenstein

Le jeune savant Victor Frankenstein a créé un être en assemblant des morceaux de chair prélevés sur des cadavres humains. Voici que la créature s'anime…

Ce fut par une lugubre nuit de novembre que je contemplai mon œuvre terminée. Dans une anxiété proche de l'agonie, je rassemblai autour de moi les instruments qui devaient me permettre de faire passer l'étincelle de la vie dans la créature inerte étendue à mes pieds. Il était déjà une heure du matin ; une pluie funèbre martelait les vitres et ma bougie était presque consumée, lorsque, à la lueur de cette lumière à demi éteinte, je vis s'ouvrir l'œil jaune et terne de cet être ; sa respiration pénible commença, et un mouvement convulsif agita ses membres.

Comment décrire mes émotions en présence de cette catastrophe, ou dessiner le malheureux qu'avec un labeur et des soins si infinis je m'étais forcé de former ? Ses membres étaient proportionnés entre eux, et j'avais choisi ses traits pour leur beauté. Pour leur beauté ! Grand Dieu ! Sa peau jaune couvrait à peine le tissu des muscles et des artères ; ses cheveux étaient d'un noir brillant, et abondants ; ses dents d'une blancheur de nacre ; mais ces merveilles ne produisaient qu'un contraste plus horrible avec les yeux transparents, qui semblaient presque de la même couleur que les orbites d'un blanc terne qui les encadraient, que son teint parcheminé et ses lèvres droites et noires.

Les accidents variés de la vie ne sont pas aussi sujets au changement que les sentiments humains. Depuis près de deux ans, j'avais travaillé sans relâche dans le seul but de communiquer la vie à un corps inanimé. Je m'étais privé de repos et d'hygiène. Mon désir avait été d'une ardeur immodérée, et maintenant qu'il se trouvait réalisé, la beauté du rêve s'évanouissait, une horreur et un dégoût sans bornes m'emplissaient l'âme. Incapable de supporter la vue de l'être que j'avais créé, je me précipitai hors de la pièce, et restai longtemps dans le même état d'esprit dans ma chambre, sans pouvoir goûter de sommeil.

Mary Shelley (1797-1851), *Frankenstein ou le Prométhée moderne* (1818), traduit de l'anglais par G. d'Hangest © Flammarion (1979, 2016).

1. Les créatures présentées dans les trois textes sont-elles comparables à des humains ?

2. PORTFOLIO Quelles sont les ambitions du docteur Frankenstein et du rabbi ? Quels sont leurs points communs et leurs différences avec les mythes de Prométhée et Pygmalion (▸ p. 96, 102) ?

3. ESSAI Comment les textes et documents de la séquence illustrent-ils la puissance et la variété de l'inventivité humaine ? Dans quelle mesure mettent-ils aussi en garde contre les excès de l'ambition ?

TEXTE 2 Gustav Meyrink : Le Golem de Prague

Dans son roman, Gustav Meyrink reprend une célèbre légende juive.

L'origine de l'histoire remonte au XVIIe siècle, dit-on. Un rabbi[1] de cette époque aurait créé un homme d'après des formules aujourd'hui perdues de la Cabale[2] pour lui servir de domestique, sonner les cloches de la synagogue et faire les gros travaux. Mais ce n'était pas un homme véritable et seule une vie végétative, à demi consciente l'animait. Elle ne subsistait même qu'au jour le jour, entretenue par la puissance d'un parchemin magique glissé derrière ses dents et qui attirait les forces sidérales libres de l'univers.

Et lorsqu'un soir, avant la prière, le rabbi oublia de le retirer de la bouche du Golem, celui-ci fut pris d'un accès de folie furieuse et se mit à courir dans les ruelles en massacrant tout ce qui lui tombait sous la main. Jusqu'à ce que le rabbi se jette sur lui et détruise le parchemin. Alors la créature tomba sans vie. Il n'en resta que la figure de nain en glaise que l'on montre aujourd'hui encore dans la vieille synagogue.

Gustav Meyrink (1868-1932), *Le Golem* (1915), traduit de l'allemand par D. Meunier © Stock (1969).

1. **rabbi (ou rabbin) :** chef religieux de la communauté juive.
2. **Cabale (ou Kabbale) :** courant de la pensée juive proposant une interprétation mystique du monde.

TEXTE 3 Ian Mc Ewan : Un robot trop humain

Charlie a fait l'acquisition d'un robot nommé Adam. Celui-ci a joué en Bourse à sa demande mais a reversé tout l'argent gagné à des œuvres caritatives.

Il restait complaisamment assis devant nous, au repos, les paumes à plat sur la table, attendant que l'un de nous reprenne la parole. Je sentis ma colère monter, trouver sa cible. Je haïssais cette créature irresponsable. Un faux jeton, et dire qu'on s'était si facilement laissé prendre à son jeu, à un sous-programme mineur déclenché par un éventail limité de signaux extérieurs, conçu par un post-doctorant intelligent et servile dans un laboratoire à la périphérie de Chengdu[1]. Je méprisais ce technicien inexistant, et je méprisais encore plus cet agglomérat de programmes et d'algorithmes qui pouvait s'enfouir dans mon existence, tel un ver d'une rivière tropicale, et faire des choix en mon nom. Certes, l'argent volé par Adam était celui qu'il avait gagné. Cela me mettait encore plus en colère. Comme le fait que je portais la responsabilité d'avoir introduit cet ordinateur ambulant dans nos vies. Le haïr, c'était me haïr moi-même. Le pire de tout, c'était l'obligation de maîtriser ma rage, car l'unique solution était déjà évidente. Il allait devoir gagner à nouveau cet argent. Nous allions devoir l'en convaincre. Et voilà : « le haïr », « l'en convaincre », et ce prénom même : « Adam ». Notre langue trahissait notre faiblesse, notre capacité à encourager une machine à franchir la frontière la séparant des humains.

Ian Mc Ewan (né en 1948), *Une machine comme moi*, traduit de l'anglais par F. Camus-Pichon © Éditions Gallimard (2020).

1. **Chengdu :** mégapole chinoise connue pour ses industries aéronautiques et électroniques.

4. **PORTFOLIO** Choisissez une œuvre antique et une œuvre moderne illustrant le désir de créer artificiellement la vie. Comment chaque époque explore-t-elle ce thème ? Vous pouvez vous appuyer sur l'art hyperréaliste de Ron Mueck hatier-clic.fr/21lat518, la série *Real Humans* (2012) hatier-clic.fr/21lat519 et le film d'Alex Garland, *Ex-Machina* (2015) hatier-clic.fr/21lat520.

SÉQUENCE 6

L'*ars* pour maîtriser le monde

Que savez-vous déjà ?

- Quels célèbres bâtiments antiques témoignent encore de nos jours des savoirs architecturaux des Romains et des Grecs ?
- Quelles techniques de construction antique connaissez-vous ?

Dans le domaine des sciences fondamentales, ce sont surtout des figures grecques qui s'imposent. Chez les Romains, les préoccupations scientifiques sont essentiellement pratiques. Si le prestige intellectuel des sciences pratiques est moindre, ces dernières révèlent un génie qui a permis à Rome d'imprimer sa marque dans le monde, en particulier sur le plan de l'occupation de l'espace et de l'aménagement du territoire.

D'impressionnants vestiges sont encore visibles aujourd'hui : voies aménagées, routes pavées, ponts, aqueducs, canaux, réseaux souterrains d'égouts... Les Romains n'ont pas réellement inventé les techniques (par exemple, celles des réseaux d'égouts sont héritées des Étrusques) ; leur spécificité est d'avoir su se les approprier avec brio et les développer afin de mieux maîtriser leur environnement dans des domaines aussi variés que l'agriculture, le transport de l'eau ou l'architecture des jardins. Leurs interventions visent à contrôler le milieu naturel dans leur propre intérêt.

La nature domestiquée

Dans les domaines de l'agronomie et de l'agriculture, savoirs techniques et expérience permettent de cultiver la terre et de subvenir aux besoins de la population tout en restant en harmonie avec la nature.

Comment l'étude et la science du vivant permettent-elles aux Romains de respecter et de maîtriser la nature ? → Textes 1 à 6

Des réalisations techniques

L'acquisition de notions scientifiques permet aux Romains de mieux dominer les forces à l'œuvre dans la nature pour les employer à différents usages (publics, domestiques, politiques...).

Comment la maîtrise architecturale permet-elle l'édification de bâtiments remarquables ? Comment les Romains domptent-ils et tirent-ils profit de la puissance de l'eau ? → Textes 7 à 10

Le Pont du Gard.

▸ Construit par les Romains au Ier siècle après J.-C., ce pont aqueduc apportait l'eau potable à la ville de Nîmes. Exceptionnel par ses dimensions (49 m de haut), c'est le seul exemple de pont antique à trois étages encore debout aujourd'hui.

LEXIQUE
Carte mentale
hatier-clic.fr/21lat601

La nature domestiquée

+PROF
Croyance, magie et technique (textes et exploit. pédagogique)

TEXTES 1 Savoir et expérience en agronomie

1 *Dans son traité, Columelle réunit ses connaissances dans le domaine de l'agriculture afin d'en faire bénéficier ses contemporains. Au début de l'ouvrage, il dresse la liste des agronomes grecs et romains qui l'ont précédé tout en rappelant la nécessité de l'expérience de terrain en plus des connaissances livresques.*

Ainsi, Publius Silvinus[1], avant d'embrasser la profession d'agriculteur, appelez ces auteurs dans vos conseils ; non pas toutefois avec cette disposition d'esprit qui vous ferait subordonner toutes vos entreprises à leur sentiment : car les monuments de ces sortes d'écrivains instruisent plutôt qu'ils ne font un bon ouvrier. L'usage et l'expérience sont les maîtres des arts, et il n'existe pas de science qu'on apprenne sans trébucher. En effet, là où une chose mal à propos entreprise a produit un fâcheux résultat, on évitera ce qui a induit en erreur, et les enseignements du maître éclaireront la bonne route. Aussi nos préceptes ne promettent pas de produire une science parfaite, mais de prêter leur secours ; et nul homme, après les avoir lus, ne connaîtra bien l'agriculture, s'il ne veut les suivre, et s'il n'a les facultés nécessaires pour les mettre en pratique.

Columelle (Ier siècle ap. J.-C.), *Traité d'agriculture*, I, 1, traduction de M. Louis Du Bois (1844).

1. ce traité est présenté comme destiné à un certain Publius Silvinus (probablement un artifice littéraire pour dynamiser la transmission du savoir).

Mot concept

▸ **cultura, ae**, f (de colo, is, ere) : la culture, le fait de cultiver. Sur la même racine, le terme **cultus, us**, m désigne le travail du laboureur. Cicéron emploie ce terme également pour signifier la culture de l'esprit.

2 *Dans son traité sur l'agriculture, Palladius rassemble ses observations et ses expérimentations, soucieux de les transmettre à ses contemporains. Le premier livre constitue une introduction générale à l'économie rurale.*

La première règle de goût est de proportionner ses leçons à la nature des esprits. Voulez-vous former un agriculteur, ne recourez pas, comme quelques-uns l'ont fait, aux fleurs de rhétorique et aux artifices oratoires. À quoi leur a servi d'étaler leur science devant des villageois ? Ils n'ont même pas été compris des savants. Mais, pour ne pas imiter ceux que nous critiquons, bornons ici notre préambule. Nous allons traiter, avec l'aide des dieux, de tout ce qui concerne l'agriculture, des pâturages, des édifices rustiques, conformément aux préceptes de l'art, de la manière de découvrir l'eau, et en général de tout ce qu'un agriculteur doit faire ou entretenir dans chaque saison pour son avantage comme pour son agrément. Afin de suivre un ordre méthodique, je parlerai, mois par mois, de l'ensemble de l'économie rurale.

Palladius (Ve siècle ap. J.-C.), *L'Économie rurale*, I, traduction de M. Cabaret-Dupaty (1843).

Autour des textes

1. D'après ces textes, pourquoi peut-on dire que le métier d'agriculteur va au-delà de la mise en pratique de techniques ? Qu'est-ce qui fait sa noblesse ?

TEXTES 2 Conseils pour les labours

1 *Varron explique comment bien choisir les bœufs de labour.*

Quos[1] rudis neque minoris trimos neque majoris quadrimos parandum <est> : ut viribus magnis sint ac pares, ne in opere firmior inbecilliorem conficiat : amplis cornibus et nigris potius quam aliter ut sint, lata fronte, naribus simis, lato pectore, crassis coxendicibus. Hos veteranos ex campestribus locis non emendum <est> in dura ac montana, nec non contra si incidit, ut sit vitandum. […] Ubi terra levis <est>, ut in Campania, ibi non bubus gravibus, sed vaccis aut asinis quod arant, eo facilius ad aratrum leve adduci possunt, ad molas et ad ea, siquae sunt, quae in fundo convehuntur. In qua re alii asellis, alii vaccis ac mulis utuntur, exinde ut pabuli facultas est. Nam facilius asellus quam vacca alitur, sed fructuosior haec. In eo agricolae hoc spectandum, quo fastigio sit fundus. In confragoso enim haec ac difficili valentiora parandum et potius ea quae per se fructum reddere possint, cum idem operis faciant.

Varron (IIe – Ier siècles av. J.-C.), *Res rusticae*, I, XX.

Traduire le texte

1. Identifiez les temps et modes des verbes.

2. Identifiez les propositions, notamment grâce aux conjonctions de subordination.

3. Traduisez à l'aide du code couleur.

1. a pour antécédent boves.

Approfondir

4. Comment ce texte allie-t-il connaissance du terroir et connaissance des animaux ?

5. Ce texte et les textes p. 116 témoignent d'une science prescriptive sans verser dans l'érudition. Montrez comment techniques et expériences se complètent.

Photographie de **Yann Arthus-Bertrand** (né en 1946), série *Des bêtes et des hommes* (2001).

2 *Palladius dispense des conseils précis sur le labourage des terres.*

Les terres grasses et sèches peuvent déjà recevoir le premier labour et les premiers apprêts. Attelez plutôt les bœufs par le cou que par la tête. Lorsqu'ils achèveront un sillon, le laboureur les retiendra et poussera le joug en avant pour soulager leurs cous. Les sillons ne doivent pas avoir plus de cent vingt pieds de long. Ayez soin de ne pas laisser entre eux de terre intacte. Vous briserez toutes les mottes avec la houe. Pour reconnaître si la terre a été également remuée partout, étendez sur les sillons une perche transversale : cette épreuve souvent répétée préviendra la négligence des bouviers[1].

Palladius (Ve siècle ap. J.-C.), *L'Économie rurale*, II, 3, traduction de M. Cabaret-Dupaty (1843).

Autour du texte

1. Comment ce texte complète-t-il celui de Varron ? Lisez la fin du texte : hatier-clic.fr/21lat602.

2. PORTFOLIO Quelles relations avec les animaux se dessinent dans ces textes ? Mettez-les en perspective avec le cliché de Y. Arthus Bertrand et les réflexions contemporaines sur le bien-être animal.

1. bouvier : personne qui garde ou conduit les bœufs.

La nature domestiquée

TEXTE 3 L'art du miel

+PROF Des abeilles et des hommes (textes et exploit. pédagogique)

Virgile, dans les Géorgiques, *expose l'anecdote du jardinier de Tarente.*

Ainsi, je me souviens d'avoir vu, au pied des tours de la haute ville d'Œbalos[1], là où le noir Galèse[2] arrose de blondissantes cultures, un vieillard de Corycus[3] qui possédait quelques arpents d'un terrain abandonné, un fonds qui n'était pas bon pour les bœufs de labour, ni propice au bétail, ni propre à Bacchus[4].

Hic[5] rarum tamen in dumis olus albaque circum
Lilia verbenasque premens vescumque papaver
Regum aequabat opes animis, seraque revertens
Nocte domum dapibus mensas onerabat inemptis.
Primus vere rosam atque autumno carpere[6] poma ;
Et, cum tristis hiems etiamnum frigore saxa
Rumperet et glacie cursus frenaret aquarum,
Ille comam mollis jam tondebat hyacinthi
Aestatem increpitans seram Zephyrosque morantis.
Ergo apibus fetis idem atque examine multo
Primus abundare[6] et spumantia cogere[6] pressis
Mella favis ; illi tiliae atque uberrima pinus
Quotque in flore novo pomis se fertilis arbos
Induerat, totidem autumno matura tenebat.
Ille etiam seras in versum[7] distulit ulmos
Eduramque pirum et spinos jam pruna ferentis
Jamque ministrantem platanum potantibus umbras.

Virgile (Ier siècle av. J.-C.), *Géorgiques*, IV, v. 125-146, traduction d'E. de Saint-Denis © Les Belles Lettres (1994).

1. **Œbalos** : ville près de Tarente ou la ville de Tarente. • 2. **Galèse** : fleuve de Calabre. • 3. **Corycus** : ville de Cilicie. • 4. ici, la vigne. • 5. **hic** = senex : le vieillard. • 6. **carpere** = carpebat ; était le premier à cueillir ; abundare et cogere sont aussi des infinitifs de narration. • 7. **in versum** : en allées, en rangées exactement alignées et en face les unes des autres.

Tétradrachme d'Éphèse en argent (IVe siècle av. J.-C.), The British Museum, Londres.

Lire le texte

1. Relevez les termes qui évoquent les abeilles (l. 15 à 19).

2. LANGUE Repérez les compléments circonstanciels (temps et lieu). → p. 242-243

3. Traduisez le texte.

Approfondir

4. En quoi le jardin du vieillard révèle-t-il une belle maîtrise de la nature ?

5. Observez la luxuriance de la végétation dans le texte de Virgile et dans ce texte de Palladius : hatier-clic.fr/21lat603. En quoi peut-on rapprocher ces deux tableaux du mythe de l'âge d'or ?

6. Le miel était précieux dans l'Antiquité, d'où l'intérêt pour les ruches. En quoi cet autre passage de Virgile témoigne-t-il d'une observation précise de la nature ? hatier-clic.fr/21lat604

Mot concept

► **fundus, i**, m : fonds de terre (d'abord le fonds de la maison, le sol sur lequel elle repose, puis la terre non bâtie par opposition à aedes, la propriété bâtie). Le terme latifundium, ii, n, désigne une grande propriété qui s'étend sur un territoire important.

TEXTE 4 La culture de la vigne

Virgile donne ici des conseils précis sur la plantation de la vigne.

Collibus an plano melius sit ponere vitem,
Vaut-il mieux planter la vigne sur des coteaux ou dans la plaine ?
Quaere prius. Si pinguis agros metabere campi,
première question. Si tu traces l'emplacement du vignoble dans une plaine grasse,
Densa sere : in denso non segnior ubere Bacchus ;
plante serré ; quand la plantation est serrée, Bacchus n'est pas moins agissant ;
Sin tumulis adclive solum collisque supinos,
mais si tu choisis le versant d'une côte mamelonnée ou des pentes douces,
Indulge ordinibus ; nec setius omnis in unguem
espace généreusement les rangées ; dans un cas comme dans l'autre,
Arboribus positis secto via limite quadret :
aligne les plants en les séparant par des sentiers qui se coupent exactement à angle droit.
Ut saepe ingenti bello cum longa cohortis
Telle souvent, au cours d'une grande guerre, la longue colonne de la légion
Explicuit legio et campo stetit agmen aperto
déploie ses cohortes ; elle a fait halte en rase campagne,
Derectaeque acies ac late fluctuat omnis
les formations de bataille se sont alignées, et la terre n'est au loin
Aere renidenti tellus necdum horrida miscent
qu'une houle de bronze éclatant ; l'horrible mêlée n'est pas encore engagée,
Proelia, sed dubius mediis Mars errat in armis.
mais entre les deux armées Mars erre, hésitant.
Omnia sint paribus numeris dimensa viarum,
Que tous les intervalles soient d'égales dimensions,
Non animum modo uti pascat prospectus inanem,
non seulement pour le vain plaisir dont la perspective repaît l'esprit,
Sed quia non aliter viris dabit omnibus aequas
mais parce qu'autrement la terre ne distribuera pas à tous les ceps une part égale de forces,
Terra, neque in vacuum poterunt se extendere rami.
et que les rameaux ne pourront pas s'étendre dans l'air libre.

Virgile (Ier siècle av. J.-C.), *Géorgiques*, II, v. 273-287, traduction d'E. de Saint-Denis

Lire le texte

1. Associez les mots latins à leur traduction, sans entrer dans l'analyse des cas.

2. **LEXIQUE** Repérez les termes qui désignent la vigne et la campagne. Complétez la carte mentale (▶ p. 115).

Traduire le texte

3. À l'aide de la traduction, retrouvez le mot à mot. Repérez les verbes, leurs sujets puis le reste des propositions.

4. Quelles expressions vous semblent éloignées du latin ?

Approfondir

5. À quoi voit-on que planter la vigne relève à la fois du modelage du paysage et de l'application de principes essentiels pour son bon développement ?

6. Lisez ce texte de Caton sur les soins à donner à la vigne hatier-clic.fr/21lat605 et consultez ce site : hatier-clic.fr/21lat606. Comment la technique était-elle au service de meilleurs rendements ?

La nature domestiquée

+PROF
L'homme, artiste-jardinier (textes et exploit. pédagogique)

Nils Udo (né en 1937), *Volcan*, installation dans le parc du Château de Chaumont-sur-Loire (2018).

▸ Nils Udo est un artiste du land art.

TEXTE 5 Un jardin potager généreux

hatier-clic.fr/21lat607 Texte en grec

À son retour de chez Calypso, Ulysse aborde l'île des Phéaciens et découvre le jardin du roi Alcinoos.

Aux côtés de la cour, on voit un grand jardin, avec ses quatre arpents enclos dans une enceinte. C'est d'abord un verger dont les hautes ramures, poiriers et grenadiers et pommiers aux fruits d'or et puissants oliviers et figuiers domestiques, portent, sans se lasser ni s'arrêter, leurs fruits ; l'hiver comme l'été, toute l'année, ils donnent ; l'haleine du Zéphyr, qui souffle sans relâche, fait bourgeonner les uns, et les autres donner la jeune poire auprès de la poire vieillie, la pomme sur la pomme, la grappe sur la grappe, la figue sur la figue. Plus loin, chargé de fruits, c'est un carré de vignes, dont la moitié, sans ombre, au soleil se rôtit, et déjà l'on vendange et l'on foule les grappes ; mais dans l'autre moitié, les grappes encore vertes laissent tomber la fleur ou ne font que rougir. Enfin, les derniers ceps bordent les plates-bandes du plus soigné, du plus complet des potagers ; vert en toute saison, il y coule deux sources ; l'une est pour le jardin, qu'elle arrose en entier, et l'autre, sous le seuil de la cour, se détourne vers la haute maison, où s'en viennent à l'eau tous les gens de la ville. Tels étaient les présents magnifiques des dieux au roi Alkinoos.

Homère (VIIIe siècle av. J.-C.), *Odyssée*, VII, v. 112-132, traduit du grec par V. Bérard

Mot concept

▸ **locus amoenus** : l'expression désigne un endroit agréable, idyllique, un lieu de délices souvent situé en extérieur, organisé et comportant de l'eau, des arbres et de l'herbe et isolé de toute civilisation.

Autour du texte

1. Identifiez les étapes de la description : comment son organisation mime-t-elle celle du jardin ?
2. Comment Homère s'y prend-il pour rendre compte du caractère divin du jardin d'Alcinoos ?
3. En quoi ce texte illustre-t-il la maîtrise technique de la nature par l'homme à des fins vivrières ?

TEXTE 6 L'architecture végétale pour jardin d'agrément

Voici comment Pline, dans une de ses lettres, chante les louanges d'une villa dont le jardin profite du climat pour s'épanouir.

Ante porticum xystus[1] in plurimas species distinctus concisusque buxo[2] ; demissus inde pronusque[3] pulvinus, cui bestiarum effigies invicem[4] adversas buxus inscripsit ; acanthus in plano, mollis et paene dixerim liquidus. Ambit hunc ambulatio pressis[5] varieque tonsis viridibus inclusa ; ab his gestatio in modum circi, quae buxum multiformem humilesque et retentas manu arbusculas circumit. Omnia maceria[6] muniuntur : hanc gradata buxus operit et subtrahit. Pratum inde non minus natura quam superiora illa arte visendum ; campi deinde porro multaque alia prata et arbusta. A capite porticus triclinium excurrit ; valvis xystum desinentem et protinus pratum multumque ruris videt, fenestris hac latus xysti et quod prosilit villae, hac adjacentis hippodromi nemus comasque prospectat. Contra mediam fere porticum diaeta paulum recedit, cingit areolam[7], quae quattuor platanis inumbratur. Inter has marmoreo labro[8] aqua exundat circumjectasque platanos et subjecta platanis leni aspergine fovet.

Pline le Jeune (Ier – IIe siècles ap. J.-C.), *Lettres*, V, 6, 16-20.

Fresque du triclinium d'été de la Maison du bracelet d'or (Ier siècle ap. J.-C.), Pompéi.

1. **xystus, i,** m : la promenade plantée d'arbres.
2. **buxus, i,** m : le buis.
3. **pronus** : en pente.
4. **invicem** : réciproquement.
5. **pressis** : maintenus bas (taillés).
6. **maceria, ae,** f : la clôture en pierres sèches.
7. **areola, ae,** f : la petite cour.
8. **labrum, i,** n : le bassin.

Lire le texte

1. LEXIQUE Repérez les termes qui désignent le jardin (végétation, construction d'agrément...).

2. Repérez les indications spatiales (adverbes, compléments circonstanciels...) puis identifiez les différents espaces qui composent le jardin.

Traduire le texte

3. À quels temps sont les verbes soulignés ? Quels sont leurs sujets ?

4. LANGUE Des lignes 1 à 4, repérez les participes et identifiez les noms qu'ils complètent. → p. 234

5. Identifiez les différentes propositions (coordonnées, subordonnées, juxtaposées).

6. Traduisez le texte.

Approfondir

7. En quoi ce texte illustre-t-il l'expression « jardin d'agrément » ?

8. Comment l'art horticole abandonne-t-il la dimension vivrière pour aller vers le jardin d'agrément ? Lisez l'intégralité de la lettre de Pline : hatier-clic.fr/21lat608 .

9. PORTFOLIO Comment cette alliance entre cultures vivrières et jardin d'agrément se retrouve-t-elle dans le jardin de Clarens décrit par J.-J. Rousseau dans *La Nouvelle Héloïse* (1761) ? hatier-clic.fr/21lat609

10. ESSAI De la fresque de Pompéi jusqu'aux jardins de Chaumont-sur-Loire en passant par les jardins de Villandry et le land art, menez une réflexion sur l'art du jardin et son évolution.

Des réalisations techniques

+PROF
La domus aurea

TEXTE 7 La domus aurea : gigantisme et technicité

Après l'incendie de Rome, en 64 après J.-C., Néron se fait construire un palais gigantesque qui occupe presque deux kilomètres carrés de superficie et dans lequel une salle à manger tournant sur elle-même constitue à elle seule une prouesse technique.

Vestibulum ejus <domus> fuit, in quo colossus CXX pedum staret ipsius effigie ; tanta laxitas <erat>, ut porticus triplices miliarias[1] haberet ; item stagnum maris instar, circumsaeptum aedificiis ad urbium speciem ; rura insuper arvis atque vinetis et pascuis silvisque varia, cum multitudine omnis generis pecudum ac ferarum. In ceteris partibus cuncta auro lita[2], distincta[3] gemmis unionumque conchis[4] erant ; cenationes laqueatae tabulis eburneis versatilibus, ut flores, fistulatis[5], ut[6] unguenta desuper spargerentur ; praecipua cenationum rotunda <erat>, quae perpetuo diebus ac noctibus vice mundi circumageretur ; balineae marinis et Albulis[7] fluentes aquis[8]. Ejus modi domum cum absolutam dedicaret, hactenus[9] comprobavit, ut se diceret « quasi hominem tandem habitare coepisse ».

Il entreprenait aussi la construction d'une piscine s'étendant de Misène au lac Averne, entièrement couverte et entourée de portiques, dans laquelle devaient être amenées toutes les eaux thermales de Baïes ; le percement d'un canal depuis l'Averne jusqu'à Ostie, permettant de se rendre dans cette ville en bateau, sans naviguer sur mer : sa longueur devait être de cent-soixante milles, sa largeur, telle que deux galères à cinq rangs de rames pussent y naviguer en sens contraire.

Suétone (Ier – IIe siècles ap. J.-C.), *Vies des douze Césars*, Néron, 31, traduction de H. Ailloud © Les Belles Lettres (1993).

1. **porticus triplices miliarias** : portiques à trois rangs de colonnes et longs de mille pas. • 2. **lino, is, ere, livi** ou **levi, litum** : enduire, couvrir. • 3. **distinctus, a, um** : orné, paré. • 4. **unionum conchae, arum**, f pl : les coquillages à perles. • 5. **fistulatus, a, um** : percé de tuyaux. • 6. **ut** introduit ici une comparaison. • 7. **Albulus, a, um** : d'Albula. • 8. sources sulfureuses près de Tibur. • 9. **hactenus… ut** + subj : seulement dans la mesure où.

Traduire le texte

1. Quel est le sujet de **haberet** ? Quels sont ses COD ?

2. Traduisez à l'aide du code couleur.

Approfondir

3. Quels éléments (vocabulaire, procédés d'écriture…) permettent de prendre la mesure de la taille de l'édifice ? Lisez aussi le texte de Tacite page 138.

4. Quels matériaux soulignent la magnificence de la construction ?

5. Comment Suétone décrit-il le mécanisme de la salle à manger tournante ? Comparez avec les hypothèses d'une archéologue qui a trouvé les vestiges de cette « folie de Néron » : hatier-clic.fr/21lat610 .

6. Comment ce texte permet-il de saisir l'ampleur des travaux réalisés et la volonté technique de maîtriser la nature ?

7. La **domus aurea** mêle artifice et nature. En quoi est-ce le signe d'une performance technique ?

Monnaie romaine représentant la Domus Aurea de l'empereur Néron.

Mots concepts

▸ **aedificare** : bâtir, construire un bâtiment, édifier une construction ; mais aussi le fait de bâtir sur un emplacement, et plus largement, la création (du monde) ou la fondation, la constitution d'un État.

▸ **aedificium, ii**, n : d'abord construction d'une maison puis le bâtiment lui-même. Racine : aedes, is, f : foyer puis temple, et au pluriel, maison.

TEXTES 8 Le Panthéon : innovation et reconstruction

1

Entre 118 et 125 après J.-C., Hadrien fait reconstruire le Panthéon incendié en 110 après J.-C., et le coiffe d'une coupole en béton.

Il acheva aussi le temple nommé le Panthéon. Le nom de ce temple vient peut-être de ce que, sur les statues de Mars et de Vénus, il offrait aussi les images de plusieurs dieux ; dans mon opinion, il vient de ce que, formant une rotonde, il ressemble au ciel. Agrippa voulut également y placer Auguste et attacher son nom à cette œuvre ; mais, Auguste n'ayant accepté ni l'un ni l'autre de ces honneurs, Agrippa érigea dans le temple un buste du premier César, avec un à Auguste et un à lui-même dans le vestibule. Loin d'adresser, à raison de ces faits, aucun reproche à Agrippa (il avait été en cela conduit non par l'ambition de rivaliser avec Auguste, mais par une bienveillance incessante à son égard, et par un zèle continu pour l'État), Auguste ne lui en accorda que plus d'honneur.

Dion Cassius (IIe siècle ap. J.-C.), *Histoire romaine*, LIII, 27, traduit du grec par É. Gros (1845).

hatier-clic.fr/21lat611 Texte en grec

Autour du texte

1. D'après l'auteur, quelles sont les deux étymologies possibles du mot Panthéon ?
2. Le Panthéon n'est-il qu'un temple pour Agrippa ?
3. Lisez la fiche dédiée à ce bâtiment : hatier-clic.fr/21lat612. En quoi s'agit-il d'une prouesse architecturale ?
4. La coupole en béton constitue une véritable innovation : faites une synthèse des nouveautés techniques utilisées dans l'édifice (matériaux et solidification). hatier-clic.fr/21lat613

2

Dans les Mémoires d'Hadrien, *Marguerite Yourcenar, au XXe siècle, reconstitue ce qu'ont pu être les réflexions de l'empereur et de ses architectes au moment de la reconstruction.*

La construction d'un temple à Tous les Dieux, d'un Panthéon, s'était imposée à moi. J'en avais choisi l'emplacement sur les débris d'anciens bains publics offerts au peuple romain par Agrippa, le gendre d'Auguste. Rien ne restait du vieil édifice qu'un portique et que la plaque de marbre d'une dédicace au peuple de Rome : celle-ci fut soigneusement replacée telle quelle au fronton du nouveau temple. […] J'avais corrigé moi-même les plans trop timides de l'architecte Apollodore. Utilisant les arts de la Grèce comme une simple ornementation, un luxe ajouté, j'étais remonté pour la structure même de l'édifice aux temps primitifs et fabuleux de Rome, aux temples ronds de l'Étrurie antique. J'avais voulu que ce sanctuaire de Tous les Dieux reproduisît la forme du globe terrestre et de la sphère stellaire, du globe où se renferment les semences du feu éternel, de la sphère creuse qui contient tout. C'était aussi la forme de ces huttes ancestrales où la fumée des plus anciens foyers humains s'échappait par un orifice situé au faîte. La coupole, construite d'une lave dure et légère qui semblait participer encore au mouvement ascendant des flammes, communiquait avec le ciel par un grand trou alternativement noir et bleu. Ce temple ouvert et secret était conçu comme un cadran solaire. Les heures tourneraient en rond sur ces caissons soigneusement polis par des artisans grecs ; le disque du jour y resterait suspendu comme un bouclier d'or ; la pluie formerait sur le pavement une flaque pure ; la prière s'échapperait comme une fumée vers ce vide où nous mettons les dieux.

Marguerite Yourcenar (1903-1987), *Mémoires d'Hadrien*, « Saeculum aureum »

Autour du texte

1. Comment, d'après une autrice contemporaine, Hadrien réussit-il à mêler innovation technique et savoir ancestral, modernité et tradition ?
2. **PORTFOLIO** Confrontez cette innovation (utilisation du béton) à celles mises en œuvre de nos jours dans la construction d'édifices techniquement audacieux : hatier-clic.fr/21lat614. En quoi ces projets architecturaux sont-ils révélateurs des innovations architecturales et esthétiques de leur époque ?

Des réalisations techniques

+PROF
Le transport de l'eau (textes et exploit. pédagogique)

TEXTE 9 Le stockage de l'eau

Les travaux gigantesques engagés pour l'adduction et le stockage de l'eau à Rome témoignent d'un savoir-faire exceptionnel.

Q. Marcius Rex, ayant reçu du Sénat l'ordre de restaurer le cours des trois aqueducs, l'Aqua Appia, l'Aqua Anio et l'Aqua Tepula, durant sa préture, fit creuser des galeries souterraines à travers les montagnes et construire un nouvel aqueduc auquel il donna son nom. Agrippa, au cours de son édilité[1], ajouta l'Aqua Virgo, fit rassembler les eaux des autres aqueducs et les répara, fit construire sept cents réservoirs, établir cinq cents fontaines d'eau vive, élever cent trente châteaux d'eau et maints de ses ouvrages furent d'un luxe rare. Sur eux, il fit dresser trois cents statues de bronze ou de marbre, quatre cents colonnes de marbre, et tout cela en l'espace d'un an. En commémoration de son édilité, lui-même, il ajouta des jeux d'une durée de cinquante-neuf jours et ouvrit cent soixante-dix établissements de bains gratuits dont le nombre à présent à Rome a crû jusqu'à l'infini. Les dépenses exigées par l'aqueduc, le dernier en date, que commença C. César et qu'acheva Claude, dépassèrent celles des précédents ouvrages : il commence à quarante milles de Rome et s'élève jusqu'à une hauteur telle qu'il fournit de l'eau à toutes les collines de la Ville : y coulent les eaux des sources Curtia et Caerulea et celles du nouvel Anio. Trois cent cinquante millions de sesterces ont été déboursés pour sa construction. Que si on évalue avec exactitude le volume des eaux qu'il déverse sur les places publiques, dans les bains, les piscines, les canaux, les maisons, les jardins, les propriétés de banlieue, et si on considère aussi les distances parcourues par le courant d'eau, les arcs élevés, la percée des montagnes, le comblement des vallées, on conviendra que jamais le monde entier n'a présenté plus grande merveille. Je rangerais, pour ma part, parmi les œuvres du même Claude les plus dignes de mémoire, bien que la haine éprouvée à son égard par son successeur ait fait abandonner l'ouvrage, la percée qui, pratiquée à travers la montagne, servit à évacuer l'eau du lac Fucin, travail réalisé avec des frais véritablement immenses et par une multitude d'ouvriers ; là où la montagne était faite de terre, des machines faisaient monter l'eau jusqu'à son sommet ; le rocher, lui, était tranché et l'immensité du travail accompli dans les ténèbres des galeries ne peut être conçue que par ceux qui l'ont vu et les mots sont trop faibles pour le pouvoir décrire.

Pline l'Ancien (Ier siècle ap. J.-C.), *Histoire naturelle*, XXXVI, 24, traduction de R. Bloch © Les Belles Lettres (1981).

1. **édilité** : magistrature municipale ; les édiles s'occupent de la police, de la voirie, des jeux publics mais aussi de l'approvisionnement, notamment en eau.

Autour du texte

1. En quoi l'accumulation des données chiffrées est-elle efficace pour donner à voir la prouesse technique ?

2. Comment Pline rend-il compte des compétences techniques des Romains ?

3. Les Romains ne furent pas les seuls à maîtriser l'adduction d'eau : située dans le désert, la cité de Pétra a développé un exceptionnel système hydraulique : hatier-clic.fr/21lat615. Quelles techniques des Nabatéens retrouve-t-on appliquées chez les Romains ?

4. **PORTFOLIO** Vous confronterez ce texte à un texte plus récent évoquant les aménagements de la nature par l'homme témoignant de son savoir et de ses compétences techniques (aménagement des déserts en Californie, en Israël ou en Australie ; les Pays-Bas et ses polders ; l'île the Pearl au Qatar).

TEXTE 10 La construction des bains publics

Vitruve expose dans le détail le fruit de ses réflexions pour la construction des balnea *(bains publics), essentiels à la vie publique, et dont le développement a été facilité par la multiplication des aqueducs.*

Aenea <vasaria>[1] supra hypocausim tria sunt componenda, unum caldarium, alterum tepidarium, tertium frigidarium, et ita conlocanda, uti, ex tepidario in caldarium quantum aquae caldae exierit, influat de frigidario in tepidarium ad eundem modum, testudinesque[2] alveolorum ex communi hypocausi calfaciantur[3].

Les planchers suspendus des étuves doivent être faits de la manière suivante : il faut premièrement qu'il y ait un lit formé de carreaux d'un pied et demi, avec un tel degré d'inclinaison vers le fourneau que si l'on y jette une boule, elle puisse ne pas s'arrêter dans l'intérieur, mais retourner vers l'entrée du fourneau. Par ce moyen il sera plus facile à la flamme de se répandre sous le plancher suspendu. [...] Quant aux voûtes, si elles peuvent être faites de pierres, elles seront meilleures ; si elles doivent être en bois de charpente, il serait nécessaire de les plafonner avec des briques. [...] La grandeur des bains doit être proportionnée au nombre d'hommes qu'ils sont destinés à recevoir. En voici les proportions : la largeur aura un tiers de moins que la longueur, non compris la galerie qui entoure le bassin, ni le corridor. Le bain devra recevoir le jour d'en haut, pour qu'il ne soit point obscurci par l'ombre de ceux qui se tiennent autour. Il faudra donner à cette galerie assez de largeur pour que ceux qui attendent qu'il y ait place dans le bain puissent le faire commodément. Le corridor, qui s'étend entre le mur et la balustrade, ne doit pas avoir une largeur moindre de six pieds, sur lesquels deux seront pris pour l'appui et le degré inférieur.

Laconicum sudationesque[4] sunt conjungendae tepidario, eaeque quam latae fuerint, tantam altitudinem habeant[5] ad imam curvaturam hemisphaerii. Mediumque lumen[6] in hemisphaerio relinquatur, ex eoque clipeum[7] aeneum catenis[8] pendeat, per cujus reductiones et dimissiones perficietur sudationis temperatura. Ipsumque ad circinum fieri oportere videtur, ut aequaliter a medio flammae vaporisque vis per curvaturae rotundationes pervagetur.

Vitruve (Ier siècle av. J.-C.), *De architectura*, V, 10, traduction de C.-L. Maufras (1847).

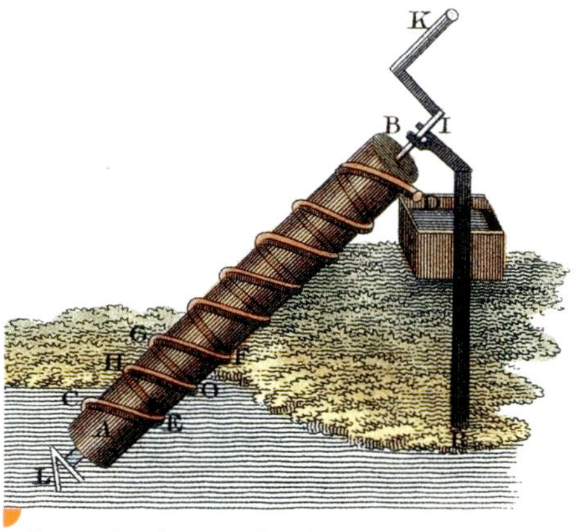

Illustration de la vis d'Archimède, machine hydraulique permettant le pompage de l'eau à des fins d'irrigation.

1. **vasarium, ii,** n : le grand vase.
2. **testudo, inis,** f : le réduit, la cour.
3. **calfacio = calefacio** : échauffer.
4. **laconicum, i,** n : l'alcôve circulaire dans le caldarium ; **sudatio, onis**, f : l'espace où l'on sue, situé au centre du caldarium.
5. traduction : et qu'elles aient autant de hauteur qu'on leur a donné de largeur.
6. **lumen, inis,** n : désigne ici l'ouverture ronde au centre de la voûte.
7. **clipeum, ei,** n : le bouclier de bronze qui occulte le lumen de manière graduelle.
8. **catena, ae,** f : la chaîne.

Traduire le texte

1. Dans quel sens passait-on d'une salle à l'autre dans les thermes ? Repérez les termes en latin et complétez la carte mentale (▸ p. 115) .

2. LANGUE Identifiez les formes componenda (l. 1), et conlocanda (l. 2-3). → p. 234

3. LANGUE Analysez les verbes influat (l. 4) et calfaciantur (l. 5). → p. 231, 232

4. Traduisez les passages en latin.

Approfondir

5. À quoi voit-on que Vitruve possède des connaissances mathématiques et techniques ?

6. Comment la performance technique se conjugue-t-elle au plaisir de la maîtrise de l'eau ?

7. PORTFOLIO Vous confronterez la machine d'Archimède, réalisation antique, à la tour de vis de Léonard de Vinci : hatier-clic.fr/21lat616 .

Les sept merveilles du monde antique

Ensemble d'œuvres architecturales et artistiques dont la liste a été établie à l'époque hellénistique, les sept merveilles du monde révèlent le génie humain et l'ingéniosité des architectes et bâtisseurs antiques. Entourées d'une aura de mystère liée à la disparition de six d'entre elles, elles illustrent encore aujourd'hui l'idée de prouesse technique, tant dans l'architecture que dans le rapport à la nature.

Illustration du Phare d'Alexandrie (IIIe siècle av. J.-C.).

Une liste d'œuvres exceptionnelles

• **Hérodote**, au Ve siècle avant J.-C., est le premier à décrire des **bâtiments exceptionnels**, dont la pyramide de Khéops, qui sera classée dans la fameuse liste des sept établie à une date ultérieure encore inconnue, par **Philon de Byzance**.

• La **liste d'Antipater**, un des grands généraux de Philippe II de Macédoine puis d'Alexandre le Grand, son fils, est très voisine de celle de Philon de Byzance :

> J'ai contemplé
> le rempart de la superbe Babylone où peuvent courir les chars,
> le Zeus des bords de l'Alphée,
> les Jardins suspendus,
> le colosse d'Hélios,
> l'énorme travail des hautes pyramides,
> l'opulent tombeau de Mausole ;
> mais quand je vis la maison d'Artémis qui s'élance jusqu'aux nues, tout le reste fut éclipsé, et je dis : « Hormis le sublime Olympe, l'œil d'Hélios vit-il jamais une chose semblable !
>
> **Antipater,** *Anthologie palatine*, IX, 58.

• **Pline l'Ancien** évoque, lui aussi, ces merveilles dans son *Histoire naturelle*, encyclopédie des savoirs de son époque. Il mentionne cinq des sept monuments de la liste canonique, oublieux du colosse et des jardins suspendus.

Des merveilles de l'espace méditerranéen

• Situées dans une zone géographique qui va de l'Europe méditerranéenne à l'Asie mineure (territoire conquis par Alexandre le Grand), elles appartiennent, pour cinq d'entre elles, à la zone d'influence de l'**ancien empire grec** ; deux se trouvent dans celle de l'Égypte antique et la dernière dans l'antique cité de Babylone.

• Ces constructions dépassent tout ce que l'imagination peut concevoir, à tel point que l'on utilisait le terme grec : thaumasia (θαυμάσια du grec θαῦμα / *thaûma*, signifiant merveille, miracle) pour évoquer leur caractère exceptionnel.

Des bâtiments gigantesques

• Qu'il s'agisse de la pyramide de Khéops (le plus vieux monument de cette liste et le seul encore visible de nos jours), du mausolée d'Halicarnasse ou du temple d'Artémis à Éphèse, ces constructions se caractérisent par leur **gigantisme**.

• Le **temple d'Artémis**, décrit dans les textes antiques comme le plus grand sanctuaire jamais dédié à la déesse grecque de la chasse, est agrémenté de riches décorations, tout comme le **temple de Mausole** – tombeau d'un couple royal – à Halicarnasse, monument gigantesque destiné à symboliser la force de l'amour des deux époux (Artémise et Mausole).

• Quant à **Khéops**, elle constitue avec ses deux sœurs (Khéphren et Mykerinos) « un ensemble architectural impressionnant et que tous les navigateurs du fleuve ont l'habitude de voir. » (Pline, *Hist. nat.*, XXXVI, 75).

Des statues colossales

• **La statue chryséléphantine de Zeus** n'a jamais été décrite et subsiste dans les esprits par l'alliage de ses matières nobles (plaques d'or et d'ivoire assemblées sur une structure en bois). Attribuée à Phidias, elle est d'abord installée dans le temple de Zeus à Olympie, puis transportée à Constantinople en 420 ou 422 pour y être mise à l'abri. Elle est détruite dans un incendie en 461.

• La statue monumentale du **colosse de Rhodes** (du grec kolossos, statue de dimensions énormes) représente le dieu solaire Hélios. Exécutée par Charès de Lindos, cette statue en bronze s'élève au-dessus du port et mesure entre 30 et 35 mètres de hauteur. Un tremblement de terre a raison d'elle en 224 avant J.-C., soixante-dix ans après sa construction.

Le phare d'Alexandrie

• Tout en marbre blanc, construit sous le règne de **Ptolémée** sur l'île de Pharos (d'où le nom « phare »), il est de forme polygonale et construit en trois parties. D'une hauteur de 113 mètres, il éclaire de loin grâce au feu qui brûle à son sommet et dont la lumière est projetée par un **système de miroirs**. Il signale la **ville d'Alexandrie** dont la réputation contribue fortement à la popularité de l'édifice. Encore debout au XIVe siècle, il est détruit par plusieurs tremblements de terre et exploité comme carrière afin de réemployer ses matériaux.

Les jardins suspendus de Babylone

• Œuvre de **Nabuchodonosor II**, roi de l'empire néo-babylonien au VIe siècle avant J.-C., les jardins suspendus sont liés à la **ville de Babylone**, située au sud de l'actuelle Bagdad en Irak. Ils auraient été conçus pour être offerts en cadeau à l'épouse du roi. Ces **jardins-oasis**, situés en plein désert, témoignent du savoir-faire des jardiniers babyloniens : organisés en terrasse, arrosés par un ingénieux système d'acheminement de l'eau, ils demeurent toujours verts.

• Ces jardins, peut-être une extension du palais royal, n'ont quasiment pas laissé de traces archéologiques, ce qui ajoute au fantasme. Connue pour la qualité et l'exubérance de ses constructions (grandes murailles, portes d'airain, pont aménagé sur le fleuve, palais, temple de Marduk...), Babylone est à elle seule une véritable merveille. « Elle est si magnifique que nous n'en connaissons pas une qu'on puisse lui comparer. » (Hérodote, *Histoire*, I, 178).

Des merveilles romaines ?

• Les merveilles appartiennent surtout au monde grec et **les Romains** regardent parfois **avec dédain** cette liste, comme Vitruve, voire ironisent à son propos, comme Martial dans son œuvre poétique *Des spectacles*, écrite en 80 après J.-C. à l'occasion de l'inauguration du Colisée.

• Avec le temps, certains ont voulu établir **d'autres listes**, incluant par exemple des éléments égyptiens ou romains, tel Pline l'Ancien qui veut y inclure des « merveilles de la ville de Rome ».

Les jardins suspendus de Babylone, lithographie en couleur de Ch. Mills Sheldon (1910).

« Que la barbare Memphis ne nous parle plus de ses merveilleuses Pyramides ; que Babylone exalte moins ses murailles ; qu'on cesse de vanter le temple élevé par la molle Ionie à Diane Trivia, et l'autel d'Apollon, construit avec des cornes d'animaux ; que la Carie ne porte pas aux nues son Mausolée, et parle avec moins d'emphase de ce tombeau suspendu dans les airs. Tous ces monuments le cèdent à l'amphithéâtre de César ; lui seul doit par-dessus tous occuper les voix de la Renommée. »

Martial, *Des spectacles,* trad. Nisard (1842).

• Aujourd'hui, nous connaissons des réalisations antiques exceptionnelles issues **d'autres civilisations** et dignes du titre de « merveille du monde » : la Grande Muraille de Chine, le Machu Picchu, le Taj Mahal, la cité de Chichén Itzá...

Les merveilles du monde vous passionnent ?

▶ Choisissez un thème d'exposé que vous pourrez présenter en classe :

- Une des merveilles du monde (localisation, description, matériaux, justification de son titre de merveille)
- Représentation des merveilles dans le cinéma et la bande dessinée
- Reconstitutions des merveilles du monde

Consultez les liens :
Site Reconstitution hatier-clic.fr/21lat617
Site Sept merveilles hatier-clic.fr/21lat618

Littérature

L'homme, un prédateur pour la nature

Certes, la technique mise au service de la satisfaction de ses besoins et de l'amélioration de ses conditions de vie a donné à l'homme l'illusion de maîtriser la nature. Toutefois, elle l'en a peut-être éloigné de manière définitive.

TEXTE 1 Rousseau : La propriété et l'agriculture à l'origine du malheur de l'humanité

Dans son discours, Rousseau entend montrer que l'évolution sociale et technique est à l'origine de la propriété, elle-même à l'origine de l'inégalité. Il reprend ici le mythe du bon sauvage pour peindre une sorte d'âge d'or révolu.

Tant que les hommes se contentèrent de leurs cabanes rustiques, tant qu'ils se bornèrent à coudre leurs habits de peaux avec des épines ou des arêtes, à se parer de plumes et de coquillages, à se peindre le corps de diverses couleurs, à perfectionner ou embellir leurs arcs et leurs flèches, à tailler avec des pierres tranchantes quelques canots de pêcheurs ou quelques grossiers instruments de musique, en un mot tant qu'ils ne s'appliquèrent qu'à des ouvrages qu'un seul pouvait faire, et qu'à des arts qui n'avaient pas besoin du concours de plusieurs mains, ils vécurent libres, sains, bons et heureux autant qu'ils pouvaient l'être par leur nature, et continuèrent à jouir entre eux des douceurs d'un commerce indépendant : mais dès l'instant qu'un homme eut besoin du secours d'un autre ; dès qu'on s'aperçut qu'il était utile à un seul d'avoir des provisions pour deux, l'égalité disparut, la propriété s'introduisit, le travail devint nécessaire et les vastes forêts se changèrent en des campagnes riantes qu'il fallut arroser de la sueur des hommes, et dans lesquelles on vit bientôt l'esclavage et la misère germer et croître avec les moissons.

La métallurgie et l'agriculture furent les deux arts dont l'invention produisit cette grande révolution. Pour le poète, c'est l'or et l'argent, mais pour le philosophe ce sont le fer et le blé qui ont civilisé les hommes et perdu le genre humain : aussi l'un et l'autre étaient-ils inconnus aux sauvages de l'Amérique qui pour cela sont toujours demeurés tels ; les autres peuples semblent même être restés barbares tant qu'ils ont pratiqué l'un de ces arts sans l'autre ; et l'une des meilleures raisons peut-être pourquoi l'Europe a été, sinon plus tôt, du moins plus constamment et mieux policée que les autres parties du monde, c'est qu'elle est à la fois la plus abondante en fer et la plus fertile en blé.

Jean-Jacques Rousseau (1712-1778), *Discours sur l'origine et les fondements de l'inégalité parmi les hommes* (1755).

TEXTE 2 Rachel Carson : Un progrès écocide

Biologiste de renom, Rachel Carson dénonce les méfaits de l'utilisation inconsidérée des pesticides et autres produits chimiques sur l'environnement et sur l'homme. Visionnaire, son ouvrage signe la naissance du mouvement écologiste et pose clairement la question de l'impact de l'homme sur la nature.

À mesure qu'il progresse vers son objectif annoncé de conquête de la nature, l'homme laisse derrière lui un impressionnant sillage de destructions, affectant la Terre où il habite et les êtres qui partagent avec lui cette demeure. L'histoire des siècles derniers a ses sombres épisodes : le massacre des buffles dans les plaines de l'Ouest américain, le massacre des oiseaux marins par les chasseurs de gibier d'eau, la quasi-extermination des aigrettes pour leur plumage. À ces tueries, l'époque actuelle ajoute un chapitre, une nouvelle sorte d'hécatombe : l'empoisonnement direct des oiseaux, des mammifères, des poissons, et de pratiquement toutes les formes de la vie animale au moyen d'insecticides chimiques répandus aveuglément.

Selon la philosophie qui semble maintenant guider nos destinées, rien ne doit barrer le chemin aux hommes armés du pulvérisateur. Les victimes collatérales de leur croisade contre les insectes n'ont aucune importance ; si des rouges-gorges, des faisans, des ratons laveurs, des chats ou même des bœufs se trouvent habiter le même coin de terre que l'insecte pourchassé et sont pris sous l'averse insecticide, personne ne doit protester.

Le citoyen qui veut se faire une idée juste des pertes aujourd'hui enregistrées par la vie sauvage se trouve en présence de deux thèses opposées. Forestiers et biologistes déclarent ces pertes sévères, catastrophiques pour certaines espèces. Les bureaux de lutte insecticide, au contraire, nient purement et simplement la réalité des dommages, ou tout au moins leur importance. Qui donc a raison ?

Rachel Carson (1907-1964), *Printemps silencieux* (1962), traduction de J.-F. Gravrand, révisée par B. Lanaspeze © éd. Wildproject (2009-2019).

1. Comment Rousseau envisage-t-il le progrès dans le rapport de l'homme à la nature ?

2. Quel bilan Rachel Carson dresse-t-elle des actions de l'homme sur la nature ?

3. **PORTFOLIO** Comment ces deux textes illustrent-ils l'évolution du rapport de l'homme à la nature ? Mettez-les en perspective avec ce texte de Pline l'Ancien : hatier-clic.fr/21lat619 .

4. **ESSAI** Comment est-on passé d'un âge d'or entre l'homme et la nature (Lucrèce, Homère) à une relation de plus en plus déséquilibrée ? Quel rôle l'homme joue-t-il dans cette évolution ? Appuyez-vous sur les textes de la double page, sur le texte de Pline (question 3) et sur cet extrait de *La Nouvelle Héloïse* de J.-J. Rousseau (1761) : hatier-clic.fr/21lat620 .

Fontaines et jeux d'eau

L'eau occupe une part essentielle dans la vie des hommes. Indispensable à l'équilibre du corps, nécessaire pour les cultures et l'hygiène, elle est aussi exploitée dans sa dimension esthétique.
Purificatrice, vivrière ou nourricière, l'eau est aussi un élément symbolique. Maîtrisée par la technique, elle signe la suprématie de l'homme sur la nature.

DOC 1

Cette fontaine en forme de niche se situe dans le jardin (xyste) de la Maison de la petite fontaine de Pompéi. Ornée de mosaïques et de coquillages, elle offre une décoration très riche et originale du fait de la présence de deux petits bronzes.
Les murs latéraux du péristyle présentent des décorations figurant des paysages en bordure de mer.

Fontaine de la Maison de la petite fontaine (Ier siècle ap. J.-C.), Pompéi.

DOC 2

Dans les jardins de Versailles, les fontaines mettent littéralement en scène la magie de l'eau. Construites sur ordre de Louis XIV, les fontaines et les bassins offrent des jeux toujours plus nombreux et complexes et constituent un défi technique.

Bassin et fontaine d'Apollon, jardins du Château de Versailles.

1. PORTFOLIO Confrontez la fontaine antique et celle des jardins de Versailles : comment ces réalisations illustrent-elles à la fois génie technique et souci esthétique ? Consultez le site hatier-clic.fr/21lat621.

DOC 3

Niki de Saint Phalle et Jean Tinguely ont dédié un ensemble de fontaines colorées au compositeur Igor Stravinsky (1882-1971). Situées entre le centre Georges-Pompidou et l'église médiévale Saint-Merri à Paris, ces sculptures aux formes fantasques et aux couleurs vives virevoltent et font chanter l'élément liquide.

La *Fontaine Stravinsky*, sculpture-fontaine de Jean Tinguely et Niki de Saint Phalle (1983), Paris.

DOC 4

La fontaine Alfa, créée sur commande à Doha par Jean-Michel Othoniel, est une installation monumentale de 114 fontaines qui symbolisent des roseaux noirs s'élançant le long des rives d'un lagon de plus de 900 mètres carrés qui s'étend devant le musée national du Qatar.

Fontaines de perles de Jean-Michel Othoniel (né en 1964) devant *La Rose des sables* de Jean Nouvel abritant le Musée National du Qatar à Doha.

2. **PORTFOLIO** Observez et décrivez les fontaines de Niki de Saint Phalle et de J.-M. Othoniel : comment l'eau, grâce à l'intervention de l'artiste, devient-elle œuvre d'art ? En quoi ces fontaines soulignent-elles la permanence de la mise en scène de l'eau pour l'agrément ? Mettez ces œuvres en écho avec les textes de Pline et de Suétone (▸ p. 122 et 124).

3. **ESSAI** En quoi l'art des fontaines est-il finalement un art quasi total ? Vous pouvez vous appuyer sur ce site consacré à l'art de la cinétique : hatier-clic.fr/21lat622.

Vue du site archéologique de Pompéi.

Méditerranée

SÉQUENCE 7

Villes antiques et site:

Que savez-vous déjà ?

- Nommez et situez quelques villes comportant des vestiges antiques.
- Quels autres sites archéologiques antiques du bassin méditerranéen connaissez-vous ?

Restauration des fresques d'une villa romaine récemment découverte à Pompéi (2018).

rchéologiques

Le monde méditerranéen antique est un espace d'échanges culturels et commerciaux très denses, engendrant la fondation de nombreuses villes qui nous ont laissé en héritage un patrimoine absolument fabuleux.

Ces villes, dont certaines n'ont cessé d'être habitées depuis l'Antiquité, offrent aujourd'hui le témoignage privilégié d'une civilisation qui nous influence encore. Un patrimoine architectural prestigieux a notamment su traverser les siècles et cohabite souvent avec les constructions contemporaines.

Des villes en évolution

Les villes de l'Antiquité sont d'abord à considérer comme des espaces vivants, dynamiques et en constante transformation, conjuguant expansion et désir de modernité à l'instar de nos métropoles modernes.

En quoi les villes antiques sont-elles des lieux vivants et en perpétuelle évolution ? Comment ont-elles résisté au temps ? → Textes 1 à 6

Des sites archéologiques

Toutes les villes antiques ne sont pas parvenues à se maintenir dans le temps. Laissées à l'abandon, elles constituent aujourd'hui des musées à ciel ouvert, telles Délos, Pompéi et certaines villes d'Afrique du Nord. Les sites archéologiques s'offrent donc aujourd'hui comme de véritables observatoires du monde antique.

Comment les sites archéologiques nous permettent-ils de mieux comprendre le monde antique ? → Textes 7 à 9

LEXIQUE

Carte mentale

hatier-clic.fr/21lat701

Des villes en évolution

TEXTE 1 Hadrien, amoureux de la Grèce

Au IIe siècle après J.-C., l'empereur Hadrien, ainsi que toute la dynastie des Antonins, se montre particulièrement philhellène et met la Grèce à l'honneur.

Post haec per Asiam et insulas ad Achaiam navigavit et Eleusinia sacra exemplo Herculis Philippique suscepit, multa in Athenienses contulit et pro agonotheta resedit. [...] Post in Siciliam navigavit, (in qua Ætnam montem conscendit, (ut solis ortum videret arcus specie – ut dicitur – varium)). Inde Romam venit atque ex ea in Africam transiit ac multum beneficiorum provinciis Africanis adtribuit. Nec quisquam fere principum tantum terrarum tantum celeriter peragravit. Denique (cum post Africam Romam redisset), statim ad orientem profectus per Athenas iter fecit atque opera, (quae apud Athenienses coeperat), dedicavit – ut Jovis Olympii aedem et aram sibi – eodemque modo per Asiam iter faciens templa sui nominis consecravit.

Aelius Spartianus (xe siècle), *Histoire Auguste, Vie d'Hadrien.*

Traduire le texte

1. Traduisez les subordonnées entre parenthèses puis l'ensemble du texte.

Approfondir

2. Quelle est la situation politique de la Grèce au IIe siècle après J.-C. ?

3. Faites des recherches sur Hadrien et son philhellénisme.

TEXTE 2 Le Parthénon d'Athènes

hatier-clic.fr/21lat702 Texte en grec

Pausanias, voyageur et géographe du IIe siècle après J.-C., est l'auteur d'une Description de la Grèce *où il décrit, au fil de son voyage, les sites qu'il visite.*

Vous arrivez ensuite au temple nommé le Parthénon ; l'histoire de la naissance de Minerve (Athéna) occupe tout le fronton antérieur, et on voit sur le fronton opposé sa dispute avec Poséidon au sujet de l'Attique. La statue de la déesse est en ivoire et en or, sur le milieu de son casque est un Sphinx, (je rapporterai dans la description de la Béotie ce qu'on dit du Sphinx), et des Gryphons sont sculptés sur les deux côtés. [...]

Athéna est debout, avec une tunique qui lui descend jusqu'aux pieds. Sur sa poitrine est une tête de Méduse en ivoire. Elle tient d'une main une Victoire qui a quatre coudées ou environ de haut, et de l'autre une pique. Son bouclier est posé à ses pieds, et près de la pique est un serpent qui représente peut-être Érichthonios. La naissance de Pandore est sculptée sur le piédestal de la statue. Hésiode et d'autres poètes disent que Pandore est la première femme qu'il y ait eu, et que le sexe féminin n'existait pas avant elle.

Je n'ai pas vu dans le temple d'autre statue que celle de l'empereur Hadrien.

Pausanias (IIe siècle ap. J.-C.), *Description de la Grèce*, « L'Attique », I, XXIV, traduit du grec par M. Clavier (1821).

Autour du texte

1. Quel monument Pausanias décrit-il ? Quand a-t-il été construit ?

2. Que nous apprend le texte sur ce monument ?

3. Selon vous, pourquoi Pausanias apporte-t-il cette précision ligne 14 ?

4. En quoi Athènes a-t-elle su faire vivre son patrimoine antique tout au long de son histoire ?
hatier-clic.fr/21lat703

5. La description de Pausanias corrobore-t-elle le travail des archéologues dans la reconstitution du fronton du Parthénon ?

Reconstitution du fronton Est du Parthénon, d'après un dessin de K. Schwerzek (1904), Musée de l'Acropole, Athènes.

TEXTE 3 Délos, joyau des Cyclades

hatier-clic.fr/21lat704 Texte en grec

Strabon, dans sa monumentale Géographie *(dix-sept livres), évoque région par région le monde méditerranéen de son époque.*

À Délos, la ville, le sanctuaire d'Apollon et le Létôon[1] occupent la plaine. Au-dessus de la ville s'élèvent les pentes abruptes et dénudées du mont Cynthe. L'Inopos traverse l'île, médiocre cours d'eau proportionné à la faible étendue de celle-ci. Délos a été pour ses dieux dès l'antiquité l'objet d'une vénération qui commence aux temps héroïques. La légende y situe, en effet, la délivrance de Létô et la naissance d'Apollon et d'Artémis :

Car l'île auparavant par la vague portée,

dit Pindare[2],

Errait dans tous les sens aux coups de tous les vents.
Mais dès que sur son sol dans sa course pressée,
Subissant le travail d'un double enfantement,
La fille de Céos enfin posa le pied,
Surgissant verticaux du tréfonds de la terre
Quatre piliers debout sur un socle d'acier
À leur couronnement aussitôt la fixèrent :
C'est là que, délivrée, elle put de ses yeux
Voir le fruit de son sein promis au sort des dieux. […]

À l'époque où ils s'étaient assuré la maîtrise de l'île, les Athéniens avaient su pourvoir simultanément aux affaires sacrées et aux besoins du commerce. Mais quand les généraux de Mithridate y débarquèrent, ils la ruinèrent de fond en comble avec le concours du tyran qui l'avait soulevée contre Athènes. Aussi les Romains la trouvèrent-ils déserte quand ils s'en emparèrent à leur tour après que Mithridate se fut retiré et depuis lors elle n'a fait jusqu'à nos jours que végéter.

Strabon (Ier siècle av. J.-C. – Ier siècle ap. J.-C.), *La Géographie*, « Les Cyclades et les Sporades », X, V, traduit du grec par F. Lasserre © Les Belles Lettres (2003).

1. temple de Létô, mère d'Apollon et Artémis.
2. poète grec (VIe – Ve s. av. J.-C.)

Autour du texte

1. Où se trouve l'île de Délos ? À quoi sa célébrité est-elle due ?

2. En éclairant les références historiques, expliquez son importance et son déclin.
hatier-clic.fr/21lat705

3. Qu'est devenue Délos aujourd'hui ?

Mots concepts

▸ **γεωγραφία (guéographia)** : description des lieux, γεω signifiant la terre et γραφία, l'écriture. Le mot latin est **geographia**.

▸ **civitas, atis**, f : la cité. Reprend le sens du grec πόλις. La cité antique représente une communauté d'hommes libres, occupant un territoire, et constituant un État (la cité d'Athènes va ainsi au-delà de la ville). **Civitas** signifie également la citoyenneté, qualité du **civis**. En grec, la cité se nomme avant tout par le nom de ses citoyens : Athènes = οἱ Ἀθηναῖοι = les Athéniens.

Découverte en 1894 sur l'île de Délos d'une réplique antique du Diadumène de Polyclète.

Des villes en évolution

TEXTE 4 Rome : une démesure architecturale

En 64 après J.-C., un immense incendie ravage le centre de Rome. Néron profite de l'occasion pour se faire ériger un palais démesuré au cœur de la ville : la domus aurea *ou Maison dorée.*

Traduction

Quoi qu'il en soit, Néron mit à profit les ruines de sa patrie et fit construire une demeure telle que les pierreries et l'or étonnaient moins (ce luxe étant depuis longtemps ordinaire et répandu) que des champs, des pièces d'eau et, comme dans les grands espaces, ici des bois, là des esplanades et des perspectives, ayant pris comme maîtres d'œuvre et comme architectes Severus et Celer, dont l'imagination audacieuse consistait à réaliser, au moyen de l'art, même ce que la nature avait refusé, et à prodiguer en se jouant les ressources du prince. C'est ainsi qu'ils lui avaient promis de creuser un canal navigable du lac Averne jusqu'aux bouches du Tibre, le long d'un littoral aride ou à travers une chaîne de montagnes. En effet, pour alimenter le canal, on ne rencontre, en fait d'eau, que les marais Pontins ; le reste est escarpé ou desséché ; eût-on pu en venir à bout, le travail était excessif, les motifs insuffisants. Néron, cependant, qui désirait l'incroyable, s'efforça de percer les hauteurs voisines de l'Averne ; il reste encore des traces de sa vaine espérance.

Lire le texte

1. Lisez chacun des textes dans l'ordre. Comparez-les.

2. Relisez-les en sens inverse.

Mot concept

▶ **vestigium, ii**, n : la plante du pied, puis par métonymie le pas, puis l'empreinte, la trace et par extension la trace laissée du passé : les vestiges ; les ruines (sens employé dans le texte). Ce mot a donné vestige en français.

Étape 1

Quoi qu'il en soit, Nero mit à profit patriae ruinis et fit construire une domum telle que les gemmae et aurum étonnaient moins (ce luxu étant depuis longtemps ordinaire et vulgata) que des arva, des stagna et, comme dans les grands espaces, hinc des silvae, inde des aperta spatia et des prospectus, ayant pris comme maîtres d'œuvre et comme architectes Severo et Celere, dont l'imagination audacieuse erat à réaliser, per artem, même ce que la natura avait refusé, et à inludere les ressources du principis. C'est ainsi qu'ils lui avaient promis de creuser un navigabilem fossam du lac Averne jusqu'aux bouches du Tibre, squalenti litore ou per montes adversos. En effet, pour alimenter le canal, occirrit, en fait d'eau, que les Pomptinae paludes ; le reste est abrupta ou arentia ; ac si possent en venir à bout, le travail était intolerandus, les causae insuffisants. Nero, tamen, qui désirait l'incredibilium, s'efforça de percer les proxima juga de l'Averne ; manentque des vestigia de sa vaine spei.

Traduire le texte

3. LANGUE Repérez deux ablatifs absolus dans le texte. Quelle est leur valeur ? → p. 239

4. À l'aide des différents stades de traduction, proposez une traduction juxtalinéaire.

Reconstitution virtuelle de la Domus Aurea de l'empereur Néron à Rome.

Étape 2

Ceterum Nero usus est patriae ruinis exstruxitque domum telle que haud proinde gemmae et aurum étonnaient (luxu depuis longtemps solita et vulgata) quam arva, stagna et, comme dans les grands espaces, hinc silvae, inde aperta spatia et prospectus, magistris et machinatoribus Severo et Celere, dont l'imagination audacieuse erat temptare, per artem, même ce que natura denegavisset, et viribus principis inludere. Namque promiserant de creuser navigabilem fossam ab lacu Averno usque ad ostia Tibernia, squalenti litore aut per montes adversos. En effet, gignendis aquis, occirrit, en fait d'eau, que Pomptinae paludes ; cetera abrupta aut arentia ; ac si possent en venir à bout, intolerandus labor nec satis causae. Nero tamen, ut erat incredibilium cupitor, s'efforça de percer proxima Averno juga ; manentque vestigia inritae spei.

Texte latin

Ceterum Nero usus est patriae ruinis exstruxitque domum, in qua haud proinde gemmae et aurum miraculo essent (solita pridem et luxu vulgata) quam arva et stagna et in modum solitudinem hinc silvae, inde aperta spatia et prospectus, magistris et machinatoribus Severo et Celere, quibus ingenium et audacia erat etiam, quae natura denegavisset, per artem temptare et viribus principis inludere. Namque ab lacu Averno navigabilem fossam usque ad ostia Tibernia depressuros promiserant squalenti litore aut per montes adversos. Neque enim aliud umidum gignendis aquis occirrit quam Pomptinae paludes ; cetera abrupta aut arentia, ac si perrumpi possent, intolerandus labor nec satis causae. Nero tamen, ut erat incredibilium cupitor, effodere proxima Averno juga conisus est, manentque vestigia inritae spei.

Tacite (Ier – IIe siècles ap. J.-C.), *Annales*, XV, 42, traduction de P. Wuilleumier

Approfondir

5. Recherchez les différentes sources qui ont permis aux archéologues de reconstituer la **domus aurea**. (▸ p. 122)

Des villes en évolution

TEXTE 5 La modernisation de Rome

Après le grand incendie de 64 après J.-C., Néron entreprend la reconstruction de Rome.

Par ailleurs, les parties de la Ville que la demeure impériale avait épargnées[1] ne furent pas, comme après l'incendie des Gaulois[2], rebâties sans ordre et au hasard, mais on mesura l'alignement des immeubles, on élargit la dimension des rues, on réduisit la hauteur des édifices, on ouvrit des cours, et on ajouta des portiques, pour protéger la façade des îlots. Ces portiques, Néron promit de les élever à ses frais, et aussi de livrer aux propriétaires les terrains déblayés. Il ajouta des primes, proportionnées au rang et à la fortune de chacun, et fixa le délai dans lequel ils devraient terminer les demeures ou les îlots pour les obtenir. Il destinait les marais d'Ostie à recevoir les décombres et voulait que les navires qui avaient remonté avec une cargaison de blé le cours du Tibre fussent chargés de décombres en le descendant. Les édifices eux-mêmes devaient être solidement construits, dans une partie déterminée sans poutres de bois, en pierre de Gabies ou d'Albe, parce que ce matériau est à l'épreuve du feu. En outre, comme l'eau était détournée abusivement par des particuliers, pour la rendre plus abondante et la répandre davantage dans l'intérêt public, on établit des surveillants ; des moyens de lutte contre l'incendie durent être mis en évidence à la disposition de chacun ; enfin, on interdit les parois mitoyennes et imposa pour chaque maison une enceinte de murs particulière. Ces règlements, appréciés en raison de leur utilité, contribuèrent aussi à l'embellissement de la nouvelle Ville. Il y avait toutefois des gens pour penser que l'ancien plan convenait mieux à la salubrité, sous prétexte que l'étroitesse des ruelles et la hauteur des immeubles les rendaient moins perméables à l'ardeur du soleil, tandis que maintenant ces vastes espaces, que ne protégeait aucune ombre, étaient embrasés par une chaleur plus pénible.

Tacite (Ier – IIe siècles ap. J.-C.), *Annales*, XV, 43, traduction de P. Wuilleumier

Lire et traduire le texte

1. En vous appuyant sur la traduction, remettez le texte latin dans l'ordre en justifiant au moins avec un mot l'ordre de chaque phrase.

2. **LEXIQUE** Relevez le champ lexical de l'urbanisme et complétez la carte mentale (▶ page 135).

3. À l'aide de la traduction, construisez une traduction juxtalinéaire de cet extrait.

1. De nombreuses rues avaient été supprimées pour construire son palais.
2. invasion gauloise de -390.

Maquette de la maison de Diane, Ostia Antica.

Texte latin en désordre

1 • Ea ex utilitate accepta decorem quoque novae urbi attulere.

2 • et subsidia reprimendis ignibus in propatulo quisque haberet ; nec communione parietum, sed propriis quaeque muris ambirentur.

3 • jam aqua privatorum licentia intercepta quo largior et pluribus locis in publicum flueret, custodes ;

4 • Ceterum urbis quae domui supererant non, ut post Gallica incendia, nulla distinctione nec passim erecta, sed dimensis vicorum ordinibus et latis viarum spatiis cohibitaque aedificiorum altitudine ac patefactis areis additisque porticibus, quae frontem insularum protegerent.

5 • at nunc patulam latitudinem et nulla umbra defensam graviore aestu ardescere.

6 • Eas porticus Nero sua pecunia exstructurum purgatasque areas dominis traditurum pollicitus est.

7 • Erant tamen qui crederent veterem illam formam salubritati magis conduxisse, quoniam angustiae itinerum et altitudo tectorum non perinde solis vapore perrumperentur :

8 • Addidit praemia pro cujusque ordine et rei familiaris copiis, finivitque tempus, intra quod effectis domibus aut insulis apiscerentur.

9 • Ruderi accipiendo Ostienses paludes destinabat, utique naves, quae frumentum Tiberi subvectavissent, onustae rudere decurrerent, aedificiaque ipsa certa sui parte sine trabibus saxo Gabino Albanove solidarentur, quod is lapis ignibus impervius est ;

Mots concepts

▸ **decus, decoris**, n : parure, ornement puis honneur (sens moral). Appliqué à une ville, désigne toute sorte d'embellissement et de décoration dans la ville.

▸ **urbs, is**, f : la ville. Ensemble constitué par des habitations humaines regroupées en un lieu précis. La limite des villes latines s'appelle le pomerium, qui distingue peu à peu le centre du pouvoir politique et religieux du développement des faubourgs. Urbs avec majuscule désigne Rome.

Approfondir

4. PORTFOLIO En quoi peut-on rapprocher les projets d'Haussmann à la fin du XIXe siècle, celui de l'architecte Le Corbusier, « La Cité radieuse », en 1952, et celui de Néron pour la nouvelle Rome ?

hatier-clic.fr/21lat706

hatier-clic.fr/21lat707

Immeuble de type hausmannien, Paris.

Des villes en évolution

+PROF L'exemple de Tarragone

TEXTES 6 Syracuse, perle de la Sicile

Le préteur Verrès pille la Sicile lors de son mandat. Dans son discours Contre Verrès, *Cicéron défend les intérêts des Siciliens et décrit la ville de Syracuse avant qu'elle soit vidée de ses richesses.*

1 Urbem Syracusas maximam esse Graecarum, pulcherrimam omnium saepe audistis. Est, judices, ita ut dicitur. Nam et situ est cum munito tum ex omni aditu vel terra vel mari praeclaro ad aspectum, et portus habet prope in aedificatione amplexuque urbis inclusos ; qui cum diversos inter se aditus habeant, in exitu conjunguntur et confluunt. Eorum conjunctione pars oppidi quae appellatur Insula, mari disjuncta angusto, ponte rursus adjungitur et continetur.

La ville de Syracuse, vous l'avez entendu dire souvent, est la plus grande des villes grecques et la plus belle de toutes. Et elle est, juges, absolument telle qu'on la représente. Car forte par sa position, elle est surtout belle à voir, qu'on l'aborde par la mer ou du côté de la terre, et elle a des ports presque entourés d'édifices et enfermés dans son enceinte, ayant des entrées distinctes, mais se rejoignant et confondant leurs eaux à l'autre bout. À leur point de jonction, la partie de la ville nommée l'Île, séparée par un petit bras de mer, est rattachée et soudée à la terre ferme par un petit pont.

Traduire le texte

1. À partir de la traduction littéraire, repérez les mots latins que vous reconnaissez.

2. Élaborez la traduction juxtalinéaire de cet extrait.

Approfondir

3. Dès ce premier paragraphe, comment la ville vous apparaît-elle ?

2 Ea tanta est urbs (Cette ville est si grande) ut (que) ex quattuor urbibus maximis (de quatre villes très grandes) constare dicatur (on dirait qu'elle se forme) ; quarum una (dont une) est ea quam dixi Insula (est cette Île dont j'ai parlé), quae duobus portibus cincta (qui entourée par les deux ports) in utriusque portus ostium aditumque (jusqu'à l'embouchure et l'entrée de chaque port) projecta est (est projetée) ; in qua (dans cette île) domus est (se trouve la demeure) quae Hieronis regis fuit (qui fut celle du roi Hiéron), qua praetores uti solent (dont les préteurs ont l'habitude de se servir). In ea (Dans cette île) sunt aedes sacrae complures (se trouvent plusieurs édifices sacrés), sed duae (mais deux) quae longe ceteris antecellant (qui l'emportent de loin sur les autres), Dianae et altera (l'un de Diane et l'autre), quae fuit ante istius adventum ornatissima (qui fut très orné avant l'arrivée de cet homme), Minervae (de Minerve). In hac insula extrema (À l'extrémité de cette île) est fons aquae dulcis (se trouve une source d'eau douce), cui nomen Arethusa est (dont le nom est Aréthuse), <u>incredibili magnitudine</u> (d'une grandeur incroyable), plenissimus piscium (très remplie de poissons), qui fluctu totus operiretur (qui serait complètement recouverte par les flots) nisi munitione ac mole lapidum (si par un rempart et une digue de pierres) dijunctus esset a mari (elle n'était séparée de la mer).

Lire le texte

1. Lisez le texte latin et sa traduction juxtalinéaire en retrouvant le mot à mot. Attention à **nisi** (l. 19).

2. Recopiez le texte latin seul et lisez-le de manière à ne plus avoir besoin de traduction pour le comprendre.

Traduire le texte

3. LANGUE À quel cas est le groupe nominal souligné ? De quel phénomène grammatical s'agit-il ? À quel autre cas aurait-on pu le mettre ?

4. Proposez une traduction littéraire de ce paragraphe.

3 Altera autem est urbs Syracusis, cui nomen Achradina est ; in qua forum maximum, pulcherrimae porticus, ornatissimum prytanium, amplissima est curia templumque egregium Jovis Olympii ceteraeque urbis partes, quae una via lata perpetua multisque transversis divisae privatis aedificiis continentur. Tertia est urbs quae, quod in ea parte Fortunae fanum antiquum fuit, Tycha[1] nominata est ; in qua gymnasium amplissimum est et complures aedes sacrae, coliturque ea pars et habitatur frequentissime. Quarta autem est quae, quia postrema coaedificata est, Neapolis nominatur ; quam ad summam theatrum maximum, praeterea duo templa sunt egregia, Cereris unum, alterum Liberae, signumque Apollinis, qui Temenites vocatur, pulcherrimum et maximum.

Cicéron (Iᵉʳ siècle av. J.-C.), *De Signis*, LII-LIII, traduction de G. Rabaud

Traduire le texte

1. Repérez la structure des phrases en vous aidant du code couleur.

2. **LANGUE** Pourquoi le pronom relatif **quam** est-il à l'accusatif ? Expliquez.

3. Traduisez le texte.

1. **Tycha** : transcription latine du grec Τύχη [Tukhè]. Fortuna en est sa traduction.

Approfondir

4. Comment le quotidien d'une ville romaine dans l'Antiquité apparaît-il à travers ce texte ?

5. **ESSAI** Établissez un parallèle entre le phénomène d'expansion d'une ville comme Syracuse et une ville comme New-York ou Paris (des quartiers centraux à la banlieue).

Autour de l'image

1. Quelle est la nature de ce monument ? Quelle était-elle dans l'Antiquité ? hatier-clic.fr/21lat708

2. En quoi témoigne-t-il de l'intégration des vestiges antiques dans les villes modernes de Méditerranée ?

3. Connaissez-vous d'autres monuments ayant connu les mêmes transformations ?

4. **ESSAI** Établissez un parallèle entre les transformations subies par les monuments et celles subies par les noms de lieux. Lisez ce texte de Pomponius Mela. hatier-clic.fr/21lat709

Colonnes d'un temple grec datant de 480 avant J.-C. conservées à l'intérieur de la Cathédrale de Syracuse, Sicile.

Des sites archéologiques

+PROF Les mosaïques de Zeugma

TEXTE 7 L'Arc de Caracalla à Volubilis

Arc de Caracalla, Volubilis, Maroc.

Le site antique de Volubilis se situe dans l'actuel Maroc.

IMPERATORI CAESARI En l'honneur de l'Empereur César,
MARCO AURELLIO ANTONINO M. Aurellius Antoninus (Caracalla),
PIO FELICI AUGUSTO pieux, heureux, auguste,
PARTHICO MAXIMO très grand vainqueur des Parthes,
BRITTANICO MAXIMO des Bretons,
GERMANICO MAXIMO des Germains,
PONTIFICI MAXIMO grand pontife,
TRIBUNITIA POTESTATE XX dans sa vingtième puissance,
IMPERATORI IIII général vainqueur pour la quatrième fois,
CONSULI IIII consul pour la quatrième fois,
PATRI PATRIAE père de la Patrie,
PROCONSULI PROCONSUL, ET IULIAE AUGUSTAE PIAE FELICI et de Julia Augusta, pieuse, heureuse,
MATRI AUGUSTI et mère de l'Empereur,
CASTRORUM ET SENATUS ET PATRIAE des Camps, du Sénat et de la Patrie,
RESPUBLICA VOLUBILITANORUM la République de Volubilis,
OB en remerciement de
SINGULAREM EIUS ERGA UNIVERSOS ET NOVAM SUPRA OMNES RETRO
PRINCIPES INDULGENTIAM l'extraordinaire bienveillance qu'il a témoignée à tous et qui a récemment dépassé celle des empereurs précédents,
ARCUM CUM SEIUGIBUS cet arc décoré d'un char à six chevaux
ET ORNAMENTIS OMNIBUS et de tous les autres ornements,
INCOHANTE ET DEDICANTE MARCO AURELLIO SEBASTENO PROCURATORE
la pose de la première pierre et la dédicace étant l'œuvre du procurateur M. Aurellius Sebastenus,
AUGUSTI DEVOTISSIMO NUMINI EIUS dévoué à sa divinité impériale
A SOLO FACIENDUM CURAVIT il en a décidé la construction.

▸ Cette inscription, avant d'être restaurée, complétée puis replacée en 1935 sur la face Est de l'arc, a été découverte brisée en de nombreux fragments au sol, sous le sable. Les morceaux d'une inscription identique, qui figurait sur la face Ouest, ont été également retrouvés et ont ainsi permis de compléter les lacunes.
Le procurateur Marcus Aurellius Sebastenus dédie ce monument à l'empereur Caracalla et à sa mère Julia Domna au nom des Volubilitains, pour les remercier d'une mesure de « bienveillance » (indulgentiam), sans doute une remise d'arriérés d'impôts aux alentours de 215-216.

Lire le texte

1. Lisez le texte latin et sa traduction en retrouvant le mot à mot.

2. Essayez de déchiffrer le texte latin à partir de l'image.

Approfondir

3. Quels préjudices le site de Volubilis a-t-il connus ?

hatier-clic.fr/21lat710

hatier-clic.fr/21lat711

TEXTE 8 Le théâtre de Leptis Magna

Les vestiges de la cité de Leptis Magna se situent dans l'actuelle Libye.

Transcription du texte latin

Imp Caesare Divi f Aug pon max tr pot XXIV co s XIII patre patr
Annobal Rufus ornator patriae amator concordiae
flamen sufes[1] praef sacr Himilchonis Tapapi f d s p fac coer[2]
idemq dedicavit

1. **sufes, sufetis,** m : le suffète (magistrat suprême chez les peuples d'origine punique).
2. coeravit = curavit.

Lire le texte

1. Retrouvez le texte retranscrit sur la photo. Observez les abréviations. Reconstituez le texte latin complet à l'aide de cette fiche. hatier-clic.fr/21lat712

2. Repérez les noms propres.

Traduire le texte

3. LANGUE Quel phénomène grammatical observez-vous dans la proposition de la ligne 1 ?

4. Traduisez le texte.

Inscription figurant sur l'une des portes du théâtre de Leptis Magna, Libye.

Autour du texte

5. À votre avis, pourquoi la mention d'Auguste a-t-elle disparu ?

Traduction du texte latin en néo-punique

Annobal Rufus, fils de Himilchon Tapapus, flamen[1], suffète, responsable des cérémonies sacrées, a fait construire et dédier cet édifice à ses frais pour embellir sa patrie dans l'amour de la concorde.

1. prêtre.

Approfondir

6. Comment le régime fasciste italien, au XXe siècle, a-t-il favorisé la découverte du site de Leptis Magna ? hatier-clic.fr/21lat713

7. Quels dangers menacent aujourd'hui ce site ? Comment sa protection s'organise-t-elle ? hatier-clic.fr/21lat714

8. Pourquoi la situation de Volubilis n'est-elle pas aussi préoccupante que celle de Leptis Magna ?

Des sites archéologiques

TEXTE 9 La tragédie de Pompéi

Pline le Jeune raconte à son ami Tacite, l'historien, les circonstances de l'éruption du Vésuve en 79 après J.-C., à laquelle il a assisté.

Jam cinis, adhuc tamen rarus. Respicio : densa caligo tergis imminebat, quae nos torrentis modo infusa terrae sequebatur. « Deflectamus, inquam, dum videmus, ne in via strati comitantium turba in tenebris obteramur. » Vix consideramus, et nox non qualis illunis aut nubila, sed qualis in locis clausis lumine exstincto. Audires ululatus feminarum, infantum quiritatus, clamores virorum ; alii parentes alii liberos alii conjuges vocibus requirebant, vocibus noscitabant ; hi suum casum, illi suorum miserabantur ; erant qui metu mortis mortem precarentur. Multi ad deos manus tollere, plures nusquam jam deos ullos aeternamque illam et novissimam noctem mundo interpretabantur. Nec defuerunt qui fictis mentitisque terroribus vera pericula augerent. Aderant qui Miseni illud ruisse illud ardere falso sed credentibus nuntiabant. Paulum reluxit, quod non dies nobis, sed adventantis ignis indicium videbatur. Et ignis quidem longius substitit ; tenebrae rursus cinis rursus, multus et gravis. Hunc identidem assurgentes excutiebamus ; operti alioqui atque etiam oblisi pondere essemus. Possem gloriari non gemitum mihi, non vocem parum fortem in tantis periculis excidisse, nisi me cum omnibus, omnia mecum perire misero, magno tamen mortalitatis solacio credidissem.

Pline le Jeune (Ier – IIe siècles ap. J.-C.), *Lettres*, VI, 20, traduction de N. Méthy

Lire le texte

1. Mettez la traduction dans l'ordre et précisez, pour chaque phrase, les mots latins justifiant votre choix.

TRADUCTION DANS LE DÉSORDRE

1 • On pouvait entendre les hurlements des femmes, les pleurs des jeunes enfants, les cris des hommes : ils recherchaient de la voix, ils s'efforçaient de reconnaître à leur voix, les uns leurs parents, d'autres leurs enfants, d'autres leurs conjoints.

2 • Je pourrais me vanter de n'avoir laissé échapper, au milieu de tels dangers, ni un gémissement ni une parole manquant de courage, si la conviction que je disparaissais avec l'univers et l'univers avec moi n'avait été une consolation, déplorable et malgré tout efficace, à ma condition mortelle.

3 • À peine nous étions-nous assis que ce fut la nuit ; elle ne ressemblait pas à une nuit sans lune et nuageuse, mais à celle des pièces closes une fois la lumière éteinte.

Corps pétrifiés de victimes de l'éruption du Vésuve (79 après J.-C.), Pompéi.

Photogramme du film *Pompéi*, réalisé par Paul W. S. Anderson (2014).

4 • de nouveau l'obscurité, de nouveau la cendre, abondante et lourde. Nous nous levions sans cesse pour la secouer ; sans quoi nous aurions été recouverts et même étouffés par son poids.

5 • Il ne manquait pas de gens non plus pour ajouter des terreurs imaginaires et mensongères à des dangers réels. On en trouvait qui annonçaient qu'à Misène tel bâtiment s'était écroulé, tel autre brûlait – nouvelles fausses, mais on les croyait.

6 • Beaucoup tendaient les mains vers les dieux ; plus nombreux étaient ceux qui prétendaient qu'il n'existait plus de dieux nulle part, que cette nuit serait éternelle et la dernière du monde.

7 • Parut une faible clarté, dans laquelle nous ne voyions pas la lumière du jour mais un signe de l'approche du feu. Le feu, en tout cas, s'arrêta assez loin ;

8 • « Mettons-nous à l'écart, dis-je, tant que nous y voyons, pour éviter d'être renversés sur la route et, dans l'obscurité, écrasés par la foule qui fuit avec nous. »

9 • Certains s'apitoyaient sur leur propre sort, certains sur celui de leurs proches. Il y en avait qui allaient jusqu'à implorer la mort par crainte de la mort.

10 • Déjà il y avait de la cendre, encore éparse cependant. Je tourne la tête ; un épais brouillard nous menaçait par-derrière et nous suivait, se répandant sur le sol à la façon d'un torrent.

Approfondir

2. Quelle émotion Pline cherche-t-il à susciter chez son lecteur ? Comment s'y prend-il ?

3. En quoi cette lettre a-t-elle pu être utile aux archéologues ?

4. **PORTFOLIO** Le film *Pompéi*, réalisé par Paul W. S. Anderson en 2014, vous semble-t-il fidèle à la catastrophe telle que Pline la décrit ?
hatier-clic.fr/21lat715

5. **PORTFOLIO** Cherchez la scène finale du film et comparez la vision hollywoodienne avec la réalité historique.

Pompéi : chronique d'une tragédie

« Je ne dirai rien de Pompeia : c'est la chose la plus étonnante, la plus intéressante, la plus amusante que j'ai rencontrée : par là seulement on connaît l'Antiquité. »
Stendhal, *Rome, Naples, Florence* (1817).

Une ville florissante hatier-clic.fr/21lat716

• Pompéi est une **ville prospère** grâce à la fertilité de ses terres volcaniques, qui favorisent la culture de la vigne, et à la proximité de la mer. Cet essor économique entraîne un **accroissement démographique** au Ier siècle avant J.-C. qui ne cessera pas jusqu'à la catastrophe.

• Les familles les plus aisées font construire de **somptueuses villas** (villa du Faune, villa des Mystères, maison des Vettii, maison au jardin...) qui constituent, par leurs mosaïques, leurs fresques et les bijoux retrouvés, autant de témoignages d'une ville où l'art est florissant. Mais Pompéi a aussi conservé la trace d'une **vie douce et agréable** avec la présence des thermopolia (restauration rapide), ses grands bains ou son magnifique amphithéâtre. Il s'agit également d'une **ville cosmopolite**, comme en témoignent les vestiges du temple d'Isis, où l'on vit en bonne entente.

• Peut-être est-ce cette douceur de vivre qui empêche les Pompéiens d'être sensibles aux premiers avertissements du Vésuve, ou leur ignorance en matière de vulcanologie : en 62 ou 63 la ville est secouée par un **violent séisme** dont elle est l'épicentre. L'auteur Dion Cassius en fait état dans son *Histoire romaine*. hatier-clic.fr/21lat717

• En 79, quand la catastrophe a lieu, c'est donc une ville fraîchement reconstruite qui est rayée de la carte.

Le déroulement du drame

hatier-clic.fr/21lat718

• Le Vésuve entre en éruption le **24 octobre 79 à 13 heures** dans un grondement sourd, expulsant un panache de cendres et de magma d'une hauteur de 30 km. La colonne s'élargit, plongeant la cité dans une nuit effroyable.

• **À 17 heures**, une pluie de pierres ponces s'abat sur la ville, empêchant la foule paniquée de fuir : les toits s'effondrent sous le poids des pierres et les portes restent bloquées.

• **Dans la nuit**, ceux qui survivent encore sont brûlés vifs par une coulée pyroclastique (mélange de gaz volcanique, de vapeur d'eau et de particules solides) qui dévale les pentes du volcan à plus de 100 km/h.

• **Au matin**, une deuxième coulée recouvre cette fois toute la région de la baie de Naples.

Étymologie

Pompéi viendrait de la langue osque : pumpe signifierait cinq, symbolisant ainsi les cinq villages qui se sont unifiés pour former la ville.

Fouilles archéologiques à Pompéi, en 1929.

Une archéologue dégage au scalpel une fresque représentant *Léda et le cygne*, à Pompéi, en 2018.

La redécouverte de Pompéi

• Il faut attendre la **fin du XVIe siècle** pour que la ville soit redécouverte, lors de la construction du canal du Sarno, 1748 pour que les premières fouilles soient entreprises et 1763 pour que Pompéi soit identifiée.

• Au début du XIXe siècle, la ville se révèle progressivement, mais c'est à la **fin du XIXe siècle**, sous la direction de Giuseppe Fiorelli, que le site connaît un véritable tournant. Ce dernier invente le procédé de moulage en plâtre appliqué aux cavités laissées par les corps ensevelis sous les cendres.

Un site archéologique dynamique

hatier-clic.fr/21lat719

• En 2013, le site de Pompéi, classé au **patrimoine mondial de l'Unesco**, voit s'effondrer plusieurs constructions, ce qui alimente les **accusations** de détournements de fonds, de mauvaise gestion et d'intervention de la mafia. L'Union européenne et l'Italie décident alors de réagir en nommant un archéologue de renom à la tête du site : Massimo Osanna, auquel ils confient une enveloppe de 105 millions d'euros.

• Depuis 2014, les **découvertes** s'enchaînent et ne cessent d'émerveiller le monde, comme en témoigne l'exposition de 2020 à Paris. Elles bouleversent les idées reçues, comme la date de la catastrophe dont un graffiti permet de situer l'éruption non pas en août, comme on l'a longtemps cru, mais en octobre.

Pompéi vous passionne ?

▶ Choisissez un thème d'exposé que vous pourrez présenter en classe :

- La vie quotidienne à Pompéi au Ier siècle après J.-C.
- Les villas pompéiennes
- L'évolution de l'archéologie sur le site de Pompéi
- Pompéi : mythe et réalité

Consultez les liens :

Article
La vie à Pompéi
hatier-clic.fr/21lat720

Documentaire
Fouilles à Pompéi
hatier-clic.fr/21lat721

Grand oral

▶ 1. L'archéologie a-t-elle aujourd'hui encore un rôle politique sur la scène internationale ?

• *Spécialités* : LLCA + géopolitique

▶ 2. Peut-on parler d'écologie dans l'Antiquité ?

• *Spécialités* : Latin- SVT
Le recyclage à l'époque de Pompéi :
hatier-clic.fr/21lat722

Le forum romain

Place principale de la Rome antique autour de laquelle toute la vie de la ville s'articule, le forum romain est situé entre les collines du Capitole et du Palatin.

TEXTE 1 Émile Zola : une indigestion de ruines

Zola, lors de son voyage à Rome, est surpris d'être déçu par les vestiges du forum romain.

Toute la journée passée dans les ruines, une indigestion de ruines, de quoi évoquer la grandeur romaine. Le matin, d'abord au Forum. Les colonnes qui restent du temple de Vespasien, un grand effet d'élégance et de puissance, dans l'air bleu. La basilique Julia, rien qu'une indication, mais très nette, à terre. La petitesse du Forum, qui surprend toujours, lorsqu'on la compare à certains monuments, le Colisée, les thermes de Caracalla. Il semble que la vie romaine se soit parfois resserrée dans de très petits espaces (la maison de Livie, etc.) et tantôt étalée dans des espaces considérables. Pourquoi ? Le problème est-il résolu ? Plus loin l'atrium des Vestales, le « couvent » ancien des Vestales : vestiges intéressants, dominés par les restes du palais de Caligula qui descend du Palatin. Presque en face l'église San Lorenzo in Miranda, installée dans le temple d'Antonin et de Faustine : exemple frappant de l'église qui se loge dans le temple d'une autre religion. Les colonnes de porphyre rouge. Mais surtout l'étonnement est la basilique de Constantin, avec ses trois énormes porches, ses trois voûtes béantes avec leurs caissons ; le morceau tombé de la voûte, un morceau énorme. Quelle masse ! Pourquoi des constructions si gigantesques, si épaisses ? De la Voie Sacrée qui passe devant la basilique de Constantin, on a une vue très intéressante sur le Forum, en se retournant. La Voie Sacrée tourne et monte. Comme les triomphateurs devaient être secoués sur ce gros pavé, dans leur char pas suspendu. Le Forum actuel, en sa ruine, gris et désolé. De la poussière. Pas une nappe d'herbe, quelques brins d'herbe entre les pavés de la Voie Sacrée. Et cela par les lourds soleils de l'été, avec l'ombre mince des rares colonnes debout, la colonne de Phocas et celles des temples. L'arc de Septime Sévère. Les rostres, etc. Des temples autour. Mais il y a dix façons de reconstruire le Forum. Et je ne suis qu'un artiste qui évoque.

Émile Zola (1840-1902), *Voyage à Rome* (1893).

Le forum, à Rome.

TEXTE 2 Julien Gracq : une mixité architecturale extraordinaire

Julien Gracq évoque la richesse de Rome, dont les constructions architecturales font voyager dans le temps autant que dans l'espace.

Quelquefois, tournant le dos au Colisée, je me formalisais de voir la perspective du Forum venir buter sur le débraillé napolitain du revers du *Campidoglio*[1]. Mais, le plus souvent, j'avais plaisir à retrouver la silhouette sans prétention de cette maison municipale vieillotte trônant au-dessus des ruines les plus illustres du monde : il y a une bonhomie romaine, qui n'est pas seulement le fait de la vie de tous les jours, mais qui naît du coudoiement sans façon, abrupt, de toutes les époques, de tous les styles, de tous les songes de la pierre, et de tous les degrés dans l'art de bâtir. L'extraordinaire, la chaotique mixité architecturale romaine en fait le pôle opposé du rêve de pierre, frigide, impeccable, homogène, cohérent, et en somme tout à fait baudelairien, qu'est une capitale comme Léningrad, mais la vie fait alliance avec ce fouillis urbain à quatre dimensions, où on change de siècle non seulement en changeant de quartier, mais parfois en changeant d'étage, où les églises font leur nid dans les débris d'une colonnade corinthienne, où des taudis populaires branlent du chef sur un soubassement quiritaire[2], et où les arcs de triomphe, avant d'accéder à la dignité de ruines, ont passé par l'état de châteaux-forts.

Julien Gracq (1910-2007), *Autour des sept collines* © José Corti (1988).

1. **Campidoglio** : le Capitole (une des sept collines de Rome où se trouve aujourd'hui l'hôtel de ville).
2. **quiritaire** : qui ne peut appartenir qu'à un citoyen romain.

1. Retrouvez certains monuments évoqués dans le texte de Zola sur le plan.

2. Quel regard chaque auteur porte-t-il sur le forum ? Qu'est-ce qui semble les gêner ?

3. **PORTFOLIO** Comparez ces descriptions à celles des lieux évoqués par les auteurs antiques dans la séquence.

4. **PORTFOLIO** Visionnez la bande-annonce du film *Renaissance* (C. Volckman, 2006). Les vestiges monumentaux jouent-ils dans la ville le même rôle (préservation, intégration) que ceux du forum romain ?
hatier-clic.fr/21lat723

5. À partir du plan, essayez d'identifier les vestiges des monuments du forum sur la photo.

6. Déduisez du nom de ces monuments les principales fonctions de cette place.

PLAN DU FORUM

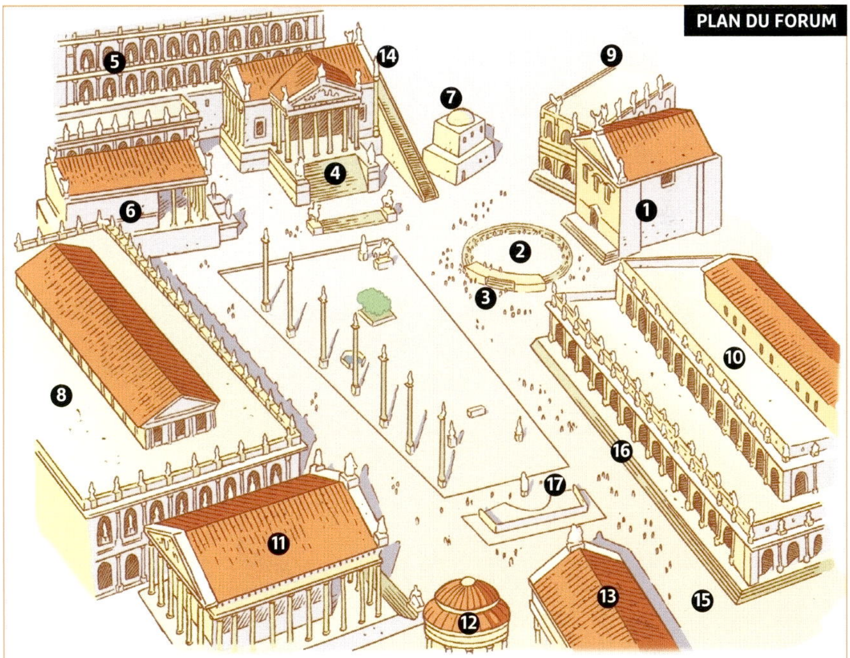

1 Curie (lieu de réunion du Sénat)
2 Comitium (place où se réunissent les citoyens)
3 Rostres républicains (tribune pour les discours au peuple)
4 temple de la Concorde
5 Tabularium (archives publiques)
6 Temple de Saturne (aussi Trésor public)
7 prison mamertime
8 basilique Sempronia, puis Julia (tribunal)
9 Basilique Porcia (tribunal)
10 basilique AEmilia (tribunal)
11 temple de Castor et Pollux (dieux protecteurs de Rome)
12 temple de Vesta (feu sacré de la cité)
13 Regia (demeure du Grand Pontife)
14 escalier des Gémonies (exposition des cadavres des condamnés à mort)
15 voie sacrée
16 boutiques
17 Rostres impériaux

SÉQUENCE 8

Lieux d'art et de culture

Que savez-vous déjà ?

- Quelles grandes bibliothèques de l'Antiquité connaissez-vous ?
- Pouvez-vous nommer des statues célèbres de l'Antiquité grecque ou romaine ?

La richesse et l'abondance des échanges culturels au sein du bassin méditerranéen permettent aux grandes cités de l'Antiquité de devenir des lieux privilégiés pour l'implantation de grandes bibliothèques publiques et d'écoles philosophiques, dont les courants de pensée contribuent à former l'élite intellectuelle. La plus célèbre bibliothèque antique est celle d'Alexandrie, en Égypte, construite au IIIe siècle avant J.-C. Celles d'Athènes et Pergame comptent aussi plusieurs centaines de milliers d'ouvrages. Il existe également des bibliothèques à Rhodes, à Antioche, et peu à peu, à Rome. Par ailleurs, un certain nombre de bibliothèques privées possèdent un fonds exceptionnel.

Ces métropoles se constituent également comme des creusets, permettant ainsi à l'art gréco-romain, enrichi grâce aux influences réciproques des civilisations méditerranéennes, de se développer et de se répandre. Égyptiens, Grecs puis Romains nous ont laissé de nombreuses œuvres d'art, tant en sculpture qu'en peinture, en mosaïque ou en orfèvrerie. Si l'art romain s'inspire considérablement des Grecs, il n'en demeure pas moins un art original à part entière.

Les bibliothèques

Les bibliothèques apparaissent avec le besoin d'organiser la conservation et le travail des textes. Grandioses, modestes, publiques ou privées, elles sont présentes dans toute la Méditerranée antique et favorisent l'échange et la diffusion des savoirs.

Quels rôles les bibliothèques jouent-elles dans les sociétés antiques ? → Textes 1 à 6

Les arts méditerranéens

Les sculpteurs grecs montrent une virtuosité remarquable. Praxitèle, en particulier, fait preuve de génie.

Dans quelle mesure l'art statuaire témoigne-t-il de la qualité exceptionnelle de l'art antique ? → Textes 7 et 8

Scène d'initiation aux Mystères dionysiaques, détail de la fresque du triclinium de la Villa des Mystères à Pompéi (Ier siècle av. J.-C.).

LEXIQUE

Carte mentale

hatier-clic.fr/21lat801

Les bibliothèques

TEXTE 1 La bibliothèque d'Euthydème

hatier-clic.fr/21lat802 Texte en grec

Euthydème est un jeune homme assidu aux leçons de Socrate. Désireux de thésauriser le savoir, il construit alors une bibliothèque que Socrate vient découvrir.

Tels étaient d'abord, en présence d'Euthydème, simple auditeur, les discours que tenait Socrate ; mais dès qu'il s'aperçut que le jeune homme restait plus volontiers quand il parlait, et l'écoutait avec plus de plaisir, il vint seul chez le fabricant de brides, et Euthydème s'étant assis près de lui : « Dis-moi, Euthydème, lui dit Socrate, est-ce bien réellement, comme je l'entends dire, que tu as assemblé un grand nombre d'ouvrages des hommes renommés pour leur sagesse ? – Oui, Socrate, par Jupiter, et je continuerai d'en rassembler, jusqu'à ce que j'en aie amassé le plus possible. – Par Junon ! je t'admire, dit Socrate, d'avoir préféré à des monceaux d'or et d'argent des trésors de sagesse : il est clair que dans ta pensée l'argent et l'or ne rendent pas les hommes meilleurs, tandis que les sentences des sages enrichissent de vertus ceux qui les acquièrent. » Ces paroles faisaient plaisir à Euthydème, persuadé qu'aux yeux de Socrate il était dans le vrai chemin de la sagesse. Or, Socrate remarquant qu'il était sensible à cette louange : « En quoi donc, Euthydème, lui dit-il, veux-tu devenir habile, quand tu rassembles tous ces ouvrages ? » Et comme Euthydème gardait le silence et cherchait une réponse : « N'est-ce pas, continua Socrate, pour devenir un habile médecin ? car il y a de nombreux ouvrages écrits par des médecins. – Non, par Jupiter. – Alors tu veux être architecte ? car il est besoin aussi pour cela d'un homme instruit. – Pas davantage. – Tu désires donc devenir bon géomètre, comme Théodore ? – Géomètre, non plus. – C'est donc astrologue que tu veux être ? » Euthydème ayant dit que non : « Eh bien, tu veux être rapsode[1] ? car on dit que tu as tous les poèmes d'Homère. – Non, par Jupiter ; je n'ignore pas, en effet, que les rapsodes savent exactement les vers, mais n'en sont pas moins stupides. »

Xénophon (V^e^ – IVe siècles av. J.-C.), *Mémorables*, IV, II, traduit du grec par E. Talbot (1859).

1. **rapsode** : artiste qui va de ville en ville, récitant ou déclamant les œuvres écrites par un autre.

Photogramme du film *Agora* réalisé par Alejandro Amenabar (2009).

Mot concept

▸ **bibliotheca, ae**, f : du grec βιβλιοθήκη ; désigne au début une case dans laquelle on dépose un livre, puis le lieu où on les classe et où on les rassemble. Sa racine βιβλίον signifie papier à écrire, avant de désigner un livre.

Autour du texte

1. Pourquoi Euthydème cherche-t-il à se constituer une bibliothèque ?

2. Quel regard Socrate porte-t-il sur la démarche d'Euthydème ?

3. À votre avis, à quoi sert une bibliothèque ?

TEXTES 2 Le savoir à portée de main

Aulu-Gelle rapporte un débat qu'il a eu avec un philosophe au sujet du danger de boire de l'eau glacée quand il fait très chaud.
C'est en empruntant un livre à la bibliothèque qu'ils vont avoir une réponse.

1 In Tiburte rus concesseramus hominis amici divitis aestate anni flagrantissima ego et quidam alii aequales et familiares mei, eloquentiae aut philosophiae sectatores. Erat nobiscum vir bonus ex peripatetica disciplina bene doctus et Aristotelis unice studiosissimus. Is nos aquam multam ex diluta nive bibentes coercebat severiusque increpabat. Adhibebat nobis auctoritates nobilium medicorum et cumprimis Aristotelis philosophi, rei omnis humanae peritissimi, qui aquam nivalem frugibus sane et arboribus fecundam diceret, sed hominibus potu nimio insalubrem esse tabemque et morbos sensim atque in diem longam visceribus inseminare. Haec quidem ille ad nos prudenter et benivole et adsidue dictitabat. Sed cum bibendae nivis pausa fieret nulla, promit e bibliotheca Tiburti, quae tunc in Herculis templo satis commode instructa libris erat, Aristotelis librum eumque ad nos adfert. Et « hujus saltem, inquit, sapientissimi viri verbis credite ac desinite valitudinem vestram profligare. »

Lire et traduire le texte

1. Retrouvez la structure du texte en vous appuyant sur le code couleur.

2. LEXIQUE Repérez le champ lexical de la littérature. Complétez la carte mentale (▸ p. 153).

3. Traduisez le texte.

2 In eo libro **scriptum fuit deterrimam esse potu aquam e nive** itemque solidius altiusque concretam eam, quam κρύσταλλον Graeci appellant ; causaque ibi adscripta est hujuscemodi : « Quoniam, **cum aqua frigore aeris duratur** et coit, **necessum est fieri evaporationem** et quandam quasi auram tenuissimam exprimi ex ea et emanare. **Id autem, inquit, in ea levissimum est, quod evaporatur ; manet autem, quod est gravius et sordidius et insalubrius**, atque id pulsu aeris verberatum in modum coloremque spumae candidae oritur. **Sed** aliquantum, **quod est salubrius**, difflari atque evaporari ex nive **indicium illud est, quod minor fit illo, quod ante fuerat quam concresceret.** » **Verba** ipsa **Aristotelis ex eo libro** pauca sumpsi et **adscripsi** : « Διὰ τί τὰ ἀπὸ χιόνος καὶ κρυστάλλων ὕδατα φαῦλα ἐστιν ; ὅτι παντὸς ὕδατος πηγνυμένου τὸ λεπτότατον καὶ κουφότατον ἐξατμίζει. Σημεῖον δέ, ὅτι ἔλαττον γίνεται ἢ πρότερον, ὅταν τακῇ παγέν. Ἀπεληλυθότος οὖν τοῦ ὑγιεινοτάτου ἀνάγκη ἀεὶ τὸ καταλειπόμενον χεῖρον εἶναι.»[1] **Hoc ubi legimus, placuit honorem** doctissimo viro **haberi Aristoteli.** Atque ita **postea ego bellum** et odium **nivi indixi**, alii indutias cum ea varie factitabant.

Aulu-Gelle (IIe siècle ap. J.-C.), *Nuits attiques*, XIX, 5.

1. **traduction :** Pourquoi l'eau de la neige ou de la glace est-elle malsaine ? C'est que, quand l'eau se condense, la partie la plus légère et la plus subtile s'évapore. La preuve, c'est qu'elle n'a plus le même volume qu'auparavant, quand elle revient à l'état de liquide. Si donc la partie la plus saine s'est évaporée, il faut bien que ce qui reste soit malsain.

Lire le texte

1. Lisez d'abord les passages en gras.

2. Repérez les passages entre guillemets : qui parle ?

3. Analysez les différents emplois de quod (l. 6 à 10) afin de dégager la structure des phrases.

4. Que comprenez-vous du texte ?

Approfondir

5. Pourquoi le philosophe va-t-il chercher un livre d'Aristote ?

6. Où se trouve la bibliothèque ?

7. Quel crédit est accordé à la science contenue dans le livre ?

Les bibliothèques

TEXTE 3 La bibliothèque d'Alexandrie

*Ammien Marcellin décrit la bibliothèque d'Alexandrie dont les temples sont enflés (**sufflata templa**) de hauts toits (**altis fastigiis**) et au-dessus desquels le Serapeum s'élève (**eminet Serapeum**). Elle est dotée d'immenses cours à colonnes (**atriis columnatis amplissimis**) et de représentations de statues qui semblent respirer (**spirantibus signorum figmentis**), et se montre ornée d'une grande quantité d'œuvres (**reliqua operum multitudine est exornatum**) si bien qu'on ne voit rien de plus grandiose au monde (**ut nihil orbis terrarum ambitiosius cernat**). Malheureusement, les témoignages de l'époque rapportent que les sept cent mille volumes (**septingenta voluminum milia**) rassemblés par les rois Ptolémées (**Ptolomaeis regibus conposita**) brûlèrent sous la dictature de César (**sub dictatore Caesare conflagrasse**).*

His accedunt altis sufflata fastigiis templa, inter quae eminet Serapeum, quod licet minuatur exilitate verborum, atriis tamen columnatis amplissimis, et spirantibus signorum figmentis, et reliqua operum multitudine ita est exornatum ut post Capitolium, quo se venerabilis Roma in aeternum adtollit, nihil orbis terrarum ambitiosius cernat.

In quo duo bibliothecae fuerunt inaestimabiles : et loquitur monumentrum veterum concinens fides septingenta voluminum milia, Ptolemaeis regibus vigiliis intentis conposita, bello Alexandrino, dum diripitur civitas, sub dictatore Caesare conflagrasse.

Ammien Marcellin (IVe siècle ap. J.-C.), *Res Gestae*, XXII, 12-13.

Lire le texte

1. Recopiez le texte latin en remplaçant les groupes de mots latins traduits dans l'introduction.

Traduire le texte

2. Quelle est la valeur de ita… ut (l. 4) ? Traduisez la proposition.

3. LANGUE Quel phénomène grammatical observez-vous ligne 8 : vigiliis intentis ? Traduisez-le. → p. 239

4. LANGUE Traduisez les trois expressions soulignées. Quelles valeurs temporelles expriment-elles ? → p. 242

5. Traduisez le texte.

Mot concept

▸ **liber, libri**, m : désigne d'abord la partie vivante de l'écorce du bois sur laquelle on écrivait, puis, avec le développement de l'écriture, un écrit composé de plusieurs feuilles, autrement dit un livre (volumen : feuilles de papyrus enroulées, puis codex : feuilles de papyrus ou parchemin reliées en forme de livre actuel).
Ce mot peut désigner l'objet dans sa totalité, mais aussi le chapitre d'une œuvre, ou encore un recueil (de lettres par exemple).

Muse tenant un volumen, (50 av. J.-C.), terre cuite, (haut : 18 cm), Musée du Louvre, Paris.

Approfondir

6. Qu'est-ce qui a permis l'essor de cette grande bibliothèque ? Consultez le site : hatier-clic.fr/21lat803 .

7. Quelles causes expliquent la disparition de ce centre culturel ?

8. ESSAI La bibliothèque antique d'Alexandrie peut-elle être considérée comme l'ancêtre des *data centers* ?

TEXTE 4 La bibliothèque privée de Lucullus

hatier-clic.fr/21lat804 Texte en grec

Membre de l'aristocratie romaine, Lucullus s'enrichit beaucoup par sa carrière militaire en Orient, avant de mener un train de vie luxueux à Rome.

Une dépense plus louable et plus digne de lui était celle qu'il faisait pour se procurer des livres. Il en rassembla un très grand nombre de bien écrits, et il en fit un usage plus honorable encore que leur acquisition, en ouvrant sa bibliothèque au public. Tous les Grecs qui étaient à Rome avaient un libre accès dans les galeries, dans les portiques et dans les cabinets qui entouraient sa bibliothèque ; ils s'y rendaient comme dans un sanctuaire des Muses ; ils y passaient les jours entiers à discourir ensemble, et quittaient avec plaisir toutes leurs affaires pour s'y réunir. Lucullus se promenait souvent dans ses galeries avec ces hommes de lettres ; il se mêlait à leurs entretiens, et quand ils l'en priaient il les aidait de son crédit dans les affaires dont ils étaient chargés. En un mot, sa maison était l'asile, le Prytanée[1] de la Grèce pour tous les étrangers de ce pays qui venaient à Rome.

Plutarque (Ier – IIe siècles ap. J.-C.), *Vies des hommes illustres, Lucullus*, 42, traduit du grec par D. Ricard (1830).

1. **Prytanée** : à Athènes, bâtiment circulaire de l'Agora où siègent les élus des tribus d'Athènes. Ils y prennent aussi leur repas, offert par l'État, avec les citoyens honorés par la cité en tant que grands bienfaiteurs, ou les citoyens particulièrement méritants.

+PROF

Jardins et bibliothèques antiques (article universitaire)

Autour du texte

1. Recherchez qui était Lucullus. Expliquez la présence de Grecs à Rome.
2. En vous appuyant sur le texte et sur l'image, expliquez à quoi ressemblait une bibliothèque dans l'Antiquité.
3. **PORTFOLIO** Lisez le chapitre XXX de *Candide*, conte philosophique de Voltaire (1759), et rapprochez-le de ce texte. En quoi le jardin à cultiver de Candide est-il une métaphore de la bibliothèque ?

hatier-clic.fr/21lat805

Maquette de la Bibliothèque et des Jardins de Lucullus.

Les bibliothèques

TEXTE 5 L'intérêt d'avoir une bibliothèque

Vitruve commente la composition des habitations et leurs fonctions selon les différentes catégories sociales.

Bibliothèque de Celsius (IIe siècle ap. J.-C.), Éphèse, Turquie.

Qui autem (Or ceux qui) fructibus rusticis serviunt (se dévouent aux productions de la campagne), in eorum vestibulis (dans leurs vestibules) stabula (des étables), tabernae (des boutiques), in aedibus (dans leurs maisons) cryptae (des caves), horrea (des greniers), apothecae (des celliers) ceteraque (et autres pièces), quae ad fructus servandos (qui pour les fruits devant être conservés) magis quam (plutôt que) ad elegantiae decorem (en fonction d'une décoration d'élégance) possunt esse (peuvent être), ita sunt facienda (doivent ainsi être faits). Item (De même) feneratioribus et publicanis (aux négociants et aux fermiers publicains[1]) commodiora et speciosiora (des maisons plus commodes et plus belles) et ab insidiis tuta (et protégées des embuscades) : forensibus autem et disertis (et aux avocats et aux hommes de lettres) elegantiora et spatiosiora (des maisons plus élégantes et plus spacieuses) ad conventus excipiundos (pour accueillir des réunions) ; nobilibus vero (quant aux nobles), qui honores magistratusque gerundo (qui en exerçant les honneurs et les magistratures) praestare debent officia civibus (doivent répondre de leurs charges devant les citoyens), facienda sunt vestibula regalia (des vestibules dignes d'un roi doivent être faits), alta atria (des atriums profonds), et peristylia amplissima (et de très vastes péristyles), silvae (des jardins arborés), ambulationesque laxiores (et de larges promenades), ad decorem majestatis perfectae (parfaits pour une décoration majestueuse) : praeterea (en outre) bibliothecae, pinacothecae, basilicae (des bibliothèques, des galeries de tableaux, des basiliques) non dissimili modo (d'un style non différent) quam publicorum operum (que celui des édifices publics), magnificentia comparatae (comparables en magnificence), quod in domibus eorum (parce que chez eux) saepius (assez souvent) et **publica** consilia (et des conseils quant aux affaires publiques) et **privata** judicia arbitriaque (et des jugements et arbitrages quant aux affaires privées) conficiuntur (se tiennent).

Vitruve (Ier siècle ap. J.-C.), *De architectura*, VI.

1. **fermier publicain** : fermier employé par l'État.

Lire le texte

1. Lisez le texte latin et sa traduction juxtalinéaire en retrouvant le mot à mot.

2. LANGUE Reconnaissez-vous les formes grammaticales soulignées ? Donnez leur valeur. → p. 234

3. LANGUE Quelle est la valeur des deux accusatifs en gras (l. 35-36) ? Comment pourriez-vous traduire ces groupes nominaux de façon plus littéraire ? → p. 218

4. Recopiez uniquement le texte latin et lisez-le de manière à ne plus avoir besoin de traduction pour le comprendre.

Approfondir

5. De quel usage des bibliothèques Vitruve témoigne-t-il ?

TEXTE 6 Des livres décoratifs

Sénèque dénonce ceux qui accumulent plus de livres qu'ils n'en peuvent lire, davantage par snobisme que par goût de la littérature, et recommande de ne se procurer que les livres qu'on est en mesure de lire.

Studiorum quoque, quae liberalissima impensa est, tamdiu rationem habet quamdiu modum. Quo innumerabiles libros et bibliothecas, quarum dominus vix tota vita indices perlegit ? Onerat discentem turba, non instruit, multoque satius est paucis te auctoribus tradere quam errare per multos. Quadraginta milia librorum Alexandriae arserunt. Pulcherrimum regiae opulentiae monumentum alius laudaverit, sicut et Livius, qui elegantiae regum curaeque egregium id opus ait fuisse. Non fuit elegantia illud aut cura, sed studiosa luxuria, immo ne studiosa quidem, quoniam non in studium, sed in spectaculum comparaverant, sicut plerisque ignaris etiam puerilium litterarum libri non studiorum instrumenta, sed cenationum ornamenta sunt. Paretur itaque librorum quantum satis sit, nihil in apparatum.

Sénèque (Ier siècle après J.-C.), *De tranquillitate animi*, IX, 4-5.

Lire le texte

1. Mettez la traduction dans l'ordre et précisez pour chaque phrase les mots latins justifiant votre choix.

2. LEXIQUE En vous aidant de la traduction, relevez le champ lexical de la littérature et complétez la carte mentale (▸ p. 153).

Traduction dans le désordre

1 • À quoi bon d'innombrables livres et des bibliothèques dont le propriétaire trouve à peine moyen dans sa vie de lire les étiquettes ?

2 • Quarante mille volumes furent brûlés à Alexandrie. Que d'autres vantent ce splendide monument de la munificence royale, comme Tite-Live, qui l'appelle le chef-d'œuvre du goût et de la sollicitude des rois.

3 • Achetons les livres dont nous avons besoin, n'en achetons pas pour la parade.

4 • Les dépenses d'ordre littéraire, les plus relevées qu'on puisse faire, ne sont elles-mêmes raisonnables qu'autant qu'elles sont mesurées.

5 • Que de gens dépourvus de la plus élémentaire culture ont ainsi des livres qui ne sont aucunement des instruments d'étude, mais qui ornent leur salle à manger !

6 • Je ne vois là ni goût ni sollicitude, mais une orgie de littérature ; et quand je dis de littérature, j'ai tort, le souci des lettres n'y entrait pour rien : ces belles collections n'étaient constituées que pour la montre[1].

7 • Une profusion de lectures encombre l'esprit, mais ne le meuble pas, et mieux vaut de beaucoup s'attacher à un petit nombre d'auteurs que de vagabonder partout.

Traduction de R. Waltz

Approfondir

3. Que reproche Sénèque aux personnes qui possèdent des bibliothèques ?

1. **pour la montre** : pour en faire étalage.

Les arts méditerranéens

TEXTES 7 Une statue de Diane au bain

Le narrateur observe une statue en ronde-bosse de Diane dans l'atrium d'une maison grecque, en Thessalie.

1 Atria longe pulcherrima columnis quadrifariam per singulos angulos stantibus attolerabant statuas, palmaris deae facies, quae pinnis explicitis sine gressu pilae volubilis instabile vestigium plantis roscidis delibantes nec ut maneant inhaerent et jam volare creduntur. Ecce lapis Parius in Dianam factus tenet libratam totius loci medietatem, signum perfecte luculentum, veste reflatum, procursu vegetum, introeuntibus obvium et majestate numinis venerabile ; canes utrimquesecus deae latera muniunt, qui canes et ipsi lapis erant ; his oculi minantur, aures rigent, nares hiant, ora saeviunt et sicunde de proximo latratus ingruerit, eum putabis de faucibus lapidis exire, et in quo summum specimen operae fabrilis egregius ille signifex prodidit, sublatis canibus in pectus arduis pedes imi resistunt, currunt priores.

Traduire le texte

1. Retrouvez la structure du texte en vous appuyant sur le code couleur.

2. **LEXIQUE** Repérez le champ lexical de la sculpture. Complétez la carte mentale (▸ p. 153).

3. Traduisez le texte.

2 Pone tergum deae (Derrière le dos de la déesse) saxum insurgit (un rocher se dresse) in speluncae modum (à la façon d'une grotte) muscis (avec des mousses) et herbis (et des herbes) et foliis (et des feuilles) et virgulis (et des rameaux) et sicubi pampinis (et d'un côté des pampres[1]) et arbusculis alibi (et de l'autre côté des arbustes) de lapide florentibus (en pierre fleurissant). Splendet intus (À l'intérieur resplendit) umbra signi (l'ombre de la statue) de nitore lapidis (de l'éclat de la pierre). Sub extrema saxi margine (Tout au bord du rocher) poma et unae faberrime politae dependent (pendent des fruits et des raisins finement sculptés), quas ars aemula naturae (que l'art rival de la nature) veritati similes explicuit (a sculptés semblable à la réalité). Putes (On aurait dit que) ad cibum inde quaedam (pour en manger), cum mustulentus autumnus (lorsque l'automne abondant en vin doux) maturum colorem adflaverit (en aurait soufflé la couleur du fruit mûr), posse decerpi (on pourrait en cueillir) et, si fonte (et si de la source), qui deae vestigio discurrens (qui, coulant aux pieds de la déesse) in lenem vibratur undam (s'agite dans une eau légère), pronus aspexeris (on se penchait au-dessus), credes illos ut rure pendentes racemos (on aurait cru que ces grappes pendant comme à la campagne) inter cetera veritatis (au milieu de tous ces éléments de vérité) nec agitationis officio carere (ne manquaient pas de la capacité de bouger). Inter medias frondes (Au milieu du feuillage) lapidis Actaeon (un Actéon de pierre), simulacrum (une statue) curioso optutu (avec un regard curieux) in deam projectus (s'avançant sur la déesse), jam in cervum ferinus (déjà transformé en cerf sauvage) et in saxo simul et in fonte (et à la fois dans le rocher et dans la fontaine), loturam Dianam opperiens (attendant que Diane prenne son bain) visitur (se remarque).

Apulée (IIe siècle ap. J.-C.), *Les Métamorphoses*, II, 4.

Lire le texte

1. Lisez le texte latin et sa traduction juxtalinéaire en retrouvant le mot à mot.

2. **LEXIQUE** Quels sont les deux champs lexicaux qui dominent ? Relevez les termes qui s'y rapportent.

3. Analysez la forme et expliquez l'emploi de **putes** (l. 11). Quelle est la construction de ce verbe ?

4. Recopiez uniquement le texte latin et lisez-le de manière à ne plus avoir besoin de traduction pour le comprendre.

1. **pampre** : tige de vigne portant ses feuilles, ses vrilles et, souvent, ses grappes de raisin.

Claude Lefebvre (1632-1675), *Louise-Françoise de La Vallière en Diane chasseresse* (vers 1670), huile sur toile (129 x 96 cm), Châteaux de Versailles et du Trianon, Versailles.

Mots concepts

- **signum, i**, n : nom polysémique ; désigne d'abord le signe en tant qu'indice de la présence divine, c'est-à-dire son effigie, puis dans le domaine de l'art tout travail artistique, en sculpture comme en peinture.
- **statua, ae**, f : tout ce qui est érigé, ce qui se dresse, colonne comme statue.
- **simulacrum, i**, n : représentation figurée de quelque chose ; tout objet, sculpture ou peinture voire écriture, qui représente quelque chose de concret.

Approfondir

5. Recherchez le mythe d'Actéon.

6. **PORTFOLIO** Quelles caractéristiques de la déesse Diane retrouve-t-on dans le portrait de Louise de la Vallière ? À votre avis, pourquoi cette maîtresse de Louis XIV a-t-elle souhaité être représentée avec les attributs de Diane ? Faites une recherche biographique.

Artémis de Versailles dite aussi *Diane chasseresse*, marbre (Ier-IIe siècles ap. J.-C.) réplique romaine d'un original grec en bronze (haut. : 2 m), Musée du Louvre, Paris.

+PROF
Exposition Praxitèle (Louvre)

TEXTES 8 Praxitèle et l'Aphrodite de Cnide

Praxitèle est l'un des sculpteurs les plus célèbres de la Grèce antique. Parmi les œuvres que nous lui connaissons, se trouve la non moins célèbre Aphrodite de Cnide, au parfum de scandale.

1 Praxitelis aetatem inter statuarios diximus, qui marmoris gloria superavit etiam semet. Opera ejus sunt Athenis in Ceramico, sed ante omnia est non solum Praxitelis, verum in toto orbe terrarum Venus, quam ut viderent multi navigaverunt Cnidum. Duas fecerat simulque vendebat, alteram velata specie, quam ob id praetulerunt quorum condicio erat, Coi, cum eodem pretio detulisset, severum id ac pudicum arbitrantes. Rejectam Cnidii emerunt, inmensa differentia famae.

Pline l'Ancien (Ier siècle après J.-C.), *Histoire naturelle*, XXXVI, 4, 20.

Lire le texte

1. Lisez le texte latin et les deux traductions qui l'accompagnent.

2. **LEXIQUE** Relevez le champ lexical de l'art dans le texte latin. Complétez la carte mentale (▶ p. 153).

3. Proposez une traduction juxtalinéaire de cet extrait.

Traduction d'É. Littré (1848-1850)

En parlant des statuaires, nous avons indiqué l'époque de Praxitèle qui, par la gloire de ses ouvrages de marbre, a surpassé jusqu'à lui-même. Il y a des ouvrages de lui à Athènes dans le Céramique. Mais avant toutes les statues non seulement de Praxitèle, mais de l'univers entier, est sa Vénus, qui a fait entreprendre à bon nombre de curieux le voyage de Cnide. Il en avait fait deux ; il les vendit ensemble : l'une était vêtue, et par cette raison fut choisie par les habitants de Cos, qui avaient le choix ; la seconde ne coûtait pas plus cher, mais ils crurent faire preuve de sévérité et de pudeur. Les Cnidiens achetèrent la statue rebutée : la différence est immense pour la réputation.

Traduction de R. Bloch (1981)

À propos des artistes du bronze nous avons dit l'époque à laquelle vécut Praxitèle qui se surpassa lui-même par la gloire qu'il acquit en travaillant le marbre. Il y a de ses œuvres à Athènes, au Céramique, mais sa Vénus est à la tête, je ne dis pas seulement de toute sa production, mais de celle de tous les artistes du monde, et bien des gens ont fait la traversée de Cnide pour aller la voir. Il avait fait et il mit en vente en même temps deux Vénus, dont l'une était voilée. Les gens de Cos qui avaient fait la commande préférèrent cette dernière ; des deux, Praxitèle avait demandé le même prix, mais ils jugeaient austère et chaste l'attitude de la seconde. Les Cnidiens achetèrent celle qu'ils n'avaient pas voulue et dont la renommée l'emporte infiniment.

Aphrodite de Cnide, copie romaine de l'original grec de Praxitèle (vers 370 avant J.-C.), marbre, Glyptothèque de Munich, Allemagne.
▶ L'*Aphrodite de Cnide* est connue par de très nombreuses répliques. On les regroupe généralement en deux grandes familles : le type « inquiet » ou « pudique », où la déesse, surprise, cherche à se dissimuler, et le « type serein », où la déesse dévoile sa nudité.

2 *Ensuite (***postea***) le roi Nicomède voulut l'acheter aux Cnidiens (***voluit mercari eam a Cnidiis***). Cependant ils refusèrent car par cette statue (***illo enim signo***) Praxitèle rendit Cnide célèbre (***Praxiteles nobilitavit Cnidum***). La figure de la déesse (***effigies deae***) est placée dans un petit temple (***aedicula***) ouvert afin qu'elle puisse être vue de tout côté (***ut conspici possit undique***). Sa beauté est telle qu'on raconte que (***ferunt***) un homme pris d'amour pour elle (***amore captum quendam***) s'unit à la statue (***simulacro cohaesisse***). Enfin, il y a à Cnide (***sunt in Cnido***) d'autres statues de marbre (***alia signa marmorea***) mais parmi toutes (***inter haec***) elle est la seule dont on se souvient (***sola memoratur***).*

Voluit eam a Cnidiis postea mercari rex Nicomedes, totum aes alienum, quod erat ingens, civitatis dissoluturum se promittens. Omnia perpeti maluere, nec inmerito. Illo enim signo Praxiteles nobilitavit Cnidum. Aedicula ejus tota aperitur, ut conspici possit undique effigies deae, favente ipsa, ut creditur, facta. Nec minor ex quacumque parte admiratio est. Ferunt amore captum quendam, cum delituisset noctu, simulacro cohaesisse, ejusque cupiditatis esse indicem maculam. Sunt in Cnido et alia signa marmorea inlustrium artificum, Liber pater Bryaxidis et alter Scopae et Minerva, nec majus aliud Veneris Praxiteliae specimen quam quod inter haec sola memoratur.

Pline l'Ancien (Ier siècle après J.-C.), *Histoire naturelle*, XXXVI, 4, 21-22.

Aphrodite de Cnide, marbre (Ier-IIe siècles après J.-C.), copie romaine de l'original grec de Praxitèle (IVe siècle avant J.-C.), Museo Nazionale Romano, Palazzo Altemps, Rome.

Lire et traduire le texte

1. Relevez dans le texte latin les groupes de mots traduits dans l'introduction.

2. **LEXIQUE** Relevez le champ lexical de l'art. Complétez la carte mentale (▸ p. 153).

3. À l'aide du dictionnaire, traduisez les parties manquantes.

Approfondir

4. **PORTFOLIO** Rapprochez l'histoire de cette statue et son développement dans le film de Phillipe de Broca, *On a volé la cuisse de Jupiter* (1980) : hatier-clic.fr/21lat806.

5. Faites une recherche sur l'évolution de la représentation de Vénus à travers l'histoire de l'art.

+PROF
Développement urbain de Pompéi (conférence Collège de France)

L'art pompéien

Les fresques de Pompéi sont parmi les plus célèbres car les mieux conservées grâce à la catastrophe qui s'y est déroulée, la lave les protégeant de toutes les affres du temps.

Un panorama unique de fresques romaines

- **Les fouilles de Pompéi** et des alentours mettent au jour un **grand nombre de fresques** dont les dates de réalisation s'échelonnent entre le **IIe siècle avant J.-C.** et **l'an 79**. Elles offrent un panorama unique de l'évolution de cet art.
- À la fin du XIXe siècle, l'**archéologue** allemand **August Mau** classe les peintures pompéiennes selon des **catégories formelles et chronologiques**, qu'il appelle **styles**.

Premier style : du IIe au début du Ier siècle avant J.-C.

- Le **premier style** apparaît au IIe siècle avant J.-C. Dépourvu d'éléments figuratifs, il a pour origine le **monde hellénistique oriental** et ses décorations en grandes **dalles de marbre**, dont il reproduit les éléments par de simples revêtements de **stuc polychromes** imitant des marbres de différentes couleurs.
Des **tableaux de peinture** sur **panneaux de bois** (peints en atelier, aujourd'hui disparus) étaient fixés dans les encadrements de stuc.

Fresque de la Villa Arianna à Stabiae, province de Naples (IIe siècle av. J.-C.).

Deuxième style : de 80 à 15 avant J.-C.

- Le **deuxième style** se situe vers la **fin de la République romaine**. On voit apparaître des frontons ou des colonnes peints en **perspective** ou en **trompe-l'œil** et de **grandes fenêtres** s'ouvrant sur des jardins, des scènes du quotidien ou des épisodes mythologiques. Les tableaux sont directement **peints sur les murs**.
Ce deuxième style évolue vers la représentation de vastes espaces de **scènes de paysages** ou de **mythologie**.

Fresque avec Silène de la Villa des Mystères à Pompéi (Ier siècle av. J.-C.).

Troisième style :
15 avant J.-C. à 50 après J.-C.

• Le **troisième style** apparaît au début du **règne d'Auguste**. Les éléments en trompe-l'œil ont disparu : le **décor** devient **plat**. Les murs sont divisés horizontalement et verticalement en **rectangles colorés**. Des **paysages idylliques** prennent place sur le **panneau central**.

Fresque de la Villa Poppaea à Oplontis, province de Naples (Ier siècle av. J.-C.).

Quatrième style :
50 à 79 après J.-C.

• Le **quatrième style** pompéien voit le retour de la **perspective** et du **trompe-l'œil**, mais en mêlant des éléments architecturaux à de petites figurines en trompe-l'œil dans des **scènes mythologiques** à caractère initiatique ou moral. Les **couleurs** sont **nettes**, avec de **vives oppositions chromatiques**.

Fresque représentant Hercule enfant étouffant les serpents, Maison des Vettii à Pompéi (Ier siècle ap. J.-C.).

L'art pompéien vous passionne ?

Choisissez un thème d'exposé que vous pourrez présenter en classe :

- Les fresques les plus célèbres de Pompéi
- Le rouge pompéien
- Une villa célèbre de Pompéi
- L'art de la fresque : technique et évolution

Consultez les liens :

Vidéo Fresque du boulanger hatier-clic.fr/21lat807

Vidéo Fresque de la chambre des Mystères hatier-clic.fr/21lat808

La statuaire grecque

Contrairement aux représentations stéréotypées auxquelles on l'a réduite, la sculpture connaît de nombreuses évolutions durant l'Antiquité.

Biton, statue de Polymédès d'Argos (VIe siècle av. J.-C.), marbre de Paros (haut. : 218 cm), Musée archéologique de Delphes, Grèce.

La période archaïque

• Du VIIIe au VIe siècle avant J.-C., la Grèce connaît la **période archaïque**, caractérisée par des **formes simples** et un peu **rigides** inspirées de l'**art égyptien**.

La statuaire égyptienne

Voici comment Diodore de Sicile parle de l'art égyptien.

Ceux-ci ne conçoivent pas comme les Grecs le plan de leurs statues d'après les vues de leur imagination ; car, après avoir arrangé et taillé leur pierre, ils exécutent leur ouvrage de manière que toutes les parties s'adaptent les unes aux autres jusque dans les moindres détails. C'est pourquoi ils divisent le corps humain en vingt et une parties un quart, et règlent là-dessus toute la symétrie de l'œuvre. Ainsi, après que les ouvriers sont convenus entre eux de la hauteur de la statue, ils vont faire chacun chez soi les parties qu'ils ont choisies ; et ils les mettent tellement d'accord avec les autres, qu'on en est tout étonné.

C'est ainsi que la statue d'Apollon à Samos fut exécutée conformément à la méthode égyptienne ; car elle est divisée en deux moitiés depuis le sommet de la tête jusqu'aux parties génitales et ces deux moitiés sont exactement égales. Ils soutiennent aussi que cette statue, représentant Apollon les mains étendues et les jambes écartées comme dans l'action de marcher, rappelle tout à fait le goût égyptien.

Diodore de Sicile (Ier s. av. J.-C.), *Bibliothèque historique*, I, 98, traduit du grec par F. Hoefer (1846).

Diadumène (Ier siècle ap. J.-C.), copie romaine de l'original grec de Polyclète (Ve siècle av. J.-C.), marbre (haut. : 185 cm), Musée archéologique national, Athènes.

L'art romain de la copie

On peut admirer des copies romaines du *Diadumène* de Polyclète au musée archéologique d'Athènes, mais aussi au Metropolitan Museum of Art de New York, au British Museum de Londres et même son torse et sa tête au Louvre ; on répertorie 60 copies de cette œuvre !

La période classique

• Au Ve siècle avant J.-C., dans un désir de représenter la **beauté idéale**, les artistes, à l'instar de Polyclète, se fondent sur des **rapports de proportions mathématiques** pour sculpter les nus masculins : c'est ce qu'on appelle le **canon** (κανών en grec signifiant « la règle »).

Le canon de la beauté grecque

Peu de sources nous sont parvenues, mais il aurait existé plusieurs canons. Le plus célèbre est celui établi par Polyclète : la tête entre sept fois dans le corps, trois fois dans le buste et trois fois entre le bassin et les pieds.

Laocoon et ses fils, marbre (vers 40 av. J.-C.), copie romaine d'une sculpture grecque en bronze (242 x 160 cm), Museo Pio-Clementino, Vatican, Rome.

La technique de la cire perdue

Avec la technique de « la cire perdue » inventée au VIe siècle avant J.-C., le bronze devient très vite le matériau privilégié des Grecs pour réaliser leurs statues. À partir d'un noyau d'argile enrobé de cire modelée par le sculpteur, on pouvait alors fabriquer un moule dans lequel couler la sculpture en bronze. Cependant, la plupart des chefs-d'œuvre en bronze grecs ont disparu et nous sont parvenus grâce aux copies en marbre des sculpteurs romains.

La période hellénistique

• Dernière période chronologique de la civilisation grecque antique, la **période hellénistique** s'étend de la mort d'Alexandre le Grand en 323 avant J.-C. à la défaite des royaumes grecs vaincus par les Romains jusqu'à la bataille d'Actium en 31 avant J.-C.. L'art hellénistique expose la représentation de la **souffrance humaine** et la **toute-puissance des dieux** ; il s'intéresse à la représentation du **corps en mouvement** et à l'**expression des sentiments**.

Pierre et Gilles (nés respectivement en 1950 et 1953), *Mercure* (2001), photographie peinte (117 x 87 cm), collection privée.

La sculpture antique vous passionne ?

▶ Choisissez un thème d'exposé que vous pourrez présenter en classe :

- Les sculpteurs grecs : Polyclète, Phidias, Lysippe de Sicyone, Praxitèle...
- La représentation du corps et de sa musculature dans l'art grec
- La représentation du corps dans les civilisations antiques (Égyptiens, Grecs, Romains...)
- La circulation des œuvres d'art dans le bassin méditerranéen pendant l'Antiquité
- L'usage de la couleur dans l'art statuaire antique
- La statuaire grecque, source d'inspiration de l'art contemporain : Pierre et Gilles, Léo Caillard...

Consultez les vidéos :

Vidéo Statues : la couleur hatier-clic.fr/21lat809

Vidéo Statues : la musculature hatier-clic.fr/21lat810

Les grandes bibliothèques de l'Antiquité

Les bibliothèques apparaissent avec le besoin d'organiser la conservation et le travail des textes. Elles répondent à un désir de concentration du savoir qui date d'Alexandre le Grand, repris par Rome dans tout l'Empire. Ces lieux dépendent généralement des pouvoirs religieux et politiques mais il existe aussi, à Rome notamment, des bibliothèques privées, fondées sur des initiatives individuelles, ouvertes au public dans une visée de prestige politique.

La bibliothèque d'Alexandrie

• La bibliothèque d'Alexandrie réunit les ouvrages les plus importants de l'Antiquité. Elle est fondée en 288 avant J.-C. par Ptolémée Ier Sôter, ancien général d'Alexandre le Grand. Devenu roi d'Égypte, il veut faire de la ville d'Alexandrie la capitale culturelle du monde antique.

• Il fait donc construire un **musée** (Museîon, le « palais des Muses ») abritant des activités d'enseignement et de recherche qui comprend également des **appartements** et un **réfectoire** pour les savants invités par le roi, des **jardins zoologiques et botaniques** pour leurs recherches, ainsi qu'une **bibliothèque** d'environ 400 000 volumes à ses débuts, dont l'objectif est de **rassembler dans un même lieu le savoir universel**.

• Le **fonds** se constitue de plusieurs manières : **ouvrages prêtés** par d'autres cités et **recopiés**, **achats**, mais surtout **livres contenus à bord des bateaux** qui font escale à Alexandrie. Ces derniers sont saisis, recopiés puis on garde l'original à la bibliothèque pour rendre la copie aux bateaux : ce mode d'acquisition est nommé le « **fonds des navires** ».

• Les **œuvres** de la Grèce classique sont **commentées**, et les quelques ouvrages en d'autres langues (telle la Bible) sont **traduits** en grec, ce qui représente un immense travail et mobilise de nombreux intellectuels.

• Il ne faut pas s'imaginer la bibliothèque d'Alexandrie comme nos bibliothèques actuelles. Selon Strabon, les livres se trouvent dans des **niches** au sein même des murs, et des **portiques à colonnes** ainsi que des **jardins ombragés** permettent aux lecteurs de lire à l'extérieur tout en se promenant à l'abri du soleil : il ne faut pas oublier qu'on **lit à voix haute**, souvent au sein d'un groupe.

La bibliothèque de Pergame

• Au début du IIe siècle avant J.-C., à Pergame (Turquie actuelle), le roi Eumène II de Mysie fonde à son tour un **centre de recherche** qui concurrence la bibliothèque d'Alexandrie.

• Cette bibliothèque, associée au **temple d'Athéna** qui la jouxte, comprend **quatre salles**. La plus grande sert de salle de lecture et les trois autres à entreposer les ouvrages.

• De peur que cette nouvelle bibliothèque ne concurrence celle d'Alexandrie, l'Égypte interdit l'exportation de papyrus. Pergame développe la **technique du parchemin** (dont l'origine étymologique est « pergamus », peau de Pergame).

Les bibliothèques à Rome

• Sous Auguste, Rome compte trois grandes bibliothèques ; en 377, elle en compte vingt-huit. Elles sont souvent intégrées aux **thermes**. Vitruve, qui s'intéresse à la construction de ce genre d'édifice, recommande qu'il soit orienté vers l'est afin de capter la lumière du matin et de réduire l'humidité susceptible d'endommager les livres.

• Dès la République, à Rome, l'**hellénisation progressive des élites romaines** conduit de **riches particuliers** à doter leurs maisons de bibliothèques dont le fonds se constitue par le **commerce** et le **pillage**. Ces bibliothèques, souvent situées à côté du triclinium de la domus, demeurent des **structures privées**, réservées aux propriétaires des lieux. Cependant, certaines sont **ouvertes au public** et favorisent le développement de structures publiques de conservation et de consultation des ouvrages.

La bibliothèque de Scipion

• Après sa victoire sur Carthage, Scipion est contraint par le Sénat à détruire les bibliothèques de la ville. En revanche, à l'issue de la **guerre de Macédoine** (172-168 av. J.-C.), il s'accapare la **bibliothèque du roi Persée** comme butin personnel et offre à son entourage un accès unique à des textes grecs auparavant inaccessibles.

La bibliothèque de Sylla

• En 86 avant J.-C., lors de la **prise d'Athènes**, Sylla s'approprie la **bibliothèque d'Apellicon**, qui rassemble les collections d'Aristote et de Théophraste et joue un rôle majeur dans la diffusion de la **doctrine péripatéticienne** à Rome. Mais comme la bibliothèque de Sylla est privée, Tyrannion, célèbre grammairien, doit négocier avec le bibliothécaire de Sylla pour avoir accès aux textes et pouvoir en établir un catalogue. Sylla lègue ensuite cette bibliothèque à son fils, Faustus Cornelius Sylla. Cicéron, en 55 avant J.-C., y consulte les ouvrages dont il a besoin.

Reconstitution virtuelle de la Bibliothèque de la cité antique de Pergame (Turquie).

La bibliothèque de Lucullus (▸ p. 157)

• Enfin, la bibliothèque fondée par **Lucullus**, alimentée par des **pillages** exercés lors de son proconsulat du Pont, marque une étape importante dans l'installation de bibliothèques publiques à Rome. Située dans sa propriété du Latium, elle est non seulement **accessible à ses proches**, mais également **à tous les lettrés de passage à Rome**. Elle offre un espace de travail qui reprend la forme de la bibliothèque de Pergame, annonçant par ses jardins et ses galeries pour converser en se promenant, ainsi que par ses salles de travail pour accueillir les lecteurs, les futures bibliothèques publiques romaines.

Les apports de l'archéologie

• **La bibliothèque de la Villa des Papyrus** d'Herculanum est la seule qui nous soit parvenue, **conservée en l'état** grâce à l'éruption du Vésuve de 79. Dans une petite pièce presque carrée de 3,20 m de côté environ, éclairée par une ouverture donnant sur un péristyle dominant la mer, des **niches** logées dans les parois occupent la quasi-totalité des trois murs aveugles. Elles accueillent les **rouleaux**, qui y sont rangés côte à côte (l'étiquette-titre tournée vers l'extérieur), sur **plusieurs épaisseurs**. Au centre de la pièce se trouve un meuble bas en bois.

• Cette modeste salle pourrait avoir abrité **six à sept cents rouleaux**, chiffre considérable pour une bibliothèque privée. On a par ailleurs découvert dans cette même pièce plusieurs petits **bustes en bronze d'auteurs**, qui signalaient clairement aux usagers dans quelle étagère étaient rangées les œuvres de tel ou tel auteur.

• Des **papyrus carbonisés** nous sont parvenus ; les papyrologues tentent de les déchiffrer grâce aux plus récentes innovations technologiques. hatier-clic.fr/21lat811

Les bibliothèques antiques vous passionnent ?

▸ Choisissez un thème d'exposé que vous pourrez présenter en classe :

- Rangement et catalogage à la bibliothèque d'Alexandrie
- Zénodote d'Éphèse
- Hypatie

Consultez les sites :

Site Zénodote hatier-clic.fr/21lat812

Site Hypatie hatier-clic.fr/21lat813

Grand oral

▸ 1. Internet est-il « la bibliothèque d'Alexandrie » du monde contemporain ?

• *Spécialités* : LLCA + Numérique et sciences informatiques/ Histoire-géographie, géopolitique et sciences politiques/ Humanités, littérature et philosophie

▸ 2. Pourquoi l'être humain éprouve-t-il la nécessité de compiler toutes les connaissances de l'humanité ?

• *Spécialités* : LLCA + Sciences économiques et sociales/ Histoire-géographie, géopolitique et sciences politiques/ Humanités, littérature et philosophie

Bibliothèques singulières

Présentées comme la vitrine d'une réussite sociale, les bibliothèques sont aussi des lieux propices à l'imaginaire, offrant à celui qui sait s'en saisir l'accès vers d'autres mondes.

TEXTE 1 Colette : Lire et grandir

Dans son autobiographie, Colette se souvient de la bibliothèque de son enfance.

Je n'ai qu'à fermer les yeux pour revoir, après tant d'années, cette pièce maçonnée de livres. Autrefois, je les distinguais aussi dans le noir. Je ne prenais pas de lampe pour choisir l'un d'eux, le soir, il me suffisait de pianoter le long des rayons. Détruits, perdus et volés, je les dénombre encore. Presque tous m'avaient vue naître.

Il y eut un temps où, avant de savoir lire, je me logeais en boule entre deux tomes du Larousse comme un chien dans sa niche. Labiche et Daudet[1] se sont insinués, tôt, dans mon enfance heureuse, maîtres condescendants qui jouent avec un élève familier. Mérimée[1] vint en même temps, séduisant et dur, et qui éblouit parfois mes huit ans d'une lumière inintelligible. *Les Misérables* aussi, oui, les *Misérables* — malgré Gavroche ; mais je parle là d'une passion raisonneuse qui connut des froideurs et de longs détachements. Point d'amour entre Dumas[1] et moi, sauf que le *Collier de la Reine* rutila, quelques nuits, dans mes songes, au col condamné de Jeanne de la Motte. Ni l'enthousiasme fraternel, ni l'étonnement désapprobateur de mes parents n'obtinrent que je prisse de l'intérêt aux Mousquetaires…

De livres enfantins, il n'en fut jamais question. Amoureuse de la Princesse en son char, rêveuse sous un si long croissant de lune, et de la Belle qui dormait au bois, entre ses pages prostrée ; éprise du Seigneur Chat botté d'entonnoirs[2], j'essayai de retrouver dans le texte de Perrault les noirs de velours, l'éclair d'argent, les ruines, les cavaliers, les chevaux aux petits pieds de Gustave Doré[3] ; au bout de deux pages je retournais, déçue, à Doré. Je n'ai lu l'aventure de la Biche, de la Belle, que dans les fraîches images de Walter Crane[4]. Les gros caractères du texte couraient de l'un à l'autre tableau comme le réseau de tulle uni qui porte les médaillons espacés d'une dentelle.

Colette (1873-1954), *La Maison de Claudine*

1. **Daudet, Labiche, Mérimée, Dumas** : auteurs du XIXe siècle. • 2. conte de Perrault dans lequel un chat porte des bottes au talon à la forme d'entonnoir. • 3. **Gustave Doré** : illustrateur du XIXe siècle.
4. **Walter Crane** : illustrateur anglais (1845-1915).

TEXTE 2 Zafón : La mémoire des livres

Barcelone. Été 1945. Le narrateur, Daniel, est conduit par son père qui est libraire dans le Cimetière des Livres Oubliés.

– La coutume veut que la personne qui vient ici pour la première fois choisisse un livre, celui qu'elle préfère, et l'adopte, pour faire en sorte qu'il ne disparaisse jamais, qu'il reste toujours vivant. C'est un serment très important. Pour la vie. Aujourd'hui, c'est ton tour.

Durant presque une demi-heure, je déambulai dans les mystères de ce labyrinthe qui sentait le vieux papier, la poussière et la magie. Je laissai ma main frôler les rangées de reliures exposées, en essayant d'en choisir une. J'hésitai parmi les titres à demi effacés par le temps, les mots dans des langues que je reconnaissais et des dizaines d'autres que j'étais incapable de cataloguer. Je parcourus des corridors et des galeries en spirale, peuplés de milliers de volumes qui semblaient en savoir davantage sur moi que je n'en savais sur eux. Bientôt, l'idée s'empara de moi qu'un univers infini à explorer s'ouvrait derrière chaque couverture tandis qu'au-delà de ces murs le monde laissait s'écouler la vie en après-midi de football et en feuilletons de radio, satisfait de n'avoir pas à regarder beaucoup plus loin que son nombril. Est-ce à cause de cette pensée, ou bien du hasard ou de son proche parent qui se pavane sous le nom de destin, toujours est-il que, tout d'un coup, je sus que j'avais déjà choisi le livre que je devais adopter. Ou peut-être devrais-je dire le livre qui m'avait adopté. Il se tenait timidement à l'extrémité d'un rayon, relié en cuir lie-de-vin, chuchotant son titre en caractères dorés qui luisaient à la lumière distillée du haut de la coupole. Je m'approchai de lui et caressai les mots du bout des doigts, en lisant en silence :

L'Ombre du Vent

Julian Carax

Je n'avais jamais entendu mentionner ce titre ni son auteur, mais cela n'avait pas d'importance. La décision était prise. Des deux côtés. Je pris le livre avec les plus grandes précautions et le feuilletai, en faisant voleter les pages. Libéré de sa geôle, il laissa échapper un nuage de poussière dorée. Satisfait de mon choix, je rebroussai chemin dans le labyrinthe, le volume sous le bras, le sourire aux lèvres. Peut-être avais-je été ensorcelé par l'atmosphère magique du lieu, mais j'avais la certitude que ce livre m'avait attendu pendant des années, probablement bien avant ma naissance.

Carlos Ruiz Zafón (1964-2020), *L'Ombre du Vent*, traduit de l'espagnol par F. Maspero

1. Quelle représentation de la bibliothèque et quel rapport au livre chaque texte dévoile-t-il ?

2. PORTFOLIO Confrontez les représentations du livre dans les textes de Zafón et de Colette à celles des textes de la séquence (Vitruve, Sénèque, Aulu-Gelle et Xénophon (▸ p. 154-155 et 158-159).

L'homme, le monde, le destin

Michel-Ange (1475-1564), *La Sibylle cuméenne* (1510), fresque (375 x 380 cm), Chapelle Sixtine, Vatican, Rome.

À travers mythes, œuvres littéraires et philosophiques, l'homme antique réfléchit sur le hasard et la nécessité, sur la fatalité ou la part de liberté accordée à chacun. Cette réflexion est perceptible dès la façon de penser l'origine du monde. En effet, quelle place les dieux occupent-ils dans la création du monde et son évolution ? Comment providence et destin marquent-ils la vie des humains ?

Les dieux ne restent pas muets : la fatalité se fait entendre à travers les rêves ou la voix des oracles et des prophètes. Elle frappe de façon souvent terrible la lignée de familles entières ou de simples individus, héros et héroïnes privilégiés du spectacle théâtral. Et si les humains n'étaient que les acteurs d'un drame écrit d'avance, plus ou moins conscients de leur rôle ? L'idée baroque de *theatrum mundi* trouve sa source dans ce questionnement antique.

Genèse et cosmogonie

Le mythe, c'est-à-dire l'imagination, et la raison, c'est-à-dire la réflexion, envisagent chacun à leur manière la création du monde.

Les deux approches sont-elles si différentes ? Quels germes de fatalité peuvent être enfouis dans la genèse du monde ? → Textes p. 174 à 177

Les voix du destin

La tragédie humaine ne serait pas aussi forte si les humains n'étaient pas avertis par différents signes envoyés par les dieux. Les rêves parlent ; des êtres extraordinaires transmettent les messages divins.

Ces voix du destin sont-elles toujours audibles ? Changent-elles le cours des événements ? → Textes p. 178 à 181

Mythe et théâtre

Les victimes du destin, héros et familles maudits, sont les premiers acteurs et actrices des drames antiques.

Ces personnages frappés de malédiction sont-ils toujours coupables ? Sont-ils restés des sortes de modèles, d'archétypes, dans notre monde ? → Textes p. 182 à 185

Le « grand théâtre du monde »

Les humains sont trompés par les dieux qui, pour ajouter à leur supplice, leur révèlent ensuite la vérité, sur un ton parfois comique, le plus souvent tragique.

Devant toutes ces histoires et ces destins dramatiques, comment ne pas comparer la vie à un théâtre ? → Textes p. 186 à 189

DOSSIER 1

SPÉCIALITÉ

Genèse et cosmogonie

Les Anciens pensent l'origine du monde par l'invention et la diffusion des mythes.

TEXTE 1

hatier-clic.fr/21lat901 Texte en latin et Bac > PARTIE 1

+PROF
Corrigés

Dans Les Métamorphoses, *Ovide recense toutes les transformations de la mythologie. Il commence par la première de toutes : celle du chaos en monde organisé.*

Avant la mer, la terre et le ciel qui couvre tout, la nature, dans l'univers entier, offrait un seul et même aspect ; on l'a appelé le chaos ; ce n'était qu'une masse informe et confuse, un bloc inerte, un entassement d'éléments mal unis et discordants. Il n'y avait pas encore de Titan[1] pour donner sa lumière au monde ; Phébé[2] ne réparait pas les cornes nouvelles de son croissant ; la terre n'était pas suspendue dans l'air environnant ni équilibrée par son propre poids ; Amphitrite[3] n'avait pas étendu ses bras tout le long des rivages. Partout où il y avait de la terre, il y avait aussi de la mer et de l'air ; ainsi la terre était instable, la mer impropre à la navigation, l'air privé de lumière ; aucun élément ne conservait sa forme, chacun d'eux était un obstacle pour les autres, parce que dans un seul corps le froid faisait la guerre au chaud, l'humide au sec, le mou au dur, le pesant au léger.

Un dieu et une nature plus clémente, mirent fin à cette lutte ; il sépara du ciel la terre, de la terre les eaux et il assigna un domaine au ciel limpide, un autre à l'air épais. Après avoir débrouillé ces éléments et les avoir tirés de la masse ténébreuse, en attribuant à chacun une place distincte, il les unit par les liens de la concorde et de la paix. La substance ignée[4] et impondérable de la voûte céleste s'élança et se fit une place dans les régions supérieures. L'air est ce qui en approche le plus par sa légèreté et par sa situation ; la terre, plus dense, entraîna avec elle les éléments massifs et se tassa sous son propre poids ; l'eau répandue alentour occupa la dernière place et emprisonna le monde solide.

Lorsque le dieu, quel qu'il fût, eut ainsi partagé et distribué l'amas de la matière, lorsque de ses différentes parts il eut façonné des membres, il commença par agglomérer la terre, pour en égaliser de tous côtés la surface, sous la forme d'un globe immense.

Ovide (Ier siècle av. J.-C. – Ier siècle ap. J.-C.), *Les Métamorphoses*, I, 5-35, traduction de G. Lafaye

Mot concept

▸ **γένεσις : genèse ; naissance, origine.** Mot grec transcrit phonétiquement en latin (**genesis**) puis en français. Avec une majuscule, désigne le titre du premier livre de l'Ancien Testament (le livre de l'origine), puis de façon plus générale, la Création du monde par Dieu. Mots français issus de la même racine : gens, généreux, génétique...

1. **Titan** : désigne ici Hélios, le soleil.
2. **Phébé** : déesse associée à la lune.
3. **Amphitrite** : déesse de la mer.
4. **ignée** : en feu.

VERS LE BAC > PARTIE 2

1. Faites des recherches sur les trois auteurs et leurs œuvres. À quel public (lecteur ou auditeur) ces textes peuvent-ils s'adresser ?
2. Identifiez la puissance créatrice du monde dans chaque texte ainsi que les procédés littéraires utilisés pour la décrire.
3. Comparez les éléments et les étapes. Pourquoi peut-on parler d'approche mythologique ?
4. **ESSAI** Comparez ces textes de genèse avec d'autres récits antiques (notamment la Genèse de l'Ancien Testament), ou avec des textes contemporains. Vous rédigerez un bref essai argumenté en vous appuyant sur des exemples variés.

Ressources

Littérature
- **V. Hugo**, *La Légende des siècles* (1859)
- **A. Rimbaud** : « Après le déluge », dans *Illuminations* (1886)
- **Récits de création** : Genèse, Popol Vuh...

Arts hatier-clic.fr/21lat902
- **Michel-Ange**, *La Création d'Adam* (1511-1512)

Film hatier-clic.fr/21lat903
- ***Tree of life***, de T. Malick (2011)

TEXTE 2

hatier-clic.fr/21lat904 Texte en grec

Hésiode dresse, dans la Théogonie, *la généalogie des dieux en commençant par les premiers d'entre eux.*

Donc, avant tout, fut Abîme[1] ; puis Terre aux larges flancs, assise sûre à jamais offerte à tous les vivants, et Amour, le plus beau parmi les dieux immortels, celui qui rompt les membres et qui, dans la poitrine de tout dieu comme de tout homme, dompte le cœur et le sage vouloir.

D'Abîme naquirent Érèbe[2] et la noire Nuit. Et de Nuit, à son tour, sortirent Éther et Lumière du Jour. Terre, elle, d'abord enfanta un être égal à elle-même, capable de la couvrir tout entière, Ciel étoilé, qui devait offrir aux dieux bienheureux une assise sûre à jamais. Elle mit aussi au monde les hautes Montagnes, plaisant séjour des déesses, les Nymphes, habitantes des monts vallonnés. Elle enfanta aussi la mer inféconde aux furieux gonflements, Flot – sans l'aide du tendre amour. Mais ensuite, des embrassements de Ciel, elle enfanta Océan aux tourbillons profonds, – Coios, Crios, Hypérion, Japet[3] – Théia, Rhéia, Thémis et Mnémosyne[4], – Phoibé, couronnée d'or, et l'aimable Téthys. Le plus jeune après eux, vint au monde Cronos, le dieu aux pensers fourbes, le plus redoutable de tous ses enfants ; et Cronos prit en haine son père florissant.

Hésiode (VIIIe – VIIe siècles av. J.-C.), *Théogonie*, I, 116-138, traduit du grec par P. Mazon © Les Belles Lettres (2020).

1. **Abîme** : Chaos.
2. **Érèbe** : les Ténèbres.
3. **Coios, Crios, Hypérion, Japet** : les Titans.
4. **Théia, Rhéia, Thémis et Mnémosyne** : les Titanides.

TEXTE 3

Le narrateur partage la vie de bergers de Provence, pour découvrir leurs secrets. Une nuit, autour d'un feu, l'un d'eux raconte l'histoire des origines du monde.

Écoutez, bergers :

Les mondes étaient dans le filet du dieu comme des thons dans la madrague[1] :

Des coups de queue et de l'écume ; un bruit qui sonnait en faisant partir du vent de chaque côté.

Le dieu avait du ciel jusqu'aux genoux.

De temps en temps, il se penchait, il prenait du ciel dans ses mains ; ça lui coulait entre les doigts. C'était blanc comme du lait. C'était plein de bêtes comme un gros ruisseau de fourmis. Et, là-dedans, des images s'éclairaient puis s'éteignaient comme les choses qui vivent dans les rêves.

Le dieu se lavait tout le corps avec du ciel. Doucement pour s'habituer au froid de la vie. Il avait le ventre sensible. Parce que tout se faisait dans son ventre.

Après, il se mit à marcher dans le ciel jusqu'à l'endroit où c'était plus profond que lui, où il n'avait plus pied, et il se mit à nager. Sa grande main se levait et plongeait comme une cuiller ; ses grands pieds piochaient comme des pioches avec les ongles en avant. Il était tout suivi d'un remous de longues herbes arrachées. Après un peu, il ne fut plus, loin, là-bas, que comme une île avec de l'écume.

Il s'en allait parce que le commencement était fini.

Jean Giono (1895-1970), *Le Serpent d'étoiles* © Éditions Grasset (1933).

1. **madrague** : filet de pêche.

DOSSIER 1

SPÉCIALITÉ

Genèse et cosmogonie

C'est aussi par la raison, à travers le développement de la philosophie, que les Anciens pensent l'origine du monde.

TEXTE 4

hatier-clic.fr/21lat905 Texte en latin et Bac > PARTIE 1

+PROF Corrigés

En écrivant De rerum natura, *Lucrèce veut faire comprendre rationnellement tous les phénomènes naturels pour débarrasser les hommes de leurs superstitions. Il explique sa théorie sur l'origine de l'univers dans le livre I.*

Cette terreur et ces ténèbres de l'âme, il faut donc que les dissipent non les rayons du soleil ni les traits lumineux du jour, mais la vue de la nature et son explication.

Le principe que nous poserons pour débuter, c'est que rien n'est jamais créé de rien par l'effet d'un pouvoir divin. Car si la crainte tient actuellement tous les mortels asservis[1], c'est qu'ils voient s'accomplir sur terre et dans le ciel maint phénomène dont ils ne peuvent aucunement apercevoir la cause, et qu'ils attribuent à la puissance divine. Aussi dès que nous aurons vu que rien ne peut être créé de rien, nous pourrons ensuite mieux découvrir l'objet de nos recherches, et voir de quels éléments chaque chose peut être créée et comment tout s'accomplit sans l'intervention des dieux.

Car si de rien pouvait se former quelque chose, de toutes choses pourrait naître toute espèce, rien n'aurait besoin de semence. De la mer pourraient soudain sortir les hommes, de la terre la gent à écailles[2], et du ciel s'élanceraient les oiseaux : bestiaux gros et petits, bêtes sauvages de toute espèce, engendrés au hasard, occuperaient indifféremment lieux cultivés et déserts. Sur les arbres, les fruits ne demeureraient pas les mêmes, mais changeraient ; tous pourraient tout produire. En effet, puisqu'il n'y aurait point d'éléments fécondants propres à chaque espèce, comment les choses ne pourraient-elles se former que dans une mère déterminée ? Mais en réalité comme tous les corps doivent leur création à des germes spécifiques, aucun ne peut naître et aborder aux rives de la lumière ailleurs qu'au lieu où se trouvent la matière et les corps premiers qui lui sont propres. Et c'est ainsi que tout ne peut être engendré de tout, puisque chaque objet déterminé possède des propriétés distinctes.

Lucrèce (Ier siècle av. J.-C.), *De rerum natura*, I, 146-159, traduction d'A. Ernout

Mot concept

▶ χάος (khaos) : exprime l'idée d'une profondeur vide et ouverte ; élément primitif, qui existe avant tous les dieux, opposé à toute stabilité offerte par la naissance du monde et des dieux. Actuellement, a le sens de désordre complet et absolu.

1. **asservis** : réduits en esclavage (par la crainte).
2. **la gent à écailles** : les bêtes à écailles.

VERS LE BAC > PARTIE 2

1. À quelle école ou mouvement philosophique chacun de ces auteurs est-il rattaché ?
2. Dans quelle perspective ces textes ont-ils été écrits ? Didactique ou poétique ? Quels types de raisonnement y sont employés ?
3. Quelle position chacun de ces textes prend-il par rapport à Dieu ou au divin ?
4. ESSAI Confrontez ces textes ainsi que d'autres textes ou œuvres expliquant l'origine du monde de façon mythologique, religieuse ou rationnelle. Vous rédigerez un bref essai argumenté en vous appuyant sur des exemples variés.

Ressources

(> *voir aussi p. 174*)

Sciences
- **F. Combes**, *Le Big Bang* (2019)

Arts
- **J. Bosch**, *La Création du monde* (1504)

TEXTE 5

hatier-clic.fr/21lat906 Texte en grec

Dans la Métaphysique, *Aristote formule une hypothèse sur la formation du monde.*

Il ne faut donc pas dire que pendant un temps indéfini le chaos et la nuit existaient seuls. Le monde est de tout temps ce qu'il est (soit qu'il y ait des retours périodiques, soit qu'une autre doctrine ait raison), si l'acte est antérieur à la puissance. Or, si la succession périodique des choses est toujours la même, il doit y avoir un être dont l'action demeure éternellement la même. Ce n'est pas tout : pour qu'il puisse y avoir production, il faut qu'il y ait un autre principe éternellement agissant, tantôt dans un sens, tantôt dans un autre sens. Il faut donc que ce nouveau principe agisse, sous un point de vue, en soi et pour soi, sous un autre point de vue, par rapport à autre chose ; et cette autre chose, c'est ou bien quelque autre principe, ou bien le premier principe. C'est nécessairement en vertu du premier principe qu'agit toujours celui dont nous parlons, car le premier principe est la cause du second, et aussi de cet autre principe par rapport auquel le second pourrait agir. Le premier principe est donc aussi le meilleur. C'est lui qui est la cause de l'éternelle uniformité, tandis que l'autre est la cause de la diversité : les deux réunis sont évidemment la cause de la diversité éternelle. C'est ainsi qu'ont lieu les mouvements. Qu'est-il donc besoin de chercher d'autres principes ?

Aristote (IVe siècle av. J.-C.), *Métaphysique*, L, 6, traduit du grec par A. Pierron et C. Zévort (1840).

Hieronymus Bosch (1450-1516), *La Création du monde*, volets fermés du triptyque *Le Jardin des plaisirs terrestres* (1500), grisaille sur bois (220 x 195 cm), Musée du Prado, Madrid.

TEXTE 6

Buffon publie, de 1749 à 1804, une Histoire naturelle *où il récapitule toutes les connaissances de son époque sur les sciences.*

Une seule chose arrête, et est en effet indépendante de cette théorie[1], c'est la force d'impulsion ; l'on voit évidemment que celle d'attraction tirant toujours les planètes vers le Soleil, elles tomberaient en ligne perpendiculaire sur cet astre, si elles n'en étaient éloignées par une autre force, qui ne peut être qu'une impulsion en ligne droite, dont l'effet s'exercerait dans la tangente de l'orbite, si la force d'attraction cessait un instant. Cette force d'impulsion a certainement été communiquée aux astres en général par la main de Dieu, lorsqu'elle donna le branle à l'Univers ; mais comme on doit, autant qu'on peut en physique s'abstenir d'avoir recours aux causes qui sont hors de la nature[2], il me paraît que dans le Système solaire on peut rendre raison de cette force d'impulsion d'une manière assez vraisemblable, et qu'on peut en trouver une cause dont l'effet s'accorde avec les règles de la mécanique, et qui d'ailleurs ne s'éloigne pas des idées qu'on doit avoir au sujet des changements et des révolutions qui peuvent et doivent arriver dans l'Univers.

Buffon (1707-1788), *Histoire naturelle, générale et particulière*, Tome premier, *Théorie de la Terre* (1749) *Preuves de la théorie de la Terre* – Article I – « De la formation des planètes ».

1. Buffon a rappelé la théorie de l'ordre de l'Univers : rien ne se passe au hasard et tout a une cause rationnelle. Il lui reste à réfléchir sur la première cause.
2. Ici, Dieu est dissocié de l'idée de nature.

Les voix du destin

C'est souvent à travers les songes de la nuit que les dieux révèlent aux humains leur destinée.

TEXTE 1

hatier-clic.fr/21lat907 Texte en latin et Bac > PARTIE 1

De nombreux prodiges annoncèrent à Jules César sa violente mort prochaine. Suétone les énumère à la fin de son livre consacré au divus Julius.

Quelques mois auparavant, comme les colons conduits à Capoue en vertu de la loi Julia démolissaient des tombeaux très anciens pour construire des maisons de campagne et le faisaient avec d'autant plus d'ardeur qu'ils découvraient en les explorant une quantité de vases d'un travail ancien, on trouva dans le sépulcre où, disait-on, était enseveli Capys, le fondateur de Capoue, une tablette de bronze portant une inscription en langue et en caractères grecs, dont voici le sens : « Quand on aura découvert les ossements de Capys, un descendant d'Iule[1] tombera sous les coups de ses proches et bientôt l'Italie expiera sa mort par de terribles désastres. » L'on ne peut considérer cette histoire comme un conte de pure invention, car elle est garantie par Cornelius Balbus, un ami très intime de César. Les derniers jours (avant sa mort), César apprit que les troupes de chevaux, qu'en franchissant le Rubicon il avait consacrées au dieu du fleuve et laissé errer sans gardien, se privaient obstinément de nourriture et versaient d'abondantes larmes. De plus, tandis qu'il sacrifiait, l'haruspice Spurinna l'avertit « de prendre garde à un péril qui ne serait pas reculé au-delà des ides de Mars ». La veille de ces mêmes ides, un roitelet portant un rameau de laurier volait vers la curie de Pompée, lorsque des oiseaux de différentes espèces quittant les arbres voisins le poursuivirent et le mirent en pièces dans cette même salle. Durant la nuit qui précéda le meurtre, César lui-même se vit en songe tantôt volant au-dessus des nues, tantôt serrant la main à Jupiter ; de son côté, sa femme Calpurnie rêva que le faîte de leur maison s'écroulait et que son mari était percé de coups entre ses bras ; puis tout à coup, la porte de leur chambre à coucher s'ouvrit d'elle-même.

Suétone (Ier – IIe siècles ap. J.-C.), *Vies des douze Césars*, tome I, Divus Julius, LXXXI, traduction de H. Ailloud © Les Belles Lettres (1981).

1. **Iule** : surnom d'Ascagne, fils d'Énée et fondateur mythique de la gens Julia, à laquelle appartient Caius Julius Caesar.

TEXTE 2

hatier-clic.fr/21lat908 Texte en grec

Alexandre le Grand est né en juillet 356 avant J.-C. Dès sa conception, Zeus s'est manifesté pour faire comprendre à ses parents (Olympias, sa mère, et Philippe, son père) que l'enfant à venir serait extraordinaire.

La nuit qui précéda celle de leur entrée dans la chambre nuptiale, Olympias songea qu'à la suite d'un grand coup de tonnerre, la foudre était tombée sur elle et avait allumé un grand feu, qui, après s'être divisé en plusieurs traits de flamme, se dissipa promptement. Philippe, de son côté, quelque temps après son mariage, songea qu'il scellait[1] le sein de sa femme et que le cachet portait l'empreinte d'un lion. Les devins, regardant ce songe comme suspect, conseillèrent à Philippe de veiller avec soin sur sa femme ; mais Aristandre de Telmesse dit que ce songe marquait la grossesse de la reine ; « car, ajouta-t-il, on ne scelle point des vaisseaux vides ; et Olympias porte dans son sein un fils qui aura le courage d'un lion. » On vit aussi, pendant qu'Olympias dormait, un dragon étendu auprès d'elle ; et l'on prétend que ce fut surtout cette vision qui refroidit l'amour et les témoignages de tendresse de Philippe, qui depuis n'alla plus si souvent passer la nuit avec elle ; soit qu'il craignît de sa part quelques maléfices ou quelques charmes magiques, soit que par respect il s'éloignât de sa couche, qu'il croyait occupée par un être divin.

Plutarque (Ier – IIe siècles ap. J.-C.), *Vies des hommes illustres*, « Vie d'Alexandre le Grand », 2, traduit du grec par D. Ricard (1883).

1. **sceller** : ici, poser un sceau, une marque.

TEXTE 3

En 1904, lors d'une conférence dans une université américaine, Freud prononce cinq leçons où il explique les fondements de la psychanalyse, notamment la symbolique des rêves.

Par le rêve, c'est l'enfant qui continue à vivre dans l'homme, avec ses particularités et ses désirs, même ceux qui sont devenus inutiles. C'est d'un enfant, dont les facultés étaient bien différentes des aptitudes propres à l'homme normal, que celui-ci est sorti. Mais au prix de quelles évolutions, de quels refoulements, de quelles sublimations, de quelles réactions psychiques, cet homme normal s'est-il peu à peu constitué, lui qui est le bénéficiaire – et aussi, en partie, la victime – d'une éducation et d'une culture si péniblement acquises !

J'ai encore constaté, dans l'analyse des rêves (et je tiens à attirer votre attention là-dessus), que l'inconscient se sert, surtout pour représenter les complexes sexuels, d'un certain symbolisme qui, parfois, varie d'une personne à l'autre, mais qui a aussi des traits généraux et se ramène à certains types de symboles, tels que nous les retrouvons dans les mythes et dans les légendes. Il n'est pas impossible que l'étude du rêve nous permette de comprendre à leur tour ces créations de l'imagination populaire.

Sigmund Freud (1856-1939), *Cinq leçons sur la psychanalyse*, traduit de l'allemand par Y. Le Lay

Mot concept

▶ **somnium, somni**, n (ὄναρ en grec, à l'origine du français « onirique ») : **songe**, synonyme de rêve avec une connotation poétique.
Désigne les représentations imaginaires qui animent le sommeil et sont associées autant à l'illusion qu'à la vérité.

Ressources

Littérature

- **Homère**, *Iliade* (chant II, songe d'Agamemnon)
- **Eschyle**, *Les Perses* (songe d'Atossa)
- **J. Racine**, *Athalie* (1691) : songe d'Athalie
- **H. de Balzac**, *Louis Lambert* (1832)
- **M. Proust**, *Sodome et Gomorrhe* (1921-1922)
- **J. Cocteau**, *La Machine infernale* (1932)
- **M. Leiris**, *À cor et à cri* (1988)

Arts

- **J. H. Füssli**, *Le Cauchemar* (1781)
- **S. Dalí**, *Rêve causé par le vol d'une abeille autour d'une pomme-grenade, une seconde avant l'éveil* (1944)

Films hatier-clic.fr/21lat909

- ***Un chien andalou***, film de **L. Buñuel** (1929)
- ***Spellbound***, film d'**A. Hitchcock** (1948) : scène de rêve par Dalí
- ***Vertigo***, film d'**A. Hitchcock** (1958) : scène du cauchemar de Scottie
- ***Mulholland Drive***, film de **D. Lynch** (2001)

Johann Heinrich Füssli (1741-1825), *Le Cauchemar* (1781), huile sur toile (102 x 127 cm), Detroit Institute of Arts, États-Unis.

VERS LE BAC > PARTIE 2

1. Faites des recherches sur la société où évolue chaque auteur, et la carrière de chacun.
2. Quelles tonalités sont employées dans ces trois textes ? Appuyez-vous sur des exemples précis.
3. Les trois approches sont-elles comparables ? Quel changement majeur la théorie de Freud apporte-t-elle ?
4. **ESSAI** Analysez des rêves ou des scènes de rêves dans des œuvres artistiques et littéraires de différentes époques. Vous rédigerez un bref essai argumenté en vous appuyant sur les textes du corpus ainsi que sur d'autres exemples variés.

DOSSIER 1

SPÉCIALITÉ

Les voix du destin

Les dieux font entendre leurs voix à travers celles des devins et des prophètes.

TEXTE 4

hatier-clic.fr/21lat910 Texte en latin et Bac > PARTIE 1

Au cours du périple qui l'a vu partir de Troie ravagée, Énée se rend à Cumes, près de Naples, pour rencontrer une prophétesse, la Sibylle, et lui demander comment aller aux Enfers où il veut revoir son père qui lui donnera des conseils pour fonder son futur empire.

« Ce n'est pas le temps, dit-elle, de vous arrêter à ces vains spectacles : que n'avez-vous déjà immolé sept jeunes taureaux encore libres du joug, et autant de brebis choisies selon les rites ? » Elle dit, et les Troyens d'exécuter sur-le-champ ses ordres sacrés, et de la suivre au fond de son temple, où elle les appelle. C'est un antre immense creusé dans les flancs de la montagne de Cumes, et où conduisent cent larges chemins, cent vastes portes : de là s'élancent autant de voix retentissantes, réponses de la Sibylle. On était arrivé sur le seuil de la caverne, lorsque la vierge s'écrie : « Il est temps d'interroger les destins : le dieu vient, voici le dieu. » Elle parlait ainsi devant les portes, quand tout à coup son visage, ses traits se bouleversent, ses cheveux s'épanchent en désordre, sa poitrine halète, son sein se gonfle sous l'effort d'une rage divine : sa taille paraît grandir, et sa voix n'a plus rien d'une mortelle ; le dieu lui souffle de plus près l'esprit fatidique. « Énée, dit-elle, tu tardes à offrir tes vœux et tes prières ! tu tardes encore ! N'espère donc pas voir s'ouvrir pour toi les portes ébranlées de cette redoutable demeure. » À ces mots elle se tut ; une sainte horreur glaça les os des Troyens, et leur roi exhala cette prière du fond de son cœur : « [...] Et toi aussi, vénérable Sibylle, je te réserve un auguste sanctuaire dans mon empire : là je déposerai tes oracles et les secrets destins annoncés à ma race, et des prêtres consacrés par moi les conserveront. Seulement ne va pas confier tes arrêts éternels à des feuilles légères, de peur qu'elles ne s'envolent, vain jouet des vents rapides. Parle, parle toi-même, je t'en supplie. »

Virgile (Ier siècle av. J.-C.), *Énéide*, chant VI, traduction de C. Nisard (1868).

Mot concept

▶ **προφήτης** (le latin utilise augur, auguris, m) : **prophète**, nom formé de la préposition pro en préfixe (**devant, à la place de, avant**), et du radical grec qui signifie **parler**. Le prophète (ou la prophétesse) parle devant tous, à la place de(s) dieu(x), anticipe sur l'avenir et donne des conseils et des leçons de sagesse (opposé à « faux prophète »).
Le personnage du prophète tient une place importante dans les religions antiques juive et chrétienne, et fondamentale dans l'islam (Mahomet).

VERS LE BAC > PARTIE 2

1. Rappelez le lien entre l'écriture de l'*Odyssée* et celle de l'*Énéide* et l'importance de ces textes dans l'Antiquité.
Faites des recherches sur Barbey d'Aurevilly et ses conceptions littéraires.

2. Quelles caractéristiques rapprochent les devins de la divinité ?
Étudiez l'expression prophétique des textes, notamment les modes et les temps employés.

3. Comparez le contenu des trois prédictions. Quels sentiments les devins suscitent-ils dans ces trois textes ?

4. **ESSAI** Comment la parole prophétique peut-elle se manifester dans les périodes antiques et contemporaines ? Comparez divers types de discours prédisant l'avenir pour rédiger une réponse argumentée. Vous vous appuierez sur des exemples variés.

Ressources

Littérature

- **Eschyle**, *Agamemnon*.
- **Euripide**, *Les Troyennes* (Cassandre) et *Bacchantes* (v. 170-369)
- **Sophocle**, *Œdipe-roi* (Tirésias)
- **Homère**, *L'Iliade* (figure de Calchas, chant I, Xanthe, chant XIX)
- **la Bible** (parole de prophètes)
- **Molière**, *Dom Juan* (1665)
- **W. Beniamin**, *Sens unique* (1979)

Histoire hatier-clic.fr/21lat911

- **Discours contemporains** sur la société (par ex. Martin Luther King) et sur la catastrophe environnementale (par ex. Greta Thunberg)

Films hatier-clic.fr/21lat912

- ***Matrix***, film de L. et L. **Wachowski** (1999)

TEXTE 5

hatier-clic.fr/21lat913 Texte en grec

Après un sacrifice visant à faire revenir l'esprit des morts, Ulysse interroge le devin Tirésias, pour savoir comment rentrer chez lui.

Quand le devin irréprochable a bu le sang noir, il me dit : […]

« Tu arriveras dans ta patrie sur un navire étranger, et là tu seras encore menacé par de nouveaux malheurs ; car tu trouveras des hommes orgueilleux qui consumeront tes richesses, et qui, désirant s'unir à ta chaste épouse, lui offriront les présents des fiançailles ; mais toi, tu puniras leur insolence. Lorsque tu auras frappé de ton glaive, soit par ruse, soit ouvertement, tous ces fiers prétendants, empare-toi d'une brillante rame et navigue jusqu'à ce que tu trouves des peuples qui n'ont aucune connaissance de la mer, des peuples qui ne se nourrissent point d'aliments salés et qui ne possèdent ni navires aux rouges parois, ni rames éclatantes qui servent d'ailes aux vaisseaux. Je vais encore te donner un signe certain afin que tu ne te trompes pas. Quand un voyageur te demandera pourquoi tu portes un van[1] sur tes brillantes épaules, plante alors ta rame dans la terre, sacrifie à Neptune de belles victimes, un bélier, un sanglier mâle et un taureau ; puis retourne dans ta patrie et offre des hécatombes sacrées à tous les immortels habitants de l'Olympe. Longtemps après, la Mort cruelle, sortant du sein des mers, te ravira le jour au milieu d'une paisible vieillesse, et tu laisseras après toi, noble Ulysse, des peuples heureux. – Je t'ai dit la vérité. »

Homère (VIIIe siècle av. J.-C.), *Odyssée*, chant XI, traduit du grec par E. Bareste (1843).

1. **van** : outil qui sert à nettoyer les céréales.

Zeus consultant l'oracle de Delphes, intérieur d'une coupe en céramique (440 av. J.-C.), (haut. : 12,5 ; diam. : 32 cm), Antikensammlung, Berlin.

▸ Parmi les nombreux prophètes de l'Antiquité, la Pythie de Delphes est la plus connue.

TEXTE 6

Dans la campagne normande du début du XIXe siècle, un riche bourgeois, Thomas Le Hardouey, croise un berger qui lui montre son avenir dans un miroir : sa femme cuit son cœur à la broche.

« Guettez toujours », – disait le pâtre.

Et il se mit à prononcer tout bas des mots étranges, inconnus à maître Thomas Le Hardouey, qui tremblait à claquer des dents, d'impatience, de curiosité, et, malgré ses muscles et son dédain grossier de toute croyance, d'une espèce de peur surnaturelle. […]

« Allez ! guettez, ne vous lassez, – répétait toujours le berger qui tenait le miroir. […]

– Je ne sais pas, – dit Le Hardouey qui pantelait, – je ne sais pas… On dirait un cœur… Et, Dieu me damne ! je crois qu'il vient de tressauter sur la broche quand ma femme l'a piqué de la pointe de son couteau.

– Vère, c'est un cœur qu'ils cuisent, – fit le pâtre, – et ch'est le vôtre, maître Thomas Le Hardouey ! »

La vision était si horrible que Le Hardouey se sentit frappé d'un coup de massue à la tête, et il tomba à terre comme un bœuf assommé. En tombant, il s'empêtra dans les rênes de son cheval, qu'il retint ainsi du poids de son corps, lequel était fort et puissant. Pas de doute que, sans cet obstacle, le cheval épouvanté ne se fût sauvé en faisant feu des quatre pieds, comme disait mon ami Tainnebouy ; car depuis longtemps l'ombrageux[1] animal ressentait toutes les allures de la peur et se baignait dans son écume.

Barbey d'Aurevilly (1808-1889), *L'Ensorcelée* (1854).

1. ombrageux : colérique, irritable.

DOSSIER 1

SPÉCIALITÉ

Mythe et théâtre

La fatalité tragique se poursuit de génération en génération ; ceux et celles qui la subissent en sont conscients.

TEXTE 1

hatier-clic.fr/21lat914 Texte en latin et Bac > PARTIE 1

+PROF
Corrigés

Au début de la tragédie éponyme de Sénèque, Phèdre avoue qu'elle est atteinte d'un mal fatal.

Mais, plus forte, une autre douleur aggrave de sa pesanteur mon affliction. Ni repos nocturne ni profond assoupissement ne m'ont libérée de mes peines : mon mal se nourrit, croît, brûle en moi, tel le souffle de feu s'exhalant du cratère de l'Etna. Les toiles de Pallas[1] restent en repos, la laine glisse entre mes mains, incapables de la retenir ; je n'ai plus plaisir à honorer les temples de mes offrandes accompagnées de vœux, ni, parmi les autels, mêlée au chœur des femmes de l'Attique, à agiter les torches, confidentes des cérémonies secrètes, ni à m'adresser, en de saintes prières ou des rites pieux, à la déesse régnant sur la terre qu'on lui adjugée : ma joie est d'exciter les fauves, de les suivre à la course et de lancer de ma faible main les durs javelots. Où vas-tu, mon âme, pourquoi, dans ta folie, t'éprendre des bois ? Je reconnais le mal fatal de ma misérable mère : chez nous, l'amour a appris à commettre ses crimes dans les forêts. Ma mère, j'ai pitié de toi ! Saisie d'un mal abominable, tu as osé t'éprendre du chef farouche d'un sauvage bétail[2]. Menaçant, rebelle au joug, l'amant, chef d'un indomptable troupeau – mais il éprouvait quelque passion. Quel dieu, quel Dédale pourrait aider mes flammes, malheureuse que je suis ? Même au cas où il reviendrait, maître dans les arts du pays de Mopsopos[3], celui qui enferma dans une demeure obscure ce monstre, membre de notre famille, ne garantira nul secours à mes malheurs. Vénus poursuivant de sa haine la souche du Soleil qui lui est odieuse, se venge sur nous des chaînes qu'elle a portées avec son cher Mars, charge d'opprobres abominables toute la race de Phébus : aucune fille de Minos n'a connu d'amour sans drame, toujours un interdit divin y est mêlé.

Sénèque (Ier siècle ap. J.-C.), *Phèdre*, traduction de F. R. Chaumartin © Les Belles Lettres (1996).

Mot concept

▶ **hereditas, atis**, f : transmission de la part des parents ou ancêtres aux enfants (**heres, heredis : l'héritier**). Désigne aussi bien les caractères génétiques innés, des qualités morales, des comportements sociaux acquis, que le patrimoine matériel d'un point de vue légal. En littérature, exprime souvent la fatalité tragique.

1. **toiles de Pallas** : toiles tissées par Phèdre en l'honneur d'Athéna.
2. Phèdre est la fille de Pasiphaé, et la petite-fille du Soleil. Ce dernier a dévoilé les amours adultères de Mars et Vénus, qui se vengent en persécutant sa lignée. Pasiphaé tombe amoureuse d'un taureau et donne naissance au Minotaure.
3. désigne **Dédale**, architecte du Labyrinthe, la demeure du Minotaure.

VERS LE BAC > PARTIE 2

1. Quelles tragédies Sénèque a-t-il écrites et quel est leur rapport avec la philosophie antique ? Situez Eschyle dans l'histoire du théâtre. Quelles sont les caractéristiques de ses tragédies ? À quel mouvement littéraire le théâtre de Beckett est-il souvent rattaché ?
2. Relevez les marques textuelles de la fatalité tragique dans chaque texte.
3. Quels sentiments les différents héros éprouvent-ils ?
4. **ESSAI** Ces destins tragiques vous semblent-ils spécifiques des œuvres théâtrales écrites dans l'Antiquité ou dans la deuxième moitié du XXe siècle ? Vous rédigerez une réponse argumentée en vous appuyant sur des exemples variés.

Ressources

Littérature hatier-clic.fr/21lat915

- **Eschyle**, *L'Orestie*
- **Sophocle** et **Euripide** : théâtre
- **Sénèque**, *Médée*
- **J. Racine**, *Andromaque* (1667), *Phèdre* (1677) et *Bérénice* (1670)
- **A. de Musset**, *Lorenzaccio* (1834)
- **V. Hugo**, *Ruy Blas* (1838)
- **A. Tchékhov**, *La Mouette* (1896)
- **J. Giraudoux**, *La guerre de Troie n'aura pas lieu* (1935)
- **W. Mouawad**, *Incendies* (2003)

TEXTE 2

hatier-clic.fr/21lat916 Texte en grec

Pour venger la mort de sa fille Iphigénie, sacrifiée par son mari Agamemnon avant de partir à Troie, Clytemnestre a tué ce dernier, un des fils d'Atrée. Elle répond aux accusations du chœur.

Clytemnestre. – Plus juste maintenant, tu accuses le terrible Génie de cette race infortunée. C'est lui qui perpétue chez elle une soif inextinguible[1] de sang. Avant qu'une plaie se ferme, une autre vient s'ouvrir.

Le chœur. – Tu parles du Génie trop puissant qui opprime cette famille ! Triste souvenir d'une suite constante de malheurs, dont, hélas ! Jupiter tout-puissant est la cause ! Car enfin, qu'arrive-t-il aux mortels sans l'aveu de Jupiter ? De quoi les Dieux n'ont-ils pas ici disposé ?

Hélas ! hélas ! Ô Agamemnon ! ô mon roi ! Quelles larmes, quels regrets assez sincères te donnerai-je ? Tu es couché dans ce voile, privé du jour par un forfait impie et victime de la fraude ! Quelle indigne mort, ô Ciel ! la hache a tranché tes jours.

Clytemnestre. – Tu dis que c'est là mon ouvrage, l'ouvrage de son épouse ! Non, ce n'est point moi ; c'est le démon, vengeur du cruel festin d'Atrée[2], qui, empruntant mes traits, a puni sur un homme l'injuste massacre de deux enfants.

Le chœur. – Tu es innocente ! où en sont les témoins ? où sont-ils ? Qu'il vienne donc, ce démon, aider aussi à venger un père ? Mars ne fait couler ici le sang que par des parricides. Il s'en prépare un[3]. L'ombre de Thyeste, elle-même, en frémira.

Eschyle (Ve siècles av. J.-C.), *Agamemnon*, traduit du grec par La Porte du Theil (1795).

1. **inextinguible** : ici, qui ne peut pas être rassasiée.
2. Pour se venger de son frère Thyeste, coupable d'adultère avec son épouse, **Atrée** lui fit manger ses propres enfants.
3. **Oreste**, fils d'Agamemnon et de Clytemnestre, vengera son père en tuant sa mère.

TEXTE 3

Les premières lignes de Fin de partie *mettent en scène Hamm, un paralytique aveugle, et Clov, à la fois son valet et fils adoptif, qui veut le quitter sans y parvenir.*

Clov *(regard fixe, voix blanche)*. – Fini, c'est fini, ça va finir, ça va peut-être finir. *(Un temps.)* Les grains s'ajoutent aux grains, un à un, et un jour, soudain, c'est un tas, un petit tas, l'impossible tas. *(Un temps.)* On ne peut plus me punir. *(Un temps.)* Je m'en vais dans ma cuisine, trois mètres sur trois mètres sur trois mètres, attendre qu'il me siffle. *(Un temps.)* Ce sont de jolies dimensions, je m'appuierai à la table, je regarderai le mur, en attendant qu'il me siffle.

Il reste un moment immobile. Puis il sort. Il revient aussitôt, va prendre l'escabeau, sort en emportant l'escabeau. Un temps. Hamm bouge. Il bâille sous le mouchoir. Il ôte le mouchoir de son visage. Teint très rouge. Lunettes noires.

Hamm. – À – *(bâillements)* – à moi. *(Un temps.)* De jouer. *(Il tient à bout de bras le mouchoir ouvert devant lui.)* Vieux linge ! *(Il ôte ses lunettes, s'essuie les yeux, le visage, essuie les lunettes, les remet, plie soigneusement le mouchoir et le met délicatement dans la poche du haut de sa robe de chambre. Il s'éclaircit la gorge, joint les bouts des doigts.)* Peut-il y a – *(bâillements)* – y avoir misère plus... plus haute que la mienne ? Sans doute. Autrefois. Mais aujourd'hui ? *(Un temps.)* Mon père ? *(Un temps.)* Ma mère ? *(Un temps.)* Mon... chien ? *(Un temps.)* Oh je veux bien qu'ils souffrent autant que de tels êtres peuvent souffrir. Mais est-ce dire que nos souffrances se valent ? Sans doute. *(Un temps.)* Non, tout est a – *(bâillements)* – bsolu, *(fier)* plus on est grand et plus on est plein. *(Un temps. Morne.)* Et plus on est vide. *(Il renifle.)* Clov ! *(Un temps.)* Non, je suis seul. *(Un temps.)* Quels rêves – avec un s ! Ces forêts ! *(Un temps.)* Assez, il est temps que cela finisse, dans le refuge aussi. *(Un temps.)* Et cependant j'hésite, j'hésite à... à finir. Oui, c'est bien ça, il est temps que cela finisse et cependant j'hésite encore à – *(bâillements)* – à finir. *(Bâillements.)* Oh là là, qu'est-ce que je tiens, je ferais mieux d'aller me coucher. *(Il donne un coup de sifflet. Entre Clov aussitôt. Il s'arrête à côté du fauteuil.)* Tu empestes l'air ! *(Un temps.)* Prépare-moi, je vais me coucher.

Samuel Beckett (1906-1989), *Fin de partie*, extrait de la scène d'exposition © Éditions de Minuit (1957).

Mythe et théâtre

SPÉCIALITÉ

Innocent ou coupable, le héros tragique s'interroge sur sa culpabilité.

TEXTE 4

hatier-clic.fr/21lat917 Texte en latin et Bac > PARTIE 1

Octavie, épouse de Néron, est chassée et répudiée par son mari, qui lui préfère Poppée.

Octavie. – Où me traînez-vous, quel exil ont ordonné pour moi le tyran ou la reine ? Ainsi, brisée, désormais vaincue par tant de malheurs que je subis, me fait-elle grâce de la vie ? Si au contraire elle s'apprête, en me faisant assassiner, à mettre un comble à mes chagrins, pourquoi a-t-elle encore la cruauté de me refuser de mourir dans ma patrie ? Mais désormais il n'y a nul espoir de salut : pitoyable, je vois le vaisseau de mon frère[1]. Sur le navire, où naguère a été transportée sa mère, moi sa sœur, chassée de sa couche, je suis aussi pitoyablement transportée. La Piété n'a maintenant aucune force et il n'y a plus de dieu : la sinistre Érinys règne sur l'univers.

Qui peut pleurer dignement mes malheurs ? Quel rossignol peut avec ses plaintes faire écho à mes larmes[2] ? Ah ! si les destins donnaient des ailes à la malheureuse que je suis. Emportée par mes ailes d'oiseau, je fuirais mes chagrins, la sinistre société des hommes et le bestial carnage. Seule dans un bois désert, suspendue à une branche ténue, je pourrais de ma gorge plaintive répandre un chant d'affliction.

Le chœur. – La race mortelle est dirigée par les destins et ne peut promettre à lui-même rien de solide et de stable celui que le jour, toujours redoutable pour nous, roule à travers des vicissitudes diverses. Que raffermissent ton cœur les exemples, déjà nombreux, qu'a offerts votre maison : en quoi la Fortune est-elle plus cruelle à ton égard ? Toi[3], présente à notre mémoire, mère de si nombreux enfants, fille d'Agrippa, bru d'Auguste, épouse d'un César[3], toi dont le nom brilla avec éclat dans l'univers tout entier, maintes fois tu as porté et mis au monde des gages de paix, et peu après tu as souffert l'exil, les coups, les chaînes cruelles, les deuils, puis enfin la mort, après de longues tortures.

Pseudo Sénèque (auteur inconnu, date de composition estimée à la fin du Ier siècle ap. J.-C.), *Octavie*, traduction de F.-R. Chaumartin © Les Belles Lettres (1999).

Mot concept

▶ **fatum, i,** n : **destin,** fatalité qui dirige une existence vers une issue marquée d'avance. Un être prédestiné devient victime ou coupable sans pouvoir changer le cours de sa vie. Notion indissociable soit d'une présence toute puissante soit d'une vision de la vie où toute liberté est exclue, et où l'existence est déterminée par des facteurs biologiques ou sociologiques. À comparer avec le latin **fortuna, ae,** f qui contient à la fois l'idée de hasard et de destinée.

1. **Néron**, adopté par le père d'Octavie (l'empereur Claude), est son frère par alliance et son époux.
2. Évocation de **Philomèle**, jeune fille violée, puis métamorphosée en rossignol.
3. Il s'agit ici d'**Agrippine l'Aînée**, morte assassinée en exil, sur ordre de l'empereur Tibère.

VERS LE BAC > PARTIE 2

1. Quelle est l'originalité de la pièce *Octavie* dans la littérature latine ? Comment le théâtre est-il représenté à l'époque de Sophocle ? Pourquoi a-t-on parlé de la « bataille d'Hernani » en 1830 ?
2. Quels types de phrase utilisent surtout les héros et héroïnes ? Dans quel but ? L'expression progresse-t-elle ?
3. Les trois personnages réagissent-ils de la même façon face à leur destinée ?
4. **ESSAI** La fonction du théâtre antique, moderne et contemporain, est-elle de nous montrer le malheur fondamental de la condition humaine ? Rédigez un bref essai argumenté nourri d'exemples variés.

Ressources

Littérature hatier-clic.fr/21lat918

Exemples de différentes fonctions théâtrales :
- **Aristophane**, *L'Assemblée des femmes*
- **Plaute**, *Le Soldat fanfaron*
- **Molière**, *Le Bourgeois gentilhomme* (1670)
- **A. de Musset**, *On ne badine pas avec l'amour* (1834)
- **B. Brecht**, *L'Opéra de quat'sous* (1928)
- **A. Artaud**, *Le Théâtre et son double* (1938)
- **J.-P. Sartre**, *Huis clos* (1944)
- **E. Ionesco**, *La Cantatrice chauve* (1950)

TEXTE 5

hatier-clic.fr/21lat919 Texte en grec

Œdipe, aveugle errant, est accueilli par Thésée à Colone ; il répond ici à Créon qui veut le ramener à Thèbes et vient de lui rappeler ses crimes.

Œdipe. – Ô le plus impudent des hommes ! Qui penses-tu rendre odieux par ces paroles ? Est-ce moi, pauvre vieillard, ou bien toi-même, toi qui me reproches des meurtres, des incestes, des malheurs involontaires, envoyés par les dieux, irrités peut-être contre notre famille pour une ancienne offense ? Car tu ne saurais trouver dans ma vie aucun crime dont il fallût expier la honte par les horreurs accomplies sur moi-même et sur les miens. Quoi ! Si un oracle annonce à mon père qu'il mourra de la main d'un fils, comment, je te le demande, pourrais-tu m'en faire un crime, à moi qui n'étais pas encore conçu dans le sein de ma mère ? Et ensuite, s'il est prouvé, comme il l'est en effet, que mon malheur m'a poussé à combattre et à tuer mon père, sans savoir ce que je faisais et quelle était ma victime, peut-on me reprocher avec justice cette action involontaire ? Quant à ma mère, malheureux, tu ne rougis pas de me contraindre à parler de son hymen, et elle était ta sœur. Eh bien ! J'en parlerai, je ne tairai rien, puisque tu as osé commencer cette horrible histoire. Elle m'a donné le jour, ô comble d'infortune ! Oui, elle m'a donné le jour, sans que la mère ait connu le fils, ni le fils sa mère ; et après elle a, pour sa honte, donné des enfants à son propre fils. Ce que je sais trop bien, c'est que volontairement tu dévoiles sa honte et la mienne ; et moi, c'est malgré moi que je l'épousai, c'est malgré moi que j'en parle.

Sophocle (Ve siècle av. J.-C.), *Œdipe à Colone*, traduit du grec par M. Bellaguet (1883).

Sophocle, *Œdipe à Colone*, mise en scène de J.-P. Ronfard (2003), Espace GO / Théâtre du Trident, Québec.

TEXTE 6

Hernani, aristocrate espagnol révolté contre le roi, est amoureux de Doña Sol, mais il tente de la dissuader de partager son amour.

Hernani

Monts d'Aragon[1] ! Galice ! Estramadoure ! –
Oh ! je porte malheur à tout ce qui m'entoure ! –
J'ai pris vos meilleurs fils ; pour mes droits, sans remords
Je les ai fait combattre, et voilà qu'ils sont morts !
C'étaient les plus vaillants de la vaillante Espagne !
Ils sont morts ! ils sont tous tombés dans la montagne,
Tous sur le dos couchés, en braves, devant Dieu,
Et si leurs yeux s'ouvraient, ils verraient le ciel bleu !
Voilà ce que je fais de tout ce qui m'épouse !
Est-ce une destinée à te rendre jalouse ?

Victor Hugo (1802-1885), *Hernani*, acte III, scène 4, vers 969-978.

1. Aragon, Galice, Estramadoure sont des provinces du nord de l'Espagne.

Le « grand théâtre du monde »

Perdus face aux événements, les hommes ne savent plus distinguer vérité et illusion.

TEXTE 1

hatier-clic.fr/21lat920 Texte en latin et Bac > PARTIE 1

Jupiter a pris les traits d'un mortel, Amphitryon, absent, pour séduire son épouse ; Mercure a pris ceux de Sosie, le valet d'Amphitryon, pour monter la garde tandis que le dieu opère. Le véritable Sosie survient et se retrouve face à son double, qui lui reproche de revendiquer son identité.

MERCURE. – Cet homme est fou.

SOSIE. – Tu me gratifies de ton propre mal. Quoi, maudit animal ! est-ce que je ne suis pas Sosie, l'esclave d'Amphitryon ? Notre vaisseau ne m'a-t-il pas conduit ici, cette nuit, du port Persique ? Mon maître ne m'a-t-il pas envoyé ici ? N'est-ce pas moi que voilà debout devant notre maison ? N'ai-je pas une lanterne à la main ? Ne parlé-je pas ? Ne suis-je pas éveillé ? Cet homme ne m'a-t-il pas tout à l'heure pilé à coups de poing ? Vraiment, oui ; ma pauvre mâchoire ne s'en ressent que trop. Mais pourquoi tant tarder ? entrons chez nous.

MERCURE. – Chez vous ?

SOSIE. – Oui, bien sûr.

MERCURE. – Non, tu n'as dit que des mensonges. C'est moi qui suis Sosie, esclave d'Amphitryon. Notre vaisseau est parti cette nuit du port Persique, et nous avons pris la ville où régna Ptérélas, et nous avons défait les légions des Téléboens, et mon maître a tué de sa propre main Ptérélas dans le combat.

SOSIE. – Je m'en crois à peine, quand je l'entends parler de la sorte. C'est qu'il dit tous les faits, de point en point, exactement. Mais voyons. Sur le butin enlevé aux Téléboens, qu'a-t-on donné à Amphitryon ?

MERCURE. – La coupe d'or qui servait au roi Ptérélas dans ses repas.

SOSIE. – Voilà. Et où est-elle à présent ?

MERCURE. – Dans un coffret scellé du cachet d'Amphitryon.

SOSIE. – Et quel signe porte le cachet ?

MERCURE. – Un Soleil levant sur un quadrige. Pourquoi toutes ces questions insidieuses, bourreau ?

SOSIE *(à part)*. – Voilà des preuves convaincantes. Je n'ai plus qu'à trouver un autre nom. D'où a-t-il vu tout cela ?

Plaute (IIIe – IIe siècles av. J.-C.), *Amphitryon*, traduction d'A. Ernout © Les Belles Lettres (1944).

VERS LE BAC > PARTIE 2

1. Dans quel théâtre Plaute puise-t-il son inspiration ? Quelle est la place d'Euripide dans le théâtre grec antique ? Faites des recherches sur l'œuvre de Jean-Luc Lagarce.
2. Identifiez les tonalités des trois textes en vous appuyant sur des exemples précis.
3. Comparez la façon dont les personnages ressentent le trouble de l'illusion.
4. **ESSAI** L'idée de « théâtre du monde » est-elle indissociable d'une divinité qui cache la vérité aux hommes ? Vous rédigerez une réponse argumentée en vous appuyant sur des exemples variés empruntés à différentes époques.

TEXTE 2

hatier-clic.fr/21lat921 Texte en grec

Pour se venger de son cousin, Penthée, roi de Thèbes, Dionysos le pousse à se déguiser en femme : il se fait massacrer par des femmes que le dieu a rendues folles. Agavé, mère de Penthée, est une de ces furies, appelées Bacchantes.

La première, sa mère commence le sacrifice sanglant et se jette sur lui. Lui, il arrache de sa chevelure sa mitre[1] pour qu'en le reconnaissant la malheureuse Agavé ne le tue pas, et il lui dit en lui touchant la joue : « C'est moi, mère, je suis ton fils, Penthée, que tu as mis au monde dans la maison d'Échion. Aie pitié de moi, mère ; oui, c'est moi qui suis coupable, mais ne tue pas ton fils. » Elle, l'écume à la bouche et roulant des yeux hagards, n'a pas les sentiments qu'elle doit : elle est possédée du dieu, elle n'écoute pas son enfant. Elle prend son bras gauche dans ses mains et, un pied sur le flanc de l'infortuné, elle le lui arrache de l'épaule, non par sa propre force, mais le dieu lui donnait l'aide de sa toute-puissance. Inô[2], de l'autre côté, fait de même, lui déchire les chairs.

Euripide (Ve siècle av. J.-C.), *Les Bacchantes*, v. 1114-1130, traduit du grec par H. Berguin © Flammarion (1966).

1. **mitre** : petit turban, couvre-chef formé d'une bandelette enroulée sur la haut du crâne.
2. **Inô** : tante de Penthée.

Mot concept

▶ **theatrum mundi** : expression latine utilisée pour définir une vision du monde où un dieu fait jouer un rôle aux humains comme un auteur/metteur en scène dirige des acteurs.
Vision caractéristique de l'art baroque, qui trouve une de ses origines dans la philosophie de Platon, notamment le mythe de la caverne.

TEXTE 3

Louis est revenu dans sa famille pour annoncer sa maladie et sa mort prochaine. Mais il lui est impossible d'en parler. Il exprime seul son désespoir.

Théâtre
Mise en scène de J. Jouanneau (1999)
hatier-clic.fr/21lat922

Louis. – Au début, ce que l'on croit
– j'ai cru cela –
ce qu'on croit toujours, je l'imagine,
c'est rassurant, c'est pour avoir moins peur,
on se répète à soi-même cette solution comme aux enfants
qu'on endort,
ce qu'on croit un instant,
on l'espère,
c'est que le reste du monde disparaîtra avec soi,
que le reste du monde pourrait disparaître avec soi,
s'éteindre, s'engloutir et ne plus me survivre.
Tous partir avec moi et m'accompagner et ne plus jamais revenir.
Que je les emporte et que je ne sois pas seul.

Ensuite, mais c'est plus tard
– l'ironie est revenue, elle me rassure et me conduit à nouveau –
ensuite on songe, je songeai,
on songe à voir les autres, le reste du monde, après la mort.
On les jugera.

Jean-Luc Lagarce (1957-1995), *Juste la fin du monde*, première partie, scène 10 © Les Solitaires intempestifs (1990).

Ressources

Littérature hatier-clic.fr/21lat923
- **Sophocle**, *Ajax* (début)
- **Euripide**, *Folie d'Héraclès*
- **W. Shakespeare**, *La Tempête* (1611)
- **P. Calderón de la Barca**, *La Vie est un songe* (1635)
- **J. de Rotrou**, *Le véritable Saint Genest* (1646)
- **P. Corneille**, *L'Illusion comique* (1634)
- **S. Beckett**, *En attendant Godot* (1953)
- Theatrum mundi, métaphore baroque (dossier)

Film hatier-clic.fr/21lat924
- *Le procès*, film d'**O. Welles** (1962)

Le « grand théâtre du monde »

Les dieux laissent, parfois, éclater la vérité : instant capital, souvent au moment le plus tragique.

TEXTE 4

hatier-clic.fr/21lat925 Texte en latin et Bac > PARTIE 1

Amphitryon soupçonne Alcmène, son épouse, de l'avoir trompé. Il apprend de la bouche de la servante Bromia qu'elle a mis au monde deux enfants. L'un d'eux possède une force prodigieuse, or deux serpents se sont glissés dans son berceau.

AMPHITRYON. – Quelles merveilles ! Tu me racontes une histoire terrible. Je tremble d'épouvante rien qu'à t'entendre. Et après, qu'arriva-t-il ? dis-moi.

BROMIA. – L'enfant étouffe les deux serpents. Au même moment, une voix sonore appelle ta femme.

AMPHITRYON. – Quelle voix ?

BROMIA. – Celle du souverain des dieux et des hommes, Jupiter. Il déclare qu'il a été l'amant d'Alcmène mystérieusement, et que l'enfant vainqueur des serpents est son fils, tandis que l'autre t'appartient.

AMPHITRYON. – Par Pollux ! ce m'est un grand honneur d'être commun en biens avec Jupiter. Cours à la maison, fais préparer les vases sacrés ; je veux que des victimes nombreuses m'obtiennent sa faveur. On ira chercher le devin Tirésias, et je le consulterai sur ce que je dois faire, après lui avoir conté ce qui vient de se passer. Mais qu'entends-je ? Quels éclats de tonnerre ! Justes dieux, ayez pitié de moi.

JUPITER *(dans les nuages)*. – Rassure-toi, Amphitryon ; je viens te protéger avec tous les tiens. Tu n'as rien à redouter. Laisse-là les devins et les aruspices. Je t'instruirai et du passé et de l'avenir, mieux qu'ils ne pourraient le faire, car je suis Jupiter. D'abord, j'ai pris jouissance du corps d'Alcmène ; et de notre union elle a conçu un fils. Toi aussi, tu la rendis mère, avant de partir pour l'armée. Les deux enfants sont nés en même temps. Celui qui est formé de mon sang te couronnera par ses exploits d'une gloire immortelle. Rends à ton épouse ton affection première ; elle ne mérite point tes reproches ; elle a cédé à ma violence. Je remonte dans les cieux.

AMPHITRYON. – J'obéirai ; accomplis, je te prie, ta promesse. Allons revoir ma femme ; le vieux Tirésias peut rester chez lui. Maintenant, spectateurs, en l'honneur du grand Jupiter, faites retentir vos applaudissements.

Plaute (IIIe – IIe siècles av. J.-C.), *Amphitryon*, traduction d'A. Ernout © Les Belles Lettres (1944).

Mot concept

▶ **illusio, onis**, f : **erreur de perception** aussi bien physique (illusion d'optique) que morale (rêve trompeur). L'illusion a un caractère séduisant ; « faire illusion » signifie tromper en donnant une apparence fausse et flatteuse. La racine **ludum, jeu**, rappelle que l'illusion est à l'origine un projet de moquerie d'un trompeur voulant se jouer de sa victime.

VERS LE BAC > PARTIE 2

1. À quelle époque écrit Shakespeare ? Quels sont les thèmes de ses pièces ?
2. Dans chaque extrait, quels sens permettent la révélation ? Relevez les champs lexicaux correspondants.
3. Comparez les réactions des personnages et des spectateurs en découvrant la vérité.
4. ESSAI La révélation ou le dévoilement sont-ils toujours la conclusion nécessaire des œuvres théâtrales ? Vous rédigerez une réponse argumentée en vous appuyant sur des exemples variés.

Ressources

Littérature

- **Sénèque**, *Thyeste*
- **P. Corneille**, *L'Illusion comique* (1634)
- **J. de Rotrou**, *Le Véritable Saint Genest* (1646)
- **P. Claudel**, *L'Annonce faite à Marie* (1912)

TEXTE 5

hatier-clic.fr/21lat926 Texte en grec

Agavé rentre à Thèbes et croise Cadmos, son père et le roi de cette cité. Elle porte une tête d'homme dans les mains, qu'elle croit être une tête de lion.

Agavé. – Ah ! que vois-je ? qu'est-ce que je porte là dans mes mains ?
Cadmos. – Regarde encore et reconnais-la plus nettement.
Agavé. – Je vois la plus affreuse des douleurs, malheureuse que je suis !
Cadmos. – Te semble-t-il encore qu'il ressemble à un lion ?
Agavé. – Non. C'est la tête de Penthée que je tiens dans mes mains, infortunée !
Cadmos. – Oui, objet de nos pleurs, avant que tu l'aies reconnue.
Agavé. – Qui l'a tué ? Comment se trouve-t-elle dans mes mains ?
Cadmos. – Cruelle vérité ! que tu viens mal à propos !
Agavé. – Parle : cette attente fait battre mon cœur d'angoisse.
Cadmos. – C'est toi qui l'as tué, avec tes sœurs[1].
Agavé. – Où a-t-il péri ? Est-ce dans le palais ? En quels lieux ?
Cadmos. – À l'endroit même où jadis Actéon fut déchiré par ses chiens.
Agavé. – Pourquoi est-il allé au Cithéron, l'infortuné ?
Cadmos. – Pour railler le dieu et tes Bacchanales.

1. **sœurs** : ici, groupe de femmes.

Euripide (Ve siècle av. J.-C.), *Les Bacchantes*, traduit du grec par H. Berguin © Flammarion (1966).

Euripide, *Les Bacchantes*, mise en scène de B. Sobel (2018), Théâtre de l'Épée de Bois - Cartoucherie, Paris.

TEXTE 6

Lors du dénouement d'intrigues amoureuses, dans une forêt étrange, le lutin Puck, au service d'Oberon, le roi des fées, fait au public une dernière déclaration.

Puck, *aux spectateurs.* – Ombres que nous sommes, si nous avons déplu, figurez-vous seulement (et tout sera réparé) que vous n'avez fait qu'un somme, pendant que ces visions vous apparaissaient. Ce thème faible et vain, qui ne contient pas plus qu'un songe, gentils spectateurs, ne le condamnez pas ; nous ferons mieux, si vous pardonnez. Oui, foi d'honnête Puck, si nous avons la chance imméritée d'échapper aujourd'hui au sifflet du serpent, nous ferons mieux avant longtemps, ou tenez Puck pour un menteur. Sur ce, bonsoir, vous tous. Battez des mains, si nous sommes amis, et Robin[1] réparera ses torts. *(Sort Puck)*.

1. **Robin** : surnom de Puck.

William Shakespeare (1564-1616), *Le Songe d'une nuit d'été*, traduit de l'anglais par F.-V. Hugo, rev. par Y. Florenne et É. Duret © LGF (1983).

DOSSIER 2

SPÉCIALITÉ

Croire, savoir, douter

Au sein des sociétés traditionnelles de la Méditerranée comme ailleurs, les Anciens transmettent des interprétations du monde et de ses phénomènes parfois inquiétants. Si ces conceptions relèvent de la croyance, de la magie ou de la religion, un puissant mouvement rationaliste se développe dans les cités grecques à partir du VIe siècle avant J.-C., qui permet à l'homme de trouver des réponses à ses interrogations et de se situer dans l'univers.

Ainsi, les mathématiques s'appliquent au monde, le mesurent et en expliquent le fonctionnement. Une avidité pour la connaissance se manifeste dans les cités où l'on se forme autour de maîtres, itinérants ou non : les philosophes. Ce modèle se perpétue auprès des milieux intellectuels des royaumes hellénistiques comme de l'Empire romain, coexistant avec toutes les croyances traditionnelles, qui évoluent pour leur part vers une approche plus personnelle du lien au sacré.

Magie et pratiques magiques

La magie permet de sortir du cours ordinaire de la nature et d'agir sur ce qui ne dépend pas de nous. Lorsqu'on parle de magie et de pratiques magiques, des noms célèbres s'imposent, avec leur cortège d'amulettes, de malédictions et d'incantations.

Quelle image la littérature donne-t-elle des sorcières ? → Textes p. 192 à 195

Naissance de la pensée rationnelle

L'usage de la raison introduit un nouveau rapport au monde fondé sur l'exercice scientifique de l'observation et de la logique.

En quoi la raison permet-elle de lire le monde ? Comment permet-elle de passer de la superstition à l'explication ? → Textes p. 196 à 199

Maîtres et disciples

Pour construire le savoir et le diffuser, la relation entre maître et disciple est un maillon essentiel.

Comment la formation des disciples contribue-t-elle à la diffusion des savoirs ? → Textes p. 200 à 203

Polythéismes et monothéismes

Sans dogme, la religion romaine organise le monde et en permet la compréhension. Ritualisée et formalisée afin d'entretenir la pax deorum, elle constitue une sorte de pilier de la cité. Le rapport au sacré, et donc au monde, change avec l'avènement d'autres religions centrées sur une approche plus personnelle.

Comment le monothéisme modifie-t-il le rapport personnel de l'homme au monde institué par le polythéisme traditionnel ? → Textes p. 204 à 207

Rembrandt (1606-1669), *Philosophe en méditation* (1632), huile sur bois (28 x 34 cm), Musée du Louvre, Paris. Détail.

DOSSIER 2

SPÉCIALITÉ

Magie et pratiques magiques

Mystérieuses et ambiguës, les sorcières sont fascinantes.

+PROF
Corrigés

TEXTE 1

hatier-clic.fr/21lat1001 Texte en latin et Bac > PARTIE 1

Le poète Ovide imagine la lettre qu'Hypsipyle adresse à son ancien mari Jason pour critiquer Médée, sa nouvelle épouse.

Ce n'est du moins ni sa beauté ni son mérite qui peuvent plaire. Elle t'a séduit par ses enchantements. Sa faux magique moissonne des plantes funestes. Elle a appris à faire descendre, malgré elle, la Lune du char qui la porte, et à plonger dans les ténèbres les coursiers du Soleil. Elle sait imposer un frein aux ondes, arrêter les fleuves dans leur cours oblique, déplacer les forêts et faire mouvoir les rochers qu'elle anime. Elle erre parmi les tombeaux, la chevelure flottante et en désordre. Elle enlève aux bûchers encore tièdes les ossements qu'elle a choisis. Son infernal pouvoir s'étend sur les absents. Elle pique des images de cire, et enfonce d'imperceptibles traits dans un foie qu'elle tourmente. Son art a d'autres secrets que je préfère ignorer. Un philtre est un odieux moyen de faire naître l'amour, qui ne se doit accorder qu'aux vertus et qu'à la beauté.

Peux-tu la presser dans tes bras ? Peux-tu, étendu sur la même couche, goûter, dans le silence des nuits, un sommeil tranquille ? Le joug qu'on impose aux taureaux, elle te l'a fait subir. Le pouvoir qui assoupit le dragon féroce, c'est celui-là qui t'a charmé. Ajoute qu'elle se flatte d'avoir partagé la gloire de tes exploits et de ceux de tes compagnons. Cette épouse est une rivale qui détruit les titres de son époux. Des partisans de Pélias[1] imputent tes succès à ses enchantements, et le peuple le croit d'après eux. Ce n'est pas le fils d'Aeson[2], mais la fille d'Aetes[3], des bords du Phase, qui enleva la Toison d'or du bélier de Phryxus[4].

Ovide (Ier siècle av. J.-C. – Ier siècle ap. J.-C.), *Héroïdes*, VI, v. 83-104, traduction de C. Nisard (1838).

1. **Pélias** : roi qui envoya Jason chercher la Toison d'or. • 2. Jason. • 3. Médée.
4. **Phryxus** : personnage mythique qui échappa à sa belle-mère grâce à l'aide de Jupiter qui lui fournit un merveilleux bélier ailé dont la dépouille constitue la Toison d'or.

Mot concept

▶ **mageia** (en grec μαγεία) : désigne originellement les **religions perses** (un mage est un astrologue-astronome perse), puis la **magie** comme discipline mais aussi comme pouvoir qui permet de s'élever au-dessus des mortels. Le sorcier spécialisé dans les philtres et potions bénéfiques ou nocives (pharmakeus) se distingue du sorcier ou magicien au sens général, auquel on peut associer le sens de charlatan.

VERS LE BAC > PARTIE 2

1. Ces trois textes appartiennent-ils à des genres littéraires identiques ? Quel degré d'adhésion à la vérité du récit chaque genre peut-il obtenir ?
2. Comparez la sympathie ou l'antipathie que suscite le portrait de chaque texte.
3. **ESSAI** Comparez ces portraits de sorcières qui maîtrisent la nature, voire la vie et la mort, avec ceux d'autres textes antiques ou contemporains. Vous rédigerez un bref essai argumenté en vous appuyant sur des exemples variés.

Ressources

Littérature
- **Pline**, *Histoire naturelle*, XXX, 1, 3-7
- **Euripide**, *Médée*, 475-495
- **Ch. Baudelaire**, « L'Irréparable », dans *Les Fleurs du Mal* (1861)
- **J. Michelet**, *La Sorcière* (1862)
- **L. F. Baum**, *Le Magicien d'Oz* (1900)
- **G. Apollinaire**, « La Loreley », dans *Alcools* (1913)
- **M. Ndiaye**, *La Sorcière* (2018)
- **M. Miller**, *Circé* (2018)

Arts
- **A. Mucha**, *Médée* (1898)

Films hatier-clic.fr/21lat1002
- ***Ma sorcière bien aimée***, S. Saks (série, 1964-1972)
- ***Charmed***, C. M. Burge (série, 1998-2006)
- ***Buffy** contre les vampires*, J. Whedon (série, 1997-2001)
- ***Harry Potter*** (saga, 2001-2011)

Musique hatier-clic.fr/21lat1003
- **Kate Bush** sorcière du son

Société hatier-clic.fr/21lat1004
- **M. Chollet**, *Sorcières - La puissance invaincue des femmes* (2018)
- **Sorcières** sur Internet
- Technique du **Pepper's ghost**

TEXTE 2

hatier-clic.fr/21lat1005 Texte en grec

Si la magie d'Hécate et de sa fille Circé prend sa source dans la connaissance de la nature, elle n'en est pas pour autant inoffensive.

Wright Barker (1864-1941), *Circé* (1889), huile sur toile (138 x 188 cm), Bradford Art Galleries and Museums, Royaume-Uni.

Persès[1] eut une fille appelée Hécate[2], encore plus cruelle et plus méchante que son père. Elle aimait beaucoup la chasse, et, à défaut de gibier, elle perçait les hommes à coups de flèches comme des bêtes féroces. Devenue habile dans la composition des poisons mortels, elle découvrit ce qu'on appelle l'*aconit*. Elle expérimentait la puissance de chaque poison en le mélangeant aux aliments qu'elle donnait aux étrangers. Possédant ainsi une grande expérience dans ces choses, elle empoisonna d'abord son père, et s'empara du royaume. Ensuite elle fit élever un temple à Diane, et, ordonnant de sacrifier à cette déesse tous les étrangers qui y aborderaient, elle devint célèbre pour ses cruautés. Æétès, qui l'épousa, eut deux filles, Circé et Médée, et un fils appelé Ægialée. Circé, livrée à l'étude des poisons de toutes sortes, découvrit diverses espèces de racines et leurs propriétés incroyables. Elle avait appris beaucoup de secrets d'Hécate, sa mère ; mais elle en découvrit bien plus encore par sa propre sagacité, de telle sorte qu'elle ne le cédait à personne dans l'art de préparer les poisons. Elle fut donnée en mariage au roi des Sarmates, que quelques-uns appellent Scythes. Elle empoisonna d'abord son mari, se saisit ensuite de la couronne, et traita ses sujets avec cruauté et violence.

Diodore de Sicile (Ier siècle av. J.-C.), *Bibliothèque historique*, IV, 45, traduit du grec par F. Hoefer © (1846).

1. **Persès** : selon les légendes, soit un Titan, soit le fils d'Hélios.
2. **Hécate** : à l'origine, déesse chtonienne de la fertilité, puis déesse des carrefours, des morts et de l'ombre ; elle devient la magicienne par excellence.

TEXTE 3

Tituba, fille d'esclave, est l'une des sorcières de Salem, ville du Massachusetts, aux États-Unis, où s'est tenu leur procès au XVIIe siècle. Devenue orpheline, elle est recueillie par Man Yaya, guérisseuse qui lui apprend l'usage des plantes médicinales.

Man Yaya mettait la dernière main à une partie de son enseignement, celle concernant les plantes. Sous sa direction, je m'essayai à des croisements hardis, mariant la passiflorinde[1] à la prune taureau, la cithère vénéneuse à la surette et l'azalée des azalées à la persulfureuse. Je concoctais des drogues, des potions dont j'affermissais le pouvoir grâce à des incantations. [...]

Un jour, un grand vent renversa le poulailler où j'élevais de la volaille et je dus partir à la recherche de mes poules et de mon beau coq au cou écarlate, m'écartant loin au-delà des limites que je m'étais fixées.

À un carrefour, je rencontrai des esclaves menant un cabrouet[2] de cannes au moulin. Triste spectacle ! Visages émaciés, haillons couleur de boue, membres décharnés, cheveux rougis de mauvaise nutrition. Un garçon d'une dizaine d'années aidait son père à conduire l'attelage, sombre, fermé comme un adulte qui n'a de foi en rien.

À ma vue, tout ce monde sauta prestement dans l'herbe et s'agenouilla tandis qu'une demi-douzaine de paires d'yeux respectueuses et terrifiées se levaient vers moi. Je restai abasourdie. Quelles légendes s'étaient tissées autour de moi ?

On semblait me craindre. Pourquoi ? Fille d'une pendue, recluse au bord d'une mare, n'aurait-on pas dû plutôt me plaindre ? Je compris qu'on pensait surtout à mon association avec Man Yaya et qu'on la redoutait. Pourquoi ? Man Yaya n'avait-elle pas employé son don à faire le bien. Sans cesse et encore le bien ? Cette terreur me paraissait une injustice [...] J'étais faite pour panser et non pour effrayer.

Maryse Condé (née en 1937), *Moi, Tituba, sorcière... Noire de Salem* © Mercure de France (1986).

1. **passiflorinde... persulfureuse** : toutes les plantes citées ont des propriétés médicinales.
2. **cabrouet** : charrette servant, dans les colonies, à transporter les cannes à sucre.

DOSSIER 2

SPÉCIALITÉ

Magie et pratiques magiques

Les pratiques magiques soulignent le lien des sorciers avec les puissances occultes.

TEXTE 4

hatier-clic.fr/21lat1006 Texte en latin et Bac > PARTIE 1

Médée va procéder au rajeunissement d'Éson, père de Jason. À cette fin, elle doit rassembler en elle de puissants pouvoirs.

Il s'en fallait encore de trois nuits que les cornes de la lune se rejoignissent tout à fait pour en compléter le disque ; lorsque enfin elle brille dans toute sa plénitude et que, sa face étant entièrement reformée, elle promène ses regards sur la terre, Médée sort de sa demeure, vêtue d'une robe sans ceinture, les pieds nus, ses cheveux tombant de sa tête nue sur ses épaules ; dans le grand silence de minuit elle porte çà et là ses pas errants, sans compagne ; les hommes, les oiseaux, les bêtes sauvages se sont détendus dans un profond sommeil ; elle glisse sans bruit, comme si elle dormait elle-même ; aucun bruit dans les haies ; tout se tait, les feuilles immobiles et l'air humide ; seuls les astres projettent au loin leur lumière ; tendant vers eux ses bras, Médée tourne trois fois sur elle-même, trois fois elle puise dans un fleuve de l'eau qu'elle répand sur sa chevelure, trois fois elle pousse un cri strident ; puis, fléchissant le genou sur la terre dure : « Ô nuit, dit-elle, fidèle amie des mystères, et vous, qui, avec la lune, succédez aux feux du jour, étoiles d'or, et toi, Hécate aux trois têtes, qui viens à mon appel pour recevoir la confidence de mes desseins[1] et pour leur donner l'aide dont tu favorises les chants et l'art des magiciens ; et toi, Terre, qui fournis aux magiciens des herbes toutes puissantes ; et vous, airs, vents, montagnes, fleuves, lacs ; vous tous, dieux des forêts ; dieux de la nuit, assistez-moi ; grâce à vous, quand je l'ai voulu, les fleuves, entre leurs rives étonnées, ont remonté vers leur source ; j'apaise par mes chants les flots agités et j'agite les flots paisibles ; je dissipe et j'amasse les nuages ; je chasse et j'appelle les vents ; je réduis à l'impuissance par mes incantations la gueule des serpents ; j'arrache tout vifs à leur terre natale des rochers, des chênes, des forêts entières et je les mets en mouvement ; je fais trembler les montagnes, mugir le sol, sortir les mânes[2] des tombeaux. »

Ovide (Ier siècle av. J.-C. – Ier siècle ap. J.-C.), *Les Métamorphoses*, VII, 179-206, traduction de G. Lafaye © Les Belles Lettres (1925).

1. **dessein** : projet. • 2. **mânes** : âmes des morts.

Mot concept

▶ **carmen, inis**, n : désigne d'abord un charme, une formule magique chantée, puis plus généralement le vers car les formules magiques étaient en vers. On peut lui rattacher le verbe **incantare**, chanter des incantations, ensorceler (composé de cano, is, ere, cecini, cantum : chanter).

VERS LE BAC > PARTIE 2

1. Renseignez-vous sur les auteurs, leur langue, leur époque. Quels rapports ces époques entretiennent-elles avec le monde magique ?
2. Identifiez les procédés stylistiques qui soulignent la crainte inspirée par les cérémonies évoquées.
3. Comparez l'humanité et l'inhumanité des sorciers et sorcières de chaque texte.
4. **ESSAI** Pourquoi de nombreux textes diabolisent-ils les sorciers et sorcières ? Vous vous appuierez sur d'autres textes antiques ou contemporains pour rédiger une réponse argumentée illustrée par des exemples variés.

Ressources

Littérature hatier-clic.fr/21lat1007

- **Lucain**, *La Pharsale*, VI, 508-549 (Érichto)
- **W. Shakespeare**, *Macbeth*, IV, 1 (1623)
- **V. Hugo**, « Apportez vos chaudrons, sorcières de Shakespeare » in *Les Châtiments* (1853)
- **T. Gilbert**, *Les filles de Salem* (BD, 2018)

Arts

- **A. Dürer**, *Le Groupe de quatre femmes nues* ou *Les quatre sorcières* (1497)
- **H. Baldung Grien**, *Le Sabbat des sorcières* (1510)
- **C. Saftleven**, *Sabbat de sorcières* (vers 1650)

Société hatier-clic.fr/21lat1008

- **Rituels** populaires
- **Histoire** de la formule magique
- **Fantômes**, sorcières, morts-vivants dans l'Antiquité

TEXTE 5

Dans cette satire, le narrateur raconte la sortie nocturne de l'inquiétante Canidie et de sa compagne Sagane, sorcières et magiciennes.

J'ai vu, de mes propres yeux, marcher d'un pas ferme, dans une ample robe noire retroussée, Canidie, les pieds nus et les cheveux épars, hurlant avec l'aînée des Sanagas : leur pâleur les rendait l'une et l'autre effrayantes à voir. Elles se mirent à gratter la terre de leurs ongles et à déchirer de leurs dents une agnelle noire ; le sang imbiba la fosse, car elles voulaient ainsi évoquer les mânes, les esprits qui leur donneraient des réponses. Il y avait aussi une figurine de laine, une autre de cire ; la plus grande était celle de laine, faite pour châtier la plus petite, celle de cire, qui se tenait dans l'attitude des suppliants, comme déjà au moment de périr par une peine servile. L'une des sorcières invoqua Hécate, l'autre la cruelle Tisiphone[1] ; on aurait pu voir errer les serpents et les chiens infernaux, et la lune rougeoyante, refusant d'être témoin de ces horreurs, se cacher derrière les hauts sépulcres.

Horace (Ier siècle av. J.-C.), *Satires*, I, 8, 23-39, traduction de F. Villeneuve © Les Belles Lettres (2001).

1. **Tisiphone** : une des trois déesses infernales que les Romains appelaient Furies.

Francisco de Goya, (1746-1828), *Le Sabbat des sorcières* (1798), huile sur toile (43 x 31 cm), Museo Lazaro Galdiano, Madrid.

TEXTE 6

Véritable archétype d'un dieu cosmique monstrueux, Cthulhu fait l'objet d'un culte secret. Une nuit, les policiers, à la recherche de villageois disparus, entendent des cris inhumains dans les marécages.

La fureur bestiale et la débauche orgiaque engendraient des hurlements et des râles d'une telle intensité démoniaque qu'ils déchiraient la nuit, déferlant sur la forêt obscurcie à la manière d'ouragans pestilentiels vomis par les abîmes de l'enfer. Par moments, les hululements anarchiques cessaient pour laisser place à un chœur chevronné de voix rauques psalmodiant en rythme cette funeste formule ou prière :

Ph'nglui mglw'nafh Cthulhu R'lyeh wgah'nagl fhtagn[1]

Enfin, les policiers, qui avaient atteint un bosquet d'arbres plus mince, découvrirent soudain l'affreux spectacle. Quatre d'entre eux chancelèrent, l'un perdit connaissance et deux autres, fortement ébranlés, poussèrent des cris d'épouvante heureusement couverts par la folle cacophonie de l'orgie en cours. […]

Au centre d'une clairière naturelle du marécage se dressait un îlot herbeux large d'un demi-hectare environ, vierge de tout arbre et relativement sec. Là, caracolait et se tordait une indescriptible horde d'humains monstrueux […]. Complètement nue, cette engeance métissée braillait, mugissait et se contorsionnait autour d'un gigantesque feu de joie circulaire, au cœur duquel se dressait, visible entre les langues de flammes, un monolithe de granit haut d'au moins deux mètres cinquante. À son sommet trônait, incongrue dans sa petitesse, la vénéneuse idole sculptée. Le monolithe cerné par les flammes était également au centre d'un vaste cercle formé par dix gibets, auxquels pendaient, le cou brisé, les corps méthodiquement scarifiés des malheureux villageois disparus.

H. P. Lovecraft (1890-1937), *L'Appel de Cthulhu*, traduit de l'anglais par M. Le Dain © Éd. Bragelonne (2014).

1. litanie liée au culte de Cthulhu.

DOSSIER 2

SPÉCIALITÉ

Naissance de la pensée rationnelle

Le rationalisme grec, adopté par les intellectuels romains, s'attache à l'étude des phénomènes naturels (physique, géographie...) et coexiste pacifiquement avec les récits mythologiques. Les Anciens cherchent à expliquer les principes qui fondent l'ordre du monde et le font d'une manière parfois déconcertante aux yeux d'un lecteur d'aujourd'hui.

TEXTE 1

hatier-clic.fr/21lat1009 Texte en latin et Bac > PARTIE 1

+PROF Corrigés

Si ce texte de Pline fait encore référence à la mythologie, il témoigne néanmoins d'observations précises.

Mais l'astre qui remporte l'admiration de tous, c'est le dernier, le plus familier aux habitants de la terre, inventé par la nature comme remède aux ténèbres, la lune. Par la variété de ses formes et de ses détours elle a torturé l'esprit des observateurs, indignés que l'astre le plus proche soit le plus mal connu ; toujours en train de croître ou de décroître, elle est tantôt recourbée en forme de croissant, tantôt diminuée de sa moitié, tantôt arrondie en cercle ; couverte de taches et soudain radieuse, immense dans la plénitude de son disque et brusquement disparue, tantôt elle veille toute la nuit, tantôt elle se lève tard et durant une partie du jour ajoute sa lumière à celle du soleil ; éclipsée et pourtant visible dans l'éclipse, elle est cachée à la fin de chaque mois, sans toutefois qu'on la croie éclipsée ! Ce n'est pas tout : elle monte et descend, sans régularité même en cela, car la voici un jour emportée au ciel, un autre jour voisine des montagnes, parfois élevée vers le Nord et parfois abaissée vers le Sud. Le premier homme qui reconnut en elle toutes ces particularités fut Endymion[1] ; d'où la légende de son amour pour la lune. Nous sommes vraiment ingrats envers ceux qui par leur travail acharné nous ont apporté la lumière sur cette source de lumière […].

Donc la lune, étant la plus voisine du centre du monde et décrivant par conséquent la plus petite orbite, accomplit en 27 jours 1/3 la même révolution que Saturne, la plus élevée des planètes […]. C'est peut-être elle qui a enseigné tout ce qu'on peut savoir sur le ciel : qu'il faut diviser l'année en douze mois puisqu'elle-même rattrape autant de fois le soleil dans le temps qu'il met à revenir à son point de départ […].

Pline l'Ancien (Ier siècle ap. J.-C.), *Histoire naturelle*, II, 6, 12-14, traduction de J. Beaujeu © Les Belles Lettres (1951).

1. **Endymion** : berger, amant de Séléné, la Lune.

VERS LE BAC > PARTIE 2

1. Faites des recherches sur les auteurs des textes. L'état des connaissances sur le système solaire est-il le même à chaque époque ?
2. Identifiez les genres de chacun des textes. Relèvent-ils tous d'une démarche argumentative ?
3. Comparez les explications des phases de la lune proposées.
4. **ESSAI** La lune : visions scientifiques et poétiques. Confrontez ces textes expliquant l'organisation cosmique avec d'autres textes antiques ou contemporains. Vous rédigerez une réponse argumentée en vous appuyant sur des exemples variés.

Ressources

Littérature

- **Diogène Laërce**, *Vies et doctrines des philosophes illustres*
- **Lucrèce**, *De natura rerum*, v. 705 à 730
- **Sénèque**, *Questions naturelles*, I, Préface
- **Manilius**, *Astronomica*, IV

Arts hatier-clic.fr/21lat1010

- **Galilée**, dessins sur les phases de la Lune
- **Tarsila do Amaral**, « A Lua (La Lune) » (1928)

Films hatier-clic.fr/21lat1011

- *Le Voyage dans la Lune*, **Méliès** (1902)
- *La Femme sur la Lune*, **Fritz Lang** (1929)
- ***Wallace et Gromit***, *Une grande excursion*, N. Park (1989)
- *De la Terre à la Lune*, **M. Grossman** (1998)

Sciences hatier-clic.fr/21lat1012

- **Du mythe** à la science
- **Mythologie** et astronomie
- **Observatoire** de Paris
- Entretien avec **J.-P. Vernant**

TEXTE 2

Lucrèce expose trois conjectures possibles quant aux phases de la lune. Voici sa dernière proposition.

Enfin, pourquoi ne pourrait-il naître chaque fois une lune nouvelle, avec une succession régulière de formes et des phases déterminées ? Pourquoi de jour en jour ne pourraient-elles disparaître chacune à leur tour, à mesure de leur formation, pour être remplacées par d'autres nouvelles ? Il serait difficile d'apporter une démonstration convaincante du contraire, alors qu'on voit nombre de choses se produire dans un ordre aussi régulier. Le Printemps s'avance avec Vénus, et devant eux marche l'avant-coureur ailé de la déesse[1], tandis que, sur les pas de Zéphyre, Flora sa mère leur ouvre la route, qu'elle parsème à foison des couleurs et des parfums les plus délicieux. À leur suite vient l'aride été, avec sa compagne la poudreuse Cérès, et le souffle des aquilons étésiens[2]. Puis paraît l'automne ; avec lui marche Bacchus au milieu d'Évoé[3] ! Viennent ensuite d'autres temps et d'autres vents orageux, le Vulturne[4] tonnant dans le ciel, et l'Auster[5] puissant par sa foudre. Enfin la saison froide apporte les neiges et ramène la gelée qui engourdit ; l'hiver suit et le froid qui fait claquer des dents. S'étonnera-t-on davantage que la lune naisse à date fixe et soit détruite à date fixe, alors que tant de choses peuvent se produire dans un ordre aussi régulier ?

Lucrèce (Ier siècle av. J.-C.), *De rerum natura*, V, 730-750, traduction d'A. Ernout

Mot concept

▶ **ratio, onis**, f : signifie tout d'abord le compte puis la faculté de calculer, le jugement, et ensuite la raison, la méthode, le raisonnement et enfin la matière de raisonnement, la doctrine.

1. probablement Cupidon.
2. vents du nord qui soufflent en Méditerranée orientale chaque année pendant la canicule.
3. **Évoé** : cri des Bacchantes.
4. **Vulturne** : vent du sud-ouest, apportant la chaleur et la pluie.
5. **Auster** : vent du Midi.

TEXTE 3

Voici comment Jules Verne se fait l'écho de découvertes scientifiques de son époque relayées par la presse.

À ceux qui n'étaient pas familiarisés avec les mouvements de la Lune, les journaux démontraient quotidiennement qu'elle possède deux mouvements distincts, le premier dit de rotation sur un axe, le second dit de révolution autour de la Terre, s'accomplissant tous les deux dans un temps égal, soit vingt-sept jours et un tiers.

Le mouvement de rotation est celui qui crée le jour et la nuit à la surface de la Lune ; seulement il n'y a qu'un jour, il n'y a qu'une nuit par mois lunaire, et ils durent chacun trois cent cinquante-quatre heures et un tiers. Mais, heureusement pour elle, la face tournée vers le globe terrestre est éclairée par lui avec une intensité égale à la lumière de quatorze Lunes. Quant à l'autre face, toujours invisible, elle a naturellement trois cent cinquante-quatre heures d'une nuit absolue, tempérée seulement par cette « pâle clarté qui tombe des étoiles ». Ce phénomène est uniquement dû à cette particularité que les mouvements de rotation et de révolution s'accomplissent dans un temps rigoureusement égal, phénomène commun, suivant Cassini[1] et Herschel[2], aux satellites de Jupiter, et très probablement à tous les autres satellites.

Quelques esprits bien disposés, mais un peu rétifs, ne comprenaient pas tout d'abord que, si la Lune montrait invariablement la même face à la Terre pendant sa révolution, c'est que, dans le même laps de temps, elle faisait un tour sur elle-même. À ceux-là on disait : — « Allez dans votre salle à manger, et tournez autour de la table de manière à toujours en regarder le centre ; quand votre promenade circulaire sera achevée, vous aurez fait un tour sur vous-même, puisque votre œil aura parcouru successivement tous les points de la salle. Eh bien ! la salle, c'est le Ciel, la table, c'est la Terre, et la Lune, c'est vous ! » — Et ils s'en allaient enchantés de la comparaison.

Jules Verne (1828-1905), *De la Terre à la Lune* (1865).

1. **Cassini** : géodésien (spécialiste de l'étude de la forme et la mesure des dimensions de la Terre), cartographe et astronome français (1714-1784).
2. **Herschel** : astronome britannique (1738-1822). Il découvrit notamment Uranus.

Naissance de la pensée rationnelle

Les phénomènes naturels, célestes en particulier, ne sont pas toujours bien compris et donnent naissance à des croyances diverses. Une fois celles-ci installées, la science peut avoir du mal à faire admettre ses découvertes.

TEXTE 4

hatier-clic.fr/21lat1013 Texte en latin et Bac > PARTIE 1

Dans ce texte, Cicéron évoque la nécessité d'ôter à des esprits troublés leurs craintes et leurs vaines superstitions.

C'est un enseignement analogue que donna le fameux Périclès, au cours de la grande guerre où s'opposèrent avec un acharnement extrême les Athéniens et les Lacédémoniens ; grâce à son prestige, à son éloquence et à son intelligence politique, il occupait alors la première place dans sa cité. Comme le soleil s'était obscurci et que les ténèbres s'étaient tout-à-coup répandues, au milieu de l'immense terreur qui s'était emparée des Athéniens, il apprit, dit-on, à ses compatriotes ce qu'il avait entendu de la bouche d'Anaxagore, dont il avait été le disciple. « Cela arrive, affirmait-il, à un moment déterminé que rien ne peut changer, lorsque la lune se place entièrement sous le disque solaire ; ainsi, sans se produire à chaque nouvelle lune, ce phénomène n'est possible qu'à la nouvelle lune ». Il donna au peuple des explications si rationnelles de ce phénomène qu'il le délivra de la peur. La théorie selon laquelle l'éclipse de soleil se produit, parce que la lune s'interpose, était alors nouvelle et peu connue. C'est Thalès de Milet, dit-on, qui découvrit le premier cette vérité. Plus tard, notre Ennius aussi en eut connaissance, car il écrit qu'environ trois cent cinquante ans après la fondation de Rome

C'est aux nones de juin que furent arrêtés
Les rayons du soleil par la lune et la nuit.

D'ailleurs on applique, en ce domaine, une méthode si ingénieuse qu'à partir du jour indiqué dans l'œuvre d'Ennius et dans les annales des pontifes, on a fixé par le calcul les dates des éclipses antérieures, en remontant jusqu'à celle des nones de Quintilis, sous le règne de Romulus. C'est au milieu des ténèbres de cette éclipse que, d'après la tradition, Romulus, dont la mort fut cependant naturelle, comme celle de tout homme, a été enlevé dans le ciel à cause de sa vertu.

Cicéron (Ier siècle av. J.-C.), *De Republica*, I, 16, traduction d'E. Bréguet © Les Belles Lettres (1980).

Mot concept

▶ **metus, us**, m : sentiment de crainte, d'anxiété. Également crainte religieuse ou effroi religieux.

VERS LE BAC > PARTIE 2

1. Identifiez les croyances répandues à l'époque de l'écriture de chacun de ces textes.
2. Comment narration et argumentation se mêlent-elles ?
3. Comparez le rapport à la connaissance de chaque auteur dans ces textes.
4. **ESSAI** « Redoublez de génie, interprètes du ciel, vous dont l'intelligence, embrassant la nature, a inventé des théories qui ont créé un lien entre les dieux et les hommes » écrit Pline. En quoi ce vibrant éloge de la science vous paraît-il fondé ? Vous vous appuierez sur le corpus et sur d'autres textes antiques ou contemporains. Vous rédigerez une réponse argumentée en donnant des exemples variés.

Ressources

Littérature hatier-clic.fr/21lat1014

- **Lucrèce**, *De rerum natura*, v. 750-770
- **Théophraste**, *Caractères*, XVI (portrait du superstitieux)
- **Lune** en littérature (J.-P. Luminet)
- **Hergé**, *Tintin et le temple du Soleil* (1949)
- **A. Monterroso**, « L'éclipse » (1959)

Arts hatier-clic.fr/21lat1015

- **D. Creti**, *Observations astronomiques* (1711)
- **V. Van Gogh**, *La nuit étoilée* (1888)

TEXTE 5

hatier-clic.fr/21lat1016 Texte en grec

Au VIe siècle avant J.-C., certains savants grecs émettent des hypothèses rationnelles et matérialistes pour expliquer les éléments et phénomènes naturels. Ainsi, après Thalès, Anaximandre de Milet apporte une contribution géographique majeure.

Vincent Van Gogh (1853-1890), *La nuit étoilée* (1889), huile sur toile (74 x 92 cm), The Museum of Modern Art, New York.

Anaximandre, fils de Praxiade, était de Milet. Il admettait pour principe et élément des choses l'infini, sans déterminer si par là il entendait l'air, l'eau, ou quelque autre substance. […] La terre, selon lui, est située au milieu de l'univers ; elle en est le centre ; sa forme est sphérique. La lune n'a qu'une lumière d'emprunt et est éclairée par le soleil. Le soleil est aussi grand que la terre ; il a pour substance le feu le plus pur. C'est lui […] qui inventa et établit le premier à Lacédémone un gnomon[1] indiquant les solstices et les équinoxes. Il fit aussi des horloges solaires, dessina le premier la circonférence de la terre et de la mer, et construisit une sphère[2].

Diogène Laërce (IIe – IIIe siècles ap. J.-C.), *Vie, doctrines et sentences des philosophes illustres*, II, traduit du grec par R. Genaille © Flammarion (1965).

1. **gnomon** : cadran solaire. • 2. Selon le savant Érathostène, il aurait établi les premières cartes géographiques.

TEXTE 6

Au XVIIe siècle, Fontenelle entend dénoncer les superstitions de son temps dans un essai où il introduit un apologue à ses réflexions.

Assurons-nous bien du fait, avant de nous inquiéter de la cause. Il est vrai que cette méthode est bien lente pour la plupart des gens, qui courent naturellement à la cause, et passent par-dessus la vérité du fait ; mais enfin nous éviterons le ridicule d'avoir trouvé la cause de ce qui n'est point.

Ce malheur arriva si plaisamment sur la fin du siècle passé à quelques savants d'Allemagne, que je ne puis m'empêcher d'en parler ici.

En 1593, le bruit courut que les dents étant tombées à un enfant de Silésie, âgé de sept ans, il lui en était venu une d'or, à la place d'une de ses grosses dents. Horatius, professeur en médecine à l'université de Helmstad, écrivit, en 1595, l'histoire de cette dent, et prétendit qu'elle était en partie naturelle, en partie miraculeuse, et qu'elle avait été envoyée de Dieu à cet enfant pour consoler les chrétiens affligés par les Turcs. Figurez-vous quelle consolation, et quel rapport de cette dent aux chrétiens, et aux Turcs. En la même année, afin que cette dent d'or ne manquât pas d'historiens, Rullandus en écrit encore l'histoire. Deux ans après, Ingolsteterus, autre savant, écrit contre le sentiment que Rullandus avait de la dent d'or, et Rullandus fait aussitôt une belle et docte réplique. Un autre grand homme, nommé Libavius, ramasse tout ce qui avait été dit sur la dent, et y ajoute son sentiment particulier. Il ne manquait autre chose à tant de beaux ouvrages, sinon qu'il fût vrai que la dent était d'or. Quand un orfèvre l'eût examinée, il se trouva que c'était une feuille d'or appliquée à la dent avec beaucoup d'adresse ; mais on commença par faire des livres, et puis on consulta l'orfèvre.

Rien n'est plus naturel que d'en faire autant sur toutes sortes de matières. Je ne suis pas si convaincu de notre ignorance par les choses qui sont, et dont la raison nous est inconnue, que par celles qui ne sont point, et dont nous trouvons la raison. Cela veut dire que non seulement nous n'avons pas les principes qui mènent au vrai, mais que nous en avons d'autres qui s'accommodent très bien avec le faux.

B. Le Bouyer de Fontenelle (1557-1657), *Histoire des Oracles*, IV (1687).

Maîtres et disciples

Les relations maître-disciple sont au cœur de la transmission du savoir. C'est de la confiance réciproque, voire de l'admiration, que naît un échange fructueux.

TEXTE 1

hatier-clic.fr/21lat1017 Texte en latin et Bac > PARTIE 1

+PROF Corrigés

Lucrèce, s'adressant à son lecteur, brosse un portrait élogieux d'Épicure, philosophe grec du IVe siècle avant J.-C..

Quand on voyait ramper abjectement à terre
L'homme, accablé du faix d'une religion
Montrant du haut du ciel un visage horrifique
Dont l'aspect menaçant terrifiait les mortels,
Un homme, un Grec mortel[1], osa lever ses yeux
Contre elle le premier, le premier se dresser.
Dieux, légendes, éclairs, cieux menaçants, tonnerre,
Bien loin de l'arrêter, n'irritèrent que plus
L'ardeur de son courage à forcer le premier
Les portes verrouillant strictement la nature.
Son esprit vif et fort vainquit, il s'avança
Au-delà des remparts de feu du firmament,
En esprit, en pensée courut le Tout immense,
Et, rentré en vainqueur, nous dit ce qui peut naître
Ou ne peut, et les lois limitant la puissance
De chaque être, et partout fixant de fermes bornes.
Ainsi, c'est notre tour, égaux des cieux par lui,
De terrasser et piétiner la religion.
Disant cela, j'ai peur que tu ne puisses croire
Prendre la voie du crime et d'une science impie
En suivant mes leçons. Mais la religion même
Engendra trop souvent le crime et l'impiété […].

Lucrèce (Ier siècle av. J.-C.), *De rerum natura*, I, 62-83, traduction d'O. Sers © Les Belles Lettres (2012).

1. Épicure.

Mot concept

▶ **magister, tri**, m : rattaché à l'adjectif magnus, a, um (grand au sens physique et moral avec une idée de noblesse) ; désigne d'abord celui qui commande puis celui qui enseigne et dispense son savoir à ceux qui désirent apprendre, ses élèves, ses disciples (discipulus, i, m).

VERS LE BAC > PARTIE 2

1. Faites des recherches sur les auteurs et leur environnement culturel.
2. Quel est le genre de ces œuvres ? Quelle est la structure des passages présentés ?
3. Le maître présente-t-il les mêmes caractéristiques dans chacun des trois textes ?
4. **ESSAI** Comparez ces textes qui évoquent la relation maître-disciple à d'autres textes antiques ou contemporains. Vous rédigerez un bref essai argumenté en vous appuyant sur des exemples variés.

Adrienne Marie Louise Grandpierre-Deverzy (1798-1869), *L'intérieur de l'atelier d'Abel de Pujol* (1822), huile sur toile (96 x 129 cm), Musée Marmottan Monet, Paris.

TEXTE 2

hatier-clic.fr/21lat1018 Texte en grec

Socrate relate comment son ami Hippocrate est venu le chercher pour le conduire auprès du célèbre sophiste Protagoras, de passage dans la cité.

La nuit dernière, de grand matin, Hippocrate, fils d'Apollodore et frère de Phason, donnait dans ma porte des coups violents de son bâton : quand on lui a ouvert, il se précipita à l'intérieur en criant de toutes ses forces : « Es-tu réveillé, Socrate, ou dors-tu ? » – je reconnus sa voix et je lui dis : « C'est toi, Hippocrate ? Quelle mauvaise nouvelle m'apportes-tu ? » – « Rien de fâcheux, dit-il, rien que d'excellent. » – « Ta nouvelle sera donc la bienvenue. Mais de quoi s'agit-il et pourquoi cette visite si matinale ? » – « Protagoras est ici ! » me dit-il, en s'arrêtant près de moi. – « Depuis avant-hier, repris-je ; viens-tu seulement de l'apprendre ? » – « Par tous les dieux, dit-il ; je ne le sais que d'hier soir. [...] Une fois rentré, le souper fini, nous allions nous coucher quand mon frère m'annonce la venue de Protagoras. Je me mis d'abord en devoir de venir te trouver sur-le-champ, puis il me parut que la nuit était trop avancée ; mais, aussitôt réveillé du sommeil où la fatigue m'avait jeté, je me suis levé à la hâte et me voici. [...] Mais tout le monde le vante et l'on dit qu'il est merveilleusement habile à parler. Que tardons-nous ? Allons le rejoindre avant qu'il soit sorti. Il demeure, m'a-t-on dit, chez Callias, fils d'Hipponicos. Mettons-nous en route. »

Platon (V[e] – IVe siècles av. J.-C.), *Protagoras*, 310b 311a, traduit du grec par A. Croiset

TEXTE 3

En 1505, Michel-Ange part à Carrare choisir les marbres pour le tombeau que le pape Jules II lui a commandé. D'un naturel solitaire, il n'a aucune envie de former de jeunes sculpteurs.

Il n'aime pas avoir de disciples et, s'il a lui-même étudié dans des ateliers où une multitude d'apprentis se pressait, il n'a jamais eu envie d'être suivi, épié. Il considère d'ailleurs que ses passages chez Ghirlandaio et Bertoldo, dans sa jeunesse, n'ont fait qu'affirmer son habileté. L'essentiel, il le portait déjà en lui, et cet essentiel ne s'apprend pas. Marco a peu de talent. Pendant plusieurs mois, à Rome, il a cherché à rencontrer le maître. Un jour, le sculpteur a finalement accepté de le voir, il lui a même dit, dans un élan de générosité qu'il regrette à présent, qu'il pourrait le rejoindre à Carrare, puis il a oublié. C'était sans compter sur la mémoire de Marco. [...]

Michelangelo ne parvient plus à cacher sa mauvaise humeur et prévient Marco :

« D'abord, je n'ai jamais besoin d'aide. Ensuite, tu n'as qu'à m'observer et, si tu ne comprends pas, ne me demande pas. Les réponses sont en toi et si tu ne les trouves pas, c'est qu'elles n'y sont pas. On ne peut rien les uns pour les autres. Rien. D'accord ? Alors, surtout n'espère pas apprendre quoi que ce soit de moi. Je tolère ta présence, c'est tout. Est-ce clair ? »

Marco bredouille :

« Mais j'ai fait tout ce voyage pour suivre votre enseignement...

– Ne me dérange pas et vole tout ce que tu peux.

– Comment ça " vole " ?

– C'est bien ce que je craignais, tu ne comprends pas... »

Sur ces mots, il s'en va, laissant Marco bouche bée.

Léonor de Recondo (née en 1976), *Pietra Viva*

Ressources

Littérature

- **Cicéron**, *Tusculanes*, V, 23 (réflexion face au tombeau d'Archimède)
- **Fénelon**, *Les Aventures de Télémaque* (1699)
- **P. Quignard**, *Tous les matins du monde* (1991), *La Leçon de musique* (1987)

Arts hatier-clic.fr/21lat1019

- **Fresque** Hippocrate et Galien, (XIIIe siècle)
- **A. Holbein**, *Le Maître d'école* (1516)
- **A. Grandpierre-Deverzy**, *Atelier d'Abel de Pujol* (1822)
- **W. Luson Thomas**, *L'atelier de Rembrandt*, gravure sur bois d'après un tableau de J. Gilbert (1861)

Film hatier-clic.fr/21lat1020

- ***Le Cercle des poètes disparus***, P. Weir (1989)

Architecture hatier-clic.fr/21lat1021

- **Charlotte Perriand** et Le Corbusier

Maîtres et disciples

L'apprentissage et l'éducation sont au cœur de la relation maître-disciple.

TEXTE 4

hatier-clic.fr/21lat1022 Texte en latin et Bac > PARTIE 1

Aulu-Gelle décrit les rigueurs de l'enseignement pythagoricien.

Voici quelle fut, d'après la tradition, la méthode progressive de Pythagore, puis de son école et de ses successeurs, pour admettre et former les disciples. Tout d'abord il étudiait par la « physiognomonie »les jeunes gens qui s'étaient présentés à lui pour suivre son enseignement. Ce mot indique que l'on s'informe sur la nature et le caractère des personnes par des déductions tirées de l'aspect de leur face et visage, et de toute la contexture de leur corps ainsi que de son allure. Alors celui qui avait été examiné par lui et reconnu apte, il le faisait admettre aussitôt dans la secte et lui imposait le silence un temps déterminé, pas le même à tous[1], mais à chacun selon le jugement porté sur sa capacité à progresser. Celui qui était au silence écoutait ce que disaient les autres, et il ne lui était permis, ni de poser des questions, s'il n'avait pas bien compris, ni de noter ce qu'il avait entendu. Personne ne garda le silence moins de deux ans. On les appelait pendant la période où ils se taisaient et écoutaient ἐχεμυθία, auditeurs. Mais lorsqu'ils avaient appris les deux choses les plus difficiles de toutes, se taire et écouter, et qu'ils avaient commencé leur instruction par le silence, ce qu'on appelait μαθηματικοί, alors ils avaient le droit de parler et d'interroger, d'écrire ce qu'ils avaient entendu et d'exposer ce qu'ils pensaient eux-mêmes. On les appelait pendant cette période μαθήματα, mathématiciens, du nom des sciences qu'ils avaient commencé d'apprendre et de travailler : car les anciens Grecs appelaient φυσικοὶ, la géométrie, la gnomonique[2], la musique et les autres disciplines un peu abstraites [...]. Ensuite, armés par l'étude de ces sciences, ils passaient à l'examen des œuvres de l'univers et des principes de la nature, et on les appelait alors enfin φυσικοί, physiciens.

Aulu-Gelle (IIe siècle ap. J.-C.), *Nuits attiques*, I, IX, traduction de R. Marache

Mot concept

▶ **auctoritas, atis**, f : autorité, influence d'une personne que l'on peut prendre en modèle, grâce à laquelle les compétences vont augmenter (racine **augeo, es, ere, auxi, auctum**). Face à ce modèle peut naître un désir de rivaliser, d'égaler (**aemulatio, onis**, f) ou une envie d'imitation (**imitatio, onis**, f).

1. le délai était de trois à cinq ans.
2. **gnomonique** : art de construire et de concevoir des cadrans solaires.

VERS LE BAC > PARTIE 2

1. Faites des recherches sur les trois auteurs ainsi que sur leur œuvre.
2. Étudiez le lexique utilisé pour caractériser l'élève dans chaque extrait.
3. Comparez les conceptions de l'éducation qui transparaissent dans ces textes.
4. **ESSAI** La transmission et le partage de la connaissance : reproduction ou collaboration ? Vous vous appuierez sur le corpus, sur d'autres textes antiques ou contemporains pour rédiger une réponse argumentée illustrée par des exemples variés.

Ressources

Littérature
- **Voltaire**, *Candide* (1759)
- **H. Haddad**, *Le Peintre d'éventail* (2013)

Arts hatier-clic.fr/21lat1023
- **Raphaël** et ses élèves

Films hatier-clic.fr/21lat1024
- ***Camille Claudel***, B. Nuytten (1988)
- ***Tous les matins du monde***, A. Corneau (1991)
- ***Star Wars*** (saga, 1977-2019)

TEXTE 5

hatier-clic.fr/21lat1025 Texte en grec

Poète et biographe, unique source dont nous disposons sur la vie et les doctrines de nombreux philosophes, Diogène Laërce évoque ici la formation de Platon.

Dès ce moment, à l'âge de vingt ans, il devint disciple de Socrate. Après sa mort, il s'attacha à Cratyle, disciple d'Héraclite, et à Hermogène, disciple de Parménide. À l'âge de vingt-huit ans, selon Hermodore, il s'en alla à Mégare, chez Euclide, accompagné de quelques autres élèves de Socrate. Puis il alla à Cyrène, auprès de Théodore le mathématicien, et de chez lui en Italie, chez Philolaos et Eurytos, tous deux pythagoriciens, puis en Égypte, chez les prophètes. Il y fut accompagné, dit-on, par Euripide, et tombé malade en ce pays, il fut guéri par les prêtres grâce à un remède d'eau de mer, ce qui lui fit dire :

La mer lave tous les maux de l'homme,

et ajouter, appuyant l'opinion d'Homère, que tous les Égyptiens savaient la médecine. Platon avait eu l'intention aussi d'aller trouver les Mages[1], mais les guerres déchirant l'Asie lui firent renoncer à son dessein. Revenu à Athènes, il vécut à l'Académie[2]. C'est un gymnase des faubourgs, ombragé par des bois, qui tient son nom du héros Hécadémos [...].

Diogène Laërce (IIe – IIIe siècles ap. J.-C.), *La Vie des plus illustres philosophes*, Vie de Platon, III, 6, traduit du grec par R. Genaille © Garnier-Flammarion (1933).

1. **Mages** : astronomes-astrologues perses.
2. **l'Académie** : beau domaine planté d'arbres et orné de fontaines, situé près du bourg de Colone, sur la route conduisant à Athènes, au quartier du Céramique.

Pierre Rouillon (né en 1954), *Le Disciple et le Maître* (2005), huile sur toile (92 x 73 cm), collection privée.

TEXTE 6

Laurent, apprenti chez Georges de La Tour, peintre célèbre du XVIIe siècle, se soumet aux exigences du maître chez qui il apprend toutes les techniques dont il a besoin.

Je ne peindrai guère aujourd'hui, je crois, ni les jours à venir. Étienne[1] non plus. Nous avons terminé la préparation d'une toile de chanvre dont le Maître a indiqué les dimensions, et nous commençons celle des couleurs. J'aime ce travail, même s'il est ingrat, un peu sale, et n'a rien à voir avec l'œuvre terminée. C'est le préalable sans lequel peindre ne serait pas possible. De la qualité des pigments et de la préparation du support va dépendre l'aspect de ce qui va être créé, comme sa stabilité dans le temps. Il faut de la patience, attendre que chaque couche soit sèche pour appliquer la suivante, lisser le support après l'avoir tendu sur des tasseaux. Les couleurs ne doivent être ni trop liquides, ni trop collantes, ni pâteuses. Question de proportions. Maître de La Tour travaille avec peu de couleurs, aussi faut-il qu'elles soient parfaites. Ensuite il les mélange à sa guise.

J'aime cette idée d'apporter mon concours par ce travail humble mais indispensable, penser que de ces gestes va dépendre, un tout petit peu, la beauté d'un reflet, d'un éclairage, le rendu d'un tissu, la nuance d'une carnation.

Gaëlle Josse (née en 1960), *L'Ombre de nos nuits* © Les Éditions Noir sur Blanc (2016).

1. **Étienne** : fils du peintre, également en apprentissage.

DOSSIER 2

SPÉCIALITÉ

Polythéismes et monothéismes

Dans la religion traditionnelle antique, le lien entre les hommes et les dieux s'établit par un ensemble de rituels et de cultes civils qui garantissent leur bonne entente (pax deorum). Ces rites sont-ils des signes réels de la piété ? Telle est la question que se posent des philosophes.

TEXTE 1

hatier-clic.fr/21lat1026 Texte en latin et Bac > PARTIE 1

Sénèque, philosophe stoïcien, émet des réserves sur la religion ancestrale dominante. On voit poindre, en écho aux idées nouvelles de son époque, une place plus importante accordée à l'individu dans la relation qu'il entretient avec les dieux.

La manière dont il faut adorer les dieux est un thème ordinaire de l'enseignement par préceptes. Défendons aux dévots d'allumer des lampes le jour du sabbat[1], attendu que les dieux n'ont nul besoin de luminaire et qu'aux hommes mêmes la fumée n'est pas chose fort agréable. Défendons de pratiquer la salutation matinale et de se tenir assis aux portes des temples : c'est l'orgueil humain qui se laisse prendre à de tels hommages, mais adorer Dieu c'est simplement le connaître. Défendons de porter les linges et les strigiles[2] à Jupiter, de présenter le miroir à Junon[3]. Dieu ne se cherche pas des serviteurs. Le peut-il, lui qui est le serviteur du genre humain, présent en tous lieux et pour tous ? L'homme a beau apprendre de quels excès il doit se garder dans l'usage des sacrifices, comme il doit fuir à corps perdu le joug de la superstition ; le progrès demeurera insuffisant, tant que sa pensée n'aura pas de Dieu l'idée qu'il en doit avoir, celle d'un Dieu qui possède tout, qui donne tout, d'un bienfaiteur désintéressé.

Quel mobile porte les dieux à nous faire du bien ? Leur nature. Ce serait une erreur de penser qu'ils n'ont pas la volonté de nuire : ils n'en ont pas le pouvoir. Car il leur est aussi impossible de faire que de recevoir aucune injure. Pourquoi ? Parce que offenser et être offensé sont choses connexes. Leur nature suréminente[4], souverainement belle, en les mettant à l'abri des offenses, les a rendus du même coup inoffensifs.

Le culte à vouer aux dieux, c'est d'abord de croire qu'il y a des dieux, et puis de reconnaître leur majesté, de reconnaître leur bonté, sans laquelle il n'y a point de majesté ; c'est de savoir que les protecteurs du monde, ce sont les dieux ; que leur puissance régit l'univers, qu'ils exercent sur le genre humain une tutelle qu'accompagne le souci de l'individu. Ces dieux n'envoient pas le mal et le mal n'est pas dans leur nature ; au reste, il est des méchants qu'ils réprimandent, qu'ils brident, qu'ils condamnent, et parfois un semblant de bonheur est le signe de la condamnation. Tu veux te rendre les dieux propices ? Sois bon. On a satisfait au culte en les imitant.

Sénèque (Ier siècle av. J.-C. – Ier siècle ap. J.-C.), *Lettres à Lucilius*, XV, 95, 47-50, traduction d'H. Noblot © Les Belles Lettres (1962).

Mot concept

▶ **pietas, atis**, f : piété envers les dieux. Terme rattaché à l'adjectif pius, a, ium qui désigne la personne irréprochable au sens religieux, c'est-à-dire qui accomplit tous ses devoirs envers les dieux (puis plus largement envers ses parents). Ces termes appartiennent à la même famille que piare, ou piaculum, i, n : sacrifice expiatoire, et se rattachent à l'origine, à la notion de pureté.

1. **sabbat** : repos que les juifs observent le samedi pour se consacrer au culte de Dieu. Une communauté juive est alors présente à Rome.
2. **strigile** : racloir en fer recourbé.
3. pratiques de dévotion à l'égard des statues de Jupiter et Junon.
4. **suréminente** : en parlant des dieux et de leurs attributs, très éminente, éminente au degré suprême.

VERS LE BAC > PARTIE 2

1. Faites des recherches sur les auteurs et sur les religions présentes à leurs époques.
2. Quelles ressources stylistiques les auteurs mobilisent-ils pour présenter la question des rites ?
3. Comparez les conceptions des rites exposées dans ces textes et le parti pris des auteurs.
4. **ESSAI** Le rapport à la divinité et les questions rituelles évoluent-ils avec l'histoire ?
Vous vous appuierez sur le corpus et sur d'autres textes antiques ou contemporains.
Vous rédigerez une réponse argumentée illustrée par des exemples variés.

TEXTE 2

hatier-clic.fr/21lat1027 Texte en grec

À la fin de l'Iliade, le roi Priam obtient d'Achille le cadavre de son fils Hector, ainsi qu'une trêve de dix jours pour procéder aux funérailles.

[...] et aux chariots ils attellent des bœufs, des mules ; puis, sans retard, ils s'assemblent devant la ville. Pendant neuf jours, ils amènent du bois en masse. Mais quand, pour la dixième fois, l'aurore apparaît, qui brille aux yeux des mortels, ils procèdent au convoi de l'intrépide Hector, en versant des pleurs. Au sommet du bûcher ils déposent le mort ; ils y mettent le feu.

Et quand, au matin, paraît Aurore aux doigts de rose, le peuple s'assemble autour du bûcher de l'illustre Hector. Lors donc qu'ils sont tous là, formés en assemblée, avec du vin aux sombres feux, ils commencent par éteindre le bûcher, partout où a régné la fougue de la flamme. Puis frères et amis recueillent les blancs ossements. Tous pleurent, et ce sont de grosses larmes qui alors inondent leurs joues. Ils prennent ces ossements, les déposent dans un coffret d'or, qu'ils cachent ensuite sous de molles pièces de pourpre. Après quoi, sans retard, ils les mettent au fond d'une fosse, et, par-dessus, étendent un lit serré de larges pierres. En grande hâte, ils répandent la terre d'un tombeau et, tout autour, placent des gardes, de crainte que les Achéens aux bonnes jambières n'y donnent assaut auparavant. Et quand la terre répandue a formé un tombeau, ils retournent en ville, où, rassemblés comme il convient, ils s'asseoient à un banquet glorieux dans la demeure de Priam, leur roi issu de Zeus.

Homère (VIIIe siècle av. J.-C.), *Iliade*, chant XXIV, traduit du grec par P. Mazon

TEXTE 3

Voltaire entend rappeler aux hommes la nécessité de la tolérance et l'absurdité des rites, sources de conflits.

Ce n'est donc plus aux hommes que je m'adresse ; c'est à toi, Dieu de tous les êtres, de tous les mondes et de tous les temps : s'il est permis à de faibles créatures perdues dans l'immensité, et imperceptibles au reste de l'univers, d'oser te demander quelque chose, à toi qui a tout donné, à toi dont les décrets sont immuables comme éternels, daigne regarder en pitié les erreurs attachées à notre nature ; que ces erreurs ne fassent point nos calamités. Tu ne nous as point donné un cœur pour nous haïr, et des mains pour nous égorger ; fais que nous nous aidions mutuellement à supporter le fardeau d'une vie pénible et passagère ; que les petites différences entre les vêtements qui couvrent nos débiles corps, entre tous nos langages insuffisants, entre tous nos usages ridicules, entre toutes nos lois imparfaites, entre toutes nos opinions insensées, entre toutes nos conditions si disproportionnées à nos yeux, et si égales devant toi ; que toutes ces petites nuances qui distinguent les atomes appelés hommes ne soient pas des signaux de haine et de persécution ; que ceux qui allument des cierges en plein midi[1] pour te célébrer supportent ceux qui se contentent de la lumière de ton soleil ; que ceux qui couvrent leur robe d'une toile blanche[2] pour dire qu'il faut t'aimer ne détestent pas ceux qui disent la même chose sous un manteau de laine noire[3] ; qu'il soit égal de t'adorer dans un jargon formé d'une ancienne langue[4], ou dans un jargon plus nouveau.

Voltaire (1694-1778), *Traité sur la tolérance* (1763), Prière à Dieu, XIII.

Ressources

Littérature hatier-clic.fr/21lat1028
- **Cicéron**, *De natura deorum*, II, 2
- **Théophraste** *Caractères* (ritualisme traditionnel grec)
- **A. Camus**, *L'Homme révolté* (1951), extrait sur Lucrèce
- **C. Clément**, *Le Voyage de Théo* (1997)
- **R. Debray**, *Un candide en Terre sainte* (2008)
- **E. Carrère**, *Le Royaume* (2014)
- **L. Slimani**, *Le diable est dans les détails* (2016)

Arts hatier-clic.fr/21lat1029
- **pietàs** : Michel-Ange, Le Greco, Van Gogh

Films hatier-clic.fr/21lat1030
- ***Des hommes et des dieux***, X. Beauvois (2010)
- ***Ainsi soient-ils***, B. Nahon, V. Poymiro... (série, 2012)
- ***Les Revenants***, F. Gobert (série, 2012)

Société hatier-clic.fr/21lat1031
- **Rituels** de la religion romaine

1. en pleine lumière.
2. vêtement que porte le prêtre lorsqu'il célèbre la messe.
3. vêtement du pasteur protestant.
4. latin employé par les catholiques lors de la messe.

SPÉCIALITÉ

Polythéismes et monothéismes

Le christianisme se développe en Palestine sous le règne de Claude. Ce nouveau culte se répand ensuite dans tout le monde romain, et se trouve présent à Rome dès l'époque de Néron. Accusés de vouloir abolir la religion antique et refusant le culte de l'empereur, les chrétiens subissent des persécutions.

TEXTE 4

hatier-clic.fr/21lat1032 Texte en latin et Bac > PARTIE 1

Pline, gouverneur de Bithynie, explique à l'empereur Trajan les choix difficiles auxquels il est confronté lors des persécutions des chrétiens.

PLINE À L'EMPEREUR TRAJAN

En attendant, face à ceux qui m'étaient déférés en tant que chrétiens, j'ai suivi la ligne de conduite que voici. J'ai demandé aux intéressés s'ils étaient chrétiens. À ceux qui avouaient, je l'ai demandé une deuxième fois, et une troisième, en les menaçant de la peine capitale ; ceux qui persévéraient, je les ai fait exécuter. Car je ne doutais pas, quelle que fût la teneur de leurs aveux, qu'au moins l'entêtement et l'obstination inflexible devaient être punis. Il y en eut d'autres, possédés par une folie semblable, que j'ai signalés comme étant à envoyer à Rome, parce qu'ils étaient citoyens romains. Peu après, le simple cours de la procédure donnant, comme c'est généralement le cas, de l'ampleur à l'accusation, plusieurs cas de figure se sont présentés.

On a placardé un écriteau anonyme contenant les noms d'un grand nombre de personnes. Ceux qui niaient être chrétiens ou l'avoir été, quand ils invoquaient les dieux suivant la formule dictée par moi et faisaient offrande d'encens et de vin à ton effigie, que j'avais dans ce but fait apporter avec les statues de divinités, et qu'en plus ils blasphémaient le Christ – choses dont aucune ne peut, dit-on, être obtenue par la contrainte de ceux qui sont véritablement chrétiens – j'ai pensé qu'ils devaient être laissés libres. D'autres, cités par un dénonciateur, dirent qu'ils étaient chrétiens et peu après nièrent l'être ; sans doute l'avaient-ils été, disaient-ils, mais ils avaient cessé de l'être, certains depuis trois ans, d'autres depuis un plus grand nombre d'années, quelques-uns même depuis vingt ans. Tous ceux-là également ont adoré aussi bien ton effigie que les statues des dieux et ont blasphémé le Christ. [...] Cela m'a d'autant plus convaincu de la nécessité de chercher à connaître la vérité, fût-ce par la torture, en la tirant de deux esclaves, qu'on appelait « servantes du culte ». Je n'ai rien trouvé d'autre qu'une superstition absurde, démesurée. Aussi ai-je ajourné l'instruction pour te consulter au plus vite.

Pline le Jeune (Ier – IIe siècles ap. J.-C.), *Lettres*, X, 96, « Sur les Chrétiens », traduction de N. Méthy et H. Zehnacker © Les Belles Lettres (2017).

VERS LE BAC > PARTIE 2

1. Identifiez les trois auteurs et éclairez le contexte religieux de chaque époque.
2. Étudiez les procédés stylistiques qui permettent à chaque auteur de présenter les chrétiens.
3. Comparez le rapport entre polythéisme et monothéisme exprimé dans les trois textes.
4. **ESSAI** La tolérance religieuse devrait-elle s'inspirer des expériences et réflexions venues de l'Antiquité ? Vous vous appuierez sur le corpus, sur d'autres textes antiques ou sur des textes contemporains. Vous rédigerez une réponse argumentée en vous appuyant sur des exemples variés.

TEXTE 5

hatier-clic.fr/21lat1033 Texte en grec

Saint Basile, un des principaux pères de l'Église (penseurs de la doctrine chrétienne), entend montrer comment les jeunes gens peuvent tirer profit de lectures profanes.

Car le frère chez eux[1] est en dissension avec son frère, un père avec ses enfants, et ceux-ci à leur tour font à leurs parents une guerre implacable. Pour les adultères des dieux, ces amours, ces commerces au grand jour, et notamment du maître de tout le chœur, de Zeus, le dieu suprême, comme ils disent eux-mêmes, choses que même en parlant des bêtes on ne conterait pas sans rougir, nous les abandonnons aux gens de théâtre. J'en peux dire tout autant aussi des prosateurs, et surtout lorsqu'ils forgent des contes pour le divertissement des lecteurs. [...] Car de même que les fleurs ne donnent au reste des créatures que la jouissance de leur parfum ou de leur coloris, mais qu'aux abeilles il appartient d'en tirer aussi du miel, eh bien ! De même ici, ceux qui ne recherchent pas seulement l'agrément et la grâce dans ce genre d'ouvrages peuvent se réserver aussi du profit pour l'âme. Et c'est entièrement à l'image des abeilles que nous devons tirer parti de ces ouvrages. Elles ne vont pas également à toutes les fleurs ; de plus, celles sur lesquelles elles volent, elles ne tâchent pas de les emporter tout entières : elles y prennent juste ce qui est utile à leur travail, et quant au reste, adieu ! Nous de même, si nous sommes sages, nous y recueillerons tout ce qui peut nous convenir et qui est conforme à la vérité, et nous passerons par-dessus le reste. C'est comme pour la fleur du rosier ; en la cueillant, nous en évitons les épines ; ainsi également de ce genre d'ouvrages[2] : nous en récolterons tout ce qui est utile, mais en nous gardant de ce qui est nuisible.

Saint Basile (IVe siècle ap. J.-C.), « Aux jeunes gens sur la manière de tirer profit des lettres helléniques », traduit du grec par F. Boulenger © Les Belles Lettres (1935).

1. chez les poètes. • 2. les livres profanes.

Ressources

Littérature hatier-clic.fr/21lat1034

- **Apulée**, *Métamorphoses*, XI, 29-30 (mystères)
- **Cicéron**, *De natura deorum*, II, 2
- **Minucius Felix**, *Octavius*, XXX-XXXII
- **Saint Augustin**, *La Cité de Dieu*, IV, 8, IV, 30
- **Saint Ambroise**, *Les Devoirs*, I, chap. 205 et 206 (martyr de St Laurent)
- **M. de Madaure**, *Lettres à Augustin*, Lettre XVI (390).
- **R. de Chateaubriand**, *Les Martyrs*, livre 1 (1809)

Arts

- **Martyr** de St Ignace d'Antioche, IIe siècle
- **J. L. Gérôme**, *La Dernière Prière des martyrs chrétiens* (1883)

Films

- ***Habemus Papam***, N. Moretti (2011)
- ***L'Apparition***, X. Giannoli (2017)
- ***La Prière***, C. Kahn (2018)
- ***Grâce à Dieu***, F. Ozon (2019)
- ***Les Éblouis***, S. Suco (2019)

Société hatier-clic.fr/21lat1035

- **Les origines** du christianisme

TEXTE 6

Dans ce poème d'amour à Daphné, Gérard de Nerval évoque l'idée de l'éternel retour.

DELFICA[1]

La connais-tu, Dafné[2], cette ancienne romance,
Au pied du sycomore, ou sous les lauriers blancs,
Sous l'olivier, le myrte, ou les saules tremblants,
Cette chanson d'amour qui toujours recommence ?...

Reconnais-tu le Temple[3] au péristyle immense,
Et les citrons amers où s'imprimaient tes dents,
Et la grotte, fatale aux hôtes imprudents,
Où du dragon vaincu[4] dort l'antique semence ?...

Ils reviendront, ces dieux que tu pleures toujours !
Le temps va ramener l'ordre des anciens jours ;
La terre a tressailli d'un souffle prophétique[5]...

Cependant la sibylle[6] au visage latin
Est endormie encor sous l'arc de Constantin[7]
– Et rien n'a dérangé le sévère portique[8].

Gérard de Nerval (1808-1855), *Les Chimères* (1854).

1. **Delfica** : adjectif, de Delphes.
2. **Dafné** : Daphné, aimée d'Apollon, elle fut changée par le dieu en laurier.
3. **le Temple** : peut évoquer le grand temple d'Apollon à Delphes.
4. **dragon vaincu** : selon le mythe grec, Apollon a tué à Delphes le serpent Pytho.
5. **souffle prophétique** : sous le temple de Delphes, la Pythie rendait les oracles d'Apollon.
6. **sibylle** : la sibylle de Cumes, prophétesse dans l'*Énéide* de Virgile.
7. **Constantin** : empereur romain converti au christianisme.
8. **sévère portique** : allusion probable au triomphe du christianisme.

MÉTHODE

BAC

Traduire un texte latin

La nouvelle Rome

Après le grand incendie de Rome en 64 après J.-C., l'empereur Néron ne se construit pas seulement un magnifique palais, il fait également reconstruire la Ville et prend des mesures pour éviter de futurs incendies.

Eas porticus Nero < se > sua pecunia exstructurum < esse > purgatasque areas dominis traditurum < esse > pollicitus est. Addidit praemia pro cujusque ordine et rei familiaris[1] copiis, finivitque tempus, intra quod effectis domibus aut insulis apiscerentur. Ruderi accipiendo Ostienses paludes destinabat, utique naves, quae frumentum Tiberi[2] subvectavissent, onustae rudere decurrerent, aedificiaque ipsa certa sui parte sine trabibus saxo Gabino Albanove solidarentur, quod is lapis ignibus impervius est. [...] Et subsidia reprimendis ignibus in propatulo quisque haberet. Nec communione parietum, sed propriis quaeque muris ambirentur. Ea ex utilitate accepta decorem quoque novae urbi attulere.

Tacite (Ier – IIe siècles ap. J.-C.), *Annales*, XV, 43.

1. **res familiaris** : le bien, le patrimoine.
2. ablatif de **Tiberis** : le Tibre.

Étape 1 Définir le contexte

Recherchez les éléments du contexte.

Auteur	Tacite
Genre du texte	essai historique
Thème	urbanisme
Date	Ier – IIe siècles ap. J.-C. (Empire)
Personnages	Néron (empereur, dynastie des Julio-Claudiens)
Action	reconstruction de Rome après un grand incendie
Énonciation	3e pers sing (Nero) jusqu'à destinabat, puis divers sujets à la 3e pers sing ou pl.

Étape 2 Lire attentivement le texte

Des mots sont reconnaissables : **mots de liaison**, *prépositions*, mots transparents.

Eas porticus Nero <se> sua pecunia exstructurum <esse> purgatas**que** areas dominis traditurum <esse> pollicitus est. Addidit praemia *pro* cujusque ordine **et** rei familiaris copiis, finivit**que** tempus, *intra* **quod** effectis domibus **aut** insulis apiscerentur. Ruderi accipiendo Ostienses paludes destinabat, **utique** naves, **quae** frumentum Tiberi subvectavissent, onustae rudere decurrerent, aedificia**que** ipsa certa sui parte *sine* trabibus saxo Gabino Albanove solidarentur, **quod** is lapis ignibus impervius est. **Et** subsidia reprimendis ignibus *in* propatulo quisque haberet. **Nec** communione parietum, **sed** propriis quaeque muris ambirentur. Ea *ex* utilitate accepta decorem **quoque** novae urbi attulere.

Étape 3 Dégager la structure des phrases

Repérez les verbes conjugués ou non, les [propositions] et les (groupes nominaux), avec les *prépositions*.

[Eas porticus] Nero [<se> sua pecunia exstructurum <esse>] [purgatas**que** areas dominis traditurum <esse>] pollicitus est. Addidit praemia (*pro* cujusque ordine **et** rei familiaris copiis), / finivit**que** tempus, [*intra* **quod** [effectis domibus **aut** insulis] apiscerentur]. Ruderi accipiendo Ostienses paludes destinabat, [**utique** naves, [**quae** frumentum Tiberi subvectavissent], onustae rudere decurrerent], [aedificia**que** ipsa (certa sui parte) *sine* trabibus (saxo Gabino Albanove) solidarentur], [**quod** is lapis ignibus impervius est]. **Et** (subsidia reprimendis ignibus) *in* propatulo quisque haberet. **Nec** communione parietum, **sed** propriis quaeque muris ambirentur. (Ea *ex* utilitate accepta) decorem **quoque** novae urbi attulere.

Étape 4 Dégager la structure des propositions

Analysez ensuite les groupes nominaux et les pronoms dans chaque proposition. Ici, le code couleur rend l'analyse visible.

Eas porticus Nero <se> sua pecunia exstructurum <esse> purgatasque areas dominis traditurum <esse> pollicitus est. Addidit praemia pro cujusque ordine et rei familiaris copiis, finivitque tempus, intra quod effectis domibus aut insulis apiscerentur. Ruderi accipiendo Ostienses paludes destinabat, utique naves, quae frumentum Tiberi subvectavissent, onustae rudere decurrerent, aedificiaque ipsa certa sui parte sine trabibus saxo Gabino Albanove solidarentur, quod is lapis ignibus impervius est. Et subsidia reprimendis ignibus in propatulo quisque haberet. Nec communione parietum, sed propriis quaeque muris ambirentur. Ea ex utilitate accepta decorem quoque novae urbi attulere.

Étape 5 Consulter le dictionnaire

Vérifiez vos intuitions sur les formes et les constructions possibles et recherchez le vocabulaire inconnu.

- **pollicitus** (l. 2) : participe parfait de **polliceor**, transitif.

Il s'agit donc d'un verbe déponent (comme **apiscor**, l. 4), ici parfait (**pollicitus est** : il promit), dont le dictionnaire indique qu'il peut se construire avec un infinitif futur (on reconnaît les formes en **-urum esse**).

- **effectis** (l. 4) : participe parfait passif de **efficio** : réaliser, achever.

Un participe à l'ablatif pluriel suivi de deux noms au même cas fait penser à un ablatif absolu : les maisons et immeubles achevés.

Étape 6 Traduire mot à mot

Traduisez par groupes de mots.

- Nero pollicitus → Néron promit
- <se> eas porticus exstructurum <esse> sua pecunia → de construire (= de faire construire) ces portiques avec son argent (= à ses frais)
- purgatasque areas dominis traditurum <esse> → et de transmettre les terrains nettoyés (= déblayés) aux propriétaires.
- Addidit praemia → Il ajouta des récompenses
- pro cujusque ordine et rei familiaris copiis → en proportion du rang de chacun et du patrimoine de sa famille
- finivitque tempus → et définit un temps
- intra quod effectis domibus aut insulis apiscerentur → pendant lequel par les maisons et les immeubles achevés les gens pourraient les obtenir (= avant lequel elles pourraient être gagnées à condition d'avoir achevé maisons et immeubles).

Étape 7 Proposer votre traduction littéraire

Voici un exemple de traduction du texte.

TRADUCTION DE J.-L. BURNOUF (1859)

Néron promit de construire ces portiques à ses frais, et de livrer aux propriétaires les terrains nettoyés, ajoutant, pour ceux qui auraient achevé leurs constructions dans un temps qu'il fixa, des récompenses proportionnées à leur rang et à leur fortune. Les marais d'Ostie furent destinés à recevoir les décombres ; on en chargeait, à leur retour vers la mer, les navires qui avaient remonté le Tibre avec du blé. Une partie déterminée de chaque édifice fut bâtie sans bois, mais seulement avec des pierres d'Albe ou de Gabie, qui sont à l'épreuve du feu. Enfin les murs mitoyens furent interdits, et l'on voulut que chaque maison eût son enceinte séparée. Ces règlements contribuèrent à l'embellissement non moins qu'à l'utilité de la nouvelle ville.

MÉTHODE

BAC

SPÉCIALITÉ

Rédiger un essai

Indications générales

- L'essai constitue la **partie 2 de l'épreuve du Bac**. Il porte sur un corpus de trois textes : **deux extraits des œuvres intégrales** du programme et un **texte antique**, latin ou grec.
- Un essai est un texte **organisé** dans lequel on développe une **réflexion personnelle**.
- Le plan est libre, il convient de développer la notion dans une perspective comparatiste.
- Vous devez **prendre appui sur les trois textes** et les œuvres intégrales dont deux textes sont issus.

Étape 1 Lecture et repérages

- **Identifiez l'objet d'étude et le sous-objet d'étude** illustré par le corpus.
- **Lisez et relisez le sujet** pour bien le comprendre.
- **Lisez attentivement les textes** et isolez les **passages** et les **citations** pertinents.
- **Mobilisez votre mémoire et vos connaissances** (textes étudiés en classe, culture personnelle).

Étape 2 Plan détaillé

Au brouillon, **faites un plan détaillé** pour rédiger ensuite directement sur la copie.

- **Introduction** : phrase d'amorce, présentation du sujet et de sa problématique, formulation du rapport de chaque œuvre ou texte à la thèse, en examinant ce qui peut différer d'un texte à l'autre, en particulier dans la perspective antique et moderne.
- **Développement** : un paragraphe pour chaque point de vue. Justifiez vos arguments (citations et exemples avec références précises).
- **Conclusion** : récapitulation de la réflexion et ouverture.

Étape 3 Rédaction

- Faites des **références aux trois textes**, aux deux œuvres intégrales du programme et à vos propres connaissances, en distinguant bien **perspective antique et moderne ou contemporaine**.
- **Aérez votre mise en page** (alinéas, sauts de ligne).
- **Relisez-vous.**

Sujet corrigé

SPÉCIALITÉ Corpus de textes > p. 184-185

▶ *L'idée de « théâtre du monde » est-elle indissociable d'une divinité qui cache la vérité aux hommes ? Vous rédigerez une réponse argumentée en vous appuyant sur des exemples variés empruntés à différentes époques.*

Déterminer la fonction du théâtre est un sujet complexe : le contexte des théâtres athéniens, romains, modernes ou contemporains paraît si différent qu'il peut sembler vain d'en rechercher des éléments communs. ❶ *D'une façon générale cependant, on peut distinguer le jeu représenté, ce monde interne où l'on se parle et où l'action évolue, du spectacle lui-même, ce qui est contemplé, le théâtre. L'homme se regarde et souvent, dans les pièces antiques telles qu'Amphitryon de Plaute, se voit dupé par les dieux. Dans une pièce contemporaine sans dieu, comme dans Juste la fin du monde de Lagarce, les personnages semblent également entravés par des chaînes invisibles.* ❷ *L'idée de « théâtre du monde » est-elle indissociable d'une divinité qui cache la vérité aux hommes ? Nous réfléchirons à cette illusion propre à la condition humaine, en confrontant œuvres antiques et œuvres contemporaines.* ❸

INTRODUCTION
❶ phrase d'amorce avec dimension comparatiste antique/contemporain
❷ explicitation et reformulation du sujet avec introduction des œuvres intégrales
❸ annonce du développement

Sur scène, l'espace d'un instant, l'on montre un monde aux humains qui eux-mêmes, toute leur vie, participent au monde. La divinité est définie par une essence immortelle, par opposition aux humains, les mortels. Elle possède donc les clés de l'espace et du temps où nous vivons et mourons. Dans ce « théâtre du monde », les dieux mettent en scène un drame dont

PARTIE I > œuvre intégrale antique (respect de l'ordre chronologique) ils sont aussi les auteurs, et souvent les acteurs. Cela ressort clairement de l'Amphitryon de Plaute, où Jupiter et Mercure, tout-puissants, font douter les hommes d'eux-mêmes en se présentant comme leurs doubles parfaits, jusque dans l'évocation de leur passé. Les dieux savent tout. ❹ Sosie se sent ainsi dépossédé de lui-même en entendant Mercure : « Je m'en crois à peine, quand je l'entends parler de la sorte. C'est qu'il dit tous les faits, de point en point, exactement. » C'est la réalité humaine elle-même qui s'évanouit, inconsistante. « Je n'ai plus qu'à trouver un autre nom », conclut-il. Il en sera de même avec Amphitryon, dont Jupiter prendra la place, jusque dans son lit et la conception de son enfant. ❺ Ainsi dans cette pièce à première vue légère et bouffonne, l'homme paraît-il un jouet, un être faible, soumis à l'illusion d'avoir une identité inébranlable. ❻

❹ explication du rapport de l'œuvre au sujet

❺ citation et éclairage du sujet par l'œuvre intégrale antique au programme, référence à un autre passage

❻ conclusion du paragraphe sur le thème

On pourrait comparer cette tragi-comédie latine à Juste la fin du monde de Jean-Luc Lagarce, où chacun échoue à exister, à affirmer son identité comme sa vérité. Nul besoin des dieux pour créer la tragédie. Victimes de croyances enfouies en eux-mêmes, les hommes se dupent en effet eux-mêmes ❼ tel Louis : « Au début, ce que l'on croit/ – j'ai cru cela –/ce qu'on croit toujours, je l'imagine, /c'est rassurant, c'est pour avoir moins peur ». Ainsi, malgré le prologue où Louis évoque son retour dans sa famille pour annoncer sa mort prochaine, la communication n'est pas obtenue ; pour preuve, son frère Antoine conclut avant l'épilogue qu'il n'est plus rien et qu'il se reprochera ce qu'il a dit. ❽ Nul besoin de dieu : la condition même de l'homme l'empêche d'accéder à la vérité, à celle d'autrui, mais aussi à la sienne. Chacun est prisonnier du rôle qu'il s'est donné et de ceux qu'il donne à autrui ; il est le personnage de sa propre pièce. C'est comme si l'illusion demeurait inextricable, car dotée d'une puissance qui dépasse l'individu. ❾

PARTIE II > œuvre intégrale contemporaine

❼ confrontation en miroir, avec l'équivalent de la divinité dans l'œuvre contemporaine

❽ référence à d'autres passages de l'œuvre

❾ conclusion du paragraphe sur le thème

Assurément, la connaissance des origines du théâtre antique permet de mettre particulièrement en perspective cette problématique. On s'est d'ailleurs souvent interrogé sur le lien entre la naissance du théâtre grec et le culte de Dionysos, et l'altérité qu'il offrait. ❿ Dans la tragédie d'Euripide Les Bacchantes, Dionysos crée l'illusion pour se venger des hommes qui ne l'ont pas reconnu comme un dieu, et fait croire à Agavé que son fils le roi Penthée est un lion, de sorte qu'elle tue son propre enfant. Citons aussi Sophocle ; dans Ajax, Athéna fait croire à Ajax qu'il tue ses ennemis alors que ce ne sont que des bestiaux ; dans Œdipe-roi, Œdipe s'unit à sa mère sans connaître son identité. ⓫ Le théâtre contemporain reprend la problématique de l'identité inaccessible : pensons au théâtre de l'absurde (Ionesco, Beckett), aux pièces de Sartre qui confrontent l'homme au vide. Plus près de nous, dans le théâtre de Bernard-Marie Koltès, situations et langage semblent n'accéder à aucune vérité et Wajdi Mouawad, dans Incendies, multiplie les identités cachées aux conséquences dévastatrices. ⓬

PARTIE III > confrontation approfondie entre les deux époques

❿ délimitation plus précise de la notion

⓫ références à la littérature antique : 3e texte du corpus, et autres exemples latins ou grecs

⓬ comparaison directe sur le thème avec d'autres œuvres contemporaines

Si la divinité ou les difficultés propres à la condition humaine empêchent notre clairvoyance, le théâtre, antique comme moderne, les met en scène. Dans Amphitryon en effet, le rire du spectateur se produit aux dépens des acteurs jouant les rôles d'Amphitryon et de Sosie, faibles mortels. ⓭ Par ce jeu de miroirs, le théâtre ne nous rend-il pas, l'espace d'un instant, égaux aux dieux ou du moins plus lucides, plus proches de notre humanité et de celle des autres ? ⓮ Ponctuellement, il vient nous décentrer, et peut-être, par là même, nous recentrer. Les pièces antiques, en figurant les divinités, constituent de ce point de vue une source de réflexion inépuisable. ⓯

CONCLUSION

⓭ réponse claire au sujet après étude

⓮ élargissement prudent sur la fonction du théâtre car sujet encore débattu (forme interrogative)

⓯ importance de la littérature antique sur la question

MÉTHODE

BAC

Réaliser un portfolio

Indications générales

- Le **portfolio** est un **document personnel** dont le format et le support sont libres (affiche, diaporama, essai, exposé, saynète, sculpture, vidéo...).
- Il s'appuie sur un **diptyque** : un ensemble de deux **documents textuels** ou **iconographiques**, l'un antique (texte latin avec traduction, œuvre d'art...), l'autre moderne ou contemporain (texte, œuvre d'art, film, français ou étranger...). Il s'agit de les **étudier**, de les **confronter** et de proposer une **restitution personnelle** de sa réflexion.
- Une **présentation orale** du portfolio peut servir à s'entraîner pour le **Grand oral** ou même en constituer une partie, pour les élèves qui ont choisi une spécialité Grec ou Latin (► p. 214-215).

Étape 1 Définir le sujet

- Le sujet peut spécifier les **deux documents à traiter**, mais il peut aussi n'en spécifier qu'un ou aucun : c'est alors à vous de constituer votre diptyque. Cette étape est cruciale et réclame un choix bien réfléchi. Vérifiez le lien de chaque document avec l'**objet d'étude**. Vous devez être capable de justifier vos choix. N'hésitez pas à demander à votre enseignant de valider la sélection.

Sujet commenté

Documents > *p. 49*

Confrontez le tableau de Francis Bacon avec un memento mori antique.

► Le diptyque est iconographique ; un seul document est imposé, vous devez trouver le second. L'exemple développé ici s'appuie sur le memento mori proposé dans le manuel.

Étape 2 Découvrir les documents

- Commencez par **lire ou observer** les deux documents. Quelles **idées ou émotions** suscitent-ils ? Quelles **interrogations** posent-ils ?
- Prenez des **notes** pour ne pas perdre ces premières questions et impressions.
- Lisez les **paratextes** ou les **légendes** pour obtenir les informations élémentaires (titre, genre, date, auteur, etc.) ; elles vous fourniront des pistes pour orienter vos recherches.

Mosaïque

► Impressions ?
(cocasse, funeste)
► Que voit-on ?
(crâne, papillon, roue, tissus, ruban, structure)
► Questions :
Quels objets sont représentés sur les côtés ?
Pourquoi un papillon ?
Que signifie memento mori ?
Où l'œuvre a-t-elle été trouvée ?

Tableau

► Impressions ?
(angoissante, morbide)
► Que voit-on ?
(un homme au visage déformé assis seul dans une pièce circulaire)
► Questions :
Que signifie le décor ?
Quel est le rôle des couleurs ?
Pourquoi un journal, une montre ?
Pourquoi un tel autoportrait ?
(absence de ressemblance, déformation et laideur)

Étape 3 Faire des recherches

- Approfondissez **vos connaissances** sur les points que vous maîtrisez peu ou mal. Utilisez pour cela des **ressources variées et fiables** (encyclopédies, manuels...).
- Notez les **références** des livres ou sites dont vous vous servez.

Mosaïque
▶ La technique de la mosaïque ; le symbolisme du papillon, de la roue, de l'équerre, des différents matériaux représentés sur la mosaïque ; le musée de Naples, l'époque du Ier siècle av. J.-C. ...

Tableau
▶ Francis Bacon (vie, œuvre) ; la technique de la peinture à l'huile ; la composition picturale ; le genre de l'autoportrait ; le symbolisme de la montre, du journal, des couleurs...

Étape 4 Confronter les documents

- Identifiez les **différences** et les points **communs**.
- Tirez des conclusions de la **confrontation**.

Différences
▶ Époques, techniques, compositions, lumières et couleurs, proximité ou éloignement de la réalité, décors et personnages...

Points communs
▶ Œuvres figuratives, espaces clos, sujets centraux morbides (crâne, visage en décomposition)
▶ Connotations du temps (montre, journal), du destin (roue, vêtements, solitude), de la mort et de l'au-delà (crâne, papillon, rectangle noir, porte n'ouvrant sur rien)...

Confrontation
▶ Permanence de thèmes universels (l'angoisse du temps qui passe, la peur de la mort et la fascination qu'elle exerce, le poids et la fragilité du destin)
▶ Renouvellement des techniques artistiques (mosaïque, peinture à l'huile)
▶ Changement de symboles (les vêtements antiques, le papillon, le journal, la montre correspondent à l'époque de l'œuvre)
▶ Évolution des mentalités (l'âme-papillon et les conceptions philosophiques antiques de l'au-delà dans la mosaïque ; l'absence de transcendance et l'angoisse dans le tableau)

Étape 5 Préparer le portfolio

- Choisissez la **forme** et le **support** de votre présentation : présentation orale, essai, diaporama, affiche, réalisation plastique, saynète, film, etc. La forme choisie doit être adaptée au contenu.
- Soignez le **fond** : le contenu de votre production doit être riche (quantité et qualité des informations, pertinence et approfondissement de la réflexion menée).
- Soignez la **forme** : correction de l'expression écrite ou orale, de la mise en page, qualité des images ou des sons, précision et justesse d'une interprétation théâtrale...
- Indiquez vos **sources**, on peut vous les demander.

Pour ce diptyque, on peut envisager :
▶ un **diaporama** : il permet de mettre en lien des détails des œuvres avec les informations apportées.
▶ un **essai**, structuré par une problématique (ex : sujet de la question 9 p. 49).
▶ une **production artistique** : inventez votre propre memento mori, avec des explications intégrées. Une présentation orale de l'œuvre réalisée complète l'analyse menée.

Prévoyez un paragraphe, une diapositive ou un encart pour nommer vos **sources**.

Étape 6 Présenter le portfolio

- Organisez et développez votre **argumentation**. Lisez les conseils proposés en p. 214-215.
- Adoptez un **volume** et un **débit de voix** adaptés, une **posture** et une **gestuelle** convaincantes.
- Donnez un **avis personnel** en conclusion : justifiez la pertinence de votre choix et ce qui vous a plu ou intéressé au cours de votre travail.

MÉTHODE

BAC

SPÉCIALITÉ

Présenter le Grand oral

Indications générales

• Lors du Grand oral, vous présentez au jury les **deux questions** préparées pendant l'année avec vos enseignants. Ces deux questions portent sur vos **deux enseignements de spécialité**, soit pris isolément, soit abordés de manière transversale. Le jury choisit de vous interroger sur l'une des deux questions.

• Vous présentez donc la **question relative à la spécialité choisie par le jury**. Il faut **en expliquer le choix, développer un argumentaire** qui réponde à la question. Pour ce faire, vous allez organiser des éléments convaincants qui permettent d'appuyer votre position, sans oublier d'illustrer votre démonstration.

L'ÉPREUVE *Coeff :* **10**

Durée de l'épreuve

• **Temps de préparation** : 20 mn

• **Présentation orale** : 20 mn
- présentation : 5 mn
- échange avec le jury : 10 mn
- échange projet d'orientation : 5 mn

Critères d'évaluation

• **Contenu de la présentation** :
- connaissances solides et mises en valeur
- capacité à argumenter et à relier les savoirs
- esprit critique

• **Prise de parole** :
- précision de l'expression
- clarté du propos
- engagement et conviction, capacité à captiver l'auditoire

Les ressources de l'art rhétorique

• Cette épreuve, préparée tout au long de l'année, mobilise les ressources de la **rhétorique** ou **art du discours**, théorisée par Aristote et Cicéron, qui a pour ultime but d'emporter l'adhésion de son auditoire et de le conduire à agir comme on le souhaite.

• La **rhétorique** permet de « prouver la vérité de ce qu'on affirme, se concilier la bienveillance des auditeurs, éveiller en eux toutes les émotions qui sont utiles à la cause. » (Cicéron)

• Lors d'un exposé oral, il s'agit donc de soigner **trois pôles** :

1 > LE LOGOS

• Il concerne **le message**. Il porte sur la logique, le raisonnement et le mode de construction de l'argumentation. Il s'adresse à l'esprit rationnel de l'interlocuteur. Il s'agit de montrer que le discours est le fruit d'une réflexion étayée par des arguments évidents et convaincants.

2 > L'ETHOS

• Il représente le style que doit prendre l'orateur pour capter l'attention et inspirer **la confiance**, mais aussi se rendre **crédible** et **sympathique**. Il s'adresse à l'imagination de l'interlocuteur. Pour Aristote, le bon sens, la vertu et la bienveillance sont des éléments essentiels. On peut y ajouter la franchise et la droiture.

3 > LE PATHOS

• Il s'adresse à la **sensibilité** de l'auditoire (désirs, sentiments, émotions…). L'orateur cherche à faire ressentir à l'auditoire des passions : colère, amour, pitié, émulation… De son côté, l'orateur ne doit pas se départir de son calme ni de son rôle de sage.

Étape 1 Préparation

■ LOGOS : ce qui se conçoit bien s'annonce clairement.

> Organiser la présentation

L'organisation contribue à conférer de la **rigueur** à votre propos.

• **Soignez votre phrase d'accroche.** Elle fonctionne comme un « starter », plante, en quelque sorte, le cadre de votre exposé et donne de la personnalité (Ethos et pathos).

→ Apprenez-la par cœur : cela vous aidera à passer le cap des premières secondes de votre oral.

• **Structurez le déroulement** de l'exposé grâce aux connecteurs logiques.

• **Préparez une clausule** (conclusion) pour clôturer votre intervention.

→ N'oubliez pas d'utiliser une intonation descendante pour signifier la fin de votre prestation.

> Afficher clairement la structure

La structure donne à entendre le **parcours de la pensée**.

• **Formulez la thèse** en **une phrase**.

• **Proposez une organisation claire** : idées directrices, transitions, construction argumentative des parties.

• **Faites des phrases courtes.**

> Assurer la progression argumentative

- **Utilisez des procédés d'annonce et de rappel.** → *comme nous allons le voir, dans un autre ordre d'idées...*
- **Balisez les étapes** de la démonstration. → *deux cas se présentent, pour trois raisons, un double objectif...*
- **Soignez les articulations** :
  - conjonctions de coordination ou de subordination, → *mais, or, puisque...*
  - adverbes ou locutions adverbiales. → *néanmoins, par conséquent...*
- **Distinguez** :
  - l'addition, l'énumération → *en outre, de surcroît, par ailleurs...*
  - l'explication → *en d'autres termes, c'est-à-dire...*
  - l'illustration → *c'est ainsi que, c'est notamment le cas...*
  - la concession → *il est vrai, sans doute...*
  - l'opposition → *cependant, en revanche...*

ETHOS et PATHOS

Soignez le style, la **précision du vocabulaire** et la **fluidité de votre prise de parole**.

> Soigner la phrase d'accroche

Elle posera d'emblée votre posture. Plusieurs options sont possibles.

- **Mettre de la subjectivité** pour incarner les idées.
Par exemple, utilisez la 1re personne sans chercher à parler de vous mais plutôt en veillant à incarner des idées. → Si vous voulez parler de l'apport de la philosophie antique dans votre parcours, vous pouvez évoquer rapidement vos premières lectures de Sénèque ou de Lucrèce.
- **Passer par la narration** (vocabulaire concret, plaisir de l'histoire).
Ce peut être une anecdote, un court récit. → *Lorsque Pygmalion s'est retrouvé face à sa statue...*
- **Donner à voir, illustrer par l'image**
pour focaliser l'attention et favoriser la mémorisation. → Vous pouvez choisir de décrire une œuvre d'art, un site archéologique en rapport avec votre sujet.
- **Employer une question oratoire.** → *Qui n'a jamais entendu parler de Dédale et Icare ?*

> Faire apparaître votre implication

Pour **marquer votre subjectivité**, vous pouvez utiliser :

- des marques de **l'énonciation** (pronoms)
- des procédés de **modalisation** (probable/ souhaitable/ doute/ certain)
- un **vocabulaire** valorisant ou dépréciatif.

> Faire réagir l'auditoire

Pour susciter **l'implication du jury**, vous pouvez utiliser :

- **l'injonction** ou **l'interrogation rhétorique**
- les **hyperboles**
- les ressources du **style oratoire** : parallélismes, rythmes binaires ou ternaires, anaphores, etc.

Étape 2 Présentation orale

PATHOS et ETHOS

Le contenu de votre propos est défini, mais n'oubliez pas qu'il s'agit d'un discours adressé. Il faut donc concentrer votre attention sur la prise de parole et ce qui fait son efficacité.

> Choisir la bonne posture physique

Pensez à :

- **regarder** vos interlocuteurs et **sourire**
- **vous tenir bien droit** sans être raide : adoptez une posture qui permette de bien respirer et de vous sentir à l'aise
- utiliser le **langage corporel** (mains) sans pour autant qu'il parasite votre prestation

> Faire apparaître la présence du destinataire

N'hésitez pas à **solliciter l'auditoire** en l'intégrant à ce qui est dit, au moyen de :

- **l'apostrophe**
- les **pronoms** dits « de la présence » (« vous »)
- les **désignations** de l'auditoire (reprises nominales ou périphrases)

> Maîtriser la voix

- **Soignez votre diction** : il existe des exercices pour échauffer la voix et travailler la diction (virelangues), qui vous donneront plus d'aisance et favoriseront l'effet du pathos et de l'ethos.
- **Surveillez le débit**, **l'articulation**, **les scories** du discours (tics de langages, vocabulaire familier ou imprécis).

Mosaïque figurant un ciel étoilé, détail de la voûte en berceau du mausolée de Galla Placidia (Ve siècle ap. J.-C.), Ravenne.

Étude de la langue

LE GROUPE NOMINAL

LE GROUPE VERBAL

LA SYNTAXE DE LA PHRASE

LES MOTS-OUTILS

GRAMMAIRE

1 Le nom et ses cas : nominatif, vocatif, accusatif

EXERCICES > p. 227

LE NOMINATIF

Sujet du verbe

Romulus urbem condidit.
Romulus a fondé une ville.

Attribut du sujet

Sicilia magna insula est.
La Sicile est **une grande île**.

LE VOCATIF

Apostrophe

Tu quoque, mi fili !
Toi aussi, **mon fils** !

L'ACCUSATIF

Complément de verbe

• Complément d'un verbe transitif

Amo patrem.
J'aime **mon père**. (COD)

• Qualification d'un complément d'objet (attribut du COD)

Pater filium Quintum nominat.
Le père nomme son fils **Quintum**.

• Complément d'un verbe ou d'une tournure impersonnels

Me pudet… J'ai honte…
Me juvat… Il **me** plaît…

Complément circonstanciel

• Lieu : étendue, situation, destination

Hortus ducentos passus abest a villa.
Le jardin est **à deux cents pas** de la ferme.

Romam eo.
Je vais **à Rome**.

• Temps : durée, situation temporelle

Tres annos regnavit.
Il régna **trois ans**.

Ante bellum.
Avant **la guerre**.

• But

Romani ad pugnam se paraverunt.
Les Romains se préparèrent **au combat**.

• Accusatif de relation (de point de vue) SPÉCIALITÉ

Illud tibi assentior.
Je suis d'accord avec toi sur ce point.

Complément de l'adjectif (emploi poétique)

Nudae lacertos.
Nues quant aux bras. (les bras nus)

2 Le nom et ses cas : génitif, datif, ablatif

EXERCICES > p. 227

LE GÉNITIF

Complément du nom

SPÉCIALITÉ

- **Génitif de possession**
  Liber Petri.
  Le livre de Pierre.
- **Génitif subjectif**
  Metus hostium.
  La crainte des ennemis. (ils éprouvent de la crainte)
- **Génitif objectif**
  Metus hostium.
  La crainte des ennemis. (on craint les ennemis)
- **Génitif partitif**
  Pars civium.
  Une partie des citoyens.
- **Génitif de mesure**
  Puer decem annorum.
  Un enfant de dix ans.
- **Génitif de qualité** (SPÉCIALITÉ)
  Puer egregiae indolis.
  Un enfant d'un excellent caractère.

Complément de quelques verbes

- **Complément d'objet**
  Beneficiorum memini.
  Je me souviens des bienfaits.
- **Second complément d'objet**
  Me paenitet erroris mei.
  Je me repens de mon erreur.
- **De relation**
  Furti accusare.
  Accuser de vol.

Complément de l'adjectif

- **Possession, désir, savoir, ressemblance** (et leurs contraires)
  Peritus belli. Habile à la guerre.

LE DATIF

Complément de verbe

- **Datif d'attribution**
  Do panem fratri.
  Je donne du pain à mon frère.
- **Datif d'intérêt**
  Natus es non tibi, sed patriae.
  Tu es né non pour toi, mais pour ta patrie.
- **Datif de possession**
  Mihi est liber.
  Ce livre est à moi.
- **Double datif** (SPÉCIALITÉ)
  Hoc erit tibi dolori.
  Cela te causera de la douleur (sera pour toi à douleur/destiné à te causer une douleur).
- **Complément d'objet**
  Studeo grammaticae.
  J'étudie la grammaire.

Complément de l'adjectif

- **Voisinage, utilité, bienveillance, égalité** (et leurs contraires)
  Utilis civitati. Utile à la cité.

L'ABLATIF

Complément circonstanciel

- **Origine**
  Equestri loco ortus.
  Issu de famille équestre.
- **Séparation**
  Patriam (a) servitute liberavit.
  Il a délivré la patrie de la servitude.
- **Matière**
  Vas ex auro factum.
  Un vase fait en or.
- **Agent (sans a/ab si l'agent est une chose)**
  Grex a cane custoditur.
  Le troupeau est gardé par le chien.
- **Moyen**
  Ferire gladio.
  Frapper avec une épée.
- **Manière**
  Magna voce clamat.
  Il appelle à grands cris.
- **Cause**
  Fame interiit.
  Il est mort de faim.
- **Lieu (où l'on est)**
  Natus est Athenis.
  Il est né à Athènes.
- **Temps (date)**
  Tertia hora veniet.
  Il viendra à la troisième heure.

Complément du nom

- **Ablatif de qualité** (SPÉCIALITÉ)
  Puer egregia indole.
  Un enfant d'un excellent caractère.

Complément de quelques verbes

- **Complément d'objet**
  Utor memoria. J'utilise ma mémoire.

Complément de l'adjectif

- **Mérite, satisfaction, abondance** (et leurs contraires)
  Dignus laude. Digne de louange.

3 L'adjectif qualificatif, l'adverbe et leurs degrés

EXERCICES > p. 227-228

LES CLASSES DE L'ADJECTIF

1re classe : doctus, a, um - pulcher, chra, chrum

-**us** (-**er**) : masculin (2e décl.) -**a** : féminin (1re décl.) -**um** : neutre (2e décl.)

2e classe : fortis, is, e - acer, acris, acre

is, is, e
er, is, e
} 3e déclinaison pour les trois genres

L'ADJECTIF ET SES DEGRÉS

Comparatif

Radical **doct-** + **-ior** (m et f), **-ius** (neutre) : plus, assez, trop, plus… que

+ **quam** + nom au cas voulu dans la subordonnée :
Paulus **doctior** est quam **Petrus** est.
+ ablatif : Paulus **doctior** est **Petro**.
} Paul est plus savant que Pierre.

Superlatif

Radical **alt-** + **-issimus**, **-issima**, **-issimum** : le plus, très, le plus… de

+ génitif : **altissima arborum**. — Le plus grand des arbres.
+ **ex** + ablatif : **altissima ex arboribus**. — Le plus grand arbre.

L'ADVERBE ET SES DEGRÉS

Formation

Les adverbes de manière sont généralement formés sur le radical de l'adjectif :

• **radical** + **e** pour les adjectifs de **1re classe** :
doctus (savant)
→ docte (savamment).

• **radical** + (**i**)**ter** pour les adjectifs de **2e classe** :
fortis (courageux)
→ fortiter (courageusement).

Comparatif

Le comparatif de l'adverbe de manière est l'accusatif neutre du comparatif de l'adjectif : docte → doctius (plus savamment).

Superlatif

Le superlatif de l'adverbe de manière est formé sur celui de l'adjectif avec le suffixe e : docte → doctissime (très savamment).

Nota bene

• Quelques adjectifs ont des comparatifs et superlatifs irréguliers : bonus, a, um (**melior, ius/optimus, a, um**), malus, a, um (**pejor, pejus/pessimus, a, um**), magnus, a, um (**major, majus/maximus, a, um**), parvus, a, um (**minor, minus/minimus, a, um**).

• Les adjectifs en **-er** ont un superlatif irrégulier : miser/miserior/mise**rrimus**.

• *SPÉCIALITÉ* Cinq adjectifs en **-ilis** ont un superlatif irrégulier : facilis, difficilis, similis, dissimilis, humilis (facilis/facilior/faci**llimus**).

• *SPÉCIALITÉ* Les adjectifs en **-dicus**, **-ficus**, **-volus** ont un comparatif et un superlatif irréguliers (maledicus maledi**centior**/maledi**centissimus**).

4 Le pronom personnel

EXERCICES > p. 228

L'essentiel

- En latin, les pronoms personnels se déclinent à la **1re personne** (ego, nos) et à la **2e personne** (tu, vos). À la **3e personne**, on emploie le pronom démonstratif **is, ea, id** ; si le sens est réfléchi, on emploie **se** → **déclinaisons** *p. 269*.
- Le latin n'utilise pas systématiquement le pronom personnel : quand le contexte est clair, il en fait l'économie.
  C'est pourquoi la présence du pronom personnel peut créer un **effet d'insistance**, de relief.

1re PERSONNE

Ego, me, mei, mihi, me
Nos, nos, nostri/nostrum, nobis, nobis

2e PERSONNE

Tu, te, tui, tibi, te
Vos, vos, vestri/vestrum, vobis, vobis

3e PERSONNE

Démonstratif is, ea, id

Ea in thermas it. **Elle** va aux thermes. / **Elle, elle** va aux thermes.
Credo **eum** esse beatum. Je crois qu'**il** est heureux.

Réfléchi se, sui, sibi, se (au sing. comme au pl.)

Orat **te** pater ut ad **se** venias. Ton père **te** demande de venir à **lui**.
Superbi **se** laudant sed homines **eos** non laudant.
Les orgueilleux **se** louent ; mais les hommes ne **les** louent pas.

LA SYNTAXE DES RÉFLÉCHIS

RÉFLÉCHIS DIRECTS

Le réfléchi est sujet de la proposition subordonnée

Dico **superbos se** laudare. Je dis que **les orgueilleux se** louent.

Le possesseur est le sujet de la proposition subordonnée

Dico **patrem** amare liberos **suos**. Je dis qu'**un père** aime **ses** enfants.

RÉFLÉCHIS INDIRECTS

Le réfléchi se rapporte au sujet de la proposition principale

Quintus credit **se** esse beatum. **Quintus** croit qu'**il** est heureux.

Le possesseur est le sujet de la proposition principale

Quintus credit parentes **suos** esse beatos.
Quintus croit que **ses** parents sont heureux.

5 Les pronoms et déterminants interrogatifs et exclamatifs

EXERCICES > p. 228

L'essentiel

- Pour formuler une interrogation partielle, le latin utilise surtout le **pronom interrogatif** **quis, quae, quid** qui se met au genre et au nombre du **nom qu'il remplace** et au cas exigé par sa fonction dans la phrase → **déclinaisons** *p. 270*.
- Le **déterminant qui, quae, quod** se met au genre, au nombre et au cas du nom qu'il accompagne.
- **Uter, utra, utrum** s'emploie pour désigner deux personnes ou deux choses.
- Certains déterminants interrogatifs sont employés comme **exclamatifs**. SPÉCIALITÉ

QUIS, QUAE, QUID

Pronom	Quis venit ? **Qui** vient ?	Quid agis ? **Que** fais-tu ?

QUI, QUAE, QUOD

Déterminant	Qui miles venit ? **Quel** soldat est venu ?	Quod templum vides ? **Quel** temple vois-tu ?

UTER, UTRA, UTRUM

Pronom	Duo fratres tibi sunt. Uter veniet ? Tu as deux frères. **Lequel** viendra ?
Déterminant	Uter mons altior est ? **Laquelle** des deux montagnes est la plus élevée ? **Quelle** montagne (entre les deux) est la plus élevée ?

AUTRES DÉTERMINANTS INTERROGATIFS

- **Qualis, is, e ?** Quel ? Quelle espèce de ? De quelle qualité ?
- **Quantus, a, um ?** Quel ? De quelle grandeur ? De quelle importance ?
- **Quot ? (indéclinable)** Combien de ?

DÉTERMINANTS EXCLAMATIFS SPÉCIALITÉ

- **Qui, quae, quod**
  Quae vita ! **Quelle** vie !
- **Qualis, is, e**
  Qualis artifex ! **Quel** artiste !
- **Quantus, a, um**
  Quantum periculum adiit ! **Quel** grand danger il a affronté !

6 Le pronom et le déterminant indéfinis

EXERCICES > p. 228

L'essentiel

- Les pronoms indéfinis les plus courants sont les **composés de quis** qui se déclinent, à quelques différences près, comme le pronom interrogatif.
- Les autres indéfinis sont **uter** et ses composés, **alter**, et les indéfinis de sens négatif.

Pronom	Déterminant	Sens
nemo, nihil	nullus, a, um	PERSONNE, RIEN
quidam, quaedam, quiddam	quidam, quaedam, quoddam	UN CERTAIN HOMME, UNE CERTAINE CHOSE (DÉTERMINÉ)
aliquis, aliqua, aliquid	aliqui(s), aliqua, aliquod	QUELQU'UN, QUELQUE CHOSE (INDÉTERMINÉ)
quis, quae, quid	qui, quae, quod remplace aliquis après : si, nisi, ne + subj., num, cum (répét.), dum (relatif)	QUELQU'UN, QUELQUE CHOSE (INDÉTERMINÉ)

PERSONNE OU CHOSE INDÉTERMINÉE

Pronom

quisque, quaeque, quidque

Déterminant

quisque, quaeque, quodque se trouve après :

- **se, suus** :
  Faber est suae **quisque** fortunae.
  Chacun est l'artisan de sa **propre** fortune.
- un superlatif :
  Fortissimus **quisque**.
  Tous les plus courageux.
- un adjectif ordinal :
  Decimus **quisque**. **Un** sur dix.
- un relatif, un interrogatif, **ut** (selon que) :
  Quam **quisque** norit artem, in hac se exerceat.
  Que **chacun** s'exerce dans l'art qu'il connaît.

2 PERSONNES OU 2 CHOSES

- alter, altera, alterum (l'un des deux)
  Altera venit. **L'autre** est venue.
- uterque, utraque, utrumque (l'un et l'autre)
  Utraque venit. **Les deux** sont venues.

ALTÉRITÉ

- alius, alia, aliud (l'autre)
  se traduit différemment selon qu'il est seul ou répété :
  Alii venerunt. **D'autres** sont venus.
  Alii scribunt, **alii** legunt. **Les uns** écrivent, **les autres** lisent.
  Alii alios se laudant. Ils se louent **entre eux**.

Nota bene

Le pronom **quisquam** et le déterminant correspondant **ullus** ne s'emploient que dans des phrases négatives et se traduisent par personne et aucun.

Profecti sunt omnes nec **quisquam** rediit. Ils partirent tous et **aucun** ne revint.

Sine **ullo** vulnere vicerunt. Ils remportèrent la victoire sans **aucun** dommage.

7 Le pronom et le déterminant démonstratifs

EXERCICES > p. 228

L'essentiel

- Le pronom **remplace** le nom :
celui-ci, celle-ci, ceci – celui-là, celle-là, cela.
- Le déterminant **accompagne** le nom : ce, cette.

Pronom	Déterminant	
Hic adest. **Celui-ci** est présent.	Hoc tempore **En ce temps-ci**	**HIC, HAEC, HOC** personne ou objet à proximité du locuteur ou lui appartenant
Iste **Cet individu**	Iste dux **Ce** (mauvais) chef	**ISTE, ISTA, ISTUD** personne ou objet à proximité du locuteur ; parfois sens péjoratif
Ille **Ce grand homme**	Ille dux **Ce** (fameux) chef	**ILLE, ILLA, ILLUD** personne ou objet plus éloignés ; parfois sens emphatique

IS, EA, ID : personne ou objet déjà nommés dans le texte

Pronom

- Ea venit. **Elle** vient.
- Eos vidi. Je **les** ai vus.
- Credo eum esse beatum. Je crois qu'**il** est heureux.

Déterminant

- Eos libros legi. J'ai lu **ces** livres.

IDEM, EADEM, IDEM

Pronom

- Idem venit. **Le même** (homme) est venu.

Déterminant

- Eosdem libros legi ac tu. J'ai lu **les mêmes** livres que toi.

IPSE, IPSA, IPSUM

Pronom

- Ipse scripsi. J'ai écrit **moi-même**.
- Ipse vidisti. Tu l'as vu **toi-même**.

Déterminant

- Vir ipse. L'homme **lui-même** / l'homme **même**.

Les déterminants numéraux

EXERCICES > p. 228-229

L'essentiel

- Les **déterminants numéraux cardinaux** sont invariables sauf **unus, a, um** ; **duo, duae, duo** ; **tres, tria** → **déclinaisons** *p. 271* ; les multiples de cent (**ducenti, ae, a...**) ; et **milia**.
- Les **déterminants ordinaux**, qui permettent d'indiquer l'ordre, se déclinent comme les adjectifs de 1re classe.

Chiffres romains	Cardinaux	Ordinaux
I	unus, una, unum	primus, a, um
II	duo, duae, duo	secundus, a, um
III	tres, tres, tria	tertius, a, um
IV	quattuor	quartus, a, um
V	quinque	quintus, a, um
VI	sex	sextus, a, um
VII	septem	septimus, a, um
VIII	octo	octavus, a, um
IX	novem	nonus, a, um
X	decem	decimus, a, um
XI	undecim	undecimus, a, um
XII	duodecim	duodecimus, a, um
XIII	tredecim	tertius decimus, a, um
XIV	quattuordecim	quartus decimus, a, um
XV	quindecim	quintus decimus, a, um
XVI	sedecim	sextus decimus, a, um
XVII	septemdecim	septimus decimus, a, um
XVIII	duodeviginti	duodevicesimus, a, um
XIX	undeviginti	undevicesimus, a, um
XX	viginti	vicesimus, a, um
XXI	viginti unus, a, um	vicesimus primus, a, um
XXX	triginta	tricesimus, a, um
XL	quadraginta	quadragesimus, a, um
L	quinquaginta	quinquagesimus, a, um
LX	sexaginta	sexagesimus, a, um
LXX	septuaginta	septuagesimus, a, um
LXXX	octoginta	octogesimus, a, um
XC	nonaginta	nonagesimus, a, um
C	centum	centesimus, a, um
CC	ducenti, ae, a	ducentesimus, a, um
CCC	trecenti, ae, a	trecentesimus, a, um
CD	quadringenti, ae, a	quadringentesimus, a, um
D	quingenti, ae, a	quingentesimus, a, um
DC	sescenti, ae, a	sescentesimus, a, um
DCC	septingenti, ae, a	septigentesimus, a, um
DCCC	octingenti, ae, a	octingentesimus, a, um
CM	nongenti, ae, a	nongentesimus, a, um
M	mille	millesimus, a, um
MM	duo milia (+ génitif)	bis millesimus

- De vingt-et-un à cent, on juxtapose ou coordonne les numéraux :

XXXI se lit **triginta unus** ou **unus et triginta**.

- Quand le nombre se termine par un 8 ou un 9, on retranche les unités de la dizaine supérieure :

XXVIII = **duodetriginta**
XXXIX = **undequadraginta**

- À partir de cent, on juxtapose les milliers, centaines, dizaines et unités.

MCCXXV se lit **mille ducenti viginti quinque.**

Nota bene

Le zéro n'existe pas dans la numérotation romaine. Cette idée est exprimée par des indéfinis comme **nullus, a, um** ou **nihil.**

9 L'expression de l'âge et de la quantité

SPÉCIALITÉ

EXERCICES > p. 229

> L'âge

- **natus, a, um** + cardinal à l'accusatif
  Puer decem annos **natus est.** L'enfant a dix ans.

- **ago, is, ere** + ordinal à l'accusatif
  Puer undecimum annum agit.
  L'enfant vit sa **onzième année.** / L'enfant a **dix ans.**

- nom + cardinal au génitif
  Puer decem annorum **est.** C'est un enfant de **dix ans.**

> La quantité

ADJECTIFS DE QUANTITÉ

Interrogatifs - exclamatifs	Qualificatifs
quantus, a, um + nom abstrait **Quanta** gloria ! **Quelle grande** gloire !	**multi**, ae, a (beaucoup de) + nom concret au pluriel ; **pauci**, ae, a (peu de) **Multi** viri. **Beaucoup** d'hommes.

ADVERBES DE QUANTITÉ

+ verbe

quantum (combien, comme), **multum** (beaucoup), **magis** (plus), **maxime** (le plus), **paulum** (peu), **satis** (assez), **nimis** (trop)...
Quantum crevit ! **Comme** il a grandi !

+ adjectif ou adverbe

quam (comme), **minus** (moins), **minime** (le moins), **satis** (assez), **nimis** (trop)…
Quam pulcher est ! **Comme** il est beau !

+ nom au génitif

quantum, multum, plus, paulum…
Quantum auri ! **Combien** d'or ! **Multum** auri. **Beaucoup** d'or.

Nota bene

- L'**égalité de quantité** est exprimée par des **corrélations** : **tam… quam… ; tantum… quantum ; tot… quot…**
  Tot viri **quot** mulieres. **Autant** d'hommes **que** de femmes.
  Tantum crevit **quantum** tu. Il a grandi **autant que** toi.
- Le **prix** s'exprime par l'ablatif :
  Hunc librum viginti assibus emi. J'ai acheté ce livre **vingt as.**
- L'**estimation** s'exprime au génitif :
  Noli hoc putare parvi. Ne juge pas que cela ait **peu** d'importance.

Le groupe nominal et ses cas

LEÇONS 1 et 2 > p. 218-219

Identifier

1 Identifiez à quel(s) cas sont les mots suivants puis transposez-les au singulier.

1. Corporum
2. Urbium
3. Maria
4. Maribus
5. Liberis
6. Volumina
7. Templorum
8. Viris

2 Justifiez l'emploi des cas de chacun des mots soulignés dans les phrases suivantes.

1. Ex auro et ebore hoc sigillum est.
2. Validior manuum dextra est.
3. Romam ibimus et tres dies ibi manebimus.
4. Populo Romano magna fama est.
5. Nulla re caret.
6. Lugduni incolere volo.
7. Tui patris bene memini.

Manipuler

3 Déclinez les groupes nominaux suivants au singulier et au pluriel.

1. Beatus dux
2. Beatior vita
3. Vetus Romanus
4. Fortis miles
5. Pulchrum corpus

4 Donnez l'ablatif singulier et le génitif pluriel des groupes nominaux suivants.

1. Fortis puer
2. Canis niger
3. Magna laurus
4. Maxima pars
5. Vetus rex
6. Ingens oppidum

Traduire

5 Appliquez le code couleur (p. 2) à ce texte et traduisez-le.

Méthode
Traduction guidée hatier-clic.fr/21lat001

Cicéron part à la recherche du tombeau d'Archimède...

Non ego jam cum [Dionysii[1] tyranni] vita – qua[2] taetrius, miserius, detestabilius excogitare nihil possum – Platonis aut Archytae vitam comparabo, doctorum hominum et plane sapientium. Ex eadem urbe humilem homunculum a pulvere et radio excitabo, qui multis post annis fuit, Archimedem. Cujus[3] ego quaestor ignoratum ab Syracusanis, cum esse omnino negarent, saeptum undique et vestitum vepribus et dumetis indagavi sepulcrum.

D'après Cicéron, *Tusculanes*, V, 23.

1. **Dyonisios, ii,** m : Denys, tyran de Syracuse au IVe s. av. J.-C.
2. **qua** a pour antécédent **vita** et est le complément des comparatifs.
3. **cujus** est un relatif de liaison qui reprend Archimède.

Vocabulaire
taeter, tra, trum : affreux, horrible • Archytas, ae, m : philosophe pythagoricien • homunculus, i, m : pauvre petit homme • vepres, ium, m pl : buisson épineux • dumetum, i, n : ronceraie

6 Traduisez les phrases suivantes.

1. Rogo patrem sententiam.
2. Hoc usui sorori est.
3. Vitam beatissimam egit.
4. Istum virum, victoriam ferre !
5. Quid novi ?
6. Gaudio matri est.

L'adjectif qualificatif et l'adverbe

LEÇON 3 > p. 220

Identifier

7 Repérez l'adjectif dans chacun de ces groupes nominaux et proposez une traduction.

1. Primum agmen
2. Prima luce
3. Summus mons
4. Summa arbor
5. Extrema oratio

8 Repérez les adjectifs et traduisez les phrases.

1. Navigationis longae et hiemalis et minime portuosae periculum vitaveris.
2. Atticus non liberalis sed levis arbitrabatur polliceri quod praestare non posset.
3. Docebat quam veteres quamque justae causae necessitudinis Romanis cum Haeduis intercederent.

9 Repérez les adverbes et traduisez les phrases et expressions suivantes.

1. Circensibus ludis Trojam constantissime favorabiliterque lusit.
2. Quamvis nunc tuum consilium sit et votum celeriter reverti me, tamen suadere et optare potius debes, ut Nerone dignus revertar.
3. Liberalis disciplinas omnis fere puer attigit.
4. Festina lente
5. Citius, altius, fortius

Manipuler

10 Formez le comparatif et le superlatif des adjectifs et des adverbes suivants.

1. Bonus, a, um
2. Miser, era, erum
3. Docte
4. Fortiter
5. Mirabilis, e
6. Dignus, a, um

Traduire

11 Relevez les adjectifs et les noms auxquels ils se rapportent et traduisez le texte.

Méthode
Traduction guidée hatier-clic.fr/21lat002

Cicéron s'émerveille devant le corps humain.

Qui[1] primum eos humo excitatos, celsos et erectos constituerunt, ut deorum cognitionem caelum intuentes capere possent. Sunt enim ex terra homines non ut incolae atque habitatores, sed quasi spectatores superarum rerum atque caelestium, quarum spectaculum ad nullum aliud genus animantium pertinet. Sensus autem interpretes ac nuntii rerum in capite tamquam in arce mirifice ad usus necessarios et facti et conlocati sunt. Nam oculi tamquam speculatores altissimum locum optinent, ex quo plurima conspicientes fungantur suo munere ; et aures, cum sonum percipere debeant, qui natura in sublime fertur, recte in altis corporum partibus collocatae sunt.

Cicéron, *De natura deorum*, II, 56.

1. **Qui** désigne les dieux.

Vocabulaire

excitato, as, are : faire se dresser • intueor, eris, eri : regarder • incola, ae, m : habitant • habitator, oris, m : occupant • animans, antis, m : être vivant • fungor, eris, i + ablatif : s'acquitter de • sublimis, e : haut, élevé

Les pronoms

LEÇONS 4 à 7 > p. 221 à 224

Identifier

12 Repérez tous les pronoms démonstratifs, personnels et indéfinis et indiquez leur nature.

Venio nunc ad istius, quem ad modum ipse appellat, studium, ut amici ejus, morbum et insaniam, ut Siculi, latrocinium ; ego quo nomine appellem nescio ; rem vobis proponam, vos eam suo, non nominis pondere penditote. Genus ipsum prius cognoscite, judices ; deinde fortasse non magno opere quaeretis quo id nomine appellandum putetis. Nego in Sicilia tota, tam locupleti, tam vetere provincia, tot oppidis, tot familiis tam copiosis, ullum argenteum vas, ullum Corinthium aut Deliacum fuisse, ullam gemmam aut margaritam, quicquam ex auro aut ebore factum, signum ullum aeneum, marmoreum, eburneum, nego ullam picturam neque in tabula neque in textili quin conquisierit, inspexerit, quod placitum sit abstulerit.

Cicéron, *Contre Verrès*, II, 4, 1.

13 Repérez les pronoms indéfinis et traduisez les phrases.

1. In civitatem quemque suam misit.
2. Faber est suae quisque fortunae.
3. Ita est utraque res sine altera debilis.

14 Repérez les pronoms et traduisez les phrases.

1. De istis rebus exspecto tuas litteras.
2. Erat comes ejus Rubrius quidam.
3. Quid dicis, inquit, amice carissime ?
4. Quod hoc monstrum in provinciam misimus ?

15 SPÉCIALITÉ Repérez les pronoms exclamatifs et traduisez les phrases.

1. Quantae opes ei reginae sunt !
2. Qualis patronus justitiae fuit !
3. Quot et quanti poetae exstiterunt !

Manipuler

16 Accordez le déterminant is, ea, id puis le pronom relatif à chacun des noms suivants.

1. Filiam
2. Templo
3. Animali
4. Domus
5. Itineris
6. Virium
7. Virum
8. Laurus
9. Oppidum
10. Incolarum
11. Homines
12. Maria

17 Déclinez les groupes nominaux suivants.

1. Quidam civis
2. Quaedam urbs
3. Aliquod templum
4. Alia castra
5. Alter consul
6. Nullus rex

Traduire

18 Traduisez les phrases suivantes en choisissant les pronoms adaptés.

1. Le père aime son fils et sa fille.
2. Nous viendrons avec le paysan et son fils.
3. Le père aime son fils, mais condamne ses vices.
4. Je n'ai pas reçu sa lettre.
5. Elles se promènent dans leur jardin.
6. Je connais bien leur jardin.

19 SPÉCIALITÉ Voici la suite du texte de l'exercice 5 p. 227. Traduisez-le après avoir repéré tous les pronoms.

Méthode
Traduction guidée hatier-clic.fr/21lat003

Ego autem cum omnia conlustrarem oculis – est enim ad portas Agragantinas magna frequentia sepulcrorum –, animum adverti columellam non multum e dumis eminentem, in qua inerat sphaerae figura et cylindri. Atque ego statim Syracusanis – erant autem principes mecum – dixi me illud ipsum arbitrari esse, quod quaererem. Inmissi cum falcibus multi purgarunt[1] et aperuerunt locum.

Quo cum patefactus esset aditus, ad adversam basim accessimus. Apparebat epigramma exesis posterioribus partibus versiculorum dimidiatum fere. Ita nobilissima Graeciae civitas, quondam vero etiam doctissima, sui civis unius acutissimi monumentum ignorasset[2], nisi ab homine Arpinate didicisset.

Cicéron, *Tusculanes*, V, 23.

1. purgarunt = purgaverunt. 2. ignorasset = ignoravisset.

Vocabulaire

conlustro, as, are : parcourir du regard • ad portas Agragantinas : près de la porte d'Agrigente • columella, ae, f : petite colonne • dumus, i, m : buisson • falx, falcis, f : faux, serpe • dimidiatus, a, um : réduit à la moitié

Les déterminants numéraux

LEÇON 8 > p. 225

Identifier

20 Dans les phrases suivantes, repérez les déterminants numéraux cardinaux et ordinaux. Transcrivez-les en chiffres romains.

1. Nactus ego occasionem persuadeo hospitem nostrum, ut mecum ad quintum miliarium veniat.
2. Lysippum statuae unius lineamentis inhaerentem inopia extinxit.
3. Poteram quidem, inquit, hoc ferículo esse contentus ; secundas enim mensas habetis.
4. Jam scio unde acceperit denarios mille aureos.
5. Sublata in horreum ex area tritici milia modium quingenta ; boves domiti quingenti.

Extraits de Pétrone, *Satiricon*.

Manipuler

21 **Traduisez les nombres suivants et transcrivez-les en chiffres romains.**

19 • 31 • 200 • 1121

22 **Nommez en latin les nombres suivants.**

XXII • VI • DXIV • MCXC

L'expression de la quantité

LEÇONS 8 et 9 > p. 225-226

SPÉCIALITÉ

Identifier

23 **Repérez et analysez les termes exprimant la quantité dans chaque phrase.**

1. Quattuor reperio causas cur senectus misera videatur, unam quod avocet a rebus gerendis.

Cicéron, *De Senectute*, 15.

2. Quasi duo simus, ut alter imperet, alter pareat.

Cicéron, *Tusculanes*, II, 47.

3. Subducta enim sibi vestimenta dispensatoris in balneo, quae vix fuissent decem sestertiorum.

D'après Pétrone, *Satiricon*, 30.

4. Necesse est enim miseros esse eos qui centum milibus annorum ante occiderunt.

Cicéron, *Tusculanes*, I, 5.

Manipuler

24 **Déclinez les groupes nominaux suivants.**

1. Unus rex
2. Duo consules
3. Nullum periculum
4. Tria milia civium
5. Ducentae puellae
6. Quinquaginta Danaides

Traduire

25 **Traduisez les phrases suivantes en commençant par les expressions de la quantité.**

1. Sed lubet scire quantum aurum erus sibi
Dempsit et quid suo reddidit patri.

Plaute, *Les Bacchis*, 663-664.

2. Ego tibi hunc porro servavi cum magna pecunia.

Plaute, *Rudens*, V, 1396.

3. Cum ipsa pecunia quae Staieno data est numero ac summa sua non modo quanta fuerit sed etiam ad quam rem fuerit ostendat ? [...] Dico [...] ad Staienum sescenta et quadraginta milia nummum esse delata.

Cicéron, *Pro Cluentio*, 7.

4. Minus sex milia hominum inde effugerunt ; caesa aut capta supra quinque et triginta milia cum signis militaribus septuaginta, carpentis Gallicis multa praeda oneratis plus ducentis.

Tite-Live, *Ab Urbe condita*, 31, 21, 17.

L'expression de l'âge

LEÇON 9 > p. 226

SPÉCIALITÉ

Identifier

26 **Relevez les expressions de l'âge.**

1. Duodequadraginta annos tyrannus Syracusanorum fuit Dionysius, cum quinque et viginti natus annos dominatum occupavisset.

2. Tener adhuc necdum matura pueritia circensibus ludis Trojam constantissime favorabiliterque lusit.

3. Undecimo aetatis anno a Claudio adoptatus est Annaeoque Senecae jam tunc senatori in disciplinam traditus.

Suétone, *Vie des douze Césars*, Néron, 7.

4. Septemdecim natus annos, ut de Claudio palam factum est, inter horam sextam septimamque processit ad excubitores, cum ob totius diei diritatem non aliud auspicandi tempus accommodatius videretur.

Suétone, *Vie des douze Césars*, Néron, 8.

Traduire

27 **Traduisez les phrases suivantes.**

1. Quel âge a ta mère ? Ma mère a quarante-cinq ans.
2. Mon esclave a vingt ans.
3. Cicéron est devenu consul à quarante-trois ans.
4. Tullia mourut à trente-et-un ans.

28 **Voici la dernière page de la vie de Néron. Traduisez le texte après avoir appliqué le code couleur.**

Méthode
Traduction guidée hatier-clic.fr/21lat004

Obiit tricensimo et secundo aetatis anno, die quo quondam Octaviam interemerat, tantumque gaudium publice praebuit, ut plebs pilleata tota urbe discurreret. Et tamen non defuerunt qui per longum tempus vernis aestivisque floribus tumulum ejus ornarent ac modo imagines praetextatas in rostris proferrent, modo edicta quasi viventis et brevi magno inimicorum malo reversuri. Quin etiam Vologaesus Parthorum rex missis ad senatum legatis de instauranda societate hoc etiam magno opere oravit, ut Neronis memoria coleretur. Denique cum post viginti annos adulescente me exstitisset condicionis incertae[1] qui se Neronem esse jactaret, tam favorabile nomen ejus apud Parthos fuit, ut vehementer adiutus et vix redditus sit.

Suétone, *Vie des douze Césars*, Néron, 57.

1. condicionis incertae : génitif de qualité.

Vocabulaire

obeo, is, ire, ii, itum : mourir • interimo, is, ere, emi, emptum : supprimer, tuer • pilleatus, a, um : coiffé du pileus, en signe d'affranchissement • discurro, is, ere, cursi, cursum : courir en tous sens • vernus, a, um : printanier • praetextatus, a, um : vêtu de la toge prétexte • magno inimicorum malo : pour le grand malheur de ses ennemis • societas, atis, f : alliance • jacto, as, are, avi, atum : prétendre, se vanter

10 L'indicatif : formation et emplois

EXERCICES > p. 235

L'essentiel

- L'indicatif sert à désigner des **faits réels**. L'**emploi** de ses temps est similaire au français.
- On distingue les temps de l'**infectum** (action en cours) de ceux du **perfectum** (action accomplie).
- Le **parfait** exprime une **action achevée** au moment où l'on parle.
  On peut le traduire par un passé composé ou un passé simple, selon le contexte.
  Il peut s'employer dans un **portrait** ou une **description**, là où le français emploie l'imparfait :
  L. Catilina **fuit** magna vi et animi et corporis.
  L. Catilina **avait** une grande vigueur intellectuelle et physique.

ămo, **ās**, **āre**, **āvī**, **ātum** (cf. *2 amma* ; fr. *aimer*), tr. ¶ **1** aimer, avoir de l'affection

- **ămo** : 1re personne du singulier du présent de l'indicatif.
- **ās** = **amas** : terminaison de la 2e personne du singulier du présent de l'indicatif.
- **āre** = **amare** : terminaison de l'infinitif présent.
- **āvī** = **amavi** : terminaison de la 1re personne du singulier du parfait de l'indicatif. On obtient le radical du parfait en enlevant le **-i**.
- **ātum** = **amatum** : terminaison du supin. On obtient le radical du supin en enlevant le **-um**.

TEMPS DE L'INFECTUM

Radical du présent

CONJUGAISONS
- 1re **AMA-** (amo, as, are) → *p. 258*
- 2e **DEBE-** (debeo, es, ere) → *p. 259*
- 3e **DIC-** (dico, is, ere) → *p. 260*
  CAPI- (capio, is, ere) → *p. 261*
- 4e **AUDI-** (audio, is, ire) → *p. 262*

\+ **Suffixe caractéristique**

- **Présent** : pas de suffixe
- **Imparfait** : voyelle de liaison **e** + **-ba-**
- **Futur** : 1re - 2e : **-b-** (**bi/bu**) ; 3e - 4e : **-a-** / **-e-**

\+ **Désinences**

-o ou -m, -s, -t, -mus, -tis, -nt

TEMPS DU PERFECTUM

Radical du parfait

CONJUGAISONS
- 1re **AMAV-** → *p. 258*
- 2e **DEBU-** → *p. 259*
- 3e **DIX-** → *p. 260*
  CEP- → *p. 261*
- 4e **AUDIV-** → *p. 262*

\+ **Suffixe caractéristique**

- **Parfait** : pas de suffixe → désinences : -i, -isti, -it, -imus, -istis, -erunt -ere
- **Plus-que-parfait** : **-era-**
- **Futur antérieur** : **-er(i)-**

\+ désinences (plus-que-parfait et futur antérieur) : -o ou -m, -s, -t, -mus, -tis, -nt

Nota bene

- Aux **3e et 4e conjugaisons**, des **voyelles de liaison** (**e**, **i**, **u**) s'intercalent parfois après le radical.
- Au **présent** : à la 1re conjugaison, le **-a du radical se contracte** avec la terminaison **o** (ama o = amo).
- Les formes du parfait en **-vi** sont parfois abrégées (audii = audivi). SPÉCIALITÉ

Le subjonctif : formation et emplois

EXERCICES > p. 235

L'essentiel

- Le subjonctif sert à exprimer un **fait envisagé par l'esprit**, qu'il soit voulu, possible, souhaitable ou non réalisé.
- On le trouve dans les **propositions indépendantes** (ordre / défense, souhait / regret, délibération) et dans les **subordonnées**.

> Formation

Radical	+ Suffixe	+ Désinences	
• Radical infectum → p. 230 (3e mixte : **capi**) • Radical infectum → p. 230 (3e mixte : **cape**)	Présent • **-e-** (1re conj.) • **-a-** (2e, 3e, 4e conj.) Imparfait ACTIF PASSIF • **-re**	-m -s -t -mus -tis -nt	**Temps du PRÉSENT ACTIF/PASSIF**
• Radical perfectum → p. 230	Parfait ACTIF • **-eri-** Plus-que-parfait ACTIF • **-isse** Parfait PASSIF • Participe parfait + **sim...** Plus-que-parfait PASSIF • Participe parfait + **essem...**	-m -s -t -mus -tis -nt	**Temps du PASSÉ**

> Emplois

Proposition indépendante

Ordre
- **Subjonctif (1re et 3e pers.)**
  Hoc faciamus. Faisons ceci.
  Hoc faciant. Qu'ils fassent ceci.

Défense
- **Ne + subj. parfait (2e pers.)**
  Ne hoc feceris. Ne fais pas ceci.
  Ne hoc feceritis. Ne faites pas ceci.

Souhait, regret
- **Subjonctif**
  Utinam dives sim !
  Pourvu que je sois riche !
  Utinam ne pauper essem !
  Si seulement je n'étais pas pauvre !

Délibération
- **Subjonctif**
  Quid faciam ? Que faire ?
  Non affirmaverim. Je n'affirmerais pas.

Proposition subordonnée

Conditionnel
- **Potentiel** Si venias, laetus sim. Si tu venais, je serais content.
- **Irréel du présent** Si venires, laetus essem. Si tu venais, je serais content.
- **Irréel du passé** Si venisses, laetus fuissem. Si tu étais venu, j'aurais été content.

Circonstance
- **Subjonctif** Exspecta dum redeam. Attends jusqu'à ce que je revienne.
  Cum haec dixisset, abiit. Après avoir prononcé ces paroles, il s'en alla.

12

La voix passive et les verbes déponents

EXERCICES > p. 236

L'essentiel

- En latin comme en français, l'**action** exprimée dans la phrase par le **verbe** peut être présentée à la **voix active** (le sujet fait l'action) ou à la **voix passive** (le sujet subit l'action) → *p. 258-266*.
  Faber casam aedificat. L'artisan construit une cabane. • Casa aedificatur. La cabane est construite.
- Au passif, un **complément d'agent** peut être ajouté pour préciser qui fait l'action subie par le sujet.
  Tabulae a lignario caeduntur. Les planches sont taillées par le menuisier.
- Les **verbes déponents** sont à la **voix passive** (forme passive) mais ils ont un **sens actif** → *p. 258-266*.
  Comme l'indique leur étymologie (depono : abandonner), ils ont « abandonné » leur sens passif.
  Deos vereor. Je **crains** les dieux.
- Il arrive que le sujet du passif ne soit pas déterminé (personne n'est identifié). SPÉCIALITÉ
  On peut traduire ce **passif impersonnel** par on.
  Pugnatur. On combat.

LA VOIX PASSIVE
Verbes de forme passive et de sens passif

Temps de l'infectum

- Présent + Imparfait + Futur INDICATIF
- Présent + Imparfait SUBJONCTIF

Désinences -r, -ris, -tur, -mur, -mini, -ntur

Temps du perfectum

Parfait	Plus-que-parfait	Futur antérieur
participe passé + présent ind./subj. du verbe esse	participe passé + imparfait ind./subj. du verbe esse	participe passé + futur indicatif du verbe esse ***Attention*** Ce temps n'existe pas au subjonctif.

Infinitif

Présent	Parfait	Futur
Radical du présent + -ri (-i pour la 3e)	Participe parfait passif + esse	Radical du supin + urum + esse

Participe

- Parfait Radical du supin + us, a, um

Complément d'agent

- **a/ab + ablatif** pour une personne ou un animal
  Amor a patre. Je suis aimé **par mon père**.
  Grex a cane custoditur. Le troupeau est gardé **par le chien**.
- **ablatif** seul, si c'est une chose
  Maerore conficior. Je suis accablé **de (par le) chagrin**.
  Miles sagitta vulneratur. Le soldat est blessé **d'une (par une) flèche**.

LES VERBES DÉPONENTS
Verbes de forme passive, de sens et d'emploi actifs

Belli injurias **patitur**. Il endure les injustices de la guerre.
Belli injurias **passus est**. Il a enduré les injustices de la guerre.
Ingrederis in templum. Tu rentres dans le temple.
Romae **nascuntur**. Ils naissent à Rome. • Romae **nati sunt**. Ils sont nés à Rome.
Ducem **sequor**. Je suis le chef. • Ducem **sequebar**. Je suivais le chef.
Instrumento **usus est**. Il s'est servi de l'outil.

13 Les verbes irréguliers, semi-déponents et impersonnels

EXERCICES > p. 236

L'essentiel

- Quelques verbes, dits **irréguliers**, s'écartent des conjugaisons régulières au radical du présent.
- Les verbes **semi-déponents** ont des formes actives aux temps de l'infectum et déponentes aux temps du perfectum.
- Les verbes **impersonnels**, dont le sujet ne renvoie à personne en particulier, ne s'emploient qu'à la 3e personne du singulier et à l'infinitif.

VERBES IRRÉGULIERS

Eo, is, ire, ivi, itum : aller
Ibo. J'irai.

Fero, fers, ferre, tuli, latum : porter
Fertis. Vous portez.

Fio, fis, fieri, factus sum : être fait, devenir
Fiebant. Ils devenaient.

Volo, vis, velle, volui : vouloir
Vult. Elle veut.

Nolo, non vis, nolle, nolui : ne pas vouloir
Non vultis. Vous ne voulez pas.

Malo, mavis, malle, malui : préférer
Malumus. Nous préférons.

VERBES SEMI-DÉPONENTS

- **Gaudeo, es, ere, gavisus sum :** se réjouir
- **Audeo, es, ere, ausus sum :** oser
- **Soleo, es, ere, solitus sum :** avoir l'habitude de
- **Fido, is, ere, fisus sum :** se fier
- **Diffido, is, ere, diffisus sum :** se défier

VERBES IMPERSONNELS

Oportet, oportere, oportuit : il faut
Oportet deos colere. Il faut honorer les dieux.

Accidit, accidere, accidit : il arrive (événement inattendu)
Accidit ut erremus. Il arrive que nous nous trompions.

(Me) paenitet, paenitere, paenituit : regretter
Te paenitet erroris tui. Tu regrettes ton erreur.

14 Les formes nominales du verbe

EXERCICES > p. 237

L'essentiel

- En latin, certains modes verbaux présentent des formes et des emplois qui les assimilent à des noms ou à des adjectifs : **le participe**, **l'infinitif** et sa forme déclinée (**le gérondif**), et **l'adjectif verbal**.

PARTICIPE

- Trois temps existent au participe : **présent**, **parfait** et **futur** ; deux voix : **active** et **passive**.
- Le participe s'accorde en **genre, nombre et cas** avec le nom ou pronom sur lequel il porte.

PRÉSENT

radical du présent + (**e**) + **ns**, -**tis** (2e classe des adjectifs)

Sens actif Simultanéité avec l'action du verbe de la proposition.
Laborans, beatus est. Travaillant, il est heureux.
Vidi eum venientem. Je l'ai vu arriver.

PARFAIT

radical du supin + **us**, **a**, **um** (1re classe des adjectifs)

Sens passif Antériorité par rapport au verbe de la proposition.
Persae victi fugerunt. Vaincus, les Perses s'enfuirent.

FUTUR

radical du supin + **urus**, **a**, **um** (1re classe des adjectifs)

Sens actif Action à venir.
Scripturus sum. Je vais écrire.

GÉRONDIF

- Le **gérondif** sert à compléter la **déclinaison de l'infinitif** qui ne peut être utilisé qu'au nominatif et à l'accusatif.
- Le **gérondif** est utilisé à l'**accusatif** lorsqu'il est précédé de **ad**, comme complément de but.

Legit ad discendum. Il lit pour apprendre.

ADJECTIF VERBAL

- Formé sur un verbe, l'**adjectif verbal** a un sens passif et exprime l'**obligation**.

Radical du présent + (**e**) + **nd** + **us**, **a**, **um** (1re classe des adjectifs)
Amandus, a, um. Devant être aimé(e).

- Mis au neutre et employé sans sujet, l'**adjectif verbal** exprime un **ordre impersonnel**.
Pugnandum est. Il faut combattre.
- Quand l'adjectif verbal porte sur un **nom** qui est lui-même **complément**, il perd sa valeur d'obligation.

Ad legendam historiam. Pour lire l'histoire.
Tempus legendae historiae. Le moment de lire l'histoire.
Aptus historiae legendae. Capable de lire une histoire.
Legenda historia, beatus es. En lisant une histoire, tu es heureux.

Nota bene

- Les **verbes déponents** ont aussi des **participes**, de sens **actif**.
imitans, -ntis : imitant • imitatus, a, um : ayant imité.
- Les **participes présent et parfait** peuvent parfois être utilisés comme des **adjectifs** (sapiens : sage) ou comme des noms (spectantes : les spectateurs • gesta : les exploits).

Indicatif et infinitif

LEÇON 10 > p. 230

Identifier

1 **Retrouvez, dans la traduction, les formes verbales à l'indicatif et à l'infinitif en gras.**

Sanus homo, qui et bene **valet** et suae spontis **est**, nullis **obligare** se legibus **debet**, ac neque medico neque iatralipta **egere**. Hunc **oportet** varium **habere** vitae genus : modo ruri **esse**, modo in urbe, saepiusque in agro ; **navigare**, **venari**, **quiescere** interdum, sed frequentius se **exercere** ; siquidem ignavia corpus **hebetat**, labor **firmat**, illa maturam senectutem, hic longam adulescentiam **reddit**.

Celse, *De la médecine*, I, 1.

L'homme doué d'une bonne constitution, qui possède à la fois la santé et la liberté de ses actions, ne doit s'astreindre à aucun régime, et peut se passer également de médecin et d'iatralepte[1]. Il variera son genre de vie, tantôt à la campagne, tantôt à la ville, et le plus souvent à la campagne. Il devra naviguer, chasser, parfois s'abandonner au repos, mais presque toujours s'exercer, car la mollesse énerve le corps, que le travail fortifie ; l'une rend la vieillesse hâtive, et l'autre prolonge la jeunesse.

Traduction de D. Nisard.

1. **iatralepte** : médecin qui traite ses malades par des onctions et des frictions.

Manipuler

2 **Traduisez les formes suivantes.**

1. Tu avais aimé
2. Ils prenaient
3. Vous entendrez
4. Nous aurons envoyé
5. Ils prirent
6. J'ai écouté
7. Tu avais averti
8. Tu prendras
9. Ils pourront
10. Elle dira

3 **Transposez au pluriel ces verbes (même temps et même personne) et traduisez les formes obtenues.**

1. Misi
2. Audiebat
3. Potero
4. Monebis
5. Poteram
6. Ceperat
7. Vixit
8. Fui
9. Ibit
10. Eo
11. Audies
12. Laudaverat

4 **Transposez ces formes au futur puis à l'imparfait.**

1. Vis
2. Monent
3. Capit
4. Est
5. Ferimus
6. Itis

Traduire

5 **Traduisez ces phrases contenant des infinitifs.**

1. Turpe est mentiri.
2. Venire licet.
3. Tempus est legere.
4. Virtus est vitium fugere et sapientia stultitia caruisse.
5. Cottidie Caesar frumentum flagitare.
6. Te in tantas aerumnas propter me incidisse !

6 **Relevez les verbes à l'indicatif avant de traduire l'ensemble du texte.**

Méthode
Traduction guidée hatier-clic.fr/21lat005

Colocynthis vocatur alia, ipsa plena, sed minor quam sativa. Utilior pallida quam herbacea. Arefacta per se inanit alvum. Infusa quoque clysteribus, intestinorum omnibus vitiis medetur, et renium, et lumborum, et paralysi. Ejecto semine aqua mulsa in ea decoquitur ad dimidias ; sic tutissimo infunduntur oboli quattuor. Prodest stomacho, et farinae aridae pilulis cum decocto melle sumptis. In morbo regio semina ejus sumuntur et protinus aqua mulsa. Carnes ejus cum absinthio ac sale dentium tollunt, sucus vero cum aceto calefactus mobiles sistit.

Pline l'Ancien, *Histoire naturelle*, XX, 8, 14-15.

Le subjonctif

LEÇON 11 > p. 231

Identifier

7 **Identifiez les formes suivantes puis traduisez-les.**

1. Sis
2. Velit
3. Cepisset
4. Legeris
5. Amaretis
6. Prosint
7. Essetis
8. Irent
9. Ducamus
10. Legerent
11. Exspectet
12. Potuisses
13. Venias
14. Habeamus

Traduire

8 **a. Dans le texte, quels sont les verbes que l'on peut identifier avec certitude comme des indicatifs ? Certaines formes sont-elles ambigües ?**

b. Après les avoir relevés, justifiez l'emploi des subjonctifs puis traduisez le texte.

Méthode
Traduction guidée hatier-clic.fr/21lat006

Tu nunc in provincia, licet contemnas ipse te, magnus es. Quid agas, quemadmodum cenes, quemadmodum dormias, quaeritur, scitur. Eo tibi diligentius vivendum est. Tunc autem felicem esse te judica cum poteris in publico vivere, cum te parietes tui tegent, non abscondent, quos plerumque circumdatos nobis judicamus, non ut tutius vivamus, sed ut peccemus occultius. Rem dicam, ex qua mores aestimes nostros : vix quemquam invenies qui possit aperto ostio vivere. Janitores conscientia nostra, non superbia opposuit. Sic vivimus, ut deprendi sit, subito aspici. Quid autem prodest recondere se, et oculos hominum auresque vitare ? Bona conscientia turbam advocat, mala etiam in solitudine anxia atque sollicita est. Si honesta sunt quae facis, omnes sciant ; si turpia, quid refert neminem scire, cum tu scias ? O te miserum, si contemnis hunc testem ! Vale.

Sénèque, *Lettres à Lucilius*, 43.

Vocabulaire

contemno, is, ere : mépriser • ceno, as, are : dîner • dormio, is, ire : dormir • tego, is, ere : couvrir, cacher • pecco, as, are : commettre une faute • scio, is, ire : savoir

9 **Traduisez les phrases suivantes.**

1. Si Cicéron prononçait son discours, tous le loueraient.
2. Si tu étais allée à Rome, tu aurais vu le forum.
3. Nisi Cicero saeviisset res publica deleta esset.
4. Si Senatui auctoritas nulla esset, senatusconsultum neglegeretur.

10 **Traduisez ces phrases en employant le subjonctif.**

1. Que faire ? Où aller ? À qui faire confiance ?
2. Si seulement il avait été averti !
3. Qu'ils partent !
4. Promenons-nous !
5. Puissent les dieux t'entendre !
6. Ne lis pas ce livre !
7. Si seulement tu travaillais !

La voix passive

LEÇON 12 > p. 232

Identifier

11 **Repérez la tournure employée dans ces phrases puis traduisez-les.**

1. Pugnabatur.
2. Ventum est.
3. Curabitur.
4. Invidetur florenti fortunae.

Manipuler

12 **Transposez ces formes au passif puis traduisez-les.**

1. Amant
2. Viderunt
3. Capiebatis
4. Audietis
5. Petit
6. Vocas
7. Amabunt
8. Tenueram
9. Mittam
10. Tenebamus
11. Vocaverint
12. Videbamus

13 **Transposez au passif les formes au subjonctif suivantes puis traduisez-les.**

1. Amares
2. Ducamus
3. Tuleritis
4. Videant
5. Laudaveritis

14 **Transposez ces phrases au passif.**

1. Servos dominus amat.
2. Maeror uxorem conficit.
3. Milites bellum paraverant.
4. Servi templa aedificabant.

Traduire

15 **Repérez les verbes à la voix passive et traduisez le texte.**

Méthode
Traduction guidée hatier-clic.fr/21lat007

Pedonem Albinovanum narrantem audivimus habitasse se supra domum S. Papinii ; is erat ex turba lucifugarum. « Audio, inquit, circa horam tertiam noctis flagellorum sonos ; quaero quid faciat ; dicitur rationes accipere. Audio circa horam sextam noctis clamorem concitatum ; quaero quid sit ; dicitur vocem exercere. Quaero circa horam octavam noctis quid sibi ille sonus rotarum velit ; gestari dicitur. Circa lucem discurritur, pueri vocantur, cellari, coqui tumultuantur ; quaero quid sit ; dicitur mulsum et alicam poposcisse, a balneo exisse. Excedebat, inquis, ejus cena diem ? – Minime ! Valde enim frugaliter vivebat, nihil consumebat, nisi noctem. »

Sénèque, *Lettres à Lucilius*, 122.

Les verbes irréguliers, impersonnels, déponents et semi-déponents

LEÇONS 12 et 13 > p. 232-233

Identifier

16 **Analysez puis traduisez les formes suivantes.**

1. Polliciturum esse
2. Mirata eris
3. Miraberis
4. Miraris
5. Hortemini
6. Hortabuntur
7. Coner
8. Ausa est
9. Soliti erunt
10. Gavisae sunt
11. Fisus erat

Manipuler

17 **Traduisez les phrases suivantes.**

1. Pueros paenitet erroris sui.
2. Saepe accidit ut erremus.
3. Tibi licet Romam ire.
4. Me juvat te laetam esse.

18 **a. Traduisez les formes du verbe fero suivantes.**

1. Fert
2. Feret
3. Ferebat
4. Tulit
5. Tulerit
6. Tulerat
7. Feram
8. Tulero
9. Ferrem
10. Tulere
11. Tulisse

b. Traduisez les formes suivantes.

1. Porte !
2. Tu portas
3. Je porterai
4. Vous portiez
5. Ils portent

19 **a. Traduisez les formes du verbe sum suivantes.**

1. Erimus
2. Eramus
3. Este
4. Essetis

b. Traduisez les formes suivantes.

1. Qu'il soit
2. Qu'il fût
3. Nous pourrons
4. Vous serez utiles
5. Soyez présents !
6. Tu pouvais
7. Elle fut absente
8. Je commandais

20 **a. Traduisez les formes du verbe eo suivantes.**

1. Ibant
2. Iverunt
3. Ibunt
4. Itur
5. Eas
6. I
7. Eunt
8. Iveris

b. Traduisez les formes suivantes.

1. Nous irons
2. Nous allons
3. Nous allâmes
4. Allez !
5. Ils étaient allés
6. On allait

21 **a. Traduisez les formes du verbe fio suivantes.**

1. Fiam (deux traductions)
2. Factum iri
3. Fiemus
4. Fitis
5. Fieres
6. Fieri

b. Traduisez les formes suivantes.

1. Tu seras fait
2. Que tu sois fait
3. Nous étions faits
4. Qu'elles fussent faites
5. Devant être fait
6. Qu'il eût été fait
7. Vous auriez été faits
8. Être fait

22 **a. Traduisez les formes des verbes volo, nolo et malo suivantes.**

1. Malle
2. Non vis
3. Volens
4. Nolito
5. Nolemus
6. Velim
7. Nolint
8. Nollent
9. Malletis

b. Traduisez les formes suivantes.

1. Tu veux
2. Nous ne voulons pas
3. Il préfère
4. Vous ne voulez pas
5. Elles veulent
6. Tu préfères
7. Avoir préféré
8. Ne pas vouloir
9. Je voudrai
10. Tu ne voudras pas
11. Que nous préférions
12. Ne veuillez pas !

Les formes nominales du verbe

LEÇON 14 > p. 234

Identifier

23 **a. Après avoir identifié les participes (temps et voix), traduisez-les.**

1. Verens 2. Veritus 3. Victus 4. Miratus

b. Traduisez les formes suivantes.

1. Lu
2. Aimé
3. Avertissant
4. Prenant
5. Pris
6. Sur le point de prendre

Vocabulaire

vereor, vereris, vereri, veritus sum • vinco, is, ere, vici, victum • miror, miraris, mirari, miratus sum • lego, is, ere, legi, lectum • amo, as, are, avi, atum • moneo, es, ere, monui, monitum • capio, is, ere, cepi, captum

24 **Après avoir repéré les adjectifs verbaux et les gérondifs, traduisez ces phrases.**

1. Cupidus sum tuendae patriae.
2. Romanis spes erat Galliae subigendae.
3. Legatos mittunt ad pacem conficiendam.
4. Romam eundum est.
5. Caesar spem superandorum hostium habebat.

Manipuler

25 **Remplacez le gérondif accompagné d'un COD par l'adjectif verbal.**

1. Spes movendi (castra)
2. (Pacem) petendi causa
3. Aptus ducendo (milites)
4. Cupidus terrendi (hostes)

26 **Repérez les adjectifs verbaux et les gérondifs dans le texte en latin et retrouvez leur traduction dans le texte français.**

Cum igitur accepta causa et genere cognito rem tractare coepi, nihil prius constituo, quam quid sit illud, quo mihi sit referenda omnis illa oratio, quae sit propria quaestionis et judici ; deinde illa duo diligentissime considero, quorum alterum commendationem habet nostram aut eorum, quos defendimus, alterum est accommodatum ad eorum animos, apud quos dicimus, ad id, quod volumus, commovendos. Ita omnis ratio dicendi tribus ad persuadendum rebus est nixa : ut probemus vera esse, quae defendimus ; ut conciliemus eos nobis, qui audiunt ; ut animos eorum, ad quemcumque causa postulabit motum, vocemus. [...] In superiore genere de tractandis argumentis, in hoc autem etiam de inveniendis cogitandum est.

Cicéron, *De oratore*, II, 27.

Lorsque j'ai reconnu le genre de ma cause, et qu'il s'agit de la traiter, mon premier soin est de chercher quel est le but où doit tendre tout mon discours, et comment je dois l'approprier à la question actuelle. J'étudie ensuite deux choses avec attention : le moyen de prévenir les juges en ma faveur et en faveur de mon client, et celui de faire passer dans leurs âmes les sentiments que je veux leur inspirer. Ainsi les règles de l'art oratoire peuvent se réduire à trois points : prouver la vérité de l'opinion qu'on veut faire prévaloir, se concilier la bienveillance des auditeurs, faire naître en eux les impressions qui conviennent à l'intérêt de la cause. [...] Ainsi, dans le premier cas, il s'agit de mettre en œuvre des matériaux tout prêts ; dans le second, il faut faire plus, il faut les créer.

Traduction de D. Nisard (1840).

Traduire

27 **Traduisez les expressions suivantes comportant des formes au supin.**

1. Dignum memoratu
2. Res facilis dictu
3. Liber jucundus lectu
4. Cubitum ire

28 **Repérez les participes avant de traduire l'ensemble du texte.**

Méthode
Traduction guidée hatier-clic.fr/21lat008

In aciem educturus exercitum, pro conjugibus ac liberis mortem obiturum, quomodo exhortabitur ? [...] Laconas tibi ostendo, in ipsis Thermopylarum angustiis positos : nec victoriam sperant, nec reditum ; ille locus illis sepulchrum futurus est. Quemadmodum exhortaris ut totius gentis ruinam objectis corporibus excipiant, et vita potius, quam loco cedant ? Dices : « Quod malum est, gloriosum non est ; mors gloriosa est ; mors ergo non malum ? » O efficacem contionem ! Quis post hanc dubitet se infestis ingerere mucronibus et stans mori ? At ille Leonidas quam fortiter illos adlocutus est ! « Sic, inquit, commilitones, prandete tamquam apud inferos cenaturi. » Non in ore crevit cibus, non haesit in faucibus, non elapsus est manibus : alacres et ad prandium illi promiserunt et ad cenam. Quid ? Dux ille Romanus, qui ad occupandum locum milites missos, cum per ingentem hostium exercitum ituri essent, sic allocutus est : « Ire, commilitones, illo necesse est, unde redire non est necesse ». Vides quam simplex et imperiosa virtus sit.

Sénèque, *Lettres à Lucilius*, 82.

Vocabulaire

educo, is, ere, duxi, ductum : faire sortir des troupes • obeo, is, ire, ii, itum mortem : aller au devant de la mort, mourir • Lacon, onis, m : Lacédémonien, spartiate • contio, onis, f : harangue • se ingero, is, ere, gessi, gestum : se jeter dans • mucro, onis, m : épée, pointe • commilito, onis, m : compagnon d'armes • prandeo, es, ere, prandi, pransum : déjeuner • cibus, i, m : nourriture

15 La proposition infinitive

EXERCICES > p. 248

L'essentiel

- Les verbes qui introduisent la proposition infinitive sont les verbes de **déclaration** (dicere, tradere, scribere), d'**opinion** (credere, putare), de **connaissance** (scire, nescire), de **volonté** (velle, nolle, prohibere, jubere) et les verbes **impersonnels** (oportet, decet, licet).
- La proposition infinitive est une subordonnée **complétive sans mot subordonnant**.

SUJET À L'ACCUSATIF + VERBE À L'INFINITIF

Sujet (toujours exprimé) **à l'accusatif**

Dico [patrem valere].
Credo [me esse beatum].

Verbe à l'infinitif

Dico [patrem valere].
Credo [me esse beatum].

CONCORDANCE DES TEMPS

Credo… Je crois…
Credebam… Je croyais…

INFINITIF PRÉSENT

…eum esse beatum. …qu'il **est / était** heureux.

INFINITIF PARFAIT

…eum fuisse beatum. …qu'il **était / avait été** heureux.

INFINITIF FUTUR

…eum futurum esse beatum. …qu'il **sera / serait** heureux.

PRONOMS-ADJECTIFS

Pronom-adjectif réfléchi

Credit **se** esse beatum, parentes **suos** esse beatos.
Il croit qu'**il** (lui-même) est heureux, que **ses** parents (les siens) sont heureux.

Pronom-adjectif non réfléchi

Credo **eum** esse beatum, **ejus** parentes esse beatos.
Je crois qu'**il** est heureux, que ses parents sont heureux.

Nota bene

- Le **sujet** de la proposition infinitive est **toujours exprimé** même s'il est identique à celui de la proposition principale. Volo me doctum esse. Je veux être savant.

  Toutefois, les **verbes de volonté** peuvent se construire aussi avec l'infinitif seul. Volo doctus esse. Je veux être savant.
- Les verbes qui n'ont **pas de supin** n'ont **pas d'infinitif futur**. Ce dernier est remplacé par l'expression fore ut ou futurum esse ut suivie du subjonctif.

16

La subordonnée participiale ou ablatif absolu

EXERCICES > p. 248

L'essentiel

- **L'ablatif absolu** est un **groupe indépendant** (absolu = détaché) du reste de la phrase, composé d'un nom ou d'un pronom et d'un participe à l'ablatif, et qui permet de traduire différentes valeurs circonstancielles.

Partibus factis, verba fecit leo.
Les parts ayant été faites, le lion parla.

→ **SUJET À L'ABLATIF** sans fonction dans la proposition principale

Participe passé : valeur passive

Partibus factis...
Les parts (ayant été) faites...

Participe présent : valeur active

Romulo regnante...
Romulus régnant...

→ **PARTICIPE À L'ABLATIF**

Partibus factis se traduit de différentes manières selon les circonstances :

Temps

Lorsque les parts furent faites...

Cause

Comme les parts avaient été faites...

Concession

Quoique les parts eussent été faites...

Condition

Si les parts avaient été faites...

→ **VALEUR CIRCONSTANCIELLE**

Nota bene

- Le verbe **esse** n'ayant pas de participe présent, il est **sous-entendu** dans des tournures du type Cicerone consule [Cicéron (étant) consul = sous le consulat de Cicéron].
- La **nuance circonstancielle** doit être clairement rendue dans la traduction. Elle se marque par un **groupe prépositionnel** (après le partage, le lion...), une **proposition subordonnée conjonctive** (après qu'il eut fait les parts, le lion...), un **participe apposé** (ayant fait les parts, le lion...) ou une **subordonnée participiale** (une fois les parts faites, le lion...).

17

Le pronom relatif et la proposition subordonnée relative

EXERCICES > p. 248

L'essentiel

- La **proposition subordonnée relative** se rattache à un **nom** présent dans la proposition principale, appelé nom **antécédent**. Sa **fonction** est d'apporter une précision sur cet antécédent.
- Le pronom relatif s'accorde en **genre** et en **nombre** avec son antécédent et se met au **cas** voulu par sa fonction dans la relative :

Epistula quam scripsisti mihi jucundissima fuit. La lettre **que** tu m'as écrite m'a été très agréable.

- Le pronom relatif neutre **quod** peut remplacer toute une proposition :

Deinde, praedam partivit, quod difficillimum fuit. Ensuite, il fit le partage du butin, ce **qui** fut très difficile.

Pronom relatif

- **qui, quae, quod** (qui, que)
- **quicumque, quaecumque, quodcumque** (quiconque, quoi que)

Quoscumque audivi, placavi. Tous ceux que j'ai entendus, je les ai calmés.

- talis... **qualis**... (tel... que...), tantus... **quantus**... (aussi grand... que...)

Qualis mater, talis filia. Telle mère, telle fille.

Adverbe relatif

- **ubi, quo** (où), **unde** (d'où), **qua** (par où)

In eo loco **ubi** pugnatum erat. Dans un lieu où l'on avait combattu.

→ **+ VERBE À L'INDICATIF = Fait réel**

But

- Misit legatos qui **pacem peterent**.

Il envoya des ambassadeurs **pour demander la paix.**

Conséquence

- Is est quem **omnes admirentur**. Il est **tel que tout le monde l'admire.**

Cause

- Te amo qui **me ames**. Je t'aime **puisque tu m'aimes.**

Concession

- Ignovit Augustus qui **saevire posset.**

Auguste pardonna **alors qu'il pouvait punir.**

Condition

- Erret qui **putet omnia in terris hominis causa esse creata.**

On se tromperait **si l'on pensait que tout sur terre a été créé pour l'homme.**

→ **+ VERBE AU SUBJONCTIF = Idée d'une circonstancielle**

Nota bene Le relatif indéfini **quisquis, quidquid** a le même sens que **quicumque** (tout homme qui, tout ce qui…) mais ne s'emploie qu'aux formes suivantes : **quisquis** (pronom nominatif masculin singulier), **quidquid** (ou **quicquid** ; pronom-adjectif nominatif et accusatif neutre singulier) et **quoquo** (adjectif ablatif masculin et neutre singulier). SPÉCIALITÉ

Les propositions subordonnées interrogatives indirectes

EXERCICES > p. 249

L'essentiel

- La proposition subordonnée interrogative indirecte est **complément d'objet d'un verbe exprimant une question**.
  Rogo id possitne fieri. Je demande si cela peut se faire.
- Elle est introduite par les mêmes mots interrogatifs que l'interrogation directe – pronoms-adjectifs (→ *p. 222*), adverbes et particules – et son verbe est toujours au subjonctif.
  Nescio quid **agat**. Je ne sais pas ce qu'il **fait**.

ADVERBES

Lieu
- **Ubi** • **Quo** • **Unde** • **Qua** (où, d'où, par où)

Temps
- **Quando** • **Quousque** • **Quamdiu** • **Qua** (quand, jusqu'à quand, combien de temps)

Manière
- **Quomodo** • **Quemadmodum** (comment, de quelle manière)

Cause
- **Cur** • **Quare** • **Quid** (pourquoi)

Quantité
- **Quantum** • **Quam** (combien)

PARTICULES

- **Num ou -ne** (si)
  Quaero **num** puella ventura sit. Je demande **si** la jeune fille viendra.
- **Nonne** (si… ne… pas)
  Quaero **nonne**… Je demande **si… ne… pas…**
- **Utrum… an** (si… ou si)
  Quaero **utrum… an…** Je demande **si… ou si…**

CONCORDANCE DES TEMPS

Quaero… Je demande…

- **Simultanéité > subjonctif présent**
  …quis **veniat**. …qui vient.
- **Antériorité > subjonctif parfait**
  …quis **venerit**. …qui est venu.
- **Postériorité > périphrase en -urus sim**
  …quis **venturus sit**. …qui viendra.

Quaerebam… Je demandais…

- **Simultanéité > subjonctif imparfait**
  …quae **veniret**. …quelle femme venait.
- **Antériorité > subjonctif plus-que-parfait**
  …quae **venisset**. …quelle femme était venue.
- **Postériorité > périphrase en -urus essem**
  …quae **venturus esset**. …quelle femme viendrait.

19 L'expression du temps

EXERCICES > p. 249-250

QUANDO ? (date) → Ablatif

Nom (ou groupe nominal) seul

Tertia hora veniet. Il viendra à la troisième heure.

Avec préposition

a (ab) pueritia : depuis l'enfance
de media nocte : au milieu de la nuit
(e) ex eo tempore : depuis ce moment
in pace : en temps de paix

QUAMDIU ? (durée/parfois date en français) → Accusatif

Nom (ou groupe nominal) seul

Tres annos regnavit. Il a régné (pendant) trois ans.

Avec préposition

ad senectutem : jusqu'à la vieillesse
ante bellum : avant la guerre
post bellum : après la guerre
in diem vivere : vivre au jour le jour
Per duos dies iter fecerunt.
Ils ont marché deux jours durant.

Adverbe

nunc maintenant
saepe souvent
jam déjà
diu longtemps
quotidie chaque jour
semper toujours
numquam jamais

Proposition subordonnée circonstancielle

Conjonction + indicatif

cum, ut quand, lorsque
donec jusqu'à ce que
dum tant que
postquam après que
simul ac aussitôt que

Postquam partes fecit, leo dixit…
Après qu'il eut fait les parts, le lion dit…

Conjonction + subjonctif

antequam avant que
dum jusqu'à ce que
cum comme, alors que

Exspecta, dum Atticum conveniam.
Attends, jusqu'à ce que je trouve Atticus.

Proposition participiale (ablatif absolu) → p. 239

Partibus factis, verba fecit leo.
Les parts ayant été faites, le lion parla.

L'expression du lieu

EXERCICES > p. 249-250

L'essentiel

- La distance et l'étendue se construisent avec l'**accusatif**.

La **distance** → Abest viginti duos passus. Il est à une distance de vingt-deux pas.

L'**étendue** → Vallum ducentos passus patet. Le rempart s'étend sur deux cents pas.

LIEU OÙ ON EST — UBI es ? **Où** es-tu ?

- in + ABLATIF
Ambulat in horto.
Il se promène dans le jardin.
- apud + ACCUSATIF
Sum apud dominum.
Je suis chez le maître.

SPÉCIALITÉ

- Noms de villes et de petites îles :
  - au LOCATIF : noms des 1re et 2e décl. sing. Sum Lugduni. Je suis à Lyon.
  - à l'ABLATIF : noms des 1re et 2e décl. plur. Sum Athenis. Je suis à Athènes.
- **hic** (ici), **istic** (là), **illic** (là-bas), **alibi** (ailleurs)
- **ubi** (où)
Ibi constiterunt **ubi** Caesar jusserat. Ils s'arrêtèrent là **où** César avait ordonné de le faire.

LIEU OÙ ON VA — QUO is ? **Où** vas-tu ?

- in + ACCUSATIF
Venit in hortum. Il vient dans le jardin.
- ad + ACCUSATIF
Ad urbem it. Il va vers la ville.
- Noms de villes et de petites îles à l'ACCUSATIF
Eo Lutetiam. Je vais à Lutèce.
- **huc** (ici), **istuc** (là), **illuc** (là-bas), **alio** (ailleurs)
- **quo** (où)

LIEU D'OÙ ON VIENT — UNDE redis ? **D'où** viens-tu ?

- ex + ABLATIF
Redeo ex urbe. Je reviens de la ville.
- ab + ABLATIF
Redeo ab urbe.
Je reviens des abords de la ville.
- Noms de villes et de petites îles à l'ABLATIF
Redeo Roma. Je reviens de Rome.
- **hinc** (d'ici), **istinc** (de là), **illinc** (de là-bas), **aliunde** (d'ailleurs)
- **unde** (d'où)
Vidit urbem **unde** exiit. Il voit la ville **d'où** il est parti.

LIEU PAR LEQUEL ON PASSE — QUA iter facis ? **Par où** passes-tu ?

- per + ACCUSATIF
Iter feci **per** Galliam. Je suis passé **par** la Gaule.
- **hac** (par ici), **istac** (par là), **illac** (par là-bas), **alia** (par ailleurs)
- **qua** (par où)
Meminit itinerum **qua** ambulavit. Il se souvient des chemins **par où** il est passé.
- ABLATIF **sans préposition** (moyen de communication)
Ibam via Sacra. J'allais par la voie Sacrée. SPÉCIALITÉ

21 L'expression de la cause et de la conséquence

EXERCICES > p. 250

> La cause

GROUPE NOMINAL

Ablatif

Fame interiit.
Il mourut de faim.

Ob, per, propter + ACCUSATIF

Propter metum, Catilina fugit.
Pris de crainte, Catilina s'exila.

Ab, ex, prae + ABLATIF

Prae lacrimis non possum loquere.
Face à des larmes je ne suis pas capable de parler.

PARTICIPE PRÉSENT

Laborans, beatus est. Parce qu'il travaille, il est heureux.

PROPOSITION SUBORDONNÉE

Circonstancielle

- Quoniam, ut + indicatif

Quoniam id cupis, maneo.
Puisque tu le désires, je reste.

- Cum + subjonctif

Cum id cupias, maneo.
Puisque tu le désires, je reste.

- Quod/quia + indicatif (cause réelle) ou subjonctif (cause supposée)

Taceo **quod** lex imperat.
Je me tais parce que la loi l'impose.

Socrates accusatus est **quod** juventutem corrumperet.
Socrate fut accusé de corrompre la jeunesse. (prétexte)

Ablatif absolu

Nuntiato Caesaris adventu, hostes fugerunt.
Comme on avait annoncé l'arrivée de César, les ennemis s'enfuirent.

> La conséquence

PROPOSITION SUBORDONNÉE

Ut, ut non + SUBJONCTIF

Ut et **ut non** sont souvent annoncés dans la proposition principale par un corrélatif (**ita**, **sic**, **adeo**, **tam**, **talis**, **tantus**) ou par le pronom adjectif **is**, **ea**, **id**.

Ea est probitate **ut** ei maxime confidam.
Il est d'une telle honnêteté **que** j'ai en lui la plus grande confiance.

TEMPS VERBAUX

Si proposition principale au passé

- Subjonctif imparfait

Ita crevit amnis ut **exundaret**. Le fleuve grossit au point de déborder.

- Subjonctif présent (conséquence actuelle d'un fait passé)

Ita pecuniam dissipavit ut nunc pauper **sit**.
Il a si bien dissipé son argent qu'aujourd'hui il est pauvre.

- Indicatif parfait (pour insister sur le caractère durable de la conséquence)

Carcere manserunt tam diu ut fame **interierunt**.
Ils restèrent en prison si longtemps qu'ils moururent de faim.

Nota bene

- Certaines conjonctions de coordination peuvent exprimer la cause, comme **nam**, **namque**, **enim** ou **etenim** (car, en effet, c'est pourquoi).
- Lorsque la principale est négative ou interrogative, **ut non** peut être remplacé par **quin**.
- Certaines conjonctions de coordination peuvent exprimer la conséquence, comme **ergo**, **igitur**, **itaque**, **quare**, **quapropter** (donc, c'est pourquoi).

L'expression du but

EXERCICES > p. 250

L'essentiel

- Les propositions subordonnées circonstancielles de but sont introduites par les conjonctions de subordination **ut** (afin que) ou **ne** (pour que ne pas) suivies d'un verbe au subjonctif. Il existe d'autres moyens d'exprimer le but : par des groupes nominaux ou par d'autres types de propositions subordonnées.

PROPOSITION SUBORDONNÉE

Circonstancielle

Venit **ut** ludat. Il vient **pour** jouer.

Venit **ne** poenas det. Il vient **pour** ne pas être puni.

Relative au subjonctif

Misit legatos **qui pacem peterunt**.
Il envoya des ambassadeurs **pour demander la paix**.

Illum delegistis **quem bello praedonum praeponeretis**.
Vous l'avez choisi **pour lui faire diriger la guerre contre les pirates**.

Quo + comparatif

Avec un comparatif, on utilise **quo**.

Tace **quo** melius discas. Écoute **pour** mieux apprendre.

GROUPE NOMINAL

Nom + causa ou gratia

Honoris causa. À titre d'honneur.

Bruti conservandi gratia. Pour sauver Brutus.

Supin après un verbe de mouvement

Eo **lusum**. Je viens **pour jouer**.

Ad + gérondif à l'accusatif

Ad ludendum venio. Je viens **pour** jouer.

- Le gérondif est remplacé par l'adjectif verbal s'il a un COD.

Legit multos libros **ad verra dicenda**.
Elle lit de nombreux livres **pour enrichir son vocabulaire**.

Nota bene

- Lorsque le verbe de la proposition principale est au présent, le verbe de la subordonnée est au **subjonctif présent**. Si le verbe de la principale est au passé, le verbe de la subordonnée est au **subjonctif imparfait**.

Paramus pacem ut bellum **vitemus**.
Nous préparons la paix pour éviter la guerre.

Omnes hostes fugerunt ne **caperentur**.
Tous les ennemis s'enfuirent afin de ne pas être capturés.

- La proposition circonstancielle de but peut être annoncée par un **adverbe corrélatif** dans la proposition principale.

Legum **idcirco** servi sumus ut liberi esse possimus.
Nous sommes les esclaves des lois afin d'être libres.

23 L'expression de la comparaison

EXERCICES > p. 251

L'essentiel

- **La comparaison** peut être exprimée par des propositions subordonnées circonstancielles, le plus souvent à l'indicatif, mais aussi avec des adjectifs au comparatif.

ADJECTIF AU COMPARATIF

Quam + nom au cas voulu dans la subordonnée

Doctior es **quam** Petrus. Tu es plus savant **que Pierre** (n'est).

Nom à l'ablatif

Doctior es Petro. Tu es plus savant **que Pierre**.

PROPOSITION SUBORDONNÉE

Ut, sicut, velut, quemadmodum + indicatif

(souvent annoncés dans la proposition principale par **sic** ou **ita**)

Ut sementem feceris, **ita** metes. (Cicéron)
Comme tu auras semé, **ainsi** tu moissonneras.

Haec **sicut** exposui ita gesta sunt.
Les choses se sont passées **comme** je viens de l'exposer.

Velut veles **sic** agam.
J'agirai **comme** tu le voudras.

Pergratum mihi feceris **quemadmodum** soles.
Tu me feras un grand plaisir **comme** tu en as l'habitude.

CORRÉLATIFS

Le premier commence par « **t** » et se trouve dans la principale.
Le second commence par « **qu** » et introduit la subordonnée.

Adverbes corrélatifs

- Tam… quam… (aussi… que…)

Tam pulcher **quam** bonus est.
Il est **aussi** beau **que** bon.

- Tot… quot… (aussi nombreux que…)

Tot res optare **quot** di inmortales Cn. Pompeium detulerunt.
Souhaiter **autant** de choses **que** les dieux immortels en accordèrent à Pompée.

Adjectifs corrélatifs

- Tantus… quantus… (aussi grand que…)

Tanta gloria militibus fuit **quantus** labor.
Les soldats eurent **autant** de gloire **que** de peine.

- Talis… qualis… (tel… tel…)

Talis est filius **qualis** pater.
Tel père **tel** fils.

Le style indirect SPÉCIALITÉ

EXERCICES > p. 251

L'essentiel

- Le style direct rapporte les paroles telles qu'elles ont été prononcées.

  Dixit : « Ego civis Romanus sum. » Il dit : « Moi, je suis citoyen romain. »

- Le style indirect rapporte les paroles en les subordonnant à un verbe introducteur signifiant *dire* ou *penser*. La ponctuation expressive (« » : ? !) disparaît.

  Dixit se civem Romanum esse. Il dit qu'il était citoyen romain.

- La concordance des temps de la proposition infinitive (→ *p. 238*) ainsi que celle des subordonnées (→ *p. 241*) s'applique.

DISCOURS DIRECT

Dux Romanis dixit : « Invasi in vestros fines. Cur nunc huc **venistis** ? »

Le chef dit aux Romains : « **J'ai** envahi votre territoire. Pourquoi venez-vous ici maintenant ? »

DISCOURS INDIRECT

Dux Romanis dixit se invasisse in eorum fines. Rogavit cur tunc Romani eo venirent.

Le chef dit aux Romains qu'il avait envahi leur territoire. Il demanda pourquoi **ils** y venaient à ce moment-là.

DISCOURS DIRECT	→ DISCOURS INDIRECT
Indépendantes et principales	Subordonnées
• **Affirmatives et négatives** Respondit : « Haedui mihi stipendarii facti sunt. » Il répondit : « Les Héduens sont devenus mes tributaires. »	• **Subordonnées infinitives** Respondit Haeduos sibi stipendarios esse factos. Il répondit que les Héduens étaient devenus ses tributaires.
• **Interrogatives directes** Quaero : « Quis venit ? » Je demande : « Qui vient ? »	• **Interrogatives indirectes** Quaero quis veniat. Je demande qui vient.
• **À l'impératif ou au subjonctif** Rogo : « Veniat ! » J'ordonne : « Qu'il vienne ! »	• **Au subjonctif sans subordonnant** Rogo veniat. J'ordonne qu'il vienne.
Subordonnées	Subordonnées
• **Relatives et conjonctives à l'indicatif** Quoniam superati sunt. Puisqu'ils sont vaincus.	• **Relatives et conjonctives au subjonctif** Quoniam superati essent. Puisqu'ils avaient été vaincus.
• **Les autres subordonnées** (ablatif absolu ou infinitive)	• **Pas de changement**
Pronoms	Pronoms
• ego / nos • tu / vos	• se • is • ille
Adjectifs	Adjectifs
• meus / noster • tuus / vester	• suus • ejus / eorum / earum

Nota bene

- Le pronom réfléchi **se** et l'adjectif **suus** représentent soit le **sujet du verbe introducteur** (réfléchi indirect), soit le **sujet de la proposition subordonnée** (réfléchi direct).
- Le pronom de rappel **eum, eam, eos**… et le pronom **illum, illam, illos**… représentent l'**interlocuteur**.

La proposition infinitive LEÇON 15 > p. 238

Identifier

1 Placez entre crochets les propositions infinitives et soulignez le verbe introducteur.

1. Desperabat Philoctetes fore ut ulcus suum aliquando sanari posset.
2. Solon elegio se negat velle suam mortem dolore amicorum vacare.
3. Dicebat futurum fuisse ut oppidum amitteretur si plures essent hostes.
4. Jactitabat Claudius se bellum confecturum ubi primum hostem videret.
5. Cogitemus alios non facere injuriam, sed reponere, alios nobis praeripere, alios coactos facere, alios ignorantes.

Manipuler

2 Transformez les phrases suivantes en propositions infinitives dépendantes de dicimus (nous disons que).

1. Puer multos libros leget.
2. Puer multos libros legebat.
3. Latona confugit Delum atque ibi Apollinem Dianamque peperit.
4. Apud Hypanim fluvium quaedam bestiolae nascuntur.
5. Marcus veniet si potest.

Traduire

3 Repérez les propositions infinitives ainsi que leurs verbes introducteurs et traduisez le texte.

Méthode
Traduction guidée hatier-clic.fr/21lat009

Andricus postridie ad me venit, quam exspectaram ; itaque habui noctem plenam timoris ac miseriae. Tuis litteris nihilo sum factus certior, quomodo te haberes, sed tamen sum recreatus. Ego omni delectatione litterisque omnibus careo, quas ante quam te videro attingere non possum. Medico mercedis, quantum poscet promitti jubeto : id scripsi ad Ummium. Audio te animo angi et medicum dicere ex eo te laborare : si me diligis, excita ex somno tuas litteras humanitatemque, propter quam mihi es carissimus ; nunc opus est te animo valere, ut corpore possis : id cum tua, tum mea causa facias, a te peto. Acastum retine, quo commodius tibi ministretur. Conserva te mihi : dies promissorum adest, quem etiam repraesentabo, si adveneris. Etiam atque etiam vale.

Cicéron, *Ad Familiares*, XVI, 14.

Vocabulaire
postridie, adv : le lendemain • recreo, as, are, avi, atum : rétablir • careo, es, ere, carui, iturus + ablatif : être sans, être privé de • mercedis, quantum poscet : autant d'honoraire qu'il demandera • animo angi : avoir l'âme tourmentée

L'ablatif absolu LEÇON 16 > p. 239

Identifier

4 Repérez les ablatifs absolus dans ces phrases puis traduisez-les, en mettant en évidence leur valeur circonstancielle.

1. Itinere amisso, diu per agros erravit.
2. Tam multis libris lectis, doctior eris.
3. Exercitu victo, Galli in potestatem Romanorum venerunt.
4. Urbe condita, Romulus rex factus est.
5. Milites, signo dato, pugnam commiserunt. Duce interfecto, non fugerunt.

Manipuler

5 Traduisez ces expressions avec un ablatif absolu.

1. À l'annonce de cette nouvelle
2. Sous le consulat de César
3. Pendant mon enfance
4. Aux ordres du général en chef
5. Cela étant dit

6 Dans ces phrases, remplacez les propositions subordonnées par des ablatifs absolus.

1. Dominus, postquam servos in villa reliquit, magnis itineribus Romam petiit.
2. Quod discipuli non audiebant, magister iratus est.
3. Postquam fratrem interfecit, Romulus urbem condidit.

La subordonnée relative

LEÇON 17 > p. 240

Identifier

7 Dans ce texte, repérez les pronoms relatifs, mettez entre crochets la proposition relative qu'ils introduisent et soulignez, le cas échéant, leur antécédent.

Sénèque écrit à Marcia pour la réconforter après la mort de son fils.

Decessit filius tuus : id est decucurrit ad hunc finem ad quem quae feliciora partu tuo putas properant. Huc omnis ista quae in foro litigat, in theatris spectat, in templis precatur turba dispari gradu vadit : et quae diligis, et quae despicis unus exaequabit cinis.

Hoc indicat illa pythicis oraculis ascripta vox : « Nosce te. » Quid est homo ? Quolibet[1] quassu vas et quolibet fragile jactatu. Non tempestate magna ut dissiperis opus est ; ubicumque[2] arietaveris, solveris. Quid est homo ? Imbecillum corpus et fragile, nudum, suapte natura inerme, alienae opis indigens, ad omnes fortunae contumelias projectum ; cum bene lacertos exercuit, cujuslibet ferae pabulum, cujuslibet victima.

Sénèque, *Consolation à Marcia*, 11.

1. Quilibet, quaelibet, quodlibet : adjectif indéfini, n'importe lequel. 2. Ubicumque : adverbe relatif, en quelque lieu que.

Traduire

8 Traduisez les pronoms relatifs et leur antécédent.

1. Le philosophe dont la gloire était grande possédait de nombreuses villas.
2. Les fantassins envient le général qui fait route à cheval.
3. Les étoiles que nous admirons sont Orion et l'étoile du bouvier.
4. L'esclave soigne les maîtres à qui les médecins ont donné des remèdes.

9 SPÉCIALITÉ Repérez le mode de la proposition relative et traduisez ces phrases.

1. Quoscumque de te queri audivi, quacumque potui ratione placavi.
2. Amant te omnes mulieres neque injuria qui sis tam pulcher.
3. Quam quisque noverit artem, in hac se exerceat.
4. Quae est tam firma civitas quae non odiis funditus possit averti ?

Les subordonnées interrogatives indirectes

LEÇON 18 > p. 241

Identifier

10 Repérez les verbes introducteurs des propositions interrogatives indirectes, soulignez les mots interrogatifs et encadrez le verbe de chaque subordonnée. Identifiez ces formes verbales.

1. Quaeritur virtus suamne propter dignitatem an propter aliquos fructus expetatur.
2. Nescio quid sentias.
3. Cogita tecum an quibuscumque debuisti gratiam, retuleris.
4. Quaerimur nonne poetae post mortem nobilitari velint.
5. Omnes tendunt ad gaudium sed unde stabile magnumque consequantur ignorant.

Manipuler

11 Transformez les interrogatives en subordonnées interrogatives indirectes en les faisant dépendre de quaero puis de quaerebam.

1. Quae est haec mulier et quo ibit ?
2. Quomodo milites Romam venerunt ?
3. A quo Roma condita est ?
4. Quando nobis novam villam ostendetis ?

Traduire

12 Repérez les propositions interrogatives indirectes du début du texte puis traduisez-le.

Méthode
Traduction guidée hatier-clic.fr/21lat010

Cicéron écrit à Varron pour une leçon de sagesse.

Ex iis litteris, quas Atticus a te missas mihi legit, quid ageres, et ubi esses, cognovi ; quando autem te visuri essemus, nihil sane ex iisdem litteris potui suspicari. In spem tamen venio appropinquare tuum adventum : qui mihi utinam solacio sit ! Etsi tot tantisque rebus urgemur, nullam ut allevationem quisquam non stultissimus sperare debeat ; sed tamen aut tu potes me, aut ego te fortasse aliqua re juvare ; scito enim me, posteaquam in urbem venerim, redisse cum veteribus amicis, id est cum libris nostris, in gratiam ; etsi non idcirco eorum usum dimiseram, quod iis suscenserem, sed quod eorum me suppudebat ; videbar enim mihi, cum me in res turbulentissimas infidelissimis sociis demisissem, praeceptis illorum non satis paruisse. Ignoscunt mihi, revocant in consuetudinem pristinam teque, quod in ea permanseris, sapientiorem quam me dicunt fuisse.

Cicéron, *Ad Familiares*, IX, 1.

Vocabulaire

In spem venio : je commence à espérer • mihi solacio : double datif • urgeo, es, ere, ursi, - : presser, accabler • allevatio, onis, f : allègement • cum veteribus amicis in gratiam redeo, is, ire, ii, itum : se réconcilier avec de vieux amis • suscenseo, es, ere, censui, censum + datif : être irrité, en colère contre • suppudet, ere, impersonnel : éprouver une certaine honte (accusatif de la personne qui éprouve de la honte, génitif de l'objet) • ignosco, is, ere, novi, notum + datif : pardonner à

L'expression du temps et du lieu

LEÇONS 19 et 20 > p. 242-243

Identifier

13 Repérez, dans ce texte, les expressions du lieu et du temps.

Factum est semel, quod equidem in Etruscae disciplinae voluminibus invenio, ingens terrarum portentum L. Marcio et Sexto Julio consulibus in agro Mutinensi. Namque montes duo inter se concurrerunt crepito maximo adsultantes recedentesque, inter eos flamma fumoque in caelum exeunte interdiu, spectante e via Aemilia magna equitum Romanorum familiarumque et viatorum multitudine. Eo concursu villae omnes elisae, animalia permulta, quae intra fuerant, exanimata sunt, anno ante sociale bellum, quod haud scio an funestius terrae ipsi Italiae fuerit quam civilia. Non minus mirum ostentum et nostra cognovit aetas anno Neronis principis supremo.

Pline l'Ancien, *Histoire naturelle*, II, 85.

Manipuler

14 Transformez l'ablatif absolu en une subordonnée de temps, en variant la conjonction de subordination.

1. Exercitu victo, Galli in potestatem Romanorum venerunt.
2. Hac re nuntiata, pax confecta est.
3. Foedere facto, Romani Gallis auxilium obtulerunt.
4. Urbe condita, Romulus factus est.

Vocabulaire

vinco, is, ere, vici, victum : vaincre • nuntio, as, are, avi, atum : annoncer • facio, is, ere, feci, factum : faire, conclure • condo, is, ere, didi, ditum : fonder

Traduire

15 Traduisez ces phrases en employant différentes façons d'exprimer le temps.

1. Je l'ai fait tant que cela fut permis.
2. Peu de jours avant le moment où Syracuse devait être prise, Otacilius effectua la traversée.
3. Lorsqu'il fut rentré, nous allâmes tous nous coucher.
4. Nous ne comprenons vraiment notre bonheur que lorsque nous l'avons perdu.
5. Avant d'avoir lu ta lettre, je désirais que cet homme partît.

16 Repérez les expressions de lieu et de temps avant de traduire l'ensemble du texte.

Claudius natus est, Julio Antonio Fabio Africanoque consulibus, Kalendis Augustis, Luguduni, appellatusque Tiberius Claudius Drusus. Mox fratre majore in Juliam familiam adoptato, Germanici cognomen assumpsit. Infans autem relictus a patre ac per omne fere pueritiae atque adulescentiae tempus variis et tenacibus morbis conflictatus est, adeo ut animo simul et corpore hebetato ne progressa quidem aetate ulli publico privatoque muneri habilis existimaretur.

Suétone, *Vie des douze Césars*, Claude, II.

L'expression de la cause et de la conséquence

LEÇON 21 > p. 244

Identifier

17 Précisez le moyen utilisé pour exprimer la cause dans chaque phrase.

1. His libris scriptis, naturalis historia nota est.
2. Felix est homo qui graecas et latinas litteras cognoscere possit.
3. Socrates accusatus est quod juvenes corrumperet.
4. Cum solitudo et vita sine amicis metus pena sit, ratio ipsa monet amicitias comparare.

Traduire

18 Traduisez les phrases suivantes.

1. Il parla de telle manière que tout le monde accepta sa décision.
2. Qui est assez fou pour qu'il puisse s'affliger volontairement ?
3. Sine metus is habendus est qui omnino metu vacat.
4. Adeo excellebat Aristides abstinentia, ut Justus sit appellatus.

19 Traduisez le portrait de Caton, en repérant d'abord les propositions circonstancielles de conséquence.

Méthode
Traduction guidée hatier-clic.fr/21lat011

In hoc viro tanta vis animi ingeniique fuit ut, quocumque loco natus esset, fortunam sibi ipse facturus fuisse videretur. Nulla ars, neque privatae, neque publicae rei gerendae ei defuit. Urbanas rusticasque res pariter callebat. Ad summos honores alios scientia juris, alios eloquentia, alios gloria militaris provexit ; huic versatile ingenium sic pariter ad omnia fuit ut natum ad id unum diceres quodcumque ageret. In bello manu fortissimus, multisque insignibus clarus pugnis ; idem, postquam ad magnos honores pervenit, summus imperator ; idem in pace, si jus consuleres, peritissimus, si causa oranda esset, eloquentissimus, nec is tantum cujus lingua vivo eo viguerit, monumentum eloquentiae nullum extet ; vivit immo vigetque eloquentia ejus sacrata scriptis omnis generis.

Tite-Live, *Ab Urbe condita*, 34, 40.

Vocabulaire
locus, i, m : rôle, rang • fortunam sibi facere : être l'artisan de sa fortune • desum, dees, deesse, defui + datif : manquer à, faire défaut • calleo, es, ere, ui, - : être expert en quelque chose • proveho, is, ere, vexi, vectum : élever • versatilis, e : flexible • diceres : on l'eût dit • manu : dans l'action • si jus consuleres : si on le consultait sur un point de droit • exto, as, ere, - : se dresser, être visible

L'expression du but

LEÇON 22 > p. 245

Identifier

20 Précisez le moyen utilisé dans chaque phrase pour exprimer le but.

1. Esse oportet ut vivas non vivere ut edas.
2. Adjuta me quo fiat facilius.
3. Legati ab Roma venerunt questum injurias.
4. Accipit pecuniam ad rem judicandam.
5. Illum ex omnibus delegistis quem bello praedonum praeponeretis.

Manipuler

21 a. Mettez le verbe entre parenthèses au temps et au mode qui conviennent. Traduisez les phrases obtenues.

1. Galli ad Caesarem legatos miserunt qui pacem *(petere)*.
2. Dicunt se venire ut auxilium *(rogare)*.
3. Servi domino parent ne poenam *(dare)*.
4. Studeo quo doctior *(fieri)*.

b. Pour chacune des phrases, utilisez un autre moyen d'exprimer le but.

Traduire

22 Relevez trois façons d'exprimer le but dans le texte, puis traduisez-le entièrement.

Neque eo segnius adulescentulos equestris ordinis et quinque amplius milia e plebe robustissimae juventutis undique elegit, qui divisi in factiones plausuum genera condiscerent – bombos et imbrices et testas vocabant [...].

Utque constitit, peracto principio, Niobam se cantaturum per Cluvium Rufum consularem pronuntiavit et in horam fere decimam perseveravit coronamque eam et reliquam certaminis partem in annum sequentemque distulit, ut saepius canendi occasio esset. [...]

Inter cetera cantavit Canacen parturientem, Oresten matricidam, Oedipodem excaecatum, Herculem insanum. In qua fabula fama est tirunculum militem positum ad custodiam aditus, cum eum ornari ac vinciri catenis, sicut argumentum postulabat, videret, accurrisse ferendae opis gratia.

Suétone, *Vie des douze Césars*, Néron, 20 et 21.

Vocabulaire
segnius – comparatif de segniter : avec nonchalance • plausus, us, m : applaudissement • condisco, is, ere, didici, - : apprendre • bombus, i, m : bourdonnement • imbrex, icis, f : tuile creuse, façon d'applaudir avec le creux des mains • consisto, is, ere, stiti : se placer, s'établir • perago, is, ere, egi, actum : accomplir, achever • Nioba, ae, f : Niobé, fille de Tantale • differo, fers, ferre, distuli, dilatum : différer, remettre • Canacen et Oresten : accusatifs grecs • parturio, is, ire, ivi, - : accoucher • matricida, ae, m/f : matricide • tirunculus, i, m : jeune soldat • aditus, us, m : accès • vincio, is, ire, vinxi, vinctum : enchaîner • accurro, is, ere, curri, cursum : courir vers, accourir

L'expression de la comparaison

LEÇON 23 > p. 246

Identifier

23 Précisez le moyen utilisé dans chaque phrase pour exprimer la comparaison.

1. Pergratum mihi feceris si quemadmodum soles de ceteris rebus sic de amicitia disputaris.
2. Scribe quantum potes.
3. Graecas litteras sic avide arripui quasi diuturnam sitim explere cupiens.
4. Quo debiliores sumus, eo accuratius nobis vitandum est periculum.

Traduire

24 Étudiez l'expression de la comparaison dans ce texte avant de le traduire.

Méthode
Traduction guidée hatier-clic.fr/21lat012

Numquid enim dubium esse cuiquam potest, quin nihil sit tam inquietum quam aer, tam versabile et agitatione gaudens ? Sequitur ergo, ut naturam suam exerceat et quod semper moveri vult, aliquando et alia moveat. [...] Cum offenditur et retinetur, insanit et moras suas abripit, non aliter quam ille[1] « pontem indignatus Araxes » : quamdiu illi facilis et liber est alveus, primas quasque aquas explicat ; ubi saxa manu vel casu illata repressere[2] venientem, tunc impetum mora quaerit et, quo plura opposita sunt, plus invenit virium : omnis enim illa unda, quae a tergo supervenit et in se crescit, cum onus suum sustinere non potuit, vim ruina parat et prona cum ipsis quae objacebant fugit. Idem spiritu fit, qui quo valentior agiliorque est, citius eripitur et vehementius saeptum omne disturbat.

Sénèque, *Quaestiones naturales*, VI, 16-17.

1. ille qualifie Araxes. 2. repressere = represserunt.

Vocabulaire
gaudeo, es, ere, gavisus sum + ablatif : se réjouir de • Sequitur ut : il en résulte que • abripio, is, ere, ripui, reptum : arracher, enlever • indignor, aris, ari, atus sum : regarder comme indigne • quamdiu : aussi longtemps que • pronus, a, um : incliné, penché en avant

Le style indirect SPÉCIALITÉ

LEÇON 24 > p. 247

Identifier

25 Précisez à qui chaque pronom renvoie dans les phrases suivantes.

1. Nero illo sibi die dari imperium auctoremque tanti muneris libertum profitetur.

Tacite, *Annales*, 14, 7.

2. Ad haec Ariovistus respondit : jus esse belli ut, qui vicissent, iis, quos vicissent, quemadmodum vellent imperarent. Item populum Romanum victis non ad alterius praescriptum sed ad suum arbitrium imperare consuesse. Si ipse populo non praescriberet quemadmodum suo jure uteretur, non oportere se ab illo in suo jure impediri.

Jules César, *Guerre des Gaules*, I, 36.

Manipuler

26 Transposez ces phrases au discours direct.

1. His rebus cognitis, Caesar animos verbis confirmavit pollicitusque est sibi eam rem curae futuram ; magnam se habere spem et beneficio suo et auctoritate adductum Ariovistum finem injuriis facturum.

Jules César, *Guerre des Gaules*, II, 33.

2. Ad haec Caesar respondit se magis consuetudine sua quam merito eorum civitatem conservaturum si, priusquam murum aries attigisset, se dedidissent.

Jules César, *Guerre des Gaules*, II, 32.

Traduire

27 Traduisez ce discours de César rapporté de façon indirecte.

Méthode
Traduction guidée hatier-clic.fr/21lat013

Ad ea Caesar respondit : nulli omnium has partes vel querimoniae vel miserationis minus convenisse. Reliquos enim omnes officium suum praestitisse : se, qui etiam bona condicione, et loco et tempore aequo, confligere noluerit, ut quam integerrima essent ad pacem omnia ; exercitum suum, qui injuria etiam accepta suisque interfectis, quos in sua potestate habuerit, conservarit et texerit ; illius denique exercitus milites, qui per se de concilianda pace egerint ; qua in re omnium suorum vitae consulendum putarint. Sic omnium ordinum partes in misericordia constitisse : ipsos duces a pace abhorruisse ; eos neque colloquii neque indutiarum jura servasse et homines imperitos et per colloquium deceptos crudelissime interfecisse.

Jules César, *Guerre civile*, I, 85.

Vocabulaire
querimonia, ae, f : plainte • miseratio, onis, f : pitié, compassion • praesto, as, are, stiti, statum : assumer • confligo, is, ere, flixi, flictum : livrer bataille • tego, is, ere, texi, tectum : mettre à couvert • indutiae, arum, f pl : trêve

25 Les prépositions

EXERCICES > p. 256

L'essentiel

- Une **préposition** régit un nom appelé **régime**.
Le régime est à l'**ablatif** pour indiquer l'éloignement, l'accompagnement, l'emplacement.
Le régime est à l'**accusatif** pour marquer la direction, l'extension, la proximité.

+ ABLATIF

- **a/ab** de, depuis (origine, provenance)
  Redeo ab urbe. Je reviens de la ville.
  a pueritia depuis l'enfance
- **cum** avec, à (accompagnement)
  Cum amico cenabam. Je dînais avec un ami.
  bellum gerere cum aliquo faire la guerre à quelqu'un
- **de** du, de
  de muro cadere tomber du (haut du) mur
  de pace loqui parler de (au sujet de) la paix
- **e/ex** hors de, depuis, par suite de, en
  Redeo ex urbe. Je reviens de la ville.
  e vulnere perire périr de sa blessure
  ex eo tempore depuis ce moment
  vas ex auro un vase en or
- **pro** devant, en faveur de, à la place de
  pro castris devant le camp
  pro praetore à la place du préteur
- **sine** sans
  sine ullo vulnere sans aucune blessure

+ ACCUSATIF

- **ad** à, vers, de
  Ad urbem accessit. Il s'approcha de la ville.
  pugna ad Cannas la bataille de (près de) Cannes
- **ante** devant, avant
  ante meos oculos devant mes yeux
  ante bellum avant la guerre
- **apud** près de, chez
  Sum apud dominum. Je suis chez le maître.
- **circa** autour de
  circa urbem autour de la ville
- **inter** entre, au cours de
  inter flumen et urbem entre la ville et le fleuve
  inter tot annos au cours de tant d'années
- **ob** devant
  ob oculos devant les yeux
- **per** par, pendant
  Iter feci per Galliam. Je suis passé par la Gaule.
  per bellum pendant la guerre
- **post** derrière, après
  post urbem derrière la ville
  post bellum après la guerre
- **propter** à côté de, à cause de
  propter statuam à côté de la statue
  propter bellum à cause de la guerre
- **super** sur, au-dessus de
  super aspidem adsidere s'asseoir sur un serpent

+ ABLATIF OU ACCUSATIF

- **in**
  > dans, en, sur (question **ubi**) + ABLATIF
  Ambulat in horto. Il se promène dans le jardin.
  > dans, en, sur (question **quo**) + ACCUSATIF
  Venit in hortum. Il vient dans le jardin.
- **sub**
  > sous, au bas de (question **ubi**), à l'approche de + ABLATIF
  sub terra habitare habiter sous terre
  > sous (question **quo**), à l'approche de + ACCUSATIF
  sub terram ire aller sous terre

26 La coordination, la négation et la double négation

EXERCICES > p. 256

> La coordination

ACCUMULATION

- **et**, **-que** (et)
- **ac/atque** (et)
- **aut**, **vel** (ou)
- **nec** (et ne... pas)
- **non tantum... sed etiam...** (non seulement... mais encore...)

OPPOSITION

- **sed** (mais)
- **vero** (mais, quant à)
- **autem** (or)
- **tamen** (cependant)

CAUSE

- **nam** (car)
- **enim** (en effet)

CONSÉQUENCE

- **ergo** (donc)
- **igitur** (par conséquent)
- **itaque** (c'est pourquoi)
- **ideo** (pour cela)

> La négation

ADVERBES

Négations simples : non (non, ne… pas), **haud/ne** (ne… pas)

vir **non** fortis	**haud** facile est	**Ne** hoc feceris.
un homme **non** courageux	il **n'**est **pas** facile	**Ne** fais **pas** ceci.

Négations composées : nondum (ne… pas encore), **numquam** (ne… jamais), **non… jam** (ne… plus)

Nondum venit.	**Numquam** laborat.	**Non** laborat **jam**.
Il **n'**est **pas encore** venu.	Il **ne** travaille **jamais**.	Il **ne** travaille **plus**.

Négation coordonnant deux termes/propositions : nec/neque (et ne… pas)

Abiit **nec** rediit. Il est parti **et n'**est **pas** revenu.

PRONOMS → p. 223

nemo (personne… ne), **nihil** (ne… rien)

Nemo venit. **Personne n'**est venu. **Nihil** agit. Il **ne** fait **rien**.

DÉTERMINANTS → p. 223

nullus, a, um (aucun, aucune)

Nulla mulier venit. **Aucune** femme **ne** vient.

> La double négation

Affirmation restreinte : non + négation

Non nemo	Non nihil	Non numquam
Quelques-uns	Quelque chose	Quelquefois

Affirmation renforcée : négation + non

Nemo non	Nihil non	Numquam non
Tout le monde	Tout	Toujours

Nota bene

Deux négations qui se suivent s'annulent et équivalent à une affirmation.
Numquam nihil agit. Jamais il ne fait rien = il fait toujours quelque chose.

27 Les mots-outils : cum, ut, quod, ne

EXERCICES > p. 257

CUM

- **PRÉPOSITION** + ABLATIF
  - Cum amico. **Avec** un ami.
- **CONJONCTION DE SUBORDINATION**
  - + INDICATIF
    - **Temps**
      Cum Caesar in Galliam venit, factiones erant.
      Quand César arriva en Gaule, il y avait des partis rivaux.
  - + SUBJONCTIF
    - **Temps + cause**
      Polynices, **cum** Thebas oppugnaret, vitam amisit.
      Polynice, **comme** il assiégeait Thèbes, perdit la vie.

UT

- **ADVERBE INTERROGATIF OU EXCLAMATIF**
  - Ut vales ? **Comment** vas-tu ?
  - Ut bene vales ! **Comme** tu vas bien !
- **CONJONCTION DE SUBORDINATION**
  - + INDICATIF
    - **Temps**
      Haec **ut** dixit, abiit. **Quand** il eut dit cela, il partit.
    - **Comparaison**
      Est **ut** dicis. C'est **comme** tu le dis.
    - **Cause**
      Ut erat copiosus, magnificum convivium apparavit.
      Vu qu'il était riche, il fit préparer un festin somptueux.
  - + SUBJONCTIF
    - **But**
      Audi **ut** discas. Écoute **pour** apprendre.
    - **Conséquence**
      Est disertus **ut** ceteros superet.
      Il est éloquent **au point qu'**il surpasse tous les autres.
    - **Concession**
      Ut desint vires, tamen est laudanda voluntas.
      À supposer que manquent les forces, il faut cependant louer l'intention.
    - **Proposition complétive**
      Opto **ut** legas. Je souhaite **que** tu lises.

Nota bene

- **Ut** est fréquemment utilisé en corrélation avec **sic** ou **ita** (ainsi... de même...).
  Ut sementem feceris, **ita** metes. **Comme** tu auras semé, **ainsi** tu récolteras.
- **Ut** se trouve aussi sous la forme **uti**.

QUOD

- **PRONOM-ADJECTIF NEUTRE**
  - **Interrogatif**
    Quod templum vidisti ? **Quel** temple as-tu vu ?
  - **Indéfini**
    = aliquod
    Si **quod** iter facis, dic mihi ? Si tu fais **quelque** voyage, dis-le moi.
  - **Relatif**
    Id **quod** feci. Voici **ce que** j'ai fait.
- **CONJONCTION DE SUBORDINATION**
  - **+ INDICATIF**
    - **Complétive**
      Quod Regulus Carthaginem rediit nobis mirabile videtur.
      Le fait que Regulus revint à Carthage nous semble admirable.
    - **Cause réelle (objective)**
      Taceo **quod** cogor.
      Je me tais **parce que** j'y suis contraint.
  - **+ SUBJONCTIF**
    - **Cause alléguée (subjective) (négation = non quod)**
      Socratus accusatus est **quod** juventutem corrumperet.
      Socrate fut accusé **de** corrompre la jeunesse.
    - **Après un verbe de sentiment**
      Gaudeo **quod** tibi profuerim.
      Je me réjouis **de** t'avoir été utile.

NE

- **ADVERBE DE NÉGATION**
  - **+ SUBJONCTIF**
    - **Indépendantes et principales de défense, souhait, regret**
      Ne hoc feceris.
      Ne fais **pas** cela.
      Ne hoc faciamus.
      Ne faisons **pas** cela.
- **CONJONCTION DE SUBORDINATION**
  - **+ SUBJONCTIF**
    - **Complétive**
      Suadeo tibi **ne** legas. Je te conseille **de ne pas** lire.
      Timeo **ne** veniat. Je crains **qu'**il **ne** vienne.
      Impedio **ne** proficiscatur. Je l'empêche **de** partir.
    - **But**
      Hoc fecit **ne** poenas daret. Il fit cela **de peur d'**être puni.

Les prépositions

LEÇON 25 > p. 252

Identifier et manipuler

1 Mettez le nom entre parenthèses au cas voulu par la préposition et traduisez le groupe nominal obtenu.

1. Ab (urbs, urbis)
2. Ad (populus, i)
3. Adversus (hostis, is)
4. Ante (mors, mortis)
5. Apud (parentes, ium)
6. Circa (mons, montis)
7. Cum (pater, tris)
8. De (pax, pacis)
9. Ex (Graecia, ae)
10. Inter (amicus, i)
11. Ob (ea res, ei)
12. Per (vita, ae)
13. Post (murus, i)
14. Pro (patria, ae)
15. Propter (bellum, i)
16. Sine (metus, us)

2 Identifiez toutes les prépositions et leur régime. Retrouvez leur traduction dans le texte français.

Ea gens a Tarquinio Prisco rege inter minores gentis adlecta in senatum, mox a Servio Tullio in patricias traducta, procedente tempore ad plebem se contulit, ac rursus magno intervallo per Divum Julium in patriciatum redit. Primus ex hac magistratum populi suffragio cepti C. Rufus. Is quaestorius CN. et C. procreavit, a quibus duplex Octaviorum familia defluxit condicione diversa, siquidem Gnaeus et deinceps ab eo reliqui omnes functi sunt honoribus summis ; at C. ejusque posteri, seu fortuna seu voluntate, in equestri ordine constiterunt usque ad Augusti patrem. […] M. Antonius libertinum ei proavum exprobrat, restionem e pago Thurino, avum argentarium. Nec quicquam ultra de paternis Augusti majoribus repperi.

Suétone, *Vie des douze Césars*, Auguste, 2.

Cette famille, que le roi Tarquin l'Ancien avait admise au sénat parmi celles de second rang, et qu'après lui Servius Tullius avait élevée au patriciat, redevint plébéienne au cours des siècles, puis, après un long intervalle, fut rétablie dans son ancienne dignité par le divin Jules. Le premier de ses membres qui dut une magistrature aux suffrages du peuple fut C. Rufus. Ce personnage, qui devint questeur, eut deux fils, Gnaeus et Caius ; ils donnèrent naissance aux deux branches de la famille Octavia, qui eurent une destinée différente, car Gnaeus et tous ses descendants exercèrent les plus hautes magistratures, tandis que Caius et sa postérité, soit par hasard soit volontairement, demeurèrent dans l'ordre équestre, jusqu'au père d'Auguste. […] M. Antoine lui reproche d'avoir eu pour bisaïeul un affranchi, un cordier du canton de Thurium, et pour grand-père, un changeur. Je n'ai rien découvert de plus sur les ancêtres paternels d'Auguste.

Traduction de H. Ailloud © Les Belles Lettres (2018).

Traduire

3 Traduisez l'ensemble du texte en prêtant une attention particulière aux groupes prépositionnels.

Méthode
Traduction guidée hatier-clic.fr/21lat014

Siculum bellum incohavit in primis, sed diu traxit intermissum saepius, modo reparandarum classium causa, quas tempestatibus duplici naufragio et quidem per aestatem amiserat, modo pace facta, flagitante populo ob interclusos commeatus famemque ingravescentem ; donec navibus ex integro fabricatis ac viginti servorum milibus manumissis et ad remum datis, portum Julium apud Baias, inmisso in Lucrinum et Avernum lacum mari, effecit. In quo cum hieme tota copias exercuisset, Pompeium inter Mylas et Naulochum superavit, sub horam pugnae tam arto repente somno devinctus, ut ad dandum signum ab amicis excitaretur.

Suétone, *Vie des douze Césars*, Auguste, 16.

Vocabulaire
classis, is, f : flotte • aestas, atis, f : été • flagito, as, are, avi, atum : réclamer avec insistance • intercludo, is, ere, clusi, clusum : couper • commeatus, us, m : approvisionnement • manumissus, a, um : affranchi • remus, i, m : rame, aviron

La coordination et la négation

LEÇON 26 > p. 253

Identifier et manipuler

4 Relevez les négations, précisez si elles sont simples ou composées, puis traduisez les phrases.

1. Nemo non miser est.
2. Non potuit legere non studiosos viros mei.
Cicéron, *Pro Milone*, 8.
3. Non nemo iisdem se dolis irretit, quos paravit alteri.
4. Numquam non coronam lauream capite gestavit.
Suétone, *Vie des douze Césars*, Tibère, 69.
5. Non prae lacrimis possum nec cogitare nec scribere.
Cicéron, *Lettres à Atticus*, 9, 12.

5 Traduisez ces phrases en latin.

1. Tous partirent et personne ne revint.
2. Elle partit et personne ne la chercha.
3. Rien de sûr ne peut être fait ni imaginé.
4. Mon père n'est pas venu, ma mère non plus.
5. Personne ne m'a jamais rien donné.

Traduire

6 Repérez toutes les conjonctions de coordination et les négations puis traduisez le texte.

Méthode
Traduction guidée hatier-clic.fr/21lat015

Nam deinceps neque in senatu neque apud populum neque apud milites locutus est umquam nisi meditata et composita oratione, quamvis non deficeretur ad subita extemporali facultate. Ac ne periculum memoriae adiret aut in ediscendo tempus absumeret, instituit recitare omnia. Sermones quoque cum singulis atque etiam cum Livia sua graviores non nisi scriptos et e libello habebat, ne plus minusve loqueretur ex tempore. Pronuntiabat dulci et proprio quodam oris sono, dabatque assidue phonasco operam ; sed non numquam, infirmatis faucibus, praeconis voce ad populum contionatus est.

Suétone, *Vie des douze Césars*, Auguste, 84.

Vocabulaire
deficio, is, ere, feci, fectum au passif : manquer de • extemporalis, e : improvisé • recito, as, are, avi, atum : lire à haute voix • phonascus, i, m : maître de déclamation • fauces, ium, f pl : gorge • praeco, onis, m : héraut • contionor, aris, ari, atus sum : haranguer

Cum, ut, quod, ne

LEÇON 27 > p. 254-255

Identifier

7 Identifiez les différents mots-outils utilisés dans les phrases et justifiez leur emploi.

1. Juvenes utriusque sexus prohibuit ullum nocturnum spectaculum frequentare nisi cum aliquo majore natu propinquorum.
Suétone, *Vie des douze Césars*, Auguste, 31.

2. Cumque in demortuae locum aliam capi oporteret ambirentque multi ne filias in sortem darent, adjuravit, si cujusquam neptium suarum competeret aetas, oblaturum se fuisse eam.
Suétone, *Vie des douze Césars*, Auguste, 31.

3. Non temere urbe oppidove ullo egressus aut quoquam ingressus est nisi vespera aut noctu, ne quem officii causa inquietaret.
Suétone, *Vie des douze Césars*, Auguste, 53.

4. Dominumque se posthac appellari ne a liberis quidem aut nepotibus suis vel serio vel joco passus est.

5. Ne quis exeat !

6. Perfice ut ne minus res publica tibi quam tu rei publicae debeas.

7. Quod autem magnum dolorem brevem, longinquum levem esse dicitis, id non intellego.

Traduire

8 Après avoir déterminé si CUM était une préposition ou une conjonction et repéré le verbe de la proposition dans laquelle il se trouve, traduisez l'ensemble du texte.

Méthode
Traduction guidée hatier-clic.fr/21lat016

Cicéron dresse le portrait du poète grec Licinius Archias pour défendre son droit de cité.

Hac tanta celebritate famae **cum** esset jam absentibus notus, Romam venit Mario consule et Catulo. Nactus est primum consules eos, quorum alter res ad scribendum maximas, alter **cum** res gestas tum etiam studium atque aures adhibere posset. Statim Luculli, **cum** praetextatus etiam tum Archias esset, eum domum suam receperunt. [...]
Interim satis longo intervallo, **cum** esset **cum** M. Lucullo in Siciliam profectus, et **cum** ex ea provincia **cum** eodem Lucullo decederet, venit Heracleam : quae **cum** esset civitas aequissimo jure ac foedere, adscribi se in eam civitatem voluit ; idque, **cum** ipse per se dignus putaretur, tum auctoritate et gratia Luculli ab Heracliensibus impetravit. Data est civitas Silvani lege et Carbonis : « Si qui foederatis civitatibus ascripti fuissent ; si tum, **cum** lex ferebatur, in Italia domicilium habuissent ; et si sexaginta diebus apud praetorem essent professi. » **Cum** hic domicilium Romae multos jam annos haberet, professus est apud praetorem Q. Metellum, familiarissimum suum.
Cicéron, *Pro Archia*, 3 et 4.

9 Repérez les verbes introduits par UT et analysez-les. Traduisez ensuite l'ensemble du texte.

Quintus écrit à son frère, le célèbre orateur Marcus Cicéron, pour le conseiller au moment où il présente sa candidature au consulat en 64 avant J.-C.

Efficiendum etiam illud est **ut** sciant omnes Cn. Pompei summam esse erga te voluntatem et vehementer ad illius rationes te id adsequi quod petis pertinere. Postremo tota petitio cura ut pompae plena sit, **ut** inlustris, ut splendida, **ut** popularis sit, **ut** habeat summam speciem ac dignitatem, **ut** etiam, si qua possit ratione, in competitoribus tuis exsistat aut sceleris aut libidinis aut largitionis accommodata ad eorum mores infamia. Atque etiam in hac petitione maxime videndum est, **ut** spes rei publicae bona de te sit et honesta opinio ; nec tamen in petendo res publica capessenda est neque in senatu neque in contione. Sed haec tibi sunt retinenda : **ut** senatus te existimet ex eo quod ita vixeris defensorem auctoritatis suae fore, equites Romani **et** viri boni ac locupletes ex vita acta te studiosum otii ac rerum tranquillarum, multitudo ex eo, quod dumtaxat oratione in contionibus ac judicio popularis fuisti, te a suis commodis non alienum futurum.
Quintus Cicéron, *Essai sur la candidature*, 13.

10 SPÉCIALITÉ Traduisez le texte suivant après avoir analysé les propositions introduites par QUOD.

Cicéron écrit à son frère Quintus pour lui décrire sa villa que l'architecte Diphile est en train de terminer.

Villa mihi valde placuit, propterea **quod** summam dignitatem pavimentata porticus habebat, **quod** mihi nunc denique apparuit, posteaquam et ipsa tota patet, et columnae politae sunt. Totum in eo est – **quod** mihi erit curae –, tectorium ut concinnum sit. Pavimenta recte fieri videbantur ; cameras quasdam non probavi mutarique jussi. Quo loco in porticu te scribere aiunt ut atriolum fiat, mihi, ut est, magis placebat ; neque enim satis loci videbatur esse atriolo, neque fere solet nisi in iis aedificiis fieri, in quibus est atrium majus, nec habere poterat adjuncta cubicula et ejusmodi membra : nunc hoc vel honestate testudinis vel valde boni aestivum locum obtinebit ; tu tamen si aliter sentis, rescribe quam primum. In balneariis assa in alterum apodyterii angulum promovi, propterea **quod** ita erant posita, ut eorum vaporarium esset subjectum cubiculis. Subgrande cubiculum autem et hibernum altum valde probavi, **quod** et ampla erant et loco posita, ambulationis uno latere, eo, **quod** est proximum balneariis.
Cicéron, *Lettres à Quintus*, III, 1.

Vocabulaire
valde, adv : beaucoup • porticus, us, f : portique, galerie • posteaquam : après que • polio, is, ire, ivi, itum : polir, orner (ici) • concinnus, a, um : bien proportionné • camera, ae, f : voûte • satis + gén : assez de • membrum, i, n : ici, dégagement • testudo, inis, f : voûte, cour couverte • assa, orum, n pl : étuves • vaporarium, ii, n : calorifère

La première conjugaison > amo, as, are, avi, atum : aimer

		actif					passif				
		indicatif	impératif	subjonctif	participe	infinitif	indicatif	impératif	subjonctif	participe	infinitif
infectum	présent	amo amas amat amamus amatis amant	ama amate	amem ames amet amemus ametis ament	amans, amantis	amare	amor amaris amatur amamur amamini amantur	amare amamini	amer ameris ametur amemur amemini amentur		amari
	imparfait	amabam amabas amabat amabamus amabatis amabant		amarem amares amaret amaremus amaretis amarent			amabar amabaris amabatur amabamur amabamini amabantur		amarer amareris amaretur amaremur amaremini amarentur		
	futur	amabo amabis amabit amabimus amabitis amabunt	amato amatote		amaturus, a, um	amaturum, am, um esse	amabor amaberis amabitur amabimur amabimini amabuntur				amatum iri
perfectum	parfait	amavi amavisti amavit amavimus amavistis amaverunt/ere		amaverim amaveris amaverit amaverimus amaveritis amaverint		amavisse	amatus, a, um sum amatus, a, um es amatus, a, um est amati, ae, a sumus amati, ae, a estis amati, ae, a sunt		amatus, a, um sim amatus, a, um sis amatus, a, um sit amati, ae, a simus amati, ae, a sitis amati, ae, a sint	amatus, a, um	amatum, am, um esse
	plus-que-parfait	amaveram amaveras amaverat amaveramus amaveratis amaverant		amavissem amavisses amavisset amavissemus amavissetis amavissent	**supin** amatum		amatus, a, um eram amatus, a, um eras amatus, a, um erat amati, ae, a eramus amati, ae, a eratis amati, ae, a erant		amatus, a, um essem amatus, a, um esses amatus, a, um esset amati, ae, a essemus amati, ae, a essetis amati, ae, a essent	**adjectif verbal** amandus, a, um	
	futur antérieur	amavero amaveris amaverit amaverimus amaveritis amaverint			**gérondif** Acc. (ad) amandum G. amandi D. amando Abl. amando		amatus, a, um ero amatus, a, um eris amatus, a, um erit amati, ae, a erimus amati, ae, a eritis amati, ae, a erunt				

La deuxième conjugaison > debeo, es, ere, debui, debitum : devoir

		actif					passif				
		indicatif	impératif	subjonctif	participe	infinitif	indicatif	impératif	subjonctif	participe	infinitif
infectum	présent	debeo debes debet debemus debetis debent	debe debete	debeam debeas debeat debeamus debeatis debeant	debens, debentis	debere	debeor deberis debetur debemur debemini debentur	debere debemini	debear debearis debeatur debeamur debeamini debeantur		deberi
	imparfait	debebam debebas debebat debebamus debebatis debebant		deberem deberes deberet deberemus deberetis deberent			debebar debebaris debebatur debebamur debebamini debebantur		deberer debereris deberetur deberemur deberemini deberentur		
	futur	debebo debebis debebit debebimus debebitis debebunt	debeto debetote		debiturus, a, um	debiturum, am, um esse	debebor debeberis debebitur debebimur debebimini debebuntur				debitum iri
perfectum	parfait	debui debuisti debuit debuimus debuistis debuerunt/ere		debuerim debueris debuerit debuerimus debueritis debuerint		debuisse	debitus, a, um sum debitus, a, um es debitus, a, um est debiti, ae, a sumus debiti, ae, a estis debiti, ae, a sunt		debitus, a, um sim debitus, a, um sis debitus, a, um sit debiti, ae, a simus debiti, ae, a sitis debiti, ae, a sint	debitus, a, um	debitum, am, um esse
	plus-que-parfait	debueram debueras debuerat debueramus debueratis debuerant		debuissem debuisses debuisset debuissemus debuissetis debuissent	**supin** debitum		debitus, a, um eram debitus, a, um eras debitus, a, um erat debiti, ae, a eramus debiti, ae, a eratis debiti, ae, a erant		debitus, a, um essem debitus, a, um esses debitus, a, um esset debiti, ae, a essemus debiti, ae, a essetis debiti, ae, a essent	**adjectif verbal** debendus, a, um	
	futur antérieur	debuero debueris debuerit debuerimus debueritis debuerint			**gérondif** **Acc.** (ad) debendum **G.** debendi **D.** debendo **Abl.** debendo		debitus, a, um ero debitus, a, um eris debitus, a, um erit debiti, ae, a erimus debiti, ae, a eritis debiti, ae, a erunt				

La troisième conjugaison > dico, is, ere, dixi, dictum : dire

		actif					passif				
		indicatif	impératif	subjonctif	participe	infinitif	indicatif	impératif	subjonctif	participe	infinitif
infectum	présent	dico dicis dicit dicimus dicitis dicunt	dic dicite	dicam dicas dicat dicamus dicatis dicant	dicens, dicentis	dicere	dicor diceris dicitur dicimur dicimini dicuntur	dicere dicimini	dicar dicaris dicatur dicamur dicamini dicantur		dici
	imparfait	dicebam dicebas dicebat dicebamus dicebatis dicebant		dicerem diceres diceret diceremus diceretis dicerent			dicebar dicebaris dicebatur dicebamur dicebamini dicebantur		dicerer dicereris diceretur diceremur diceremini dicerentur		
	futur	dicam dices dicet dicemus dicetis dicent	dicito dicitote		dicturus, a, um	dicturum, am, um esse	dicar diceris dicetur dicemur dicemini dicentur				dictum iri
perfectum	parfait	dixi dixisti dixit diximus dixistis dixerunt/ere		dixerim dixeris dixerit dixerimus dixeritis dixerint		dixisse	dictus, a, um sum dictus, a, um es dictus, a, um est dicti, ae, a sumus dicti, ae, a estis dicti, ae, a sunt		dictus, a, um sim dictus, a, um sis dictus, a, um sit dicti, ae, a simus dicti, ae, a sitis dicti, ae, a sint	dictus, a, um	dictum, am, um esse
	plus-que-parfait	dixeram dixeras dixerat dixeramus dixeratis dixerant		dixissem dixisses dixisset dixissemus dixissetis dixissent	**supin** dictum		dictus, a, um eram dictus, a, um eras dictus, a, um erat dicti, ae, a eramus dicti, ae, a eratis dicti, ae, a erant		dictus, a, um essem dictus, a, um esses dictus, a, um esset dicti, ae, a essemus dicti, ae, a essetis dicti, ae, a essent	**adjectif verbal** dicendus, a, um	
	futur antérieur	dixero dixeris dixerit dixerimus dixeritis dixerint			**gérondif** Acc. (ad) dicendum G. dicendi D. dicendo Abl. dicendo		dictus, a, um ero dictus, a, um eris dictus, a, um erit dicti, ae, a erimus dicti, ae, a eritis dicti, ae, a erunt				

La troisième conjugaison mixte > capio, is, ere, cepi, captum : prendre

actif

		indicatif	impératif	subjonctif	participe	infinitif
infectum	présent	capio capis capit capimus capitis capiunt	 cape capite	capiam capias capiat capiamus capiatis capiant	capiens, capientis	capere
infectum	imparfait	capiebam capiebas capiebat capiebamus capiebatis capiebant		caperem caperes caperet caperemus caperetis caperent		
infectum	futur	capiam capies capiet capiemus capietis capient	 capito capitote		capturus, a, um	capturum, am, um esse
perfectum	parfait	cepi cepisti cepit cepimus cepistis ceperunt/ere		ceperim ceperis ceperit ceperimus ceperitis ceperint		cepisse
perfectum	plus-que-parfait	ceperam ceperas ceperat ceperamus ceperatis ceperant		cepissem cepisses cepisset cepissemus cepissetis cepissent	supin captum	
perfectum	futur antérieur	cepero ceperis ceperit ceperimus ceperitis ceperint			gérondif Acc. (ad) capiendum G. capiendi D. capiendo Abl. capiendo	

passif

		indicatif	impératif	subjonctif	participe	infinitif
infectum	présent	capior caperis capitur capimur capimini capiuntur	 capere capimini	capiar capiaris capiatur capiamur capiamini capiantur		capi
infectum	imparfait	capiebar capiebaris capiebatur capiebamur capiebamini capiebantur		caperer capereris caperetur caperemur caperemini caperentur		
infectum	futur	capiar capieris capietur capiemur capiemini capientur				captum iri
perfectum	parfait	captus, a, um sum captus, a, um es captus, a, um est capti, ae, a sumus capti, ae, a estis capti, ae, a sunt		captus, a, um sim captus, a, um sis captus, a, um sit capti, ae, a simus capti, ae, a sitis capti, ae, a sint	captus, a, um	captum, am, um esse
perfectum	plus-que-parfait	captus, a, um eram captus, a, um eras captus, a, um erat capti, ae, a eramus capti, ae, a eratis capti, ae, a erant		captus, a, um essem captus, a, um esses captus, a, um esset capti, ae, a essemus capti, ae, a essetis capti, ae, a essent	adjectif verbal capiendus, a, um	
perfectum	futur antérieur	captus, a, um ero captus, a, um eris captus, a, um erit capti, ae, a erimus capti, ae, a eritis capti, ae, a erunt				

La quatrième conjugaison > audio, is, ire, audivi, auditum : entendre

		actif					passif				
		indicatif	impératif	subjonctif	participe	infinitif	indicatif	impératif	subjonctif	participe	infinitif
infectum	présent	audio audis audit audimus auditis audiunt	audi audite	audiam audias audiat audiamus audiatis audiant	audiens, audientis	audire	audior audiris auditur audimur audimini audiuntur	audire audimini	audiar audiaris audiatur audiamur audiamini audiantur		audiri
	imparfait	audiebam audiebas audiebat audiebamus audiebatis audiebant		audirem audires audiret audiremus audiretis audirent			audiebar audiebaris audiebatur audiebamur audiebamini audiebantur		audirer audireris audiretur audiremur audiremini audirentur		
	futur	audiam audies audiet audiemus audietis audient	audito auditote		auditurus, a, um	auditurum, am, um esse	audiar audieris audietur audiemur audiemini audientur				auditum iri
perfectum	parfait	audivi audivisti audivit audivimus audivistis audiverunt/ere		audiverim audiveris audiverit audiverimus audiveritis audiverint		audivisse	auditus, a, um sum auditus, a, um es auditus, a, um est auditi, ae, a sumus auditi, ae, a estis auditi, ae, a sunt		auditus, a, um sim auditus, a, um sis auditus, a, um sit auditi, ae, a simus auditi, ae, a sitis auditi, ae, a sint	auditus, a, um	auditum, am, um esse
	plus-que-parfait	audiveram audiveras audiverat audiveramus audiveratis audiverant		audivissem audivisses audivisset audivissemus audivissetis audivissent	**supin** auditum		auditus, a, um eram auditus, a, um eras auditus, a, um erat auditi, ae, a eramus auditi, ae, a eratis auditi, ae, a erant		auditus, a, um essem auditus, a, um esses auditus, a, um esset auditi, ae, a essemus auditi, ae, a essetis auditi, ae, a essent	**adjectif verbal** audiendus, a, um	
	futur antérieur	audivero audiveris audiverit audiverimus audiveritis audiverint			**gérondif** Acc. (ad) audiendum G. audiendi D. audiendo Abl. audiendo		auditus, a, um ero auditus, a, um eris auditus, a, um erit auditi, ae, a erimus auditi, ae, a eritis auditi, ae, a erunt				

Le verbe > sum, es, esse, fui : être

		actif				
		indicatif	impératif	subjonctif	participe	infinitif
infectum	présent	sum es est sumus estis sunt	 es este	sim sis sit simus sitis sint		esse
	imparfait	eram eras erat eramus eratis erant		essem esses esset essemus essetis essent		
	futur	ero eris erit erimus eritis erunt	 esto estote		futurus, a, um	futurum, am, um esse *ou* fore
perfectum	parfait	fui fuisti fuit fuimus fuistis fuerunt/ere		fuerim fueris fuerit fuerimus fueritis fuerint		fuisse
	plus-que-parfait	fueram fueras fuerat fueramus fueratis fuerant		fuissem fuisses fuisset fuissemus fuissetis fuissent		
	futur antérieur	fuero fueris fuerit fuerimus fueritis fuerint				

Le verbe > possum, potes, posse, potui : pouvoir

		actif				
		indicatif	impératif	subjonctif	participe	infinitif
infectum	présent	possum potes potest possumus potestis possunt		possim possis possit possimus possitis possint	potens, potentis	posse
	imparfait	poteram poteras poterat poteramus poteratis poterant		possem posses posset possemus possetis possent		
	futur	potero poteris poterit poterimus poteritis poterunt				
perfectum	parfait	potui potuisti potuit potuimus potuistis potuerunt/ere		potuerim potueris potuerit potuerimus potueritis potuerint		potuisse
	plus-que-parfait	potueram potueras potuerat potueramus potueratis potuerant		potuissem potuisses potuisset potuissemus potuissetis potuissent		
	futur antérieur	potuero potuer(i)s potuer(i)t potuer(i)mus potuer(i)tis potuer(i)nt				

Les verbes irréguliers > fero, fers, ferre, tuli, latum : porter, supporter

		actif					passif				
		indicatif	impératif	subjonctif	participe	infinitif	indicatif	impératif	subjonctif	participe	infinitif
infectum	présent	fero fers fert ferimus fertis ferunt	 fer ferte	feram feras ferat feramus feratis ferant	ferens, ferentis	ferre	feror ferris fertur ferimur ferimini feruntur	 ferre ferimini	ferar feraris feratur feramur feramini ferantur		ferri
	imparfait	ferebam ferebas ferebat ferebamus ferebatis ferebant		ferrem ferres ferret ferremus ferretis ferrent			ferebar ferebaris ferebatur ferebamur ferebamini ferebantur		ferrer ferreris ferretur ferremur ferremini ferrentur		
	futur	feram feres feret feremus feretis ferent	 ferto fertote		laturus, a, um	laturum, am, um esse	ferar fereris feretur feremur feremini ferentur				latum iri
perfectum	parfait	tuli tulisti tulit tulimus tulistis tulerunt/ere		tulerim tuleris tulerit tulerimus tuleritis tulerint		tulisse				latus, a, um	
	plus-que-parfait	tuleram tuleras tulerat tuleramus tuleratis tulerant		tulissem tulisses tulisset tulissemus tulissetis tulissent	**supin** latum					**adjectif verbal** ferendus, a, um	
	futur antérieur	tulero tuleris tulerit tulerimus tuleritis tulerint			**gérondif** **Acc.** (ad) ferendum **G.** ferendi **D.** ferendo **Abl.** ferendo						

Les verbes irréguliers > fio, fis, fieri, factus sum : être fait, devenir*

		actif			
		indicatif	subjonctif	participe	infinitif
infectum	présent	fio fis fit fimus fitis fiunt	fiam fias fiat fiamus fiatis fiant		fieri
	imparfait	fiebam fiebas fiebat fiebamus fiebatis fiebant	fierem fieres fieret fieremus fieretis fierent		
	futur	fiam fies fiet fiemus fietis fient			factum iri *ou* fore *ou* futurum, am, um esse
perfectum	parfait	factus, a, um sum es est facti, ae, a sumus estis sunt	factus, a, um sim sis sit facti, ae, a simus sitis sint	factus, a, um	factum, am, um esse
	plus-que-parfait	factus, a, um eram eras erat facti, ae, a eramus eratis erant	factus, a, um essem esses esset facti, ae, a essemus essetis essent	adjectif verbal faciendus, a, um	
	futur antérieur	factus, a, um ero eris erit facti, ae, a erimus eritis erunt			

* Le verbe fio sert de passif à facio : faire, aux temps de l'infectum.

> volo, vis, velle, volui : vouloir

		actif			
		indicatif	subjonctif	participe	infinitif
infectum	présent	volo vis vult volumus vultis volunt	velim velis velit velimus velitis velint	volens, volentis	velle
	imparfait	volebam volebas volebat volebamus volebatis volebant	vellem velles vellet vellemus velletis vellent		
	futur	volam voles volet volemus voletis volent			
perfectum	parfait	volui voluisti voluit voluimus voluistis voluerunt/ere	voluerim volueris voluerit voluerimus volueritis voluerint		voluisse
	plus-que-parfait	volueram volueras voluerat volueramus volueratis voluerant	voluissem voluisses voluisset voluissemus voluissetis voluissent		
	futur antérieur	voluero volueris voluerit voluerimus volueritis voluerint			

Les verbes irréguliers

> **eo, is, ire, i(v)i, itum** : aller*

infectum	actif – indicatif	impératif	subjonctif	participe	infinitif
présent	eo is it imus itis eunt	 i ite	eam eas eat eamus eatis eant	**présent** iens, euntis **futur** iturus, a, um	**présent** ire **futur** iturum, a, um esse
imparfait	ibam ibas ibat ibamus ibatis ibant		irem ires iret iremus iretis irent	**supin** itum	
futur	ibo ibis ibit ibimus ibitis ibunt	 ito itote		**gérondif** **Acc.** (ad) eundum **G.** eundi **D.** eundo **Abl.** eundo	

* Les formes de perfectum sont régulières.

> **miror, aris, ari, atus sum** : s'étonner

infectum	actif – indicatif	impératif	subjonctif	participe	infinitif
présent	miror miraris miratur miramur miramini mirantur	 mirare miramini	mirer mireris miretur miremur miremini mirentur	mirans, antis	mirari
imparfait	mirabar mirabaris mirabatur mirabamur mirabamini mirabantur		mirarer mirareris miraretur miraremur miraremini mirarentur		
futur	mirabor miraberis mirabitur mirabimur mirabimini mirabuntur			miraturus, a, um	miraturum, a, um esse

perfectum	indicatif	subjonctif	participe	infinitif
parfait	miratus, a, um sum es est mirati, ae, a sumus estis sunt	miratus, a, um sim sis sit mirati, ae, a simus sitis sint	miratus, a, um	miratum, am, um esse
plus-que-parfait	miratus, a, um eram eras erat mirati, ae, a eramus eratis erant	miratus, a, um essem esses esset mirati, ae, a essemus essetis essent	**adjectif verbal** mirandus, a, um	
futur antérieur	miratus, a, um ero eris erit mirati, ae, a erimus eritis erunt		**gérondif** **Acc.** (ad) mirandum **G.** mirandi **D.** mirando **Abl.** mirando	

Les verbes déponents

- **Les verbes déponents se conjuguent comme la voix passive des verbes modèles :**
  - 1re conj. : **miror**, je m'étonne — **amor**, je suis aimé
  - 2e conj. : **vereor**, je crains — **habeor**, je suis possédé
  - 3e conj. : **loquor**, je parle — **dicor**, je suis dit
  - 3e conj. mixte : **patior**, je supporte — **conficior**, je suis achevé
  - 4e conj. : **experior**, j'éprouve — **audior**, je suis entendu

- **Certains verbes sont à la forme active à l'infectum et passive au perfectum :**
  - **audeo, es, ere, ausus sum**, oser
  - **gaudeo, es, ere, gavisus sum**, se réjouir de
  - **soleo, es, ere, solitus sum**, avoir coutume de

Tableaux des déclinaisons

Les noms

La 1re déclinaison

cas	dea, ae, f : la déesse — singulier	pluriel
nom.	dea	deae
voc.	dea	deae
acc.	deam	deas
gén.	deae	dearum
dat.	deae	deis
abl.	dea	deis

cas	fonctions
nominatif	sujet ou attribut du sujet
vocatif	apostrophe
accusatif	COD
génitif	complément du nom
datif	COI / COS
ablatif	compléments circonstanciels

La 2e déclinaison

cas	ludus, i, m : le jeu — singulier	pluriel	puer, pueri, m : l'enfant — singulier	pluriel	monstrum, i, n : le monstre — singulier	pluriel
nom.	ludus	ludi	puer	pueri	monstrum	monstra
voc.	lude	ludi	puer	pueri	monstrum	monstra
acc.	ludum	ludos	puerum	pueros	monstrum	monstra
gén.	ludi	ludorum	pueri	puerorum	monstri	monstrorum
dat.	ludo	ludis	puero	pueris	monstro	monstris
abl.	ludo	ludis	puero	pueris	monstro	monstris

La 3e déclinaison

cas	dux, ducis, m : le chef — singulier	pluriel	corpus, oris, n : le corps — singulier	pluriel
nom.	dux	duces	corpus	corpora
voc.	dux	duces	corpus	corpora
acc.	ducem	duces	corpus	corpora
gén.	ducis	ducum	corporis	corporum
dat.	duci	ducibus	corpori	corporibus
abl.	duce	ducibus	corpore	corporibus

cas	civis, is, m : le citoyen — singulier	pluriel	mare, is, n : la mer — singulier	pluriel
nom.	civis	cives	mare	maria
voc.	civis	cives	mare	maria
acc.	civem	cives	mare	maria
gén.	civis	civium	maris	marium
dat.	civi	civibus	mari	maribus
abl.	cive	civibus	mari	maribus

La 4e déclinaison

cas	manus, us, f : la main — singulier	pluriel	genu, us, n : le genou — singulier	pluriel
nom.	manus	manus	genu	genua
voc.	manus	manus	genu	genua
acc.	manum	manus	genu	genua
gén.	manus	manuum	genus	genuum
dat.	manui	manibus	genui	genibus
abl.	manu	manibus	genu	genibus

La 5e déclinaison

cas	dies, ei, m ou f : le jour — singulier	pluriel
nom.	dies	dies
voc.	dies	dies
acc.	diem	dies
gén.	diei	dierum
dat.	diei	diebus
abl.	die	diebus

Les adjectifs

Les adjectifs qualificatifs de la 1re classe

cas	bonus, a, um : bon					
	singulier			pluriel		
	masculin	féminin	neutre	masculin	féminin	neutre
nom.	bonus	bona	bonum	boni	bonae	bona
voc.	bone	bona	bonum	boni	bonae	bona
acc.	bonum	bonam	bonum	bonos	bonas	bona
gén.	boni	bonae	boni	bonorum	bonarum	bonorum
dat.	bono	bonae	bono	bonis	bonis	bonis
abl.	bono	bona	bono	bonis	bonis	bonis

Les adjectifs qualificatifs de la 2e classe

cas	fortis, e : courageux			
	singulier		pluriel	
	masc./fém.	neutre	masc./fém.	neutre
nom.	fortis	forte	fortes	fortia
voc.	fortis	forte	fortes	fortia
acc.	fortem	forte	fortes	fortia
gén.	fortis	fortis	fortium	fortium
dat.	forti	forti	fortibus	fortibus
abl.	forti	forti	fortibus	fortibus

cas	sapiens, entis : sage			
	singulier		pluriel	
	masc./fém.	neutre	masc./fém.	neutre
nom.	sapiens	sapiens	sapientes	sapientia
voc.	sapiens	sapiens	sapientes	sapientia
acc.	sapientem	sapiens	sapientes	sapientia
gén.	sapientis	sapientis	sapientium	sapientium
dat.	sapienti	sapienti	sapientibus	sapientibus
abl.	sapienti/sapiente	sapienti	sapientibus	sapientibus

cas	vetus, eris : vieux			
	singulier		pluriel	
	masc./fém.	neutre	masc./fém.	neutre
nom.	vetus	vetus	veteres	vetera
voc.	vetus	vetus	veteres	vetera
acc.	veterem	vetus	veteres	vetera
gén.	veteris	veteris	veterum	veterum
dat.	veteri	veteri	veteribus	veteribus
abl.	vetere	vetere	veteribus	veteribus

cas	doctior, ioris : plus savant			
	singulier		pluriel	
	masc./fém.	neutre	masc./fém.	neutre
nom.	doctior	doctius	doctiores	doctiora
voc.	doctior	doctius	doctiores	doctiora
acc.	doctiorem	doctius	doctiores	doctiora
gén.	doctioris	doctioris	doctiorum	doctiorum
dat.	doctiori	doctiori	doctioribus	doctioribus
abl.	doctiore	doctiore	doctioribus	doctioribus

Les pronoms

Les pronoms-adjectifs démonstratifs

is, ea, id : ce, cette, celui-ci, celle-ci, cela

cas	singulier			pluriel		
	masculin	féminin	neutre	masculin	féminin	neutre
nom.	is	ea	id	ei/ii	eae	ea
acc.	eum	eam	id	eos	eas	ea
gén.	**ejus**	**ejus**	**ejus**	eorum	earum	eorum
dat.	**ei**	**ei**	**ei**	eis/iis	eis/iis	eis/iis
abl.	eo	ea	eo	eis/iis	eis/iis	eis/iis

hic, haec, hoc : ce, cette, celui-ci, celle-ci, cela

cas	singulier			pluriel		
	masculin	féminin	neutre	masculin	féminin	neutre
nom.	hic	haec	hoc	hi	hae	haec
acc.	hunc	hanc	hoc	hos	has	haec
gén.	**hujus**	**hujus**	**hujus**	horum	harum	horum
dat.	**huic**	**huic**	**huic**	his	his	his
abl.	hoc	hac	hoc	his	his	his

iste, ista, istud : ce, cette, celui-là, celle-là, cela

cas	singulier			pluriel		
	masculin	féminin	neutre	masculin	féminin	neutre
nom.	iste	ista	istud	isti	istae	ista
acc.	istum	istam	istud	istos	istas	ista
gén.	**istius**	**istius**	**istius**	istorum	istarum	istorum
dat.	**isti**	**isti**	**isti**	istis	istis	istis
abl.	isto	ista	isto	istis	istis	istis

ille, illa, illud : ce, cette, celui-là, celle-là, cela

cas	singulier			pluriel		
	masculin	féminin	neutre	masculin	féminin	neutre
nom.	ille	illa	illud	illi	illae	illa
acc.	illum	illam	illud	illos	illas	illa
gén.	**illius**	**illius**	**illius**	illorum	illarum	illorum
dat.	**illi**	**illi**	**illi**	illis	illis	illis
abl.	illo	illa	illo	illis	illis	illis

ipse, ipsa, ipsum : même, moi-même...

cas	singulier			pluriel		
	masculin	féminin	neutre	masculin	féminin	neutre
nom.	ipse	ipsa	ipsum	ipsi	ipsae	ipsa
acc.	ipsum	ipsam	ipsum	ipsos	ipsas	ipsa
gén.	**ipsius**	**ipsius**	**ipsius**	ipsorum	ipsarum	ipsorum
dat.	**ipsi**	**ipsi**	**ipsi**	ipsis	ipsis	ipsis
abl.	ipso	ipsa	ipso	ipsis	ipsis	ipsis

idem, eadem, idem : même, le même...

cas	singulier			pluriel		
	masculin	féminin	neutre	masculin	féminin	neutre
nom.	idem	eadem	idem	eidem/iidem	eaedem	eadem
acc.	eumdem	eamdem	idem	eosdem	easdem	eadem
gén.	**ejusdem**	**ejusdem**	**ejusdem**	eorumdem	earumdem	eorumdem
dat.	**eidem**	**eidem**	**eidem**	eisdem/iisdem	eisdem/iisdem	eisdem/iisdem
abl.	eodem	eadem	eodem	eisdem/iisdem	eisdem/iisdem	eisdem/iisdem

Les pronoms personnels

	Ego, tu...					
	1re personne		2e personne		3e personne (réfléchi)	
cas	singulier	pluriel	singulier	pluriel	singulier	pluriel
nom.	ego	nos	tu	vos	-	-
acc.	me	nos	te	vos	se	se
gén.	mei	nostrum/nostri	tui	vestrum/vestri	sui	sui
dat.	mihi	nobis	tibi	vobis	sibi	sibi
abl.	me	nobis	te	vobis	se	se

Les pronoms relatifs

	qui, quae, quod : qui					
cas	singulier			pluriel		
	masculin	féminin	neutre	masculin	féminin	neutre
nom.	qui	quae	quod	qui	quae	quae
acc.	quem	quam	quod	quos	quas	quae
gén.	cujus	cujus	cujus	quorum	quarum	quorum
dat.	cui	cui	cui	quibus	quibus	quibus
abl.	quo	qua	quo	quibus	quibus	quibus

Les pronoms-adjectifs interrogatifs

	quis, quae, quid : qui ? quel ? quoi ?					
cas	singulier			pluriel		
	masculin	féminin	neutre	masculin	féminin	neutre
nom.	pron. quis/adj. qui	quae	pron. quid/adj. quod	qui	quae	quae
acc.	quem	quam	pron. quid/adj. quod	quos	quas	quae
gén.	cujus	cujus	cujus	quorum	quarum	quorum
dat.	cui	cui	cui	quibus	quibus	quibus
abl.	quo	qua	quo	quibus	quibus	quibus

Les pronoms-adjectifs indéfinis

	nullus, a, um : aucun... ne			nemo : personne... ne	nihil : rien... ne
cas	masculin	féminin	neutre		
nom.	nullus	nulla	nullum	nemo	nihil
acc.	nullum	nullam	nullum	neminem	nihil/nullam rem
gén.	nullius	nullius	nullius	nullius	nullius rei
dat.	nulli	nulli	nulli	nemini	nulli rei
abl.	nullo	nulla	nullo	nullo	nulla re

	quidam, quaedam, quiddam : quelqu'un, un certain					
cas	singulier			pluriel		
	masculin	féminin	neutre	masculin	féminin	neutre
nom.	quidam	quaedam	quiddam/adj. quoddam	quidam	quaedam	quaedam
acc.	quemdam	quamdam	quiddam	quosdam	quasdam	quaedam
gén.	cujusdam	cujusdam	cujusdam	quorumdam	quarumdam	quorumdam
dat.	cuidam	cuidam	cuidam	quibusdam	quibusdam	quibusdam
abl.	quodam	quadam	quodam	quibusdam	quibusdam	quibusdam

cas	aliquis, aliqua, aliquid : quelqu'un, quelque					
	singulier			pluriel		
	masculin	féminin	neutre	masculin	féminin	neutre
nom.	aliquis/**adj.** aliqui	aliqua	aliquid/**adj.** aliquod	aliqui	aliquae	aliqua
acc.	aliquem	aliquam	aliquid	aliquos	aliquas	aliqua
gén.	alicujus	alicujus	alicujus	aliquorum	aliquarum	aliquorum
dat.	alicui	alicui	alicui	aliquibus	aliquibus	aliquibus
abl.	aliquo	aliqua	aliquo	aliquibus	aliquibus	aliquibus

cas	alius, a, ud : autre					
	singulier			pluriel		
	masculin	féminin	neutre	masculin	féminin	neutre
nom.	alius	alia	aliud	alii	aliae	alia
acc.	alium	aliam	aliud	alios	alias	alia
gén.	alius	alius	alius	aliorum	aliarum	aliorum
dat.	alii	alii	alii	aliis	aliis	aliis
abl.	alio	alia	alio	aliis	aliis	aliis

cas	alter, era, erum : autre					
	singulier			pluriel		
	masculin	féminin	neutre	masculin	féminin	neutre
nom.	alter	altera	alterum	alteri	alterae	altera
acc.	alterum	alteram	alterum	alteros	alteras	altera
gén.	alterius	alterius	alterius	alterorum	alterarum	alterorum
dat.	alteri	alteri	alteri	alteris	alteris	alteris
abl.	altero	altera	altero	alteris	alteris	alteris

Les nombres

Les adjectifs cardinaux sont invariables, excepté **unus**, **duo** et **tres**.
Les adjectifs ordinaux se déclinent comme les adjectifs de la 1re classe.

cas	unus, a, um : un		
	masculin	féminin	neutre
nom.	unus	una	unum
acc.	unum	unam	unum
gén.	unius	unius	unius
dat.	uni	uni	uni
abl.	uno	una	uno

cas	duo, duae, duo : deux		
	masculin	féminin	neutre
nom.	duo	duae	duo
acc.	duos	duas	duo
gén.	duorum	duarum	duorum
dat.	duobus	duabus	duobus
abl.	duobus	duabus	duobus

cas	tres, tres, tria : trois	
	masculin et féminin	neutre
nom.	tres	tria
acc.	tres	tria
gén.	trium	trium
dat.	tribus	tribus
abl.	tribus	tribus

Table des illustrations

Garde 1	ph ©	Erich Lessing / Akg-Images
Garde 2	ph ©	Heritage Images / Leemage
Garde 3	ph ©	BnF, Paris / Archives Hatier
Garde 4	ph ©	Collection Dagli Orti / Musée du Louvre, Paris / Gianni Dagli Orti
Garde 5	ph ©	Luisa Ricciarini / Leemage
Garde 6	ph ©	Collection Dagli Orti / Museo Capitolino, Rome / Alfredo Dagli Orti
Garde arrière	ph ©	**Altair4 Multimédia Roma, www.altair4.com**
4	ph ©	Johannes Laurentius / BPK, Berlin, Dist. RMN-Grand Palais
5	ph ©	Eric Vandeville / Akg-Images
6	ph ©	G. Nimatallah / De Agostini / Akg-Images
7	ph ©	Stéphane Maréchalle / RMN-Grand Palais (musée du Louvre)
8	ph ©	BnF, Paris
9	ph ©	Eric Vandeville / Akg-Images
11	ph ©	D.R.
11	ph ©	Hervé Lewandowski / RMN-Grand Palais (musée du Louvre)
12	ph ©	Johannes Laurentius / BPK, Berlin, Dist. RMN-Grand Palais
13	ph ©	Luisa Ricciarini / Bridgeman Images
14	ph ©	Pirozzi / Akg-Images
15	ph ©	Pictures From History / Akg-Images
16	ph ©	Erich Lessing / Akg-Images
17	ph ©	Photo Scala, Florence
18-19	ph ©	René Mattes / hemis.fr
20-21	ph ©	Archives Hatier
22	ph ©	Raffaello Bencini / Archives Alinari, Florence, Dist. RMN-Grand Palais
23	ph ©	Johannes Laurentius / BPK, Berlin, Dist. RMN-Grand Palais
25	©	Éditions Dargaud, 2009
27	ph ©	David Henley / Pictures from History / Bridgeman Images
28	ph ©	D.R.
31	ph ©	Marie-Lan Nguyen / Wikimedia Commons
33	ph ©	Guillaume Atger / Divergence
34	ph ©	Photo Scala, Florence
35	ph ©	Photo Scala, Florence
38-39	ph ©	Wikimedia Commons
41	ph ©	Eric Vandeville / Akg-Images
43	©	Éditions Dargaud, 2016
46	ph ©	Hervé Lewandowski / RMN-Grand Palais (musée du Louvre)
49-h	ph ©	Luisa Ricciarini / Bridgeman Images
49-b	ph ©	Akg-Images © The Estate of Francis Bacon / All rights reserved / Adagp, Paris and DACS, London 2021
52	ph ©	Stefano Bianchetti / Bridgeman Images
53-h	ph ©	Akg-Images
53-m	ph ©	D.R.
55	Coll.	Christophel © Pixar Animation Studios - Walt Disney Pictures
56-57	ph ©	Adam Eastland / Alamy Stock Photo
58-59	ph ©	G. Nimatallah / De Agostini / Akg-Images
60	ph ©	D.R.
62	ph ©	Art Collection 3 / Alamy Stock Photo
63	ph ©	The Trustees of The British Museum / The British Museum, Londres, Dist. RMN-Grand Palais
64	ph ©	Martine Beck-Coppola / RMN-Grand Palais (Sèvres-Manufacture et Musée nationaux)
65	ph ©	Bibliothèque patrimoniale, Rouen
67	ph ©	Peter Willi / Bridgeman Images
68	ph ©	Mathieu Rivrin
69	ph ©	D.R.
71	ph ©	Classic Paintings / Alamy Stock Photo
72	ph ©	Jean-Louis Nou / Akg-Images
73	ph ©	Erich Lessing / Akg-Images
76-77	ph ©	G. Nimatallah / Akg-Images
79	ph ©	Eric Vandeville / Akg-Images
81	ph ©	Shutterstock
82-83	ph ©	Agefotostock / Alamy Stock Photo
87	ph ©	BnF, Paris
88	ph ©	Samuel Magal, Sites & Photos Ltd. / Bridgeman Images
89	ph ©	G. Dagli Orti / De Agostini Picture Library / Akg-Images
92	ph ©	Erich Lessing / Akg-Images
93-h	ph ©	Stéphane Maréchalle / RMN-Grand Palais (musée du Louvre)
93-b	Coll.	Christophel © Denis Manin / 31 Juin Films / Canal+
94-95	ph ©	Akg-Images
96-97	ph ©	Painters / Alamy Stock Photo
99	ph ©	Electa / MPortfolio / Akg-Images
100	ph ©	BnF, Paris
101	ph ©	Lorenz Kienzle © Adagp, Paris, 2021
103	©	John de Andrea © Louis K. Meisel Gallery, New York
105	ph ©	Photo Scala, Florence
107	ph ©	A. Ayiomamitis / Novapix / Bridgeman Images
108	ph ©	D.R.
109	©	Musée Kotsanas des Technologies des Grecs de l'Antiquité, Katakolo, Grèce
110-h	ph ©	Erich Lessing / Akg-Images
110-b	ph ©	Michael Holtz © The Estate of Francis Bacon /All rights reserved / Adagp, Paris and DACS, London 2021
114-115	ph ©	Patrick Frilet / hemis.fr
117	ph ©	Yann Arthus-Bertrand / hemis.fr
118	ph ©	Erich Lessing / Akg-Images
120	ph ©	Eric Sander © Nils Udo
121	ph ©	Eric Vandeville / Akg-Images
122	ph ©	Historic Collection / Alamy Stock Photo
125	ph ©	Science Source / Akg-Images
126	ph ©	Balage Balogh / archaeologyillustrated.com / Akg-Images
127	ph ©	Look and Learn / Bridgeman Images
130-h	ph ©	Andrea Jemolo / Bridgeman Images
130-b	ph ©	Mistervlad / Shutterstock
131-h	ph ©	Jarry / Tripelon / Top / Gamma-Rapho
131-b	ph ©	www.agefotostock.fr
132-133	ph ©	A-Babe / Shutterstock
134-135	ph ©	Marco Cantile / LightRocket via Getty Images
136	ph ©	Universal History Archive / Universal Images Group via Getty Images
137	ph ©	Louis Couve / EFA, Athènes
139	©	Altair4 Multimédia Roma, www.altair4.com
140	ph ©	D.R.
141	ph ©	olrat / Alamy Stock Photo
143	ph ©	Rob Tilley / Getty Images
144	ph ©	Douglas Pearson / Alamy Stock Photo
145	ph ©	Papageizichta / Wikimedia Commons
146	ph ©	Sestovic / Getty Images
147	Coll.	Christophel © Constantin Film International / Impact Pictures
148	ph ©	Fox Photos / Getty Images
149	ph ©	Cesare Abbate / EPA / MAXPPP
150	ph ©	Ian Dagnall / Alamy Stock Photo
152-153	ph ©	Bridgeman Images
154	Coll.	Christophel © Mod Producciones / Himenoptero
156	ph ©	Hervé Lewandowski / RMN-Grand Palais (musée du Louvre)
157	©	André Caron, maquettes-historiques.net
158	ph ©	Wikimedia Commons
161-h	ph ©	Photo Josse / Bridgeman Images
161-b	ph ©	G. Dagli Orti / De Agostini Picture Library / Akg-Images
162	ph ©	Erin Babnik / Alamy Stock Photo
163	ph ©	De Agostini Picture Library / Scala, Florence
164-h	ph ©	Mentnafunangann / Wikimedia Commons
164-b	ph ©	Luciano Romano / Photo Scala, Florence
165-h	ph ©	D.R.
165-b	ph ©	De Agostini Picture Library / Scala, Florence
166-h	ph ©	Photo Scala, Florence
166-b	ph ©	Luisa Ricciarini / Bridgeman Images
167 h	ph ©	G. Nimatallah / Akg-Images
167-b	©	Pierre et Gilles : Mercure, Enzo Junior, 2001
169	©	D.R.
172-173	ph ©	Erich Lessing / Akg-Images
177	ph ©	Heritage-Images / Art Media / Akg-Images
179	ph ©	Founders Society Purchase with funds from Mr. and Mrs. Bert L. Smokler and Mr. and Mrs. Lawrence A. Fleischmanf / Bridgeman Images
181	ph ©	Johannes Laurentius / BPK, Berlin, Dist. RMN-Grand Palais
185	ph ©	Yves Renaud
189	ph ©	Hervé Bellamy
190-191	ph ©	André Held / Akg-Images
193	ph ©	Bridgeman Images
195	ph ©	Museo Lazaro Galdiano / Bridgeman Images
199	ph ©	Luisa Ricciarini / Bridgeman Images
200	ph ©	Heritage Images / Fine Art Images / Akg-Images
203	©	Pierre Rouillon
216-217	ph ©	Fototeca Gilardi / Akg-Images

D.R. : Malgré nos efforts, il nous a été impossible de joindre certains auteurs ou leurs ayants-droit pour solliciter l'autorisation de reproduction, nous avons réservé en notre comptabilité les droits usuels.

Iconographie : Brigitte Célérier / Hatier Illustration

Achevé d'imprimer en Espagne par Macrolibros
Dépôt légal : 07713-3/01 - Avril 2021